Matthias Hirzel | Frank Kühn | Peter Wollmann (Hrsg.)

Projektportfolio-Management

Matthias Hirzel | Frank Kühn | Peter Wollmann
(Hrsg.)

Projektportfolio-Management

Strategisches und operatives
Multi-Projektmanagement
in der Praxis

2., überarbeitete und erweiterte Auflage

Mit Autoren von:
Bayer Business Services
Bayer MaterialScience
Dorma
Generali
HLP Hirzel Leder & Partner
HLP Swiss
Mundipharma
Universität Bielefeld
York Associates
Zurich Gruppe Deutschland

GABLER

Bibliografische Information der Deutschen Nationalbibliothek
Die Deutsche Nationalbibliothek verzeichnet diese Publikation in der
Deutschen Nationalbibliografie; detaillierte bibliografische Daten sind im Internet über
<http://dnb.d-nb.de> abrufbar.

1. Auflage 2006
2. Auflage 2009

Alle Rechte vorbehalten
© Gabler | GWV Fachverlage GmbH, Wiesbaden 2009

Lektorat: Ulrike M. Vetter

Gabler ist Teil der Fachverlagsgruppe Springer Science+Business Media.
www.gabler.de

Das Werk einschließlich aller seiner Teile ist urheberrechtlich geschützt. Jede Verwertung außerhalb der engen Grenzen des Urheberrechtsgesetzes ist ohne Zustimmung des Verlags unzulässig und strafbar. Das gilt insbesondere für Vervielfältigungen, Übersetzungen, Mikroverfilmungen und die Einspeicherung und Verarbeitung in elektronischen Systemen.

Die Wiedergabe von Gebrauchsnamen, Handelsnamen, Warenbezeichnungen usw. in diesem Werk berechtigt auch ohne besondere Kennzeichnung nicht zu der Annahme, dass solche Namen im Sinne der Warenzeichen- und Markenschutz-Gesetzgebung als frei zu betrachten wären und daher von jedermann benutzt werden dürften.

Umschlaggestaltung: Nina Faber de.sign, Wiesbaden
Druck und buchbinderische Verarbeitung: Krips b.v., Meppel
Gedruckt auf säurefreiem und chlorfrei gebleichtem Papier
Printed in the Netherlands

ISBN 978-3-8349-1386-9

Vorwort

Wird das Dringende vor dem Wichtigen getan? Zum einen orientieren sich die Unternehmen neu, verschlanken ihre Strukturen und optimieren die Prozesse, zum anderen schenken sie dem wenig Aufmerksamkeit, was die zukünftige Wettbewerbsfähigkeit wesentlich bestimmt: Es ist das Management der Innovationskraft, die Summe aller Anstrengungen für den Wandel, die den dauerhaften Erfolg entscheidend beeinflusst.

Was ist das richtige Verhältnis zwischen Innovation und Tagesgeschäft? Das Management hat sich mit der Frage auseinanderzusetzen, wie viele der knappen Ressourcen für Erneuerung eingesetzt und wie viele für den laufenden Betrieb bereitgestellt werden. Dies ist in der Praxis nur selten eine strategisch abgeleitete Konsequenz, sondern das Ergebnis von vielen Einzelentscheidungen. Allein das Volumen aller durch die Neuerungs- und Änderungsvorhaben gebundenen Kapazitäten festzustellen bereitet Kopfzerbrechen. Zwar kann man die Kosten für F&E, Marketing, Informationsverarbeitung, Vertrieb, Produktion etc. erfassen, aber wie viele Kosten insgesamt z. B. durch Projekte der Produkt- und Verfahrenstechnik, Markt- und Geschäftsentwicklung, Prozessverbesserung gebunden werden und ob die Ressourcen auch optimal eingesetzt sind, ist nur schwer zu ermitteln. Dabei geht es nicht um Kleinigkeiten. Eher vorsichtig veranschlagt entsprechen etwa 10 % des Umsatzes oder etwa 20 % der Personalkosten dem jährlichen Volumen aller Neuerungsvorhaben. Ein Unternehmen, das sich dieses Potenzials gezielt annimmt und das Projektportfolio hinsichtlich Strategiebeitrag, Abhängigkeiten, Risiko etc. optimiert, wird nicht nur den Wandel besser fokussieren, sondern auch die Ressourcen wirtschaftlicher einsetzen.

Die Autoren aus Wirtschaft, Wissenschaft und Beratung widmen sich dieser Herausforderung und beleuchten die Thematik aus unterschiedlichen Blickwinkeln. Sie stellen heraus, worauf es beim Management des Projektportfolios ankommt und wie man es macht:

- Strategischer Kontext: Wie die Kompatibilität zwischen Projektportfolio und den richtungsweisenden Strategien hergestellt wird.

- Einfache Methodik: Welche Instrumentarien für z. B. die Bewertung, Selektion oder Priorisierung von Projekten zum Einsatz kommen; wie Kontextbetrachtungen hergestellt werden.

- Abgestimmte Arbeitsweisen: Welche Zuständigkeiten, Organe und Serviceleistungen für das Management des Projektportfolios erforderlich sind.

- Klares Entscheidungsprocedere: Was während der Herleitung, Planung und Durchführung der Projekte vom wem beizutragen, zu erledigen oder zu entscheiden ist.

- Homogene Projektebündel: Wie gleichartige Projekte so zusammengefasst werden, dass Entscheidungen einfach zu treffen sind und der Wissensaufbau gewährleistet wird.
- Dosierter IT-Einsatz: Wie das Multiprojecting durch geeignete Tools unterstützt wird.
- Konsequente Implementierung: Was getan werden muss, um das Projektportfolio-Management in der Organisation wirksam werden zu lassen.

Das Management von Einzelprojekten und die Disposition der Kapazitäten in den Organisationseinheiten tragen zum Erfolg des „Projektportfolio-Managements" bei, stehen jedoch hier nicht im Vordergrund.

Die Inhalte wurden für die 2. Auflage überarbeitet und erweitert. Frühere Praxisbeispiele sind durch aktuellere ersetzt und weitere sind hinzugekommen. Der Aspekt IT-Unterstützung hat einen größeren Raum erhalten.

Das Buch zielt darauf ab, dem Leser die mit dem Management des Projektportfolios verbundenen Effektivitäts- und Effizienzsteigerungen aufzuzeigen, das methodische und organisatorische Know-how verfügbar zu machen, praktische Anwendungen für die Einführung und Verbesserung zu geben und auf Tendenzen eines professionellen Projektportfolio-Managements hinzuweisen.

In dem Bewusstsein, dass das Projektportfolio als Ganzes mehr ist als die Summe der Einzelprojekte, mit dem Wissen, dass die anfängliche Komplexität alsbald in einer klaren Orientierung mündet, und mit der Chance vor Augen, die Innovationskraft zielorientiert auszurichten, d. h. die Ressourcen optimal zu allokieren, sollte der Erfolg bei dem Management des Projektportfolios nicht ausbleiben.

Frankfurt am Main, Dezember 2008

Matthias Hirzel	Frank Kühn	Peter Wollmann
HLP Hirzel Leder & Partner	HLP Hirzel Leder & Partner	Zurich Gruppe Deutschland

Inhaltsverzeichnis

Vorwort 5

Teil I
Ansatz und Anspruch

Herausforderungen des Projektportfolio-Managements 13
Matthias Hirzel

Projektportfolio-Management im Kontext der Strategischen Planung 23
Peter Wollmann

Strategie-Implementierung mit Projektportfolio-Management 37
Ingo Gaida

Facetten des Projektportfolio-Managements 51
Frank Kühn

Teil II
Methoden und Organisation

Wertanalyse des Projektportfolios 63
Frank Kühn, Gudrun Pleuger

Priorisierung von Projekten 85
Petra Leyendecker

Projekte der Produktinnovation bewerten und selektieren 99
Gerold Rüdrich

Projektportfolio im Kontext des Innovationsmanagements 109
Frank Mattes

Risikomanagement im Projektportfolio 121
Peter Wollmann, Gudrun Pleuger

Synergien in der Projektlandschaft nutzen 137
Matthias Hirzel

Projektübergreifendes Wissensmanagement 145
Helmut Willke

Ressourcen für das Projektportfolio verfügbar machen 157
Matthias Hirzel

Ressourcenmanagement – Schlüsselkompetenz
für ein erfolgreiches Projektportfolio 169
Frank Kühn, Gudrun Pleuger, Anette Kreitel-Suciu

Controlling des Projektportfolios auf Basis der Arbeitswertanalyse 193
Matthias Hirzel

Teil III
Anwendung und Beispiele

Portfoliomanagement für Sachanlageinvestitionen bei Bayer MaterialScience 205
Wolfgang Alter, Georg Steinhoff, Andrea Werheid

Critical success factors of international project portfolio management 213
Peter Wollmann, Bob Dignen, Frank Kühn

Projektprogramm zur unternehmensweiten Steigerung der Kosteneffizienz 225
Christopher Nimsch

Projekt- und Portfoliomanagement mit Clarity 239
Stephan Koller

Internet-Plattform für projekteübergreifende Information und Synergien 251
Christopher Nimsch, Andreas Linden

Effiziente Steuerung von Projektbündeln bei Produkteinführungen 263
Clemens Frowein

Multiprojecting mit richtigen Gremien, schnellen Prozessen,
kooperativen Arbeitsweisen 273
Gudrun Pleuger

Integrating the PMO into the Strategy Process 287
Martin R. Sedlmayr

Projektportfolio-Management einführen 301
Frank Kühn

Praktische Einführung eines Projektportfolio-Management-Systems 325
André Maiworm

Mit interaktiven Prozessen zum Erfolg 349
Frank Kühn, Peter Wollmann

Literatur 361

Die Autoren 365

Teil I

Ansatz und Anspruch

Herausforderungen des Projektportfolio-Managements

Matthias Hirzel

> „Es ist besser, ein Problem zu erörtern, ohne zu entscheiden,
> als zu entscheiden, ohne es erörtert zu haben."
> (Jacques Jobert, französischer Philosoph)

Neuerungsvorhaben werden mit Projekten umgesetzt. Ihre Anzahl, Struktur und Zielsetzung, ihr Ressourcenbedarf und ihr Verhältnis zueinander geben Aufschluss über Richtungen und Intensität der Veränderung der Organisation als Ganzes. Um hier Transparenz und Steuerungsfähigkeit zu gewährleisten, muss den unterschiedlichen Anforderungen der Organisation Rechnung getragen werden. Worauf es ankommt, wird im folgenden Beitrag aufgezeigt.

1. Projektportfolio nur im Kontext optimieren
2. Wachsender Wettbewerb heißt mehr Projektarbeit
3. Stärkere Marktorientierung verschiebt Ressourcenbedarf
4. Innovationsschübe verlangen neue Fähigkeiten
5. Interdependenzen erfordern mehr Transparenz
6. Kürzere Projektedauer erhöht Komplexität
7. Globalisierung nicht ohne Differenzierung

1. Projektportfolio nur im Kontext optimieren

Die Ressourcen einer Organisation, ob nun Personal, Anlagen oder Finanzmittel, ob IT-, Marketing- Produktions- oder Management-Kapazitäten, sind knapp. Mit ihnen muss das Tagesgeschehen bewältigt werden; sie sollen aber auch für die Summe aller Neuerungs- und Veränderungsvorhaben (Projektportfolio) verfügbar sein.

Wenn es um die Aufteilung der Ressourcen im Unternehmen geht, scheint das Projektportfolio schlechte Karten zu haben. In der Regel fällt dem Tagesgeschehen zwischen 80 % und 90 % der vorhandenen Ressourcen zu; wer will schon das laufende Geschäft zugunsten einer „zweifelhaften" Zukunftssicherung begrenzen? Das Dringliche wird vor dem Wichtigen getan.

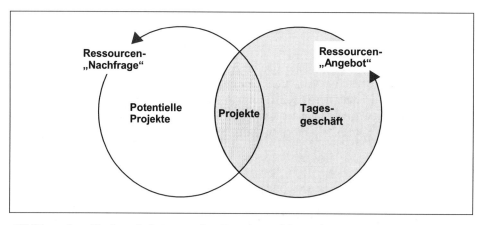

Abbildung 1: Kräfteverhältnis zwischen Projektportfolio und Tagesgeschäft

Warum sich das Kräfteverhältnis zwischen den Neuerungs- und Änderungsvorhaben einerseits und den Routinen andererseits gerade auf diese Weise einstellt, kann kaum nachvollzogen werden.

Jedes Vorhaben, jedes Projekt wird einzeln entschieden und macht für sich Sinn. Ist aber die Summe der Projekte das Optimum? Die Antwort kann gleich mitgeliefert werden: Bestimmt nicht! Es führt immer wieder zu Überraschungen, wenn z. B. die geplanten und laufenden Projekte hinsichtlich ihres Beitrags in Richtung formulierter Strategien bzw. Ziele überprüft werden: Dabei lassen sich meist erhebliche Dissonanzen erkennen. Fehlallokationen der Ressourcen sind die Regel.

Wichtige Herausforderung des Projektportfolio-Managements ist es mithin, für die Bewertung und Auswahl der Projekte Orientierungsmaßstäbe zu finden, insbesondere Kontextbetrachtungen herzustellen und die entsprechenden Entscheidungsprozesse zu organisieren. Erst dann wird eine nachvollziehbare Annäherung an das gewünschte optimale Projektportfolio gelingen.

2. Wachsender Wettbewerb heißt mehr Projektarbeit

In Folge der Globalisierung werden Waren, Dienstleistungen und Technologien vergleichbarer und auch vielfältiger. Das erfordert für die Mitspieler ein hohes Maß an Anpassung, Spezialisierung, Kooperation etc.

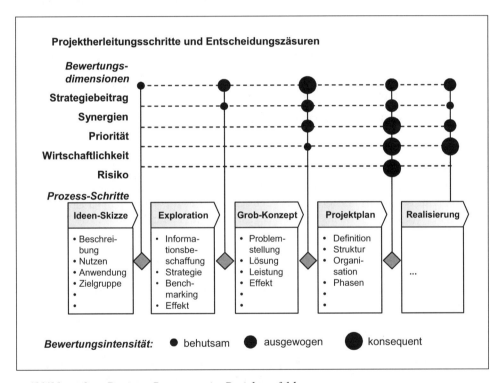

Abbildung 2:   *Dosierte Bewertung im Projektvorfeld*

Vor diesem Hintergrund steigt der Bedarf an Ressourcen für den Wandel. Er schlägt sich in einer Vielzahl von Maßnahmen, aber auch organisationsübergreifenden Vorhaben nieder. Die Folge ist geradezu eine Projekte-Inflation. Es ist eben leichter, noch ein Projekt draufzusatteln, als eins zu streichen. Konsequenzen: Die Kapazitäten reichen hier und dort nicht, Prioritäten werden zu Lasten der Kontinuität spontan neu festgelegt, zusätzliche, externe Unterstützung bedarf der Koordination und fruchtet erst zeitversetzt, die Mitarbeiter wirken an mehreren „Baustellen" mit und haben weniger Erfolgserlebnisse. Das Ganze mündet eher in einem Aktionismus denn in einer perspektivischen Fokussierung. Nicht nur das, auch das laufende Geschäft gerät in Mitleidenschaft: Pannen häufen sich, die Qualität nimmt ab, Leistungsversprechen können nicht eingehalten werden.

Das Portfolio der Neuerungs- und Änderungsvorhaben wird infolgedessen die im Vorfeld eines konkreten Projekts thematisierten Ideen und Konzepte einbeziehen müssen, um bereits in einem frühen Stadium Entscheidungshilfen für Richtung und Schwerpunktsetzung zu geben.

Sicherlich kein leichtes Unterfangen, wenn man bedenkt, dass die maßgebenden Daten der Projekte in dieser frühen Phase noch nicht vorhanden sind. Qualitative Annahmen bei Vorhaben in der Vorphase werden mit bereits erhärteten Daten von Projekten in der Realisierung verglichen werden müssen.

3. Stärkere Marktorientierung verschiebt Ressourcenbedarf

Neuerungen erfolgten früher in Form von klassischen, eher technisch orientierten Innovationen, wie z. B. Telefon, Transistor etc. Inzwischen richtet sich die Innovation auf alle Aspekte der Leistungserbringung, also auch auf die des Marktes. Zwei Grundrichtungen der Differenzierung zeichnen sich ab:

- Individualisierung, d. h. insbesondere durch Service, aber auch mit angepassten Erzeugnissen wird auf die spezifischen Belange von differenzierten Kundengruppen eingegangen. So konzipieren z. B. Versicherungen Leistungsbündel, die sich speziell am Bedarf von Landwirten orientieren, oder aber modische Uhren werden für bestimmte Altersgruppen ausgerichtet etc. (Maßanzug)

- Dieser Richtung gegenläufig erfolgt eine Innovation, die auf Standardisierung aus ist. Der „Convenience-Vorteil" steht im Mittelpunkt. Der Kunde weiß genau, was er erhält (z. B. Hotelketten oder Direktbanken etc.). Die Leistung beschränkt sich auf das Wesentliche. Der Vorteil des Kunden besteht in der stetig gleichartigen Qualität, Darbietung und Vergleichbarkeit (Konfektion)

Als Konsequenz verlagert sich der Ressourcenbedarf weg von den Organisationseinheiten, die traditionell den wesentlichen Beitrag für Neuerungs- und Änderungsvorhaben bestreiten, wie z. B. Forschung & Entwicklung, und hin zu Bereichen, die eher die laufende Geschäftsroutine betreiben, wie z. B. Vertrieb oder Logistik. Die Abbildung 3 zeigt die relative Verteilung der Ressourcen eines typischen Unternehmens aus der Optoelektronik. Tendenziell wird sich die Ressourcenallokation in Richtung „Nord-Ost" verschieben.

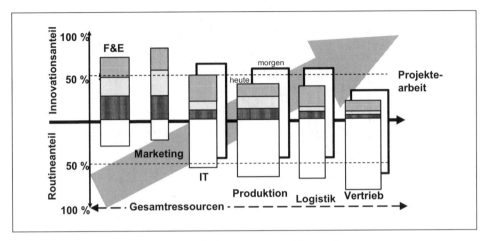

Abbildung 3: Relative Ressourcenallokation in einem Unternehmen

Die Verlagerung des Ressourcenbedarfs verlangt von den nunmehr stärker zu der Projektarbeit beitragenden Organisationseinheiten wie z. B. den Vertrieb geänderte Arbeitsweisen. Nicht nur eine bessere Ressourcenplanung ist erforderlich, sondern auch die Bereitstellung der Ressourcen und die Notwendigkeit, den Einsatz für die entsprechenden Projekte zu erfassen, zu disponieren und zu kontieren. Hier gibt es in der Regel erhebliche Widerstände: Einerseits sorgt die „Doppelbindung" – hier Projektarbeit und dort Tagesgeschäft – für Irritation und andererseits fehlen die methodische Unterstützung und erprobte Arbeitsweisen.

4. Innovationsschübe verlangen neue Fähigkeiten

Üblicherweise wird zwischen Langhub-Innovation und Kurzhub-Innovation unterschieden. Kurzhub-Innovationen konzentrieren sich auf die kontinuierliche Verbesserung der Produkte, Leistungen und Systeme. Das Projektportfolio-Management kann hier auf die im Unternehmen und im Umfeld normalerweise benötigten Ressourcen zurückgreifen. Ganz anders liegt es bei den Langhub-Innovationen. Hier ist z. B. zu denken an klassische Systemsprünge wie analoge versus digitale Kamera, mechanische versus elektronische Uhren oder aber mobile Vertrieb versus E-Commerce. Solche Neuerungen lassen sich in der Regel nicht mit den bestehenden Ressourcen bzw. dem vorhandenen Personal bewerkstelligen.

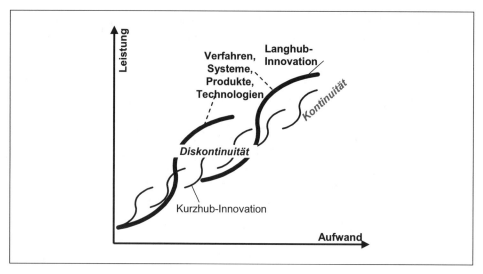

Abbildung 4: *Diskontinuierlicher Ressourcen-Bedarf – Innovationsschübe*

Das über Jahre hinweg auf bestimmte Verfahren hin ausgerichtete Denken und Handeln der Mitarbeiter verhindert bei Langhub-Innovationen den damit erforderlichen Sprung. Es sind neue Fähigkeiten und auch neue Köpfe gefragt.

Auf diese Situation hat sich das Management des Projektportfolios einzustellen. Es geht also nicht nur um die Ableitung des nötigen Volumens, sondern auch um die Prognose des richtigen Bedarfs an spezifischen Ressourcen.

5. Interdependenzen erfordern mehr Transparenz

Zu einem effizienten Projektportfolio-Management gehört es auch, die Verzahnung der Projekte untereinander offen zu legen. Dies hat mehrere Vorteile:

- Doppelarbeiten können vermieden werden.
- Verbundvorteile (Synergien) lassen sich frühzeitig feststellen und nutzen.
- Inhaltliche Abhängigkeiten sind erkennbar und können in die Planung einbezogen werden.
- Ressourcen-Engpässe lassen sich umgehen.

Herausforderungen des Projektportfolio-Managements

Bei divisonalisierten Unternehmen ist das Projektportfolio-Management außerdem mit der Situation konfrontiert, dass die einzelnen Geschäftsbereiche einerseits über eigene, spezifische Projektportfolios verfügen und andererseits auf die gemeinsamen Ressourcen der zentralen Dienste (Shared Services) zurückgreifen. Sollten hier Engpässe entstehen, wäre über die Reihenfolge zu befinden. Ein delikates Unterfangen, da geklärt werden müsste, ob die Einzelprojekte der Geschäftsbereiche in Relation gebracht oder die Projektportfolios an sich aufeinander bezogen werden sollen.

Diese Unterscheidung erscheint zunächst theoretisch, kann jedoch zu ganz unterschiedlichen Ergebnissen kommen und wird insbesondere bei kritischen Engpässen wie Informationsverarbeitung oder F&E virulent.

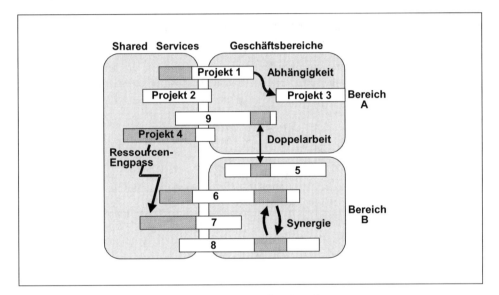

Abbildung 5: Mögliche Interdependenzen zwischen Projekten

Schließlich ist mit dem Projektportfolio-Management auch die Koordination von Ressourcen unterschiedlicher, in der Regel rechtlich unabhängiger Unternehmen, die an einem gemeinsamen Innovationsvorhaben partizipieren, zu bewältigen.

Die Komplexität steigt weiter, wenn man bedenkt, dass durch die Wirtschaftsdynamik ein häufiges Umrangieren des Projektportfolios erforderlich ist.

Wenn hier nicht genügend Transparenz vorliegt, blockieren sich die einzelnen Vorhaben eher untereinander, als dass sie sich stützen.

6. Kürzere Projektedauer erhöht Komplexität

Aufgrund der sich schnell entwickelnden Märkte und der damit sich ändernden Produkt- und Leistungsanforderungen sind die Unternehmen gehalten, die Dauer der Projektinnovationen erheblich zu verkürzen. Man will auf dem letzten Stand sein und Überraschungen vermeiden bzw. entstehende Umfeldentwicklungen noch mit einbeziehen. D. h., Projektarbeit wird relativ spät begonnen, dann aber mit starkem Nachdruck und ohne Verzögerung eingesetzt.

Gleichzeitig kommt hinzu, dass die Marktfenster kleiner werden. Damit hier die Wirtschaftlichkeit einer Produkterneuerung über den Lebenszyklus hin gewährleistet ist, muss das neue Produkt „pünktlich", also nicht zu früh und nicht zu spät (time to market), eingeführt werden. Den Zusammenhang macht Abbildung 6 deutlich.

Für das Projektportfolio-Management bedeutet dies, dass zeitweise ein sehr hoher Ressourcenbedarf notwendig ist und hier eine vorausschauende Disposition erforderlich wird.

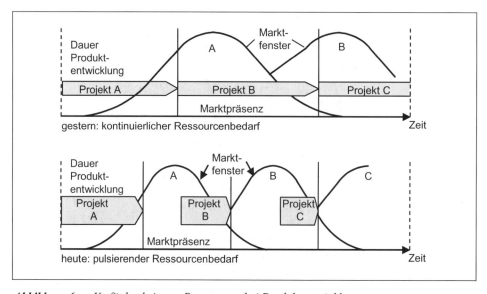

Abbildung 6: *Verfügbarkeit von Ressourcen bei Produktentwicklungen*

7. Globalisierung nicht ohne Differenzierung

Vier Freiheiten prägen das internationale Bild: „Kapital als Weltbürger", „Information als freies Gut", „Verfügbarkeit von Produkten und Dienstleistungen" sowie „freie Arbeitsplatzwahl" (Europa). Vor diesem Hintergrund enden auch Neuerungs- und Änderungsvorhaben nicht an den nationalen Grenzen. Im Gegenteil: Die organisationsübergreifende Projektarbeit bietet sich geradezu an, auch länderübergreifend ausgelegt zu werden.

Besonders in den transnationalen Konzernen, aber auch im Rahmen von Allianzen und Kooperationen steigt die Erfordernis, Neuerungs- und Änderungsvorhaben nicht erst national anzufahren und dann sukzessive zu internationalisieren, sondern von Anfang an gemeinsam in die Wege zu leiten. So werden alle Belange gleichzeitig einbezogen und insgesamt damit Zeit und Kosten gespart.

Dies bedeutet nicht notwendigerweise Vereinheitlichung, sondern eher Abstimmung von Arbeitsweisen. Die erfolgreiche Zusammenarbeit im interkulturellen Bereich setzt das Anerkennen der Unterschiede voraus: „Erst differenzieren, dann integrieren."

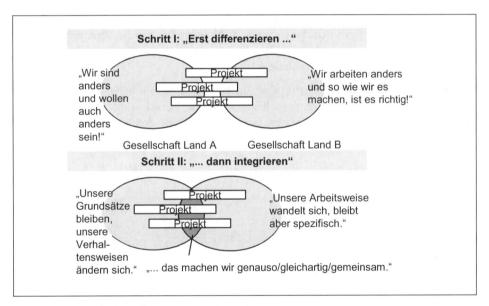

Abbildung 7: Schritte der transnationalen Abstimmung

Für das Management des Projektportfolios ist dies eine schwierige Ausgangslage, da aus unterschiedlichen Projekte-Welten vergleichbare Daten verfügbar gemacht werden müssen. Noch anspruchsvoller wird es, wenn auch die Entscheidungs- und Steuerungsprozedere aufeinander abgestimmt werden sollen. Anders als beim Einzelprojekt mit Anfang und Ende ist das Projektportfolio-Management eine permanente Aufgabe. Aufeinander abgestimmt werden müssen nicht nur die zur Transparenz erforderlichen Darstellungen, Übersichten, Tool-Unterstützung etc., sondern auch die für eine gemeinsame Handlungsweise erforderlichen Managementprozesse; keine einfache Sache, wenn man die unterschiedlichen Grundverständnisse berücksichtigt: Z. B. wird hier dem Fachwissen im Management eine größere Bedeutung beigemessen und dort Managementkompetenz an sich betont.

Schließlich kann das Erfordernis an Informations-, Kommunikations- und Entscheidungshilfen unterschiedlich ausfallen, je nachdem, welcher Abstand zwischen dem oberen, mittleren und unterem Management besteht.

Ein Portfolio-Management, das sich dieser Herausforderung entzieht, läuft Gefahr, seiner Rolle als Instrument für den erfolgreichen Wandel nicht gerecht zu werden.

Schlussfolgerung

Die aufgegriffenen Fragestellungen sind sicherlich komplex und wohl kaum mit einer einzigen Management-Methode komplett zu bewältigen. Das Projektportfolio-Management kann hier jedoch einen erheblichen Beitrag zur Transparenz und Entscheidungssicherheit leisten.

Es ist in zweierlei Hinsicht gefragt: einerseits die richtigen Projekte auswählen zu helfen. Damit wird ein Beitrag zur Effektivität geleistet. Andererseits sind die Voraussetzungen für eine Effizienzsteigerung zu schaffen. Hier geht es in der Regel um die Frage der Dringlichkeit und des optimalen Ressourceneinsatzes.

Es sind Entscheidungshilfen bereitzustellen, die dem Management helfen, weg zu kommen von der üblichen Politik, lediglich zusätzliche Projekte ins Leben zu rufen (Projektinflation) und hin zu kommen zu der Konsequenz: weniger, fokussierte Projekte in kürzerer Zeit zu realisieren.

Projektportfolio-Management im Kontext der Strategischen Planung

Peter Wollmann

> *„Und ist es auch Wahnsinn, so hat es doch Methode."*
> *(William Shakespeare)*

Die dynamische Entwicklung des Umfelds verlangt adäquate, d. h. komplexere, differenziertere und systemische Planungs- und Steuerungsarchitekturen. Vor diesem Hintergrund gilt der folgende Beitrag der Verbindung zwischen der Strategischen Planung eines Unternehmens mit der Planung und Steuerung der Innovations- und Veränderungsvorhaben in ihrer Gesamtheit. Der strategische Planungsprozess auf verschiedenen Unternehmensebenen und der kontinuierliche Abgleich mit der Projektlandschaft werden in methodischer und organisatorischer Hinsicht dargestellt. Die Orientierung auf Wertschöpfung und Wertsteigerung realisiert sich jetzt auch in der ganzheitlichen Steuerung des Projektportfolios.

1. Notwendigkeit und Entwicklung „neuer Planungsarchitekturen"

2. Logik und Komponenten des Strategischen Plans

3. Definition von Ziel- und Maßnahmenbündeln

4. Strategieabgleich der Projektelandschaft

5. Strategierealisierung im Fokus des Berichtswesens

1. Notwendigkeit und Entwicklung „neuer Planungsarchitekturen"

Die Entwicklung des Umfelds – des politischen, rechtlichen, regulatorischen, sozialen Rahmens und der technologischen Möglichkeiten – und die hiermit zusammenhängende Entwicklung der Unternehmen selbst hat deren Konzepte der Planung und Steuerung in den letzten Jahren grundlegend geändert. Schwierigere Wettbewerbsumfelder, globalisierte Märkte, höhere regulatorische Erfordernisse, erhebliche Steigerung der Komplexität von Unternehmen durch mannigfach gestiegene Anforderungen der Stakeholder und nicht zuletzt die sprunghafte Entwicklung der sich überlagernden Organisationsdimensionen (Linie, Prozesse, Projekte, Geschäftsfelder u. a.) verlangen eine sehr viel komplexere, differenziertere und systemischere Planungs- und Steuerungsarchitektur als noch vor wenigen Jahren.

Darin spielt die übergreifende Steuerung der Projekte eine besondere Rolle. Auf der einen Seite werden mit Projekten strategisch relevante, komplexe Vorhaben realisiert. Auf der anderen Seite war und ist die Professionalisierung von Projektmanagement für viele Unternehmen die erste Erfahrung mit einer Organisationsform, die die Linienstruktur explizit überlagert und gleichzeitig mit ihr zu vernetzen ist – und dies zunehmend in einem internationalen Kontext. Von dieser Erfahrung profitiert auch die oft nachfolgende Implementierung anderer überlagernder Organisationsformen, insbesondere das Prozessmanagement, mit Vernetzungen wiederum zur Linienstruktur und zum Projektmanagement. So müssen schließlich die Ergebnisse des Strategieprozesses in die Projektauswahl und Projektpriorisierung Eingang finden, die Ressourcennachfragen der Projekte sind in der Budgetplanung zu berücksichtigen sowie die Innovationsperspektiven in der strategischen Personalplanung.

Aus dem Anspruch der Vernetzung heraus geben die nachstehenden Ausführungen zur Planungs- und Steuerungsarchitektur zunächst einen Überblick und gelangen dann über die Definition strategisch begründeter Maßnahmenbündel zu Fragen der strategischen Bewertung von Projekten im Zusammenhang des Projektportfolio-Mangements.

Architektur wird dabei im Folgenden nicht nur als Struktur, sondern auch als aktiver Prozess verstanden. D. h., neben einem „Schnappschuss" auf die aktuelle Architektur geht es auch um die Fragen, wie Architektur entsteht, wie mit ihr kommunikativ umgegangen wird und wie sie kontinuierlich weiter entwickelt wird, um den Anforderungen seitens des Marktes und Wettbewerbs standzuhalten. Ein „systemischer" Anspruch entsteht, weil die Herausforderung in der Erkundung der Zusammenhänge des Systems Unternehmen und Umfeld und des systemischen Verständnisses von steuerungsrelevanten Elementen und Beziehungen, ihren Wirkungen und ihrer Dynamik liegt. Erst dieses Verständnis von Kontexten erlaubt es, effektive und nachhaltige Ansätze für ein gleichermaßen realitätsnahes und perspektivisches Planen und Steuern zu finden. Die Intelligenz des Ansatzes muss folglich darin liegen, in der realen Komplexität eine adäquate Orientierung zu finden. Allein die allgemein gebräuchliche Geschäftssprache und Zahlenorientierung stoßen hier schnell an ihre Grenzen (Abbildung 1).

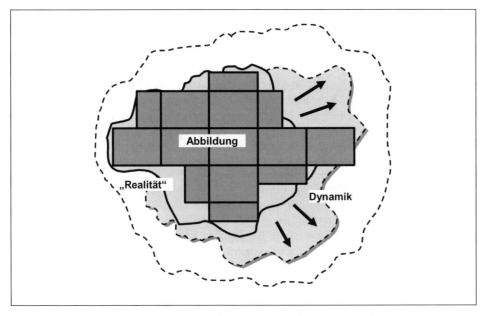

Abbildung 1: Erst ein Verständnis des Systems Unternehmen und Umfeld in seiner Komplexität und Dynamik erlaubt die Entwicklung einer adäquaten Planungs- und Steuerungssystematik. In dem Bewusstsein, dass die quantitative Abbildung in gebräuchlichen Kennzahlen immer eine Vereinfachung und „Digitalisierung" der „Realität" sein wird.

Die Orientierung am klassischen Controlling mit seinem Primat der Kostenrechnung und Steuerung der Gewinn- und Verlustrechnung reicht – trotz einer hohen Dominanz in „Krisenzeiten" – also schon lange nicht mehr aus. Angesagt ist ein Konzept der Strategischen und Operativen Planung und Steuerung, welches neben den klassischen Ergebnisgrößen auch die nicht-monetären Steuerungsgrößen umfasst, die verschiedenen Dimensionen der Organisation (Linie, Prozesse, Projekte, Geschäftsfelder etc.) ebenso abdeckt wie die Dimensionen der Balanced Scorecard (Finanzen, Kunden, Prozesse, Innovation/Wandel und Mitarbeiter) und dabei den Fokus auf Selbststeuerung der – immer größere Verantwortung übernehmenden – marktnahen Einheiten eines Unternehmens legt. Bei allem sind noch die Orientierung an der kurz-, mittel- und langfristigen Wertschaffung für Shareholder sowie Stakeholder im weiteren Sinne (Eigner, Kunden, Mitarbeiter, Geschäftspartner, Gesellschaft) und die Beherrschung auch über das eigene Unternehmen hinausgehender Wertschöpfungsketten gefragt. Es versteht sich von selbst, dass die Anforderungen an die Transparenz der Auswirkungen betrieblichen Handelns auf allen Ebenen in der Bilanz sowie Gewinn- und Verlustrechnung ständig gestiegen sind.

Kurzum, verantwortliche Controller sind heute Architekten hochkomplexer Ansammlungen verschiedener miteinander funktional vernetzter „Controlling-Bauwerke" und Moderatoren raffinierter und sich dynamisch entwickelnder Plattformen zum Abgleich intern vereinbarter Leistungen zwischen Konzern-Einheiten und – virtueller oder tatsächlich fließender – Vergütungen sowie des Interessenabgleichs an Schnittstellen, alles unter dem Dach des Interesses des Gesamtunternehmens. Das bedeutet, auf der einen Seite den Blick Top-down unter Berücksichtigung der nötigen Gesamtausrichtung eines Unternehmens einzunehmen und hieraus den Handlungsrahmen für die verschiedenen Unternehmensteile abzuleiten. Auf der anderen Seite müssen die Unternehmensteile in diesem unternehmerischen Rahmen die nötigen Freiheiten haben, um tatsächlich eigenverantwortlich tätig zu werden, dabei aber das Interesse des Gesamtunternehmens auch immer verfolgen können (wobei jederzeit die Konsolidierung der Einzelleistungen zur Gesamtleistung nach vergleichbaren Methoden und Instrumenten sichergestellt werden muss).

Diese Herausforderung wird mit der Entwicklung von systemisch angelegten Plänearchitekturen bewältigt, die die Verbindung zwischen Strategischer und Operativer Planung an sich sowie zwischen den Strategischen und Operativen Plänen der Teile eines Unternehmens mit dem Gesamtunternehmen herstellen. In diesem Beitrag wird insbesondere die Verbindung zwischen der Strategischen Planung und der Planung und Steuerung der Innovations- und Änderungsvorhaben eines Unternehmens in ihrer Gesamtheit beleuchtet.

2. Logik und Komponenten des Strategischen Plans

Kernstück und Ausgangspunkt der Strategischen Planung (Abbildung 2) ist die Formulierung der Business Mission: „Wofür tritt das Unternehmen am Markt an?" – und der Perspektive (früher auch oft unter dem Begriff „Vision" geführt): „Welche Rolle will das Unternehmen in einem mittel- bis langfristigen Zeitraum am Markt spielen?" Durch die Formulierung von Business Mission und Perspektive wird das prinzipiell zu bearbeitende Marktsegment – und damit der Anspruch an die eigene Entwicklung – festgelegt. Eine solche Formulierung hat sowohl eine erhebliche Innenwirkung, weil sie Führungskräfte und Mitarbeiter mental ausrichtet, als auch eine starke Wirkung nach außen, weil gegenüber dem Markt und der Öffentlichkeit der eigene Anspruch in knapper, verständlicher Form formuliert wird.

Ausgehend von dieser Festlegung erfolgt eine analytische Betrachtung, die methodisch streng die externe und die interne Sicht unterscheidet. In der externen Sicht werden die Entwicklung des Marktes und Geschäfts, in dem man tätig sein will, mit den entsprechenden Haupttrends und Herausforderungen beschrieben und die kritischen Erfolgsfaktoren für diesen Markt, also die Kompetenzen und Fähigkeiten, die jeder ernsthafte Mitspieler beherrschen muss, herausgearbeitet. Dies ist eine „objektive Angelegenheit", die unabhängig von „Befindlichkeiten des eigenen Unternehmens" erfolgen soll und eine Sicht, die auch von objektiven Instanzen – Analysten, Forschungsinstituten etc. – geteilt würde. Parallel, aber getrennt erfolgt die interne Sicht: Die Stärken und Schwächen sowie die Potenziale des Unternehmens werden an den kritischen Erfolgsfaktoren des Marktes vorbeigeführt. Es wird geprüft, inwieweit das Unternehmen den Erfolgsfaktoren des Marktes genügt, wo noch nicht genutzte Potenziale sind, wo auf Grund existierender Nachteile und fehlender Erfolgschancen künftig kein Geschäft mehr betrieben werden sollte und wo mit Aussicht auf erhebliche Wettbewerbsvorteile stärker zu investieren ist. Kurzum, es wird die aktuelle Positionierung des Unternehmens am Markt bestimmt, seine Vor- und Nachteile im Wettbewerb.

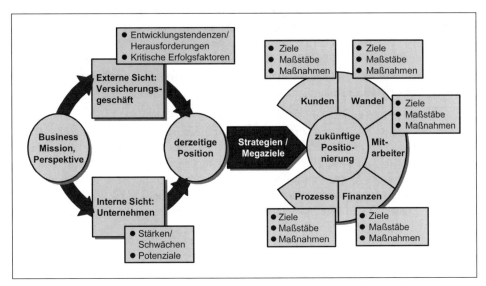

Abbildung 2: Verknüpfung der Strategischen Planung mit der Operativen Steuerung in den Dimensionen der Balanced Scorecard

Hieraus werden die Strategien und Megaziele (im Sinne perspektivischer Unternehmensziele) entwickelt. Leitgedanke ist, dass mögliche und unter wirtschaftlichen Aspekten erreichbare, dauerhafte Wettbewerbsvorteile angestrebt bzw. ausgebaut werden sollten und sich das Unternehmen intensiv auf seine besonderen Kompetenzen, die Vorteile gegenüber dem Wettbewerb erbringen, konzentriert. Parallel hierzu wird die zukünftige Positionierung, die erreicht werden kann und soll, beschrieben. An dieser Stelle erfolgt die Verbindung zwischen Strategischer und Operativer Planung: Die Strategien und Strategischen Megaziele, die den Weg zwischen derzeitiger und künftiger Positionierung weisen, werden „anfassbar" gemacht, indem sie mittels der Balanced Scorecard der Versicherungsgruppe mit fünf Dimensionen beschrieben werden: Kunden, Innovation/Wandel, Mitarbeiter, Finanzen und Prozesse. Bei Betrachtung der einzelnen Dimensionen werden die Strategien und Strategischen Megaziele in konkrete, auf die Dimension bezogene Ziele, Maßstäbe (wie die Zielerreichung gemessen wird) und in messbare Maßnahmen mit Verantwortlichkeiten entwickelt. Die Systematik ist sowohl für einen Gesamtkonzern als auch für seine Teile (Gesellschaften, Einheiten, Geschäftsprozesse, Geschäftsfelder, etc.) anzuwenden.

3. Definition von Ziel- und Maßnahmenbündeln

Wie schon in dem vorangegangenen Abschnitt angedeutet, sollten und können die Logik und das Konzept der Strategischen Planung in einer Unternehmensgruppe auf allen Ebenen – der Gruppenebene, der Unternehmensebene, der Ressort-, Bereichs- und Abteilungsebene, der Ebene der Prozesse und Geschäftsfelder, etc. – angewendet werden. Dabei ist sicherzustellen, dass die verschiedenen Strategischen Planungen sowie die abgeleiteten Operativen bzw. Operationalen Ziele und Maßnahmen synergetisch zusammenwirken und keine Widersprüchlichkeiten produzieren.

Hier ist zunächst eine grundsätzliche Betrachtung nötig (Abbildung 3). Aus dem Blickwinkel der Gruppe oder des Unternehmens insgesamt muss die Strategische Planung ein „Dach" bilden, unter das sich die Töchter und Organisationseinheiten harmonisch einordnen und aus dem sie ihre Pläne und Ziele „Top-down" ableiten können. Auf der anderen Seite muss der Strategische Plan des Gesamtunternehmens hinreichend durch die Pläne der Unternehmen und Organisationseinheiten unterstützt werden, also die Erreichbarkeit der übergreifenden Ziele und Maßnahmen „Bottom-up" durch die in den Unternehmen und Organisationseinheiten verantworteten Detailziele sichergestellt sein.

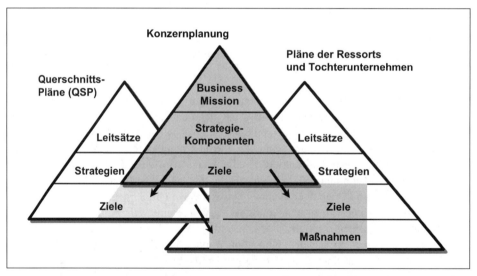

Abbildung 3: Kontext der Pläne von Konzern, Ressorts, Tochterunternehmen, Querschnittsfunktionen. Die übergreifenden Konzern-Ziele werden auf entsprechende Ziele der Ressorts, Tochterunternehmen (TU), bzw. der Querschnittspläne (QSP) heruntergebrochen. Parallel entstehen dort, wo nötig, spezifische Strategien der Ressorts/TU und QSP, weil die Konzern-Ziele nicht alle Aktivitäten abdecken müssen.

Aus Sicht der Unternehmen und Organisationseinheiten sind aber nicht alle für deren Ausrichtungs- und Steuerungsbedürfnisse benötigten Informationen und Festlegungen aus dem Strategischen Plan der Gesamtgruppe ableitbar. Es gibt immer systembedingt Themen und Aktivitätsfelder, für die aus anderen Betrachtungen als aus Sicht der Gesamtgruppe Ausrichtungen, Strategien, Zielrichtungen definiert werden müssen. Die Einheiten müssen sich im realen oder virtuellen Wettbewerb mit ihrer Profession mit anderen Unternehmen vergleichen und Anstrengungen unternehmen, um „State of the Art" zu sein. Die sich hieraus ergebenden Ziele werden in der Regel nicht durch den Strategischen Plan der Gesamtgruppe vorgeschrieben.

Die Kunst liegt in einer hinreichend vernetzten Abstimmung zwischen den Plänen auf den verschieden Ebenen. Diese Abstimmung muss zu einem gewissen Teil nicht methodisch, sondern prozessual erfolgen, also dadurch, dass zur rechten Zeit die richtige Kommunikation (allerdings mit den gleichen Begriffen und Definitionen) zwischen den Betroffenen hergestellt wird. Ein alleiniger methodischer Ansatz stieße hier an die Grenzen seiner Abbildungsmöglichkeiten von Realität und Perspektive (Abbildung 1) und kann dem systemischen Anspruch mit vernünftigem Aufwand meistens nicht mehr gerecht werden.

Als Ergebnisse dieses Kommunikationsprozesses entstehen idealerweise abgestimmte Ziel- und Maßnahmenbündel. Die Kernstrategien der Unternehmensgruppe insgesamt werden hinreichend durch Strategien der Unternehmensteile und dort durch konkrete Ziele und messbare Maßnahmen mit definierten Verantwortlichkeiten, Terminplänen etc. unterstützt. Wenn nach Zusammenführung und Abstimmung der Ziel- und Maßnahmenbündel auf Gruppenebene über die Strategie S1 gesprochen wird, ist klar, welche Teile der Gruppe mit welcher ihrer Strategien, welchen messbaren Zielen und welchen Maßnahmen zur Realisierung dieser Strategie S1 beitragen und welche Realisierung der Strategie insgesamt dadurch zu erwarten ist.

Ein nicht unbeträchtlicher Teil der Realisierungsmaßnahmen erfüllt die Definition eines Projektes: ein definierter Anfang und ein definiertes Ende, eine neuartige und komplexe Aufgabenstellung mit der Notwendigkeit zu übergreifender Zusammenarbeit, eine besondere wirtschaftliche Auswirkung (bspw. gemessen am Investitionsvolumen oder an der Ergebniswirkung).

Wie erfolgt nun die Strategische und Operative Steuerung dieser Projekte, die ja eine eigene Organisationsdimension im Kontext des Unternehmens darstellen und eines spezifischen Managements und einer spezifischen Steuerung bedürfen?

4. Strategieabgleich der Projektelandschaft

Projektelandschaften – also die Summe aller Projekte eines Unternehmens im Kontext (mit den gegenseitigen Abhängigkeiten und Schnittstellen) – sind zunächst einmal aus drei verschiedenen Blickwinkeln, fokussiert auf drei verschiedene Steuerungsebenen, zu betrachten (Abbildung 4).

Alle drei Ebenen bedürfen – wie in Abbildung 4 hervorgehoben – einer besonderen Betrachtung unter verschiedenen Aspekten. Die verbindende Klammer sind einmal das übergreifende Projektmanagement-System, andererseits ein spezifisches Management über diese drei Ebenen, welches diese Komplexität beherrscht und sich auf entsprechende Systeme stützt.

Die folgenden Betrachtungen betreffen insbesondere die Ausrichtung der Projektelandschaft insgesamt, also aus Managementsicht die obere Ebene in Abbildung 4.

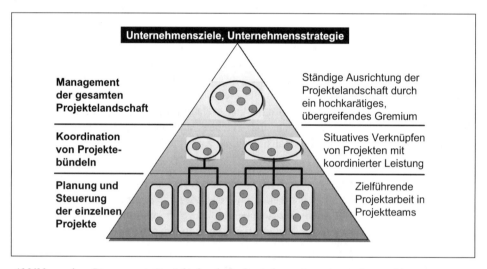

Abbildung 4: *Die gesamte Projektelandschaft wird aus einer aggregierten Management-Sicht mit ihren Auswirkungen auf Ergebnisse, Kosten und Ressourcen der Gesamtgruppe bewertet und bedarf einer ständigen Ausrichtung anhand der Strategischen und Operativen Ziele der Gruppe und ihrer Teile. An der „Basis" stellen sich die Einzelprojekte dar, die nach einem kompetenten Projektmanagement-System zielführend in der für sie gefundenen eigenen Organisation, also in Projektteams, gesteuert durch Projektgremien (Auftraggeber, Lenkungsausschuss) realisiert werden. Zwischen diesen beiden Ebenen werden Projekte, die starke inhaltliche Zusammenhänge miteinander haben, in geeigneter Weise verknüpft, und – um wichtige Synergien zu heben – mit einer koordinierten Lenkung ausgestattet; man spricht dann von Projektbündeln.*

Bekannterweise vollziehen sich Planung und Steuerung – und dies gilt insbesondere für Projektgeschehen – nicht linear-systematisch (vgl. Überlegungen zu Dynamik und Systemik in Abschnitt 1 und in Abbildung 1). Es ist nicht so, dass zunächst alle Stufen der Strategischen Planung für die Unternehmensgruppe und dann für ihre Teile durchlaufen und anschließend aus diesem Rahmen heraus die wichtigsten, übergreifenden Projekte definiert werden. Projekte leiten sich häufig auch aus operativ auftretenden Notwendigkeiten, aus Optimierungsbedarf von Teilen eines großen Ganzen und aus (partiellen) Markterfordernissen ab, entstehen also in einer gewissen Weise „Bottom-up". Dies ist – auch gerade in dem Zeitalter, in dem Verantwortung dezentralisiert, also an die „marktnahen Fronten" verlagert wird – sogar wünschenswert. Das erfordert aber, um die Koordination zwischen Strategischer und Operativer Planung – und hier speziell mit dem Projektgeschehen – sicherzustellen, besondere prozessuale und zum gewissen Teil auch methodische Vorkehrungen.

Eine zentrale Vorkehrung sind Konzept, Prozess und Methode des Strategieabgleichs der Projektelandschaft. Hier werden auf der einen Seite die Strategien, die dahinter liegenden Umsetzungskonzepte sowie die Strategischen Megaziele der Unternehmensgruppe aufgeführt und hieran die laufenden, geplanten bzw. vorgeschlagenen Projekte gespiegelt mit der Frage, welchen Beitrag sie zur Strategie bzw. zum Realisierungskonzept der Strategie und den Megazielen zur Strategie leisten (Abbildung 5).

	Konzernstrategien	Konkretisierungskonzepte	Projekte			Konsolidierung Gesamtsupport der Konzernstrategie
			P_1	...	P_i	
Fokussierung der Unternehmensgruppe	➤ S_1	➤ $K_{1.1}$ $K_{1.2}$ ...	Strategiebeitrag P_1 zu S_1	...	Strategiebeitrag P_i zu S_1	kein Modifikationsbedarf (zufriedenstellend)
	➤ ...	➤ ...	...	...	...	unterproportional (überprüfen)
	➤ S_n	➤ $K_{n.1}$ $K_{n.2}$ ...	Strategiebeitrag P_1 zu S_n	...	Strategiebeitrag P_i zu S_n	überproportional (überprüfen)
	Konsolidierung		Strategiebeitrag P_1 insgesamt	...	Strategiebeitrag P_i insgesamt	

Abbildung 5: Strategiebeitrag der Projektelandschaft. Die laufenden und vorgesehenen Projekte werden an den Strategien des Konzerns vorbeigeführt (bzw. an deren Realisierungskonzepten). Für jedes Projekt wird der Strategiebeitrag zu jeder einzelnen Strategie gemessen.

Die Beurteilung erfolgt in einem einheitlichen Schema – nach möglichst einfachen methodischen Grundsätzen – durch ein hochkarätiges Management-Gremium direkt unterhalb des Vorstands und/oder mit Vertretern des Vorstandes. Die in diesem ersten Schritt methodisch stringent erzeugten Ergebnisse werden dann einer intensiven Diskussion im Haus zugeführt, d. h. plausibilisiert, hinterfragt und gegebenenfalls modifiziert.

Ziel ist es, anschließend eine einheitliche Bewertung der Projektlandschaft aus strategischer Sicht durch das gesamte Management zu haben. Diese Bewertung kann dann noch mit Bewertungen aus wirtschaftlicher Sicht, Bewertungen aus Risikosicht (Realisierungswahrscheinlichkeit) und ähnlichen Betrachtungsdimensionen abgeglichen werden, so dass verschiedene Portfolios entstehen, die die Entscheidung für die Fokussierung des Unternehmens auf bestimmte Gruppen von Projekten erleichtern. In Abbildung 6 ist ein Portfolio dargestellt, das die Darstellung von strategischem Nutzen, Wirtschaftlichkeit und Projektvolumen vereint. Zusätzlich ist grafisch herausgestellt, wie weit die Projekte fortgeschritten sind. Daraus lässt sich z. B. ablesen, wie sich der Strategiebezug der Projektlandschaft entwickeln und verändern wird, wenn die Ressourcen aus operativen Vorhaben wie den Y2K- und Euro- oder SOX-Projekten frei werden und sich wieder vermehrt für strategische Vorhaben einsetzen lassen. Damit wird eine perspektivische Steuerung des Strategiebezugs der Projektlandschaft unterstützt.

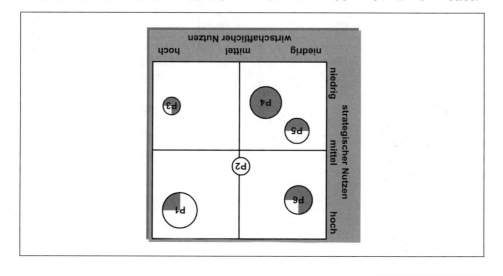

Abbildung 6: Projektportfolio zur Ausrichtung und Verfolgung der Projektlandschaft. Der Strategiebeitrag wird anhand eines „Scorings" quantifiziert, das sich an der Verfolgung der Konzernstrategien orientiert. Die Wirtschaftlichkeit wird über ROI und Break-even-point ermittelt. P4 wäre nach dieser Bewertung ein operativ dringliches Projekt, z. B. zur Umsetzung gesetzlicher Vorgaben. Die Kreisflächen stehen für die Projektvolumina (Aufwand bzw. Budget), die Kreissegmente für den Fortschritt. Das Projekt P4 befindet sich im Abschluss. P2 steht vor dem Start. P1 hat begonnen. P3, P5 und P6 sind fortgeschritten.

In einem konkreten Unternehmen ist die Steuerung der strategischen Ausrichtung der Projektelandschaft sowie die operative Steuerung der Projektelandschaft wie folgt gelöst worden:

Ein Gremium wurde gebildet, in dem die verschiedenen Unternehmensteile (Ressorts, Tochterunternehmen) durch Personen, die direkt an den Vorstand berichten, vertreten sind; die Federführung liegt bei Planung/Controlling. Das Gremium ist gleichermaßen verantwortlich für die grundsätzliche Steuerung der Weiterentwicklung des Projektmanagement-Systems der Gruppe, für die Steuerung der strategischen Ausrichtung der Projektlandschaft sowie für die operative Steuerung der Projektlandschaft. Durch ihre Nähe zur Geschäftsleitung und ihre wichtigen Rollen in konkreten unternehmerischen Tätigkeiten (in Teilen des Unternehmens) haben die Mitglieder des Gremiums per se ein hohes Verständnis für die strategische Ausrichtung und die operativen Notwendigkeiten der Unternehmensgruppe, was – konsolidiert – zu einer hohen Kompetenz des Gremiums als Ganzes führt.

Die für die Planungs- und Steuerungsarchitektur verantwortliche Einheit Planung/Controlling betreibt in der Regel nur wenige große, übergreifende Projekte selbst und nimmt damit auch relativ wenige Innovationsressourcen in Anspruch. Planung/Controlling kann daher in der Steuerung des Gremiums und damit in der strategischen Ausrichtung sowie der operativen Steuerung der Projektlandschaft eine neutrale, nicht durch „Eigennutz" bestimmte Rolle einnehmen. Neben dieser praktischen Überlegung steht – passend – die grundsätzlich von Planung/Controlling eingeforderte Kompetenz, Interessengegensätze zwischen Unternehmensteilen transparent, diskutierbar und damit beherrschbar zu machen und vernünftigen Lösungen mit optimalem Beitrag zu den strategischen und operativen Unternehmenszielen zuzuführen. Diese Kompetenz ist auch gerade für die Steuerung von Projektlandschaften hilfreich. Die durch Planung/Controlling in enger Abstimmung mit Betriebsorganisation unterlegten Verfahren und Methoden für die Steuerung sind strategie- und controllingbezogen (nicht technologiebezogen), was in der Regel ein weiterer Vorteil ist, da Projekte – Innovationsvorhaben – immer dem Ziel der Strategierealisierung bzw. Wertsteigerung eines Unternehmens dienen sollen und nicht Selbstzwecke (wie z. B. – polemisch formuliert – „Einsatz neuer Technologien, weil sie da sind" u. a.) unterstützen dürfen.

In dem betrachteten Fall tagt das Gremium mindestens einmal monatlich. Zusätzlich gibt es zwei bis drei Klausuren, die der Aufstellung der Projektlandschaft für die Folgejahre und der Weiterentwicklung des Projektmanagement-Systems dienen. Die Aufstellung der Projektlandschaft erfolgt in enger Abstimmung mit den übrigen Planungsprozessen der Unternehmensgruppe. Neue Projektvorhaben, die sich aus den strategischen und operativen Planungen begründen, werden in einer standardisierten, managementorientierten Form „beantragt" und gemeinsam mit den laufenden Vorhaben nach mehreren Dimensionen bewertet. Hierzu gehören die strategische Bewertung (Messung am Strategiebeitrag für die Unternehmensgruppe), die Feststellung der Wirtschaftlichkeit (Kosten-Nutzen-Relation), die Bewertung der Realisierungswahrscheinlichkeit und die Prüfung der Verfügbarkeit von Ressourcen im Rahmen der wirtschaftlichen Leistungsfähigkeit des Unternehmens insgesamt.

Die Erfahrung zeigt, dass die Mitglieder des Gremiums in diesem übersichtlichen und auch nach außen transparenten Prozess die Balance zwischen der Vertretung der Interessen „ihres

Unternehmensteils" auf der einen und der gesamtunternehmerischen Sicht auf der anderen Seite gut wahren können. Interessengegensätze zwischen Teilen des Unternehmens werden fast immer zielführend vor Vorlage des Plans der Projektlandschaft im Vorstand ausgeglichen. Die Ergebnisse des Gremiums sind in den letzten Jahren vom Vorstand in den abschließenden Entscheidungen deswegen auch nur marginal „korrigiert" worden.

Besondere Herausforderungen ergeben sich, wenn analoge Gremien mit Prozessen supranational eingerichtet werden sollen. Die zusätzlichen Herausforderungen umfassen Aspekte von Sprachlichkeit und kulturellen Differenzen, so dass eine mehrjährige aufwändige, aber letztlich lohnende Entwicklung von Personen sowie Strukturen und Prozessen betrieben werden muss. Das Ergebnis ist aber eine notwendige Voraussetzung, um in einem wirklich internationalen Unternehmen Projektportfoliosteuerung nachhaltig zu betreiben.

5. Strategierealisierung im Fokus des Berichtswesens

Nach der Planung und Freigabe der Projekte muss die Frage des Strategiebeitrags im Werdegang der Projekte weiter verfolgt werden. Das Berichtswesen der Einzelprojekte, der Projektbündel sowie insbesondere der Projektlandschaft insgesamt – adressiert an den Vorstand – muss dementsprechend über die Frage des einzelnen Projektfortschritts (hinsichtlich Ergebnissen, Terminen, Kosten) hinaus erweitert werden. Konkret ist zu fragen, wie sich die Beurteilung des Strategiebeitrags des Projektes während der Laufzeit des Projektes verändert (weil sich Sichtweisen von Strategien verändern, weil sich die Detaillierung der Leistungen des Projektes ändert, weil sich Projektumfelder ändern). So ist leicht vorstellbar, dass die Realisierung einer Strategie zu einem Zeitpunkt x durch die Ziele und Maßnahmen von Linien und Projekten genügend gesichert scheint, dann aber zu einem Zeitpunkt y die Bewertungen einiger Maßnahmen und Projekte z. B. aufgrund von Umfeldveränderungen modifiziert werden müssen und letztendlich die Realisierung der Strategie fraglich wird. Dies ist in einem gesonderten Berichtswesen zur Strategierealisierung darzustellen. Falls Wechselwirkungen mit der Zielerreichung einzelner Projekte bestehen, muss dies auch im Berichtswesen zur Projektlandschaft sowie in den Berichten der betroffenen Projekte ausgeführt werden (Abbildung 7).

Es schließen sich Fragen an, ob und ab welcher Veränderung die Allokation von Ressourcen (Personen, Betriebsmittel, Finanzmittel) in das betreffende Projekt unter den neuen Außenbedingungen noch gerechtfertigt ist oder ob eine grundsätzliche Neubewertung stattfinden muss. Hierdurch wird die andere Sicht auf etwaige Abweichungen von Sach-, Kosten- und Zeitzielen ergänzt: Auch ein Projekt, das sein Sachziel – möglicherweise mit Zeitverzögerung und Kostenerhöhung – noch erreicht, kann obsolet werden, weil das Kapital anderweitig besser und strategisch wirkungsvoller eingesetzt werden kann.

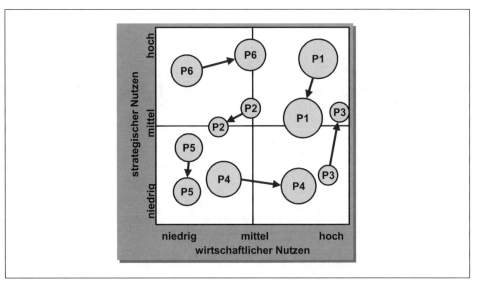

Abbildung 7: *Veränderung des Strategiebeitrags von Projekten im Zeitverlauf und Darstellung im Projektberichtswesen und im übergreifenden Berichtswesen. Die Veränderung der Bewertung der Positionierung erfolgt aus Projektsicht, die mit einer übergreifenden Sicht abgeglichen wird.*

Es erscheint sicher, dass die Bewusstseins- und Verhaltensänderung im Unternehmen hin zur Orientierung auf Wertschöpfung und Wertsteigerung tiefe Spuren in der Steuerung der Projektlandschaft hinterlassen wird. Nach Jahren der Konzentration auf Einzelprojekte und deren organisatorische und prozessuale sowie marktbezogene Aspekte zieht ein strenges strategisches Projektportfolio-Management in die Unternehmen ein. Der Maßstab ist die langfristige Wertschaffung durch Realisierungsbeiträge zu den Kernstrategien des Unternehmens. Damit geht das Projektmanagement-System von den Händen der Techniker und Organisatoren in die Hände der Strategischen Planung und der Strategischen Entwicklung über. Dieser Verantwortungs- und Rollenwechsel wird das betriebliche Projektgeschehen der nächsten Jahre prägen.

Strategie-Implementierung mit Projektportfolio-Management

Ingo Gaida

> *„Herr K. sagte einmal: Der Denkende benützt kein Licht zuviel,*
> *kein Stück Brot zuviel, keinen Gedanken zuviel."*
> *(B. Brecht)*

Mit Hilfe strategischer Projektportfolios können Führungskräfte die Umsetzung der Strategie und der daraus abgeleiteten operativen Ziele systematisch vorantreiben. Eine Kopplung der von Kaplan und Norton vorgeschlagenen Managementinstrumente Balanced Scorecard und Strategy Map mit dem Projektportfolio-Ansatz kann den Wirkungsgrad einzelner Aktivitäten deutlich erhöhen und die Kräfte im Unternehmen gezielt bündeln. Dabei kann ein pragmatischer Prozess die Strategie Implementierung mit Hilfe von Projektportfolio-Management vereinfachen. Grenzen hat das Projektportfolio-Management in Extremsituationen – z. B. in extrem wachsenden Märkten, wo sich das Projektportfolio auf ein Minimum reduzieren muss.

1. Vom Shareholder Value zur Strategy Map

2. Projektportfolio-Management als Instrument der Strategie Implementierung

3. Ein pragmatischer Prozess zur Strategie-Implementierung

4. Grenzen des Projektportfolio-Managements in extrem wachsenden Märkten

1. Vom Shareholder Value zur Strategy Map

In den letzten 10 bis 15 Jahren wurden etablierte Managementkonzepte systematisch weiterentwickelt, um die Wettbewerbsfähigkeit von Unternehmen noch gezielter zu sichern und dauerhafte Werte zu schaffen. Unterschiedliche Methoden und Ansätze wie Shareholder Value, Business Process Reengineering, Balanced Scorecard – um nur einige zu nennen – wurden in unterschiedlicher Ausprägung eingeführt und dann kontinuierlich weiterentwickelt. Ziel war und ist es, die Wertschöpfungsprozesse in Richtung Kunde zu optimieren, um damit die eigene Marktposition zu stärken und Wettbewerbsvorteile zu nutzen.

In diesem Zusammenhang stehen die Managementkonzepte des Shareholder Values (Rappaport 1999), von Balanced Scorecard und Strategy Maps (Kaplan/Norton 2001 und 2004) in einem logischen Zusammenhang. In stringenter Konsequenz stellte Rappaport die Schaffung von Shareholder Value als das wesentliche Ziel eines Unternehmens in den Vordergrund:

> *„In einer Marktwirtschaft, die die Rechte des Privateigentums hochhält, besteht die einzige soziale Verantwortung des Wirtschaftens darin, Shareholder Value zu schaffen und dabei die Prinzipien der Gesetzeskonformität und der Integrität zu wahren."*

Aber die unternehmerische Praxis zeigte, dass dieser Ansatz nicht für alle Unternehmen und nicht für alle Märkte gleichermaßen ausreicht – z. B. wird die soziale Verantwortung eines Unternehmens in der Regel deutlich höher angesehen als im Shareholder-Value-Ansatz gefordert.

Kaplan und Norton schlugen vor, die reine Finanzperspektive durch weitere Perspektiven zu erweitern. Vor allem die zusätzlichen Perspektiven „Kunden", „Prozesse" und „Wachstum/Lernen" identifizierten sie als wesentlich, um die richtige „Balance" zwischen harten Finanz-Zielen und weichen Faktoren in der Unternehmensführung und -entwicklung zu erreichen.

Eine entsprechende Einbettung dieses Ansatzes in das unternehmensspezifische Ziel-Management ergab somit die „Balanced Scorecard". Dabei ging es Kaplan und Norton vor allem darum, die Balanced Scorecard aus den strategischen Zielen und der Unternehmensvision abzuleiten und die damit verbundene Zielerreichung mit definierten Methoden zu messen. So sollte dem Management ein strategisches Instrument zur Verfügung gestellt werden, mit dessen Hilfe die strategischen Ziele systematisch, objektiv und nachvollziehbar verwirklicht werden können.

Im Rahmen ihrer Arbeit stießen Kaplan und Norton zusätzlich auf das Phänomen, dass die Unternehmen ihre Stärke nicht mehr nur aus materiellen bzw. finanziellen Vermögenswerten ableiten. Zunehmend zählen immaterielle Vermögenswerte wie z. B. Wissen, Technologie oder Innovationskraft, welche über Ursache-Wirkungs-Beziehungen schlussendlich zu Umsatzwachstum und/oder verbesserter Wirtschaftlichkeit führen. Die vier Perspektiven „Finanzen", „Kunden", „Prozesse" sowie „Wachstum/Lernen" bilden somit die wesentliche Basis für eine fokussierte und langfristig erfolgreiche Strategie, und die damit verbundene Ursache-Wirkungs-Architektur liefert die Struktur für die „Strategy Map" („Strategielandkarte").

Im Kern soll eine Strategy Map dazu beitragen, den Zusammenhang und die zugrunde liegende Logik zwischen einzelnen Strategie-Elementen der vier Perspektiven und der angestrebten Wertschöpfung (d. h. langfristiger Shareholder Value) nachvollziehbar darzustellen (Abbildung 1).

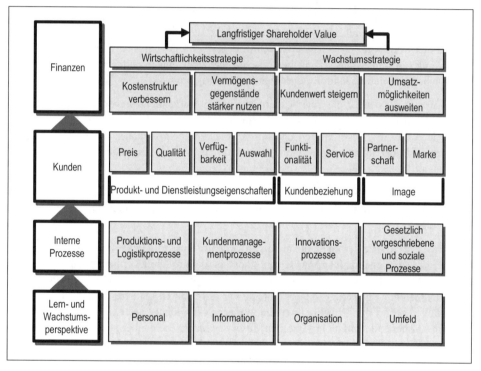

Abbildung 1: Typischer Aufbau einer Strategy Map

Da Unternehmen die Umsetzung der Strategie-Elemente oft gezielt durch so genannte strategische Projekte verfolgen, existiert in der unternehmerischen Praxis – vor allem bei Großunternehmen – ein generischer Zusammenhang zwischen der Strategy Map und dem Projektportfolio-Management. Schließlich berücksichtigt das Projektportfolio-Management in erster Näherung vor allem die strategischen Projekte.

2. Projektportfolio-Management als Instrument der Strategie-Implementierung

Eine notwendige Voraussetzung für einen dauerhaften und maßgeblichen Unternehmenserfolg ist die Entwicklung der „richtigen" Strategie. Die Strategie ist jedoch noch keine hinreichende Voraussetzung für den Erfolg im Markt. Es kommt darauf an, die Strategie „richtig" umzusetzen. In der Regel stellt diese operative Umsetzung die große Herausforderung dar. So folgten dem von John F. Kennedy erklärten strategischen Ziel, ein Amerikaner solle als Erster seinen Fuß auf den Mond setzen, gigantische finanzielle, ingenieurtechnische und wissenschaftliche Anstrengungen im Rahmen des Apollo-Programms.

Analog ist es für den Erfolg eines Unternehmens im Markt nicht hinreichend, lediglich die richtige Strategie zu entwickeln und zu kommunizieren, sondern es ist auch notwendig, diese Strategie systematisch, strukturiert und mit der notwendigen Ausdauer Schritt für Schritt zu realisieren. Dabei müssen notwendige Korrekturmaßnahmen konsequent und angemessen einfließen.

In diesem Zusammenhang stellt sich die Frage, welche Instrumente dem Management zur Verfügung stehen, um die Implementierung der strategischen Ziele pragmatisch und effektiv zu verfolgen.

Die Praxis zeigt, dass Großunternehmen und Global Player im Gegensatz zu kleinen Unternehmen weiter reichende Instrumente benötigen, um der größeren Komplexität und der räumlichen Trennung ihrer Gesamtorganisation gerecht zu werden. So wird ein mittelständisches Unternehmen die Umsetzung seiner Strategie vor allem durch kleinere Initiativen und gegebenenfalls zwei bis drei Projekte forcieren, während ein Global Player weltweit verschiedene Projekte initiiert, die in einem logischen Zusammenhang zueinander stehen. Hier kann das Projektportfolio-Management helfen, die strategische Stoßrichtung und zeitliche Abstimmung der Projekte gezielt und systematisch aufeinander abzustimmen. Mehr noch, auf Basis von Strategy Maps kann in entsprechender Analogie die zugehörige „Project Map" („Projektlandkarte") abgeleitet werden und aufzeigen, in welchem Zusammenhang die Projekte zueinander stehen. Da Strategy Maps einem Ursache-Wirkungs-Zusammenhang gehorchen, ergeben sich auf dieser Grundlage in der Regel sowohl eine Priorisierung der Projekte untereinander sowie die zugehörigen „Kopf-Programme" („Master Programs" oder „Strategic Thrusts"), welche gleichberechtigt nebeneinander stehen.

Während also die Strategy Map ein Instrument der strategischen Planung ist und z. B. die Balanced Scorecard das unternehmensinterne Ziel-Management unterstützt, stellt das Projektportfolio-Management ein operatives Instrument dar, mit dessen Hilfe die gesteckten Ziele auf der operativen bzw. Projekt-Ebene geplant und gesteuert werden können und das sich in erster Näherung analog zur Balanced Scorecard aus der Strategie ableiten lässt (Abbildung 2).

Durch den ganzheitlichen Ansatz dieses Konzepts werden unterschiedliche Aspekte der Wertschöpfungskette angemessen berücksichtigt. Auf diese Art und Weise kann die richtige Auswahl und Priorisierung der Aktivitäten und Projekte im Unternehmen systematisch und strukturiert durchgeführt werden. Voraussetzung hierfür ist vor allem eine hinreichende Integration des Managements bei der Planung und Steuerung des Projektportfolios auf Basis strategischer Vorgaben.

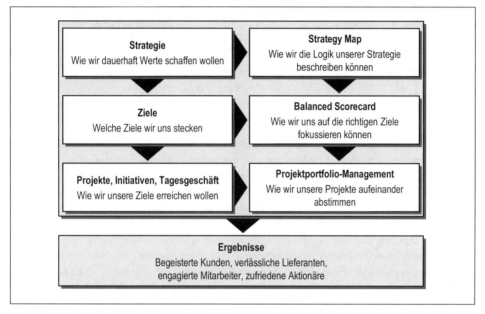

Abbildung 2:   *Projektportfolio-Management im Kontinuum der Wertschöpfungsschritte*

Z. B. werden Geschäftsprozesse mit Hilfe von internen Projekten systematisch auf den Kundenbedarf und die Marktentwicklung ausgerichtet und durch entsprechende Maßnahmen im Bereich Wachstum/Lernen gestützt. So können indirekt aus den strategischen Zielen entsprechende Projekte abgeleitet und operativ umgesetzt werden. Wenn Projekte dagegen auf Basis auftretender Probleme oder entstehender Engpässe im Tagesgeschäft ausgelöst werden, ist eine strategische Komponente nicht immer gegeben.

Zur Erläuterung ist ein Beispiel in Abbildung 3 aufgeführt. Die dort dargestellten strategischen Ziele scheinen nur wenig miteinander zu tun zu haben.

Interne Prozesse	Produktion	Supply Chain	Marketing	...
Strategisches Ziel	■ Höhere Qualität der Endprodukte ■ Höhere Verfügbarkeit der Anlagen	■ Verringerung der Lieferzeit ■ Optimierung der Packmittel ■ Geringere Kosten	■ Akquisition einer neuen Kundengruppe in einem neuen Marktsegment ■ Aufbau einer neuen Marke	■ ...

Abbildung 3: *Beispiel zur Optimierung interner Prozesse*

Tatsächlich hängen sie in folgendem Szenario der fiktiven EUROPA GmbH eng miteinander zusammen:

> *Zur Generierung von Umsatzwachstum verfolgt das Management der EUROPA GmbH die Strategie, eine neue Kundengruppe in einem speziellen Marktsegment zu gewinnen. Die finanziellen Ziele dieser Wachstumsstrategie wurden dabei vorgegeben. Voraussetzung zur erfolgreichen Umsetzung der Strategie ist, dass die etablierten höheren Standards dieses „neuen" Marktsegmentes konsequent eingehalten und dem Kunden angeboten werden können. Diese Standards, so hat eine Analyse ergeben, erfordern nicht nur eine Verringerung der bisherigen Lieferzeit, sondern auch einen niedrigeren Preis. Deshalb muss nicht nur die interne Kostenstruktur verbessert werden, sondern die Produktion muss auch eine Steigerung der Anlagennutzung ermöglichen, da die neue Kundengruppe für das Unternehmen ein Zusatzgeschäft bedeutet. Bevor jetzt also das Marketing ein Projekt zur Akquisition der neuen Kundengruppe ins Leben ruft, müssen zuerst interne Projekte im Bereich der Produktion und der Supply Chain erfolgreich realisiert werden.*

Dieses einfache Szenario zeigt prägnant, dass die Ziele innerhalb der Kundenperspektive die Strategie beschreiben. Abgeleitet aus der Strategie ergeben sich konkrete Anforderungen an die Wertschöpfungsprozesse im Unternehmen (Abbildung 4). Daher sind im ersten Schritt die notwendigen Veränderungen der Wertschöpfungsprozesse und die zugehörige Zielorganisation festzulegen. Erst daraus leiten sich im zweiten Schritt die erforderlichen und aufeinander abgestimmten Projekte ab, mit deren Hilfe die Realisierung der Anforderungen verfolgt wird.

Strategie-Implementierung mit Projektportfolio-Management 43

Produktions- und Logistikprozesse	Kundenmanagement-Prozesse	Innovationsprozesse	Gesetzlich vorgeschriebene/soziale Prozesse
Prozesse, die neue Produkte und/oder Dienstleistungen herstellen und liefern	Prozesse, die den Kundenwert steigern	Prozesse, die neue Produkte und/oder Dienstleistungen erschaffen	Prozesse, die Gemeinschaften und die Umwelt verbessern
■ Beschaffung ■ Produktion ■ Supply Chain ■ Instandhaltung ■ Qualitätsmanagement	■ Akquisition ■ Kundenbindung ■ Wachstum ■ Preise/Rabatte ■ Beschwerdemanagement	■ Marktanalyse ■ Forschung ■ Entwicklung ■ Patente/Lizenzen ■ Einführung	■ Umwelt ■ Sicherheit ■ Gesundheit ■ Gesellschaft ■ Staat

Abbildung 4: Wert schaffende interne Prozesse im Unternehmen

Entsprechend bilden diese „strategischen" Anforderungen an die Wertschöpfungsprozesse eine Basis für die Entwicklung des „strategischen" Projektportfolios. Leitet sich dabei das strategische Projektportfolio aus einer Balanced Scorecard ab bzw. erfüllt die zugrunde liegende Strategie eine Ausgewogenheit analog zum Balanced-Scorecard-Ansatz, so wird sich dieser Umstand in einem „Balanced Project Portfolio" widerspiegeln. Nun, nach der Festlegung des strategischen Portfolios, können die etablierten Instrumente zur Planung und Steuerung des Projektportfolios angewandt werden. Somit werden die Wertschöpfungsprozesse im Unternehmen systematisch und strukturiert auf die Umsetzung der Strategie und die Befriedigung der Kundenbedürfnisse ausgerichtet.

3. Ein pragmatischer Prozess zur Strategie-Implementierung

In der Praxis stellt sich oft die Frage, wie eine entwickelte Strategie pragmatisch und zielgerichtet umgesetzt werden kann. Wenn das Projektportfolio-Management ein geeignetes Instrument dafür ist: Wie sieht der zugehörige Prozess dann konkret aus?

Projektportfolio-Management hat sicherlich viele unterschiedliche Umsetzungsmöglichkeiten, die von Branche zu Branche und von Unternehmen zu Unternehmen unterschiedlich ausfallen. Im Folgenden soll ein pragmatischer Ansatz näher erläutert werden, der die wesentlichen generischen Merkmale von Projektportfolio-Managements berücksichtigt.

Startpunkt bildet die Strategieentwicklung, die in einer Spezifikation der wesentlichen strategischen Kopf-Programme mündet, die gleichberechtigt nebeneinander stehen. Sie stellt die grundsätzlichen strategischen Stoßrichtungen der Strategie dar. Diese Kopf-Programme werden in entsprechende strategische Projekte differenziert, die möglichst wenig Überschneidung und Abhängigkeiten untereinander haben. Ausgehend von diesem strategischen Projektportfolio werden die notwendigen Ressourcen schrittweise zugeordnet und die einzelnen Projekte in ihrer logischen Reihenfolge gestartet.

In einem weiteren Schritt berichten die einzelnen Projekte über ihre Projekt-Ergebnisse und -entwicklungen. Diese Einzel-Berichte werden in das zugehörige Projektportfolio integriert und zusammengefasst. Danach gilt es die Frage zu beantworten, ob die Ergebnisse der Einzel-Projekte ihre strategische Wirkung erzielen. Wenn dies nicht der Fall ist, muss gegebenenfalls die Strategie überdacht werden. Im anderen Fall kann das Projekt wie geplant fortgeführt werden.

Dieser einfache Prozessansatz kann mit Hilfe von drei Kreisen dargestellt werden (siehe Abbildung 5): Der erste Kreis auf der linken Seite skizziert die Strategieentwicklung, der zwei wesentliche Übergabepunkte beinhaltet. Der obere Punkt (1) markiert die Übergabe der Strategy Map bzw. der strategischen Kopf-Programme an den zweiten Projektportfolio-Kreis. Der untere Punkt (2) markiert die Auswirkung des Projektportfolios in Bezug auf die angestrebte Umsetzung der Strategie.

Der zweite Kreis steht für die Entwicklung des Projektportfolios selbst: Ausgehend von der Strategy Map wird das Projektportfolio spezifiziert und die einzelnen Projekt gestartet. Den entsprechenden Übergabepunkt an die Projektleiter markiert der obere Punkt (3), während der untere Übergabepunkt (4) die Rückmeldung des Projektes in Bezug auf Ergebnisse und Entwicklungen des Projektes markiert.

In dieser Darstellung verbindet also das Projektportfolio-Management die strategische Planung mit der Umsetzung entsprechender strategischer Projekte. Ferner wird klar, dass die drei miteinander gekoppelten Prozesse Strategieentwicklung, Projektportfolio-Management und Projektmanagement sich in ihrer Wechselwirkung kontinuierlich weiterentwickeln. Die entsprechenden Iterationsschritte sind über die Kreise dargestellt. Zudem zeigt die einfache Darstellung, dass das Projektportfolio-Management den Prozess der Strategieentwicklung mit dem klassischen Projektmanagement im Unternehmen verbindet.

Strategie-Implementierung mit Projektportfolio-Management

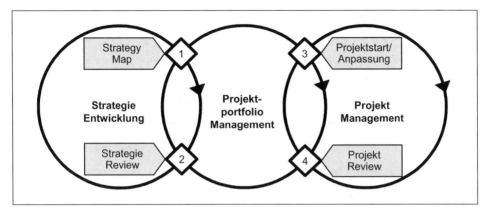

Abbildung 5: Die „3 Cycle" Prozessmodell-Darstellung zum Projektportfolio-Management

Das Beispiel der EUROPA GmbH aus dem vorherigen Kapitel lässt sich einfach auf diese Darstellung abbilden. Im ersten Schritt legt das Management der EUROPA GmbH ihre Strategie fest: Marktwachstum in einem speziellen Marktsegment. Entsprechend wird ein Programm gestartet, das die drei Unternehmensbereiche Produktion, Logistik und Marketing – wie in Abbildung 3 dargestellt – betrifft. Die entsprechenden Projekte werden logisch und zeitlich aufeinander abgestimmt und dann schrittweise umgesetzt. Bei der entsprechenden Umsetzung kommt es immer wieder zu Projektanpassungen. Dabei ist maßgeblich, dass es vor allem um die Umsetzung der Strategie im Markt geht und nicht um das kritiklose Verwirklichen von internen, formalen Managementanforderungen auf Basis von Projektsteckbriefen und zugehörigen Meilensteinen.

Aufbauen auf diesem Prinzip bietet sich eine detaillierte Betrachtung an:

Im ersten Kreis geht es um die kontinuierliche Entwicklung der Strategie des Unternehmens. Dabei gilt es

- die aktuelle Strategie im Detail zu überprüfen und mit den Erwartungen der Stakeholder abzugleichen,
- die Strategie in die wesentlichen strategischen Treiber zu differenzieren (Strategy Map),
- die wesentlichen Marktchancen und -risiken zu identifizieren,
- ein einheitliches Verständnis in der Führung für die Strategie zu entwickeln,
- kurzfristige, mittelfristige und langfristige Ziele zu definieren,
- die Kopf- bzw. Master-Programme und Initiativen festzulegen.

Entsprechend liegen dem Management am Übergabepunkt (1) eine Geschäftsanalyse, die aktuelle Gesamtstrategie, zugehörige Business Pläne sowie entsprechende strategische Ziele und Kopf-Programme in hinreichender Genauigkeit vor. Diese Daten, Dokumente und Informationen werden im Lauf der Zeit immer wieder aktualisiert und detailliert.

Im nächsten Schritt wird das Projektportfolio aus den Kopf-Programmen abgeleitet, d. h. konkret wird bzw. werden

- das aktuelle Projektportfolio im Unternehmen auf seinen „strategic fit" überprüft,
- die Kopf-Programme in unterschiedliche Projekte ausdifferenziert (Project Map),
- die einzelnen Projektziele und –ressourcen festgelegt und aufeinander abgestimmt,
- die Priorisierungen der Projekte untereinander vorgenommen,
- Projektleiter und -teams informiert und eingebunden.

Dabei werden für jedes Projekt der Strategiebeitrag (strategic value), die Wirtschaftlichkeit (economic value), das Risiko (risk) und die Dringlichkeit (urgency) ermittelt. Weitere Attribute zur Charakterisierung und Differenzierung der unterschiedlichen Projekte können finanzielle, zeitliche oder marktspezifische Aspekte betreffen.

In diesem Zusammenhang erscheint es für den obigen pragmatischen Zugang absolut hinreichend, für die wesentlichen Attribute nicht mehr als drei Werte zu vergeben (Abbildung 6):

Projekt-Attribut	Wert III	Wert II	Wert I
Strategiebeitrag	Hoher Strategiebeitrag (> 70 %)	Angemessener Strategiebeitrag (40-70 %)	Kein nennenswerter Strategiebeitrag (< 40 %)
Wirtschaftlichkeit	Wesentlicher Beitrag (NPV > X Mio. €)	Angemessene Wirtschaftlichkeit (1 Mio. € < NPV < X Mio. €)	Keine nennenswerte Wirtschaftlichkeit (NPV < 1 Mio. €)
Risiko	Kein Risiko	Geringes Risiko	Hohes Risiko
Dringlichkeit	Erste Priorität (Projektstart in einem Monat)	Dringlich (Projektstart im laufenden Geschäftsjahr)	Nicht dringlich

Abbildung 6: *Bewertungsmatrix für Projekte im strategischen Projektportfolio*

Die zugehörigen Werte und Portfolio Darstellungen liegen dem Management am Übergabepunkt (3) vor. An dieser Stelle starten die einzelnen Projekte.

Entsprechende Management relevante Informationen werden dann in Bezug auf die Projekte und die Strategie in den Übergabepunkten (4) und (2) aktualisiert bzw. erstmals berichtet.

Durch den iterativen Ansatz wird gewährleistet, dass die Dynamik der Märkte, Kunden, Wettbewerber wie auch der Projekte selbst hinreichend berücksichtigt wird. Die Entwicklung und stetige Veränderung ist also Teil des Gesamtsystems.

4. Grenzen des Projektportfolio-Managements in extrem wachsenden Märkten

Der Balanced-Scorecard-Ansatz und das zugehörige strategische Projektportfolio-Management eignen sich hervorragend für etablierte Unternehmen in ausgereiften Märkten.

Grenzen kann dieses Konzept in Extremsituationen haben – z. B. in extrem wachsenden Märkten (Moore 2004). Hier reduzieren sich die konkreten Projekte in der Regel auf ein Minimum, und eine Steuerung über ein Projektportfolio-Management liefert nicht notwendigerweise einen echten Mehrwert, weil die Projekte stark aus dem Verlangen getrieben sind, das operative Geschäft so gut wie möglich abzuwickeln.

Interessant ist dabei, dass es trotz dieser extremen Marktsituation oft zu einem „Balancing" kommen muss, wenn man sie unternehmerisch optimal bestehen will. D. h., im Sinne von Kaplan und Norton werden weiterhin die vier Perspektiven Finanzen, Kunden, Prozesse und Wachstum/Lernen hinreichend berücksichtigt und durch entsprechende Ziele und Initiativen verfolgt.

Das hier beispielhaft genannte Szenario stellt den von Moore beschriebene „Tornado" dar, eine Marktsituation in der High-Tech-Branche, in der es zu einem Paradigmenwechsel kommt und sich eine neue Technologie am Markt rasant durchsetzt (vgl. Abbildung 3 und zur weiteren Erläuterung Abbildung 7). Beispiele hierfür sind die Compact Disc (CD) oder das mobile Telefon (Handy). Beides sind Produkte mit einer zugehörigen Technologie, die heute eine etablierte technische Basis markieren und den Massenmarkt flächendeckend erobert haben. Der Tornado meint in diesem Zusammenhang diejenige stürmische Phase auf dem Markt, die dazu führte, dass der technologische Paradigmenwechsel hin zur CD (digitale Technologie) und weg von der Schallplatte/Kassette (Analog-Technik) irreversibel und rasant stattfand.

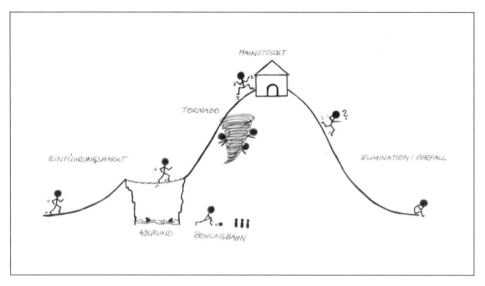

Abbildung 7: Technologie-Akzeptanz: Lebenszyklus in High-Tech-Märkten

So hat die Firma Sony in den sieben Jahren vor 1992 ca. 10 Millionen CD-Player verkauft, während im Jahre 1992 in nur sieben Monaten – der Phase des Tornados – die nächsten 10 Millionen CD-Player verkauft wurden. In einer solchen Zeit des Tornados reduzieren sich Balanced-Scorecard-Ansätze und das zugehörige Projektportfolio dramatisch auf die folgenden vier Kernaspekte:

- Finanzen: Cash-Flow maximieren
- Kunden: Kunden gewinnen und beliefern (Sales & Supply Management)
- Prozesse: Interne Prozesse effizient abwickeln (Operational Efficiency)
- Wachsen/Lernen: Produktführerschaft ausbauen (Product Leadership)

Alle anderen Punkte sind in dieser Marktsituation, wenn eine neue Technologie den Massenmarkt im Zuge eine Paradigmenwechsels erobert, zweitrangig. Die gesamte Wertschöpfung innerhalb des Tornados basiert in erster Linie darauf, einen schnellen, Risiko minimierenden Übergang zu dem neuen Paradigma anzubieten. Entsprechend stehen im Tornado nicht die Endkunden, sondern das B2B-Geschäft und Zulieferer im Vordergrund.

Die knappen Ressourcen im Tornado sind das Personal und die Zeit. Sie sind der limitierende Faktor, der sowohl ein Projektmanagement wie auch ein darauf aufbauendes Projektportfolio-Management in seiner vollen Entfaltung maßgeblich einschränkt. Die Parole im Tornado heißt „Machen", es bleibt nur wenig Zeit für Systematik und den Aufbau von Strukturen.

In der Zeit vor und nach dem Tornado ist das genau umgekehrt und in diesem Sinne kann das Projektportfolio-Management zielgerichtet auf den Tornado ausgerichtet werden. Entsprechend stellt das Projektportfolio-Management ein strategisches Instrument der Einführungsphase, des „Abgrundes" und der „Bowlingbahn" (Abbildung 8) beim Übergang zu einem neuen Technologieparadigma dar, um den Tornado systematisch vorzubereiten.

Prozessphase	Beschreibung
Einführung	Typische Kunden der neuen Technologie und des damit verbundenen Einführungsmarktes sind Enthusiasten und Visionäre, die die ersten sein wollen, die mit dem neuen Paradigma in Verbindung gebracht werden wollen.
Abgrund	Das Interesse des Einführungsmarktes geht zurück, die Technologie ist nicht mehr „das Neueste vom Neuesten". Auf der anderen Seite ist der Mainstream-Markt mit den bisher angebotenen, teilweise noch unausgereiften Eigenschaften der neuen Technologie unzufrieden.
Bowlingbahn	Die neue Technologie und seine Produkte finden Aufnahme in dedizierten Marktnischen. Dabei stehen sowohl zwingende Kundenbedürfnisse im Vordergrund, die durch die neue Technologie deutlich besser befriedigt werden, als auch die Bereitschaft der Anbieter, nischenspezifische Produkte auf Basis der neuen Technologie zu entwickeln.
Tornado	Die Akzeptanz der neuen Technologie auf dem Massen-Markt steigt rasant und irreversibel. Es findet ein Paradigmen-Wechsel statt. Der Mainstream-Markt orientiert sich nun an der neuen Technologie.
Mainstreet	Der Paradigmen-Wechsel ist vollzogen. Eine neue technologische Basis-Infrastruktur ist etabliert und wird im Rahmen von Produkt-innovationen systematisch angewendet. Die alte Technologie bedient nur noch einen Nischen-Markt.
Elimination/ Verfall	Ein weiterer Paradigmenwechsel findet statt und verdrängt schrittweise die etablierte technologische Basis-Infrastruktur.

Abbildung 8: Phasenmodell für die Durchsetzung neuer Technologieparadigmen

Im Tornado selbst jedoch ist das Projektportfolio nur ein zweitrangiges Werkzeug zur Unternehmenssteuerung, da hier das operative Geschäft, also das reine Tagesgeschäft, im Vordergrund steht. Alle Kräfte im Unternehmen müssen darauf ausgerichtet werden, die extrem wachsenden Märkte zu bedienen und dabei die Kunden beim Übergang zu dem neuen technologischen Paradigma zu unterstützen und zu binden.

Dieses Beispiel, wie man es oft in der Informationstechnologie erlebt, wenn man z. B. an Firmen wie Microsoft, Oracle, SAP, Nokia oder Cisco denkt, soll nur verdeutlichen, dass der Nutzen und die damit verbundene Wertschöpfung des Projektportfolio-Managements seine Grenzen haben kann. In Extremsituationen, seien sie unternehmensspezifisch oder repräsentieren sie eine konkrete Marktsituation, kann das Projektportfolio-Management ein „ungeeignetes" Managementinstrument sein, um das Erreichen der operativen Ziele effektiv zu unterstützen. In der Praxis liegt es bei den Führungskräften eines Unternehmens zu entscheiden, ob ihr Unternehmen sich in einer solchen Extremsituation befindet oder nicht.

Facetten des Projektportfolio-Managements

Frank Kühn

> *„Würdest du mir bitte sagen,*
> *wie ich von hier aus weitergehen soll? –*
> *Das hängt zum großen Teil davon ab,*
> *wohin du möchtest, sagte die Katze."*
> *(Lewis Carroll, aus „Alice im Wunderland")*

„Management des Projektportfolios" ist angesagt. Wenn das Thema interessant und spannend erscheint, werden in der ersten Euphorie und Kreativität einige handwerkliche Fragen schnell übersehen. Dazu gehören unter anderem die Klärung des Zwecks – warum und wofür man das Management des Projektportfolios angehen will – sowie des konkreten Ziels – was soll am Ende erreicht sein? Der Beitrag zeigt verschiedene Facetten des Projektportfolio-Managements auf, die zur Orientierung beitragen können.

1. Alter Wein in neuen Schläuchen?
2. Gegenstand des Portfolio-Managements klären
3. Ausgangssituation des Unternehmens feststellen
4. Handlungsbedarf bestimmen
5. Mehrfache Synergiepotenziale orten
6. Den passenden Managementansatz finden

1. Alter Wein in neuen Schläuchen?

Der Begriff des Projektportfolio-Managements erscheint oft noch so schillernd, wie die Ausgangssituationen unterschiedlich sind und die Lösungsmöglichkeiten vielfältig.

Das eine Unternehmen befindet sich vielleicht am Anfang einer dynamischen Entwicklung und möchte den vorhandenen Schwung mit möglichst unbürokratischer projektübergreifender Steuerung in Einklang bringen. Ein anderes Unternehmen ist seit Jahren in seiner Linienorganisation und seinen Routinen verhaftet und möchte die „irgendwie" existierende Projektlandschaft mit Ressourceneinsatz und gesammeltem Erfahrungsschatz transparent machen, um daraus einen Effizienzzuwachs zu schöpfen. Ein drittes Unternehmen mit ungeübten Projektleitern hat am ehesten ein Problem in der Zuverlässigkeit, Qualität und Vergleichbarkeit der Planungs- und Fortschrittsdaten, die aus den Projekten zusammengetragen werden.

Ein Patentrezept gibt es nicht. Verschiedene Facetten sind deshalb anzusprechen und spezifisch für die jeweilige Unternehmenssituation auszulegen:

- Der **Projektbegriff** kann in verschiedenen Unternehmen unterschiedlich besetzt sein und ist vor weiteren organisatorischen Überlegungen zu klären. Geht es um wenige große Innovationsvorhaben oder auch um die Vielzahl kleinerer Maßnahmen?

- Der **Handlungsbedarf** wird unterschiedlich wahrgenommen. Wo im einen Unternehmen der projektübergreifende Informationsfluss an einigen Stellen verbessert werden soll, geht es im anderen Unternehmen um fundamentale Entscheidungsprozesse, die es zu beschleunigen gilt. Was soll beim Management des Projektportfolios im Vordergrund stehen?

- Mit dem Portfolio-Management wird immer auch die Erwartung verbunden, projektübergreifende **Synergieeffekte** zu realisieren. Wo zwischen den Projekten, in ihren Zusammenhängen und Abhängigkeiten, sind die lohnenden Synergiepotenziale zu finden?

- Für den **Managementansatz** gibt es zahlreiche Alternativen, von der zentralen Steuerung der Projektlandschaft bis zur Unterstützung von Eigeninitiativen der Projekte zur gegenseitigen Abstimmung. Wie soll die Koordination organisiert werden?

- Schließlich ist der **Weg zur Implementierung** des Projektportfolio-Konzepts **oder zur Vitalisierung** des vorhandenen Systems auszulegen. Die Spannbreite kann von kleineren Aktionen bis hin zu einem umfassenden Organisationsprojekt reichen. Welche Vorgehensweise ist angemessen?

2. Gegenstand des Portfolio-Managements klären

Im Projektportfolio abzubilden sind alle Neuerungs- und Änderungsvorhaben, die im Zusammenhang zu diskutieren sind, damit die Realisierung mit richtigem Ressourceneinsatz optimal gelingen kann.

Aber was sind die Projekte? Sicherlich gehört die innovative Produktentwicklung dazu. Aber auch die Aktivitäten zur Produktpflege? Und die Wartungsprojekte der DV-Abteilungen? Oder gar die einzelne Marketingaktion, um ein lahmendes Produkt zu fördern?

Eine praxisorientierte Ordnung von Aufgabentypen hilft bei der Auflösung. Folgende Unterscheidungen haben sich vielfach als praktikabel erwiesen (einige Beispiele sind in Abbildung 1 gegeben):

- Projekte sind komplexe Änderungs- und Neuerungsvorhaben mit Anfang und Ende, die zur optimalen Durchführung einer besonderen Planung und einer eigenen, linienübergreifenden Organisation bedürfen.

- Aktionen sind – wie die Projekte – keine Routineaufgaben und sind deshalb besonders zu planen. Sie können aber – anders als die Projekte – mit Mitteln des Linienmanagements optimal durchgeführt werden.

- Prozesse sind die regelmäßigen, funktionsübergreifenden Geschäftsabläufe, auf deren effiziente Durchführung und Unterstützung das Linienmanagement primär auszurichten ist. Sie sind – im Gegensatz zu den Projekten – Routine mit kontinuierlicher Verbesserung.

- Funktionen sind die Kompetenz-Center des Unternehmens, die Leistungen oder Ressourcen für Projekte, Aktionen und Prozesse bereitstellen. Sie entsprechen oft den Organisationseinheiten in der Linie.

Zusätzlich ist eine Unterscheidung nach Managementebenen nützlich. Geht es bei einer Produktentwicklung um ein Vorhaben, das auf Unternehmensebene oder auf Bereichsebene zu steuern ist? Sind die Projekte zur Umstellung auf das neue Controlling-System, die neue Euro-Währung Konzern- oder Unternehmenssache? Diese Entscheidung wird in der Regel vom oberen Management selbst getroffen. Sie hängt ab von Volumen, Risiko und Breite des Vorhabens. So gibt es in verschiedenen Unternehmen Praxis, dass die Geschäftsführung neben den Vorhaben, die definierten Kategorisierungskriterien formal genügen, nach eigenem Ermessen auch zusätzliche „TOP-Projekte" definiert.

Eine falsche Kategorisierung führt zur falschen Organisation des Vorhabens. Ein Vorhaben, das wegen seines bereichsübergreifenden Charakters eine Projektorganisation verdient, wird als „Aktion" zu kurz springen. Umgekehrt wäre die Projektorganisation für eine kleinere Maßnahme überzogen und würde unnötige Managementkosten implizieren.

Management-ebene	Aufgabentypen			
	Projekte	Aktionen	Prozesse	Funktionen
Konzern	Fusion Neues Controlling-System	Imagekampagne	Strategiefindung Budgetierung	Konzernentwicklung
Unternehmen	Produktentwicklung	Rückrufaktion für defekte Produkte	Akquisition Auftragsabwicklung	Controlling Marketing DV
Bereich	Eiffizienzsteigerung	Qualifizierung für neue Textverarbeitung	Personalbeschaffung kontinuierliche Verbesserung	Forschung Produktion Personalwesen

Abbildung 1: *Die Kategorisierung nach Aufgabentypen und Managementebenen unterstützt die Fokussierung auf die Vorhaben, die Gegenstand des Multiprojektmanagements sein sollen. Einige Beispiele sind eingetragen.*

3. Ausgangssituation des Unternehmens feststellen

Zur Relevanz des Projektportfolio-Managements ist die Unternehmenssituation zu betrachten. Fragen sind z. B.:

- *Welchen Stellenwert hat das Projektportfolio-Management für das Unternehmen?*

    Unterschiedliche Geschäfte bestimmen die Auslegung des Projektportfolios und seiner Steuerung.

    Im Anlagengeschäft stehen die Auftragsprojekte im Vordergrund. Mit ihnen wird das Geld verdient. Wer das Projektportfolio und den Ressourceneinsatz schlecht steuert, verliert Projekte und büßt Marge ein. Die Termine werden durch die Kunden gesetzt, die – selbst unter Zwängen stehend – eine technische Anlage zu einem bestimmten Zeitpunkt in Betrieb nehmen wollen.

    Anders z. B. in einem Versicherungsunternehmen. Hier steht neben den Produktentwicklungen die Verbesserung der Prozesse und DV-Systeme ganz vorne. Eine Unmenge von Daten und Informationen ist im Kontakt mit den Versicherungskunden und dem Außendienst schnell auszuwerten, abzulegen, wiederzufinden. Das Projektportfolio-Management muss sich hier auch stärker der Frage widmen, wie die verschiedenen Vorhaben fachlich miteinander verkoppelt sind. Die optimale zeitliche Abfolge liegt meistens in der Entscheidung des Managements.

- *Wie groß ist das Unternehmen und wie viel zusätzliche Organisation ist ihm zumutbar?*

Wo im größeren Unternehmen Abstimmungsgremien und Entscheidungsprozesse eingerichtet werden, bekommt in der kleineren Organisation z. B. der Assistent des Geschäftsführers die Projektkoordination als zusätzliche Aufgabe. Wo im Anlagengeschäft das Controlling per se die Kennzahlen der Auftragsprojekte zusammenführt, muss in anderen Unternehmen, deren Leistungserstellung in geregelten Geschäftsprozessen läuft, das innovations- und projektorientierte Controlling noch aufgebaut werden.

- *Welche Erfahrung hat das Unternehmen mit Organisationsformen, die die Linienstruktur überlappen?*

Im einen Unternehmen ist eine Linienstruktur über Jahrzehnte unangefochten gewachsen und hat sich in den Arbeitsweisen etabliert. Bereichsübergreifende Zusammenarbeit und Kommunikation funktionieren informell über die erprobten Seilschaften. Jedes systematische, unternehmensweite Zusammentragen von vergleichbaren Projektdaten wurde deshalb bisher attackiert.

Im anderen Unternehmen wurde die Linienstruktur längst relativiert. Linienübergreifende Zusammenarbeit ist geübt. Das bereichsübergreifende Management des Projektportfolios, das gegenseitige Lernen der Projekte und die Unterstützung durch einen zentralen Projektkoordinator mit Blick über den Tellerrand sind sogar explizit geäußerte Erwartungen der Mitarbeiter.

- *Unter welchem Erfolgsdruck steht das Unternehmen und wie viel Zeit und Aufwand kann es sich für das Lernen und die Verbesserungsarbeit leisten?*

Vielleicht liegen Koordinationsaufgaben an, die jetzt schnell angegangen werden müssen und die ein „Learning on the job" verlangen. Die Ressourcen sind knapp, Prioritäten müssen jetzt schnell gesetzt werden. Im Vordergrund der Prioritätskriterien steht die operative Dringlichkeit. Die Entscheidungen sind jetzt unvermeidlich zu treffen. Gelernt wird aus den Fehlern, die Erfahrungen werden aufgeschrieben. Das Ergebnis ist ein lebendig gewachsenes Projektportfolio mit begleitender Dokumentation.

Anders im Unternehmen, das sich gründlich auf die Ausrichtung und Koordination der Projektlandschaft mit neuer Professionalität vorbereiten will, und dieses Vorhaben selbst zum Projekt erhebt. Die Unternehmensstrategien werden zusammengetragen und für alle neuen Projekte zum Maßstab gemacht. Das Management nimmt sich die Zeit, Organisationsmöglichkeiten in befreundeten Unternehmen zu hinterfragen und abzuwägen, Entscheidungsprozesse optimal auszulegen, Synergiemöglichkeiten zwischen den Projekten zu untersuchen und die Projektlandschaft gegebenenfalls auch neu zu konstruieren.

In der Realität ist häufig eine Kombination zu finden. Während einerseits das Projektportfolio-Management in angemessener Gründlichkeit ausgelegt wird, können längst anstehende Priorisierungsentscheidungen nicht länger warten. Abzusichern bleibt dann die Kompatibilität zwischen diesen beiden Handlungssträngen, damit nicht kontraproduktiv agiert wird.

Neben der Frage nach der Relevanz des Projektportfolio-Managements ist dessen Entwicklungsstand im Unternehmen zu überprüfen und zugrunde zu legen. Fragen sind z. B.:

- *Inwieweit sind die Begriffe des Projektportfolios bekannt und vielleicht schon ein Projektmanagement-System installiert?*

Wenn die Projekte schon mehr oder weniger systematisch koordiniert werden, gilt es, darauf Bezug zu nehmen oder den Bruch mit der bisherigen Verfahrensweise zu entscheiden. Jedenfalls sind die Beteiligten aufgrund der im Unternehmen vorhandenen Erfahrungen nicht mehr frei in der Ausgestaltung des Systems. Die tangierten Projekte haben sich darauf eingerichtet, regelmäßig bestimmte Daten zu liefern, und die Geschäftsführung hat sich mit den regelmäßigen Berichten arrangiert.

Die Einführung des neuen Projektportfolio-Managements nahm unerwartete Wendungen. Die Initiatoren hatten damit gerechnet, dass die Organisationsaspekte mit Beschreibung der künftigen Rollen und Verantwortlichkeiten zu den heftigsten Diskussionen führen würden, während die Zusammenfassung der verschiedenen, vereinzelt schon angewandten Methoden in einem „Werkzeugkasten" eher Fleißaufgabe sein sollte. Umgekehrtes war der Fall. Die Organisationsprinzipien entstanden auf Nullbasis in fruchtbaren Dialogen. Schnell war geklärt, was ein Projektkoordinator leisten soll und welche Aufgabe dem Vorstand in der Steuerung des Projektportfolios zukommt. Der Aufbau des Werkzeugkastens geriet jedoch zum Konfliktfall. Die Leidenschaft zur Methodendiskussion entbrannte auf allen Managementebenen. Wird ein Portfolio mit vier oder mit neun Feldern dargestellt? Wie beschreibt man die Passung zwischen Projekt und Unternehmensstrategie? Oft waren es Nuancen, um die erbittert gestritten wurde. Schließlich einigte man sich darauf, dass zur Auswertung der Projektlandschaft verschiedene Methoden und in den Vorstandsberichten unterschiedliche Darstellungen ausprobiert werden durften, um anschließend zur weiteren Verbesserung und Konsolidierung anzusetzen. Das glättete die Wogen und war im Sinne der Sache, weil sich die Beteiligten ein gemeinsames Lernen erlaubten.

- *Wie wird das Projektportfolio-Management akzeptiert und gelebt?*

Im einen Unternehmen ist es für die Projekte eine Selbstverständlichkeit, die keiner weiteren Erklärung mehr bedarf: Allen ist klar, dass das obere Management vergleichbare Daten zur Steuerung der Projektlandschaft und zur Zuordnung der Engpassressourcen benötigt.

Im anderen Unternehmen hadern die Projekte noch mit der Datenerhebung aus unterschiedlichen Gründen. Die einen Projektleiter möchten einfach nicht öffentlich „vorgeführt" werden. Den anderen fehlen die Daten und Einschätzungen, sie sind noch nie danach gefragt worden. Sie wissen nicht, wie viele Aufwände in das Projekt fließen und sie wissen auch nicht, wie man sie erfasst und darstellt. Dann ist die Unterstützung durch den Projektkoordinator gefragt. Wer im frisch gebackenen Projektportfolio-Management den Dienstleistungsbedarf für die Projekte verkennt und eher das projektübergreifende Con-trolling fokussiert, stellt die Akzeptanz von vornherein in Frage.

- *Welche regelmäßigen Erhebungen der Projekte gibt es bereits?*

Oft werden längst Daten zusammengeführt, oft auch an verschiedenen Stellen. Das ist zu klären, denn es muss nicht alles neu erfunden werden, und die Projektleiter werden Mehrfacherhebungen und unreflektierte Veränderungen von Datendefinitionen und Berichtsstrukturen schwerlich akzeptieren. Peinlich für den neuen Projektkoordinator, der – selbstbewusst mit eigenen Konzeptpapieren ausgestattet – sich unvorbereitet von gestandenen Projektleitern das wirkliche Geschäft erklären lassen muss. Gut für ihn, wenn er den Dialog mit maßgeblichen Linienstellen und Projekten schon in der frühen, konzeptionellen Phase sucht.

4. Handlungsbedarf bestimmen

Es mag nun geklärt sein, welche Arten von Vorhaben im Projektportfolio dargestellt werden sollen. Jetzt schließen sich rund um die Vorhaben die konkreten Fragestellungen an, die die Organisation bewegen und für die Antworten zu finden sind.

Folgende Punkte werden häufig genannt:

- Es ist nicht klar, welche Projekte laufen.
- Die Projekte sind nicht genügend fokussiert; es herrscht das Gefühl, dass man sich verzettelt.
- Zwischen Projektauswahl und strategischem Handlungsbedarf wird eine Diskrepanz wahrgenommen.
- Unklar ist, welche Projekte welche Ressourcen binden.
- Der Fortschritt der Projekte liegt meistens im Dunkeln.
- Zwischen den Projekten gibt es keinen Informations- und Wissensaustausch, gleiche Arbeit wird mehrfach gemacht, Fehler ebenso.
- Liegezeiten in der Projektlandschaft entstehen durch Entscheidungsunsicherheit und fehlende Akzeptanz.
- Die Projektlandschaft ist an die Bedürfnislage des Unternehmens kaum angebunden. Die Projekte liefern Ergebnisse, wenn niemand sie brauchen kann.

Eine schnelle Erhebung im Führungskreis eines Unternehmens führte zu erstaunlichen Ergebnissen. Im Rahmen eines Workshops zur Professionalisierung des Projektmanagements benannten die Bereichs- und Abteilungsleiter etwa 15 Projekte als relevant (mit einigen unterschiedlichen Meinungen, was ein Projekt sei und was nicht). Weiter nach dem Stand der Projekte befragt, bewegten sich die Aussagen für dieselben Projekte teilweise zwischen 5 %, 50 %, 95 % und „ruhend". Die Runde entschied dann nach Beratung, das Controlling mit einer Klärung zu beauftragen, die Situation als Chance zur Konsolidierung der Projektlandschaft zu nutzen und einen projektübergreifenden Berichtsprozess zu etablieren, der die Unsicherheiten in Zukunft minimieren und die Verständigung zwischen Projekten, Führungskreis und Vorstand unterstützen soll.

Aus den identifizierten Problemen und Verbesserungspotenzialen gilt es, die Ziele für die Entwicklung des Projektportfolios abzuleiten:

- Transparenz über Projekte schaffen
- Fortschritt in der Projektlandschaft klären
- Projektlandschaft auf die Unternehmensziele ausrichten
- Strategische Lücken in der Summe der Innovationsvorhaben feststellen und schließen
- Ressourcen den wichtigen Projekten zuordnen
- Synergien zwischen Projekten nutzen
- Bei Bedarf Prioritäten richtig setzen
- Einführungstermine von Projektergebnissen koordinieren

Über die Zielsetzung gilt es, beginnend bei der Unternehmensführung, Klarheit und Konsens zu erzielen und dann die notwendigen Entwicklungsmaßnahmen einzuleiten.

5. Mehrfache Synergiepotenziale orten

Der Erfolg des Projektportfolio-Managements wird sich im Wesentlichen an der Realisierung von Synergiepotenzialen darstellen lassen. Das kann mehrere Aspekte betreffen:

- **Strategiebezug:** Inwiefern ergänzen sich die Projekte in der Realisierung der Unternehmensstrategie? Wo sind in der Projektlandschaft Handlungslücken bezogen auf die Strategie zu schließen oder strategische Überlegungen abzustimmen?
- **Ressourceneinsatz:** Sind die Engpassressourcen (Mitarbeiter und Betriebsmittel) richtig auf die Projekte verteilt? Wo können vergleichbare Arbeiten unterschiedlicher Projekte in-

tegriert werden, um Aufwand zu reduzieren? Wo sind in der Projektlandschaft interne Ressourcen und wo externe Ressourcen eingesetzt?

- **Ergebnisse:** Von welchen Ergebnissen eines Projekts können andere Projekte profitieren? Wie lassen sich Arbeiten mit ähnlichen Zielen integrieren? Wie sollten die Projekte deshalb verbunden werden?

- **Information und Wissen:** Welche Informationen sind für andere Projekte wichtig? Von welchen Erfahrungen können die Projekte gegenseitig lernen, um die Projektarbeit besser und effizienter abzuwickeln?

Nach der Fusion waren zahlreiche laufende DV-Anwendungen anzupassen sowie DV-Projekte neu auszurichten. Hierfür wurde ein eigenes „Integrationsprojekt" aufgesetzt, das als erste Maßnahme einen monatlichen Informations- und Erfahrungsaustausch mit Anwendungsverantwortlichen, Projektleitern und Vertretern ausgewählter Fachbereiche einrichtete. Das Augenmerk richtete sich insbesondere auf Kompatibilität und Abhängigkeiten der verschiedenen Entwicklungen und Anpassungen. Einzelne Synergiethemen wurden vom Integrationsprojekt aufgegriffen und zur projektübergreifenden Klärung gebracht. Im Ergebnis wurde gemeinsam eine Konsolidierung erreicht, die in beiden Unternehmen seit Jahren überfällig war.

Einerseits ist die Hebung von Synergiepotenzialen eine wesentliche Motivation für die Entwicklung des Portfolio-Managements, andererseits darf aber die Suche und Nutzung aller möglichen Synergieeffekte nicht zum Selbstzweck werden. Auch hier geht eine Kosten/Nutzen-Abwägung vor, und fallweise fährt das Unternehmen mit einer begrenzten Doppelarbeit besser.

6. Den passenden Managementansatz finden

Nach der grundsätzlichen Entscheidung für das Portfolio-Management gilt es nun, den richtigen Lösungsweg einzuschlagen. Was passt zur Unternehmenskultur? Was ist effizient und nützlich?

Verschiedene Lösungen sind vorstellbar:

- Eine zentrale Steuerung der Projektlandschaft im Konzern wird gewünscht, z. B. durch das Controlling, das dann auch an die Unternehmensführung berichten soll.

- Die dezentrale oder polyzentrische Steuerung der Projekte in der Linienstruktur erscheint angemessen. Jedes Ressort ist für seine Projekte verantwortlich. Die Durchführung ressortübergreifender Vorhaben wird von Fall zu Fall zwischen den Ressorts verhandelt und gemeinsam gesteuert.

- Die Projekte sollen ihre Koordination selbst steuern. Alle Projekte treffen sich z. B. regelmäßig zur gegenseitigen Information. Projekte mit stärkeren Wechselwirkungen kommunizieren in häufigeren Abstimmtreffen. Allenfalls der Prozess wird von einer kompetenten Stelle im Unternehmen unterstützt, z. B. durch Vorbereitung und Moderation der Abstimmtreffen. Eine weitere Möglichkeit ist die Bereitstellung und Abstimmung von Arbeitshilfen, z. B. von Checklisten und Formblättern für das Schnittstellenmanagement der Projekte untereinander. Wenn eine zentrale Stelle für die Information an die Geschäftsführung verantwortlich ist, wird sie auch umgekehrt den Informationsfluss an die Projekte unterstützen können.

- Die Koordination kann auch relativ formlos über einen Erfahrungs- und Wissensaustausch erfolgen. Erkenntnisse über schwierige und erfolgreiche Lösungswege werden z. B. bei internen Projektleiter-Konferenzen berichtet und bearbeitet. Diese Form eignet sich insbesondere auch zur Abstimmung fachlicher Themen, deren Abgleich sonst hohen schriftlichen Aufwand erfordert.

Es wird deutlich, dass viele Entwicklungsrichtungen möglich sind, die sicherlich nicht vollständig abgebildet werden konnten. In der Dosierung liegt Erfolg oder Misserfolg. Das gilt für das Portfolio-Management mehr noch als für das Einzelprojektmanagement, sind doch damit oft Ängste bezüglich Transparenz und Leistungsvergleich, Kontrolle und Bürokratismus verbunden. Und eine Erwartung wird sicher auch enttäuscht: dass es endlich und ein für allemal mit der Ressourcenknappheit in den Projekten vorbei sei. Natürlich werden die Ressourcen künftig gezielter auf die strategisch und wirtschaftlich attraktiven Projekte hin entwickelt und eingesetzt. Aber ein Ressourcenüberhang wäre unwirtschaftlich und eine präzise Passung zwischen Ressourcenangebot und -nachfrage nur sehr aufwändig herzustellen.

Andere Erwartungen sind leichter zu erfüllen:

- Die Informationen für die Unternehmensführung werden aufschlussreicher; sie erleichtern die Ausrichtung der Vorhaben, die Steuerung des Ressourceneinsatzes und schnelle Priorisierungen.

- In den Projekten wächst die Fertigkeit, die relevanten Daten und Informationen zu identifizieren sowie managementorientiert und vergleichbar aufzubereiten.

Insgesamt entsteht eine Kultur, in der diese Kommunikationsleistung anerkannt wird. Mit breiterem Wissen über die Projektlandschaft steigt auch die Motivation, in eine Richtung zu ziehen. Auf den Skalen zur Schätzung des Unternehmenswertes sind diese Erfolge direkt unter Managementkompetenz und Lernfähigkeit, in ihrer Wirkung auch unter Rendite zu verbuchen.

Teil II

Methoden und Organisation

Wertanalyse des Projektportfolios

Frank Kühn, Gudrun Pleuger

„Leben ist das, was passiert, während wir planen."

Sind die Ressourcen knapp, heißt es die Projekte zu verschlanken und zu priorisieren. Übrig bleibt eine Projektlandschaft mit Vorhaben, die die Gunst der Entscheidungsgremien gewonnen haben. Ein optimales Projektportfolio ist damit jedoch nicht gewährleistet. Wie rechnen sich Kosten und Nutzen des Projektportfolios in Summe? Wie passt das Projektportfolio zur Unternehmensstrategie? Der Beitrag zeigt Möglichkeiten zur Klärung.

1. Projektbewertung fokussiert oft einzelne Vorhaben

2. Strategiebezug und Wirtschaftlichkeit im Zusammenhang prüfen

3. Monetäre Kosten-Nutzen-Rechnung für das Projektportfolio durchführen

4. Nicht-monetäre Nutzenkriterien ansetzen

5. Verlauf des Ressourcenbedarfs und Mitteleinsatzes optimal planen

6. Wirtschaftliche Risiken beherrschen

7. Höhere Wirtschaftlichkeit durch schnellere Realisierung erreichen

8. Der Projektportfolio-Prozess muss organisatorisch verankert werden

1. Projektbewertung fokussiert oft einzelne Vorhaben

Projekte werden in der Regel nach mehreren Kriterien beurteilt, oft nach strategischem Nutzen, Wirtschaftlichkeit und operativer Dringlichkeit. Der strategische Nutzen bemisst sich anhand des Beitrags der Projekte zur Realisierung von Unternehmensstrategien, die Wirtschaftlichkeit wird z. B. anhand von Amortisationsdauer oder Kapitalwert (Discounted Cash Flow, Net Present Value) bewertet und die operative Dringlichkeit anhand von Terminen festgestellt, die durch den Gesetzgeber oder durch zeitliche Markt- und Wettbewerbserfordernisse vorgegeben sein können.

Die Projekte mit den besten Bewertungen sind die rechnerischen Favoriten und Kandidaten für das Projektportfolio. Nach gründlicher Abwägung in einem hierfür ernannten Managementkreis werden gegebenenfalls die Auswahl der Projekte und ihre Rangfolge auch noch einmal verändert. Schließlich ergibt sich eine Anzahl von Projekten, die in das Projektportfolio eingeordnet werden.

Dieser ersten Projektauswahl folgt oft die Ernüchterung, wenn nach der konkreteren Projektplanung festgestellt wird, dass die verfügbaren Ressourcen (Mitarbeiter, Betriebsmittel, Finanzmittel) zur Realisierung des Projektportfolios nicht ausreichen. Dann gilt es zu priorisieren.

Die Priorisierung wird in vielen Unternehmen gemieden. Folgerichtig werden die Termine in der Regel verfehlt oder nur mit reduzierten Leistungen erreicht. Zu den Gründen zählen Entscheidungsschwäche („Ich mag auf keines der Projekte verzichten."), fehlende Managementdisziplin („Was wir nicht sofort beginnen, gerät bei uns leicht ins Abseits."), persönliche Imagerisiken („Warum soll gerade ich mit meinem Vorhaben zurückstehen?") und mangelndes Vertrauen in den Leistungswillen der Mitarbeiter („Die Projektleiter planen sowieso immer zu vorsichtig, da ist noch Luft drin.").

Der Blick wird auf konkurrierende Vorhaben gerichtet, und die Diskussion im Managementkreis geht in die zweite Runde. Gegebenenfalls werden aufgrund der begrenzten Ressourcen auch für einzelne Projekte Aufwands- und Leistungsreduzierungen vorgeschlagen. Es ergibt sich für die ausgewählten und gegebenenfalls passend gemachten Projekte eine Reihenfolge, in der sie realisierbar erscheinen.

Die Erfahrung mit den Projekten zum Jahrtausendwechsel und zur Euro-Einführung zeigt allerdings die Fehleinschätzung vieler Unternehmen. Erst die unverschiebbaren Termine dieser beiden Projekte machten dem Management in manchem Unternehmen deutlich, dass es sich mit der gewachsenen Projektlandschaft übernommen hatte. Unter dem Termindruck reichten die Ressourcen gerade für diese beiden kritischen Projekte, alle anderen wurden verschoben. Zu bemerken bleibt, dass in kaum einem Unternehmen hieraus ein Lernprozess für ein verbessertes Verfahren zur Steuerung der Projektlandschaft folgte. Fehlt trotz der immensen wirtschaftlichen Nachteile einer schlecht geplanten Projekt-

Wertanalyse des Projektportfolios

landschaft die Bereitschaft zu einem geordneten und konsequenten Planungs- und Entscheidungsprozess (s. o.)?

Erst aus der Not der einzelnen Vorhaben heraus und im Kampf um die Ressourcen kommen „Bottom-up" die Entscheidungen zustande, die die Projektlandschaft bewegen.

Der Fokus auf die einzelnen Vorhaben setzt sich an anderer Stelle fort. Weitere Konkurrenzphänomene treten auf, so der Wettbewerb um Nutzennachweis und Kostenzuordnung.

Ist anfangs noch der Einspareffekt durch eine neue DV-Anwendung dem Projekt zur Optimierung der Auftragsabwicklung zugeschrieben worden, so wird ihm dieser Effekt durch ein gerade gestartetes DV-Projekt zur Erneuerung der Betriebssysteme streitig gemacht. Der Grund: Anlässlich beider Projekte ist der Austausch derselben älteren Rechner vorgesehen, mit vergleichbaren Effizienzeffekten.

Welches Projekt verursacht welche Kosten und welchen Nutzen? Hier treten dann in dem mühsamen Versuch der Kosten-Nutzen-Abgrenzung die größten Schwierigkeiten in der Projektbewertung auf. Was an Synergiepotenzialen dem Unternehmen nur willkommen sein kann, führt bei den Projekten zum Streit um die bessere Position im Projektportfolio, die durch hohen Nutzen und geringe Kosten bestimmt ist. Das ist auch verständlich, wenn mit den Projekten klare und exklusiv auf das einzelne Projekt bezogene Verantwortlichkeiten für Kosten und Nutzen verbunden sind. Die Wirtschaftlichkeit eines Projektes monetär zu berechnen ist zwar schon eine Leistung an sich, schafft aber unter ungünstigen Bedingungen eine begrenzte und aus Unternehmenssicht gegebenenfalls sogar kontraproduktive Sicht: Die unternehmerische, wirtschaftliche Gesamtoptimierung wird unterlaufen und Wert vernichtet.

Deshalb muss der Fokus auf die Wirtschaftlichkeit des Projektportfolios insgesamt gerichtet werden. Die Herausforderung ist deutlich: Der Durchbruch von der gewachsenen Projektlandschaft und den situativen Querelen zum gemanagten Projektportfolio mit unternehmerischem, projektübergreifendem Entscheidungsprozess wird Hebel zur Wertsteigerung.

2. Strategiebezug und Wirtschaftlichkeit im Zusammenhang prüfen

Warum gehören die Fragen nach der Strategiepassung und nach der Wirtschaftlichkeit zusammen? Weil eine suboptimale strategische Ausrichtung der Projektlandschaft auch Fehllenkung von Ressourcen bedeutet. Wenn ein Unternehmen alle zwei Jahre aus Prestigegründen vorrangig in ein neues Betriebssystem für seine Rechnerlandschaft investiert, obwohl es in seiner primären Strategie auf Teamentwicklung setzt, um die steigenden Know-how-Anforderungen dauerhaft zu meistern, liegt es falsch.

Zur Klärung der strategischen Ausrichtung werden zunächst die einzelnen Projekte ins Visier genommen. Dabei wird sich nicht immer eine eindeutige Aussage bezüglich der strategischen Relevanz erreichen lassen. Teile des Projekts sind wichtig für die Realisierung der Unternehmensstrategien, andere weniger. In diesen Fällen nimmt eine strategische Wertanalyse die einzelnen Projektteile unter die Lupe. Ergebnis ist ein Projekt mit schärferer strategischer Fokussierung und neu gewichteten Aufgaben.

Die Strategien sind in den Unternehmen unterschiedlich explizit benannt. Mitunter werden die Strategien, die sich in verschiedenen mündlichen und schriftlichen Ausführungen der Unternehmensführung „verstecken", erst im Dialog zwischen Auftraggeber und Projektleiter über den strategischen Wert des Projektes deutlicher herausgearbeitet. Gleiches gilt für die Projektlandschaft: Oftmals werden die bislang unausgesprochenen Strategien erst identifiziert, wenn eine Begründung für den Wert und die Rangfolge der Projekte notwendig wird.

Um der Frage der Strategiepassung nachzugehen, ist eine Gegenüberstellung der Strategien und der Projekte in einer Matrix hilfreich. Jedes Projekt wird jeder Strategie gegenübergestellt und bewertet, inwiefern es positiv zur Realisierung der Strategien im Einzelnen und insgesamt beiträgt. Daraus errechnet sich eine Kennzahl der Strategieankopplung. Ein Beispiel ist in Abbildung 1 dargestellt. Entscheidend ist letztendlich der Beitrag zur Wertsteigerung, der durch die in den Projekten umgesetzten Strategien erreicht werden soll.

Die errechneten Grade bzw. Kennzahlen sind aufgrund ihrer Verdichtung differenziert auszuwerten. Vielleicht konzentriert sich ein Projekt auf die Realisierung einer Strategie, hat nur dort eine hohe Bewertung erhalten und ist mit diesem engen Fokus unverzichtbar. Aber nichtsdestoweniger ist ein anderes Projekt, das (bei gleichem Zeit- und Kostenrahmen) andere Strategien mit bedient, für das Unternehmen sicherlich wertvoller. Diese Überlegung richtet sich auf die Nutzenseite – sie ist nicht als Aufruf zu verstehen, Projekte aufwandsseitig aufzublähen, damit sie alle Strategien auf einmal bedienen. Mit wachsendem Projektvolumen und steigender Komplexität kann das Kosten-Nutzen-Verhältnis leicht kippen. Überladene Projekte sind ein verbreitetes Problem, unter dem häufig die ganze Projektlandschaft leidet.

Das Projekt für die neue Kundendatenbank hat so leicht angefangen. Die auf verschiedenen Datenbanken verteilten Informationen sollten zusammengeführt werden, um den Kundenbetreuern eine schnellere Übersicht „aus einer Hand" zu ermöglichen und den Prozess an dieser Stelle zu beschleunigen. Mit der Zeit wurden die Ziele erweitert: Neue Informationstypen sollten gleich mit erfasst werden können. Und bot das Projekt nicht auch die Gelegenheit, die neue Datenbanktechnologie zu erproben? Und statt der Beschränkung auf die Kundendaten könnte man die Daten anderer Geschäftspartner gleich mit einarbeiten! Die zusätzlichen Komplexitätskosten und -risiken wurden verdrängt, der erste Projektleiter als Bedenkenträger inzwischen entlassen. Die Kundenbetreuer warten noch heute auf ihre Lösung, die mittlerweile nicht mehr absehbar ist. Die Projektlandschaft wartet darauf, dass das unselige Projekt abgeschlossen oder abgebrochen wird, weil es übermäßig Ressourcen bindet und dem Ansehen der Projektlandschaft und des projektübergreifenden Entscheidungsprozesses insgesamt schadet. Lenkungsausschuss

Wertanalyse des Projektportfolios

und Projektleiter hoffen, dass sie aus der Geschichte unbeschadet herauskommen. Der schwarze Peter liegt jetzt beim portfolioverantwortlichen Managementgremium, das die Projektlandschaft bitte bereinigen möge.

Projekte mit Budgets (in TEUR)			Strategien			Strategiebezug der Projekte	
			S1	S2	Se		
			Beratungs-qualität	Liefergrad	Innovations-führerschaft	Summe	Grad*
P1	Neue Auftrags-abwicklung	5.000	1	2	0	3	0,50
P2	Umstellung Betriebssystem	1.000	0	1	1	2	0,33
P3	Internet-Telefonie	2.800	2	2	0	4	0,67
Projektankopplung der Strategien		Summen	3	5	1	9	
		Grad	0,50	0,83	0,17		0,50

Abbildung 1: *Die Projekte werden danach beurteilt, welchen Beitrag sie zur Umsetzung der Strategien leisten, d.h,. sind sie für jede der Strategien (2) entscheidend, (1) wichtig oder (0) irrelevant? Im Ergebnis werden der Grad der Strategieankopplung der einzelnen Projekte (Einzelprojektbewertung) sowie umgekehrt der Grad der Projektankopplung der einzelnen Strategie deutlich. Letztere drückt aus, inwiefern die abgebildete Projektlandschaft die Strategie bedient (Bewertung des Projektportfolios). Der resultierende Wert 0,50 gibt an, in welchem Grad die Gesamtheit der Projekte und das Bündel der Strategien zueinander passen. Der Maximalwert von 1,0 würde ausdrücken, dass jedes Projekt alle Strategien entscheidend unterstützt. (*Der Grad berechnet sich jeweils aus der Punktesumme bezogen auf die maximal erreichbare Punktezahl, hier in jeder Zeile und Spalte = 6 und für die Tabelle insgesamt = 18).*

Neben der Betrachtung der einzelnen Projekte mit ihrer Wirkung im Portfolio gilt es nun, den Blick auf die Strategieankopplung des Projektportfolios zu richten (Abbildung 1). Ein hoher Wert bedeutet, dass eine Strategie in vielen Projekten entscheidend gestützt und realisiert wird. Ein niedriger Wert weist tendenziell auf Lücken im Projektportfolio hin und gibt Anlass, weitere Vorhaben aufzusetzen, Prioritäten neu zu beschließen oder einzelne Projekte anders auszurichten.

In der praktischen Anwendung ist wiederum Vorsicht geboten. Den Maximalwert zum Ziel machen hieße, von allen Projekten einen entscheidenden Beitrag zu allen Strategien zu verlangen. Das wäre Unsinn. Ein immenser projektübergreifender, strategiebezogener Abstimmungsaufwand mit hohem Konfliktpotenzial wäre die Folge.

Eine organisatorische Lösung zur projektübergreifenden Verfolgung der Strategieankopplung wurde in einem Unternehmen mit einer ausgeprägten Projektmanagement-Kultur in der Besetzung der Projektlenkungsausschüsse gefunden. Für jede formulierte Unternehmensstrategie wurde ein Mitglied des Führungskreises benannt, das in den Lenkungsausschüssen der relevanten Projekte die Unternehmensstrategie vertritt und für die notwendige Ausrichtung sorgt.

Die Gesamtsicht gibt schließlich Auskunft über den strategischen Wert des Projektportfolios in einer einzigen Kennzahl.

Strategischer Wert = Grad der Strategieankopplung
des Projektportfolios   des Projektportfolios
 = Grad der Projektankopplung
   des Strategiebündels

Diese Kennzahl ist hoch verdichtet und bedarf deshalb wieder der eingehenden Analyse. Ist z. B. der in Abbildung 1 berechnete Wert (0,50) gut oder schlecht? Der Maximalwert von 1,0 würde ausdrücken, dass jedes Projekt alle Strategien entscheidend unterstützt. Der hierfür notwendige Mitteleinsatz, Steuerungs- und Abstimmaufwand würde das Ergebnis nicht rechtfertigen. Andererseits wäre ein niedriger Wert aber bedenklich, hieße er doch, dass ein oder mehrere Projekte keinen wichtigen Strategiebeitrag leisten.

Die strategischen Bewertungen müssen deshalb mit den Projektbudgets in Relation gesetzt werden, um zu erkennen, inwieweit sich die Investitionen in die Projekte in den Strategiebeiträgen spiegeln.

$$\text{Strategischer Wert eines Projekts} = \frac{\text{Grad der Strategieankopplung des Projekts}}{\text{Anteil am Gesamtbudget des Projektportfolios}}$$

Die Projektbudgets beinhalten interne und externe Personal- und Sachkosten. Die internen Personalkosten sind zwingend einzubeziehen, um die Brücke zur Bewertung des strategisch richtigen Ressourceneinsatzes und damit zur gefragten Wirtschaftlichkeit zu schlagen. Ein Beispiel ist in Abbildung 2 dargestellt.

Die Begründung des Unternehmenswertes mit einem starken Strategiebündel erfährt in diesen Darstellungen Bestätigung oder Widerspruch. Ein geringer strategischer Wert des Projektportfolios weist darauf hin, dass die Strategien zwar formuliert sind, aber zumindest in den Projekten keine nennenswerte Verwirklichung finden. Für die Wirtschaftlichkeit ist diese Feststellung von Belang, weil die Investitionen – strategisch gesehen – teilweise eine falsche Ausrichtung erfahren.

Wertanalyse des Projektportfolios

Projekte mit Budgets (in TEUR) und Anteilen am Gesamtbudget (Spalte a: Summe 1,00)			Strategiebezug der Projekte	
			Grad*	Strategischer Wert
Projekte		Budgets		
		a	b	b/a
P1	Neue Auftragsabwicklung	5.000	0,57	0,50	0,97
P2	Umstellung Betriebssystem	1.000	0,11	0,33	2,93
P3	Internet-Telefonie	2.800	0,32	0,67	2,10

Abbildung 2: In Fortführung des Beispiels in Abbildung 1 (siehe Werte dort) ist hier für jedes Projekt und das Projektportfolio insgesamt der strategische Wert errechnet. Je höher der Grad der Strategieankopplung und je niedriger der Mitteleinsatz, umso besser. Für Projekt P2 ergibt sich ein hoher Wert aufgrund des geringsten Mitteleinsatzes. Die Bewertung des Projekts P1 leidet trotz höheren Strategiebezugs unter den Projektkosten.

In einem Dienstleistungsunternehmen wurde die Analyse in dem für das Projektportfolio verantwortlichen Managementgremium durchgeführt. Das Ergebnis war ernüchternd: Der Strategiebezug des Projektportfolios war gering, die konsequente strategische Ausrichtung der einzelnen Projekte zweifelhaft. Was das Managementgremium als Analyseleistung sah, wurde im Unternehmen zunächst abgelehnt. Promotoren schlechter bewerteter Projekte fühlten sich angegriffen. Die Bereichsleiter in der Linienorganisation wähnten ihre Mitarbeiter falsch eingesetzt. In kleineren Gesprächen begann die Auseinandersetzung mit dem Ergebnis. Der Wert der Untersuchung zeigte sich in der qualifizierten Diskussion und führte schließlich zum Einverständnis, die gewachsene Projektlandschaft nach einem vereinbarten Zeitplan in eine gemanagte Projektlandkarte zu überführen.

Bei der Beurteilung der projektübergreifenden Kennzahlen muss natürlich bedacht werden, dass es neben den Projekten immer noch andere, kleinere, strategieunterstützende Maßnahmen und Aktivitäten geben kann. Von deren Anzahl und Volumen hängt es ab, inwieweit diese einzeln, in Gruppen (z. B. DV-Wartungsprojekte) oder summarisch in die Betrachtung einbezogen werden.

Der strategische Wert ist nicht nur ein Ansatz, die Passung zwischen Projektportfolio und Strategiebündel zu erkunden und Optimierungsmöglichkeiten zu suchen. Er ist zudem eine benchmarkfähige Kennzahl. Intern können verschiedene Projektcluster (unterschieden nach Projekttypen oder Unternehmensbereichen) verglichen werden. Im unternehmensübergreifenden Vergleich des strategischen Werts von Projektclustern bestätigt sich die Kennzahl als eine Einflussgröße für den Unternehmenswert.

3. Monetäre Kosten-Nutzen-Rechnung für das Projektportfolio durchführen

Ausgehend von einer hinreichenden strategischen Ausrichtung gilt es jetzt, die Wirtschaftlichkeit des Projektportfolios im engeren, monetären Sinne zu untersuchen.

Dazu können die Methoden und Kennzahlen herangezogen werden, die auch auf die Wirtschaftlichkeitsberechnung einzelner Projekte angewendet werden. Hierzu zählen häufig die Berechnung der Amortisationsdauer und des Kapitalwerts, um die genügende Verzinsung der Investitionen zu prüfen.

Aus den Kapitalwerten der Einzelprojekte ergibt sich bei Zugrundelegung eines einheitlichen Zinssatzes der Kapitalwert der Projektlandschaft.

Zur Berechnung des Kapitalwertes werden die aus den Projekten summierten Einzahlungen und Auszahlungen in einer Zeitreihe jahresweise gegenübergestellt und die Ergebnisse auf ihre Barwerte abgezinst (Discounted Cash Flow bzw. DCF, oder Net Present Value). Der kalkulatorische Zinssatz wird einheitlich durch die Unternehmensführung festgelegt. Er entspricht mindestens einem attraktiven, am Finanzmarkt realisierbaren Zinssatz für das eingesetzte Kapital. Die Einzahlungen und Auszahlungen werden für die Projektdauer plus Betriebsdauer gerechnet, d. h. bis zu einem projektspezifischen Planungshorizont, der sich durch die erwartete Lebensdauer des Projektergebnisses definiert. Schließlich ergibt sich so der Kapitalwert der Projektlandschaft, der bei einem Wert größer Null die erwartete Verzinsung bestätigt.

Bisweilen wird der Zinssatz projektspezifisch festgelegt, um das Projektrisiko zu berücksichtigen: je höher das Risiko, desto höher die Hürde der erwarteten Verzinsung. Bei der hier angenommenen, einheitlichen Verzinsung müssen die Risiken in einer separaten Bewertung berücksichtigt werden.

Wenn für unterschiedliche Projekttypen dennoch verschiedene Zinssätze oder Amortisationserwartungen angesetzt werden sollen, kann das Gesamtportfolio in Projektcluster unterteilt werden. Oft werden z. B. Produktinnovationen, Organisationsveränderungen und Technologieentwicklungen unterschieden. Die einzelnen Projekte werden dann im Rahmen ihrer Projektcluster diskutiert. Die Gesamtsicht besteht in diesem Fall aus einer vergleichenden Darstellung der Projektcluster.

In einem global tätigen Industrieunternehmen mit dem Anspruch der Qualitätsführerschaft wird darauf geachtet, dass Produktentwicklungen und Technologieentwicklungen als Projekte strikt getrennt werden. Produktbezogene Technologieentwicklungen werden als Basis- oder Plattform-Projekte betrieben und haben die Produktentwicklungsprojekte als interne Kunden. Hintergrund ist die im Unternehmen gemachte Erfahrung, dass Grundlagenentwicklungen in Projekten, die zur schnellen Markteinführung von Produkten dienen sollen, eher hemmend wirken (und umgekehrt termingetriebene Produktent-

Wertanalyse des Projektportfolios

wicklungen in Projekten, die eher noch erkundenden Charakter haben, zu Verwerfungen führen).

Verschiedene Konstellationen können simuliert werden, um die optimale Lösung zu finden. Dabei sind neben den Vorteilen aus geschickten zeitlichen Aufwands- und Kostenverteilungen auch Synergieeffekte zu rechnen, die sich durch die unterschiedliche Anordnung von Projekten ergeben. Vielleicht lassen sich z. B. die Schulungskosten reduzieren, wenn zwei DV-Anwendungen mit vergleichbarer Benutzungsoberfläche für den Vertriebsbereich zeitgleich implementiert werden.

Weiterhin sind auch Opportunitätskosten einzubeziehen, d. h. monetäre Nachteile, die dem Unternehmen an anderer Stelle und in laufenden Prozessen durch das Projekt entstehen. Z. B. kann ein neues Produkt den Markterfolg eines vergleichbaren älteren Produkts beeinträchtigen („Kannibalisierung"). Die Zuordnung der Opportunitätskosten zu den verursachenden und betroffenen Projekten erweist sich oft allerdings als kaum lösbar, wenn der Produktkalender sehr komplex und die erfolgskritischen Wechselwirkungen vielfältig sind.

Ähnlich können für angedachte Projekte die Unterlassungskosten abgeschätzt werden. Worauf wird verzichtet, wenn das Projekt zur Organisationsveränderung nicht durchgeführt wird?

In diesem Zusammenhang sind auch Projekte zu erwähnen, die als „Türöffner" für nachfolgende Projekte zu verstehen sind. Solche Projekte rechnen sich nicht per se, sondern nur im Zusammenhang mit Folgeprojekten, die sich mit einer zu schätzenden Wahrscheinlichkeit anschließen. Hierbei greifen Rechenmodelle, die sich mit diesen Projekten als so genannten „Realoptionen" beschäftigen.

Wenn sich herausstellt, dass im Konzert der Projekte der Mehrnutzen durch das geprüfte Projekt in keiner Weise die Mehrkosten rechtfertigt, ist es – aus wirtschaftlicher Sicht – aus dem Projektportfolio zu streichen und seine spezifischen Themen gegebenenfalls kostengünstiger anderen Projekten zuzuschlagen. Für ein anderes Projekt wären die Unterlassungskosten sehr hoch, wenn Vorleistungen für andere wichtige Projekte verloren gingen, bzw. zu ungleich höheren Kosten in mehreren betroffenen Projekten selbst erbracht werden müssten. Auch bei diesen Betrachtungen fällt eine Zuordnung der Kosten-Nutzen-Effekte zu einzelnen Projekten schwer.

Hier ist eine Simulationsrechnung der Effekte über das gesamte Projektportfolio (oder ein betroffenes Projektcluster) effizienter als der Versuch der einzelprojektbezogenen Zurechnung von Kosten-Nutzen-Effekten. So werden z. B. die neue Produktentwicklung virtuell in das Projektportfolio aufgenommen und die Kosten- und Erlös-Erwartungen (Einzahlungen/Auszahlungen) der betroffenen anderen Produkte korrigiert. In der Summe muss sich ein Vorteil gegenüber dem aktuellen Projektportfolio ergeben.

Effekte, die sich schwer einem einzelnen Projekt zuordnen lassen, können gesondert erfasst werden, z. B. das Profitieren von Vorarbeiten in anderen Projekten, Know-how-Transfer, Bündeln gemeinsamer Arbeiten.

Die Wirtschaftlichkeit bzw. Verzinsung der Projektlandschaft ergibt sich demnach aus der Verzinsung der Summe der Einzelprojekte sowie der monetären Wechsel-, Neben- und Folgewirkungen, die sich den Einzelprojekten nicht eindeutig zurechnen lassen (Abbildung 3). So kann die Wirtschaftlichkeit der Projektlandschaft durch das effiziente Nutzen von Synergieeffekten zwischen den Projekten höher sein als die Summe der Kosten- und Nutzen-Effekte der einzelnen Projekte. Umgekehrt können die Komplexitäts- und Abstimmkosten zwischen den Projekten die Synergieeffekte aufheben und die Wirtschaftlichkeit der Projektlandschaft insgesamt reduzieren.

	Zahlungsreihen in TEur	2004	2005	2006	2007	2008
Projekte	P1: Neue Auftragsabwicklung	-1000	-800	-300	+1000	+1600
	P2: Umstellung Betriebssystem	-200	-200	+100	+300	+300
	P3: Internet-Telefonie	-1000	-200	+500	+800	+900
Wechsel- u. Nebenwirkungen	P1/P3: Einsparung durch Aufgabenbündelung		+100	+50	+50	+50
	P2/P3: Übergangskosten für Spezialisten zwischen Projekten, aus Projekten in Linie und gegebenenfalls Abfindungen				-100	-300
DCF	Summe	-2200	-1100	+350	+2050	+2550
	Barwerte bei einem Zinssatz 10 %	-2200	-1000	+289	+1540	+1742
	Barwerte kumuliert	-2200	-3200	-2911	-1371	+371

Abbildung 3: *Ein- und Auszahlungen im Ausschnitt eines Projektportfolios. Alle monetären Effekte der Projekte sind berücksichtigt. Der gezeigte Portfolio-Ausschnitt amortisiert sich nach fünf Jahren.*

Die perspektivische Steuerung erfolgt über das Controlling des Kapitalwertes. Dabei wird nicht nur überprüft, ob der errechnete Kapitalwert heute die Bedingung „gleich oder größer Null" erfüllt. Vielmehr kann sein exakter Wert benutzt werden, um den Trend der Kapitalwerte auf der Zeitachse zu verfolgen (Kapitalwerttrendanalyse) und bei negativer Entwicklung (Trend gegen Null) frühzeitig gegenzusteuern.

Wertanalyse des Projektportfolios

4. Nicht-monetäre Nutzenkriterien ansetzen

Nicht alle wirtschaftlichen Argumente für oder gegen ein definiertes Projektportfolio lassen sich im Abgleich mit den formulierten Unternehmensstrategien (mit dem Anspruch des strategiegeleiteten Ressourceneinsatzes) und anhand des quantifizierten Wirtschaftlichkeitsnachweises im engeren Sinne belegen. Eine zusätzliche Annäherung kann über Nutzenkriterien erfolgen, die wirtschaftlich relevant sind, aber monetär nicht oder nur sehr aufwändig zu bewerten wären.

Diese Nutzenkriterien unterscheiden sich von den Unternehmensstrategien dadurch, dass sie keine unternehmensspezifischen Ziele zur Erreichung dauerhafter Wettbewerbsvorteile verkörpern, die als solche von der Unternehmensführung beschlossen worden sind. Mit Strategien wird eine Abhebung im Wettbewerb versucht. Die Nutzenkriterien sind Gemeingut. Ein Problem hat, wer sie nicht beherrscht.

Das systematische Vorgehen kann ähnlich dem der strategischen Bewertung gewählt werden (Abbildung 4). Jetzt geht es allerdings weniger darum, eine optimale Passung herzustellen, sondern alle relevanten, wirtschaftlichen Potenziale des Projektportfolios auszuloten. In diesem Sinne können auch summarische Betrachtungen hilfreich sein, um schnelle Hinweise zu erhalten, was das Projektportfolio in Bezug auf die wirtschaftlich relevanten Nutzenkriterien leistet.

Projekte		Wirtschaftlich relevante Nutzenkriterien		
		N1	N2	N3
		Prozessbeschleunigung	Reduzierung Reklamationsquote	Mitarbeiterqualifikation
P1	Neue Auftragsabwicklung	2	2	1
P2	Umstellung Betriebssystem	1	0	0
P3	Internet-Telefonie	1	1	0
Punktesumme (max. 6) und Grad (max. 1)		4	3	1
		0,67	0,50	0,17

Abbildung 4: *Die Darstellung macht transparent, welchen zusätzlichen, monetär schwer quantifizierbaren, wirtschaftlichen Nutzen die Projekte haben. Zur Bewertung kann z. B. wieder die Unterscheidung zwischen (2) entscheidend, (1) wichtig oder (0) irrelevant dienen.*

Wenn die Nutzenkriterien maßgebliche Größen sind, die im Wettbewerb beherrscht werden müssen, sind sie umgekehrt auch Argumente, die die Initiatoren der einzelnen Projekte – neben den monetären Kenngrößen und strategischen Faktoren – für die Profilierung und Durchsetzung ihrer Vorhaben verwenden werden. Stehen keine anderen als diese nichtmonetären Argumente zur Verfügung, so kann dennoch eine Brücke geschlagen werden: Aus den Projektkosten und einer definierten Verzinsung lässt sich der monetäre Effekt errechnet, den das Unternehmen von einem Projekt erwartet. Diese Größe ist der Maßstab, an dem die Nutzenargumentation zu plausibilisieren ist: Werden die in dem Projekt geplanten Maßnahmen die Nutzenkriterien soweit erfüllen, dass der monetäre Effekt erreicht wird? Diese Einschätzungen werden z.B. in einem qualifiziert besetzten Expertenrating oder Peer Review stattfinden. Neben den definierten Kriterien ist es also der Managementprozess mit den richtigen Beteiligten, der tragfähige und belastbare Ergebnisse für die einzelnen Projekte liefert und somit letztendlich die Qualität des Projektportfolios insgesamt mitbestimmt.

5. Verlauf des Ressourcenbedarfs und Mitteleinsatzes optimal planen

Belastungsspitzen in der Projektlandschaft, z. B. wenn mehrere Projekte zur gleichen Zeit auf dieselben Fachleute zugreifen wollen, führen zu Ressourcenengpässen. In der Regel werden dann die Projekte aufgefordert, Einsparmöglichkeiten zu suchen, ihre Effizienz zu steigern, den Ablauf der Ressourcensituation anzupassen, ihre Ergebnisse zeitlich zu staffeln etc. Daraus resultieren Verzögerungen, Leistungs- und Qualitätseinschränkungen. Der Wettbewerb der Projekte erzeugt aus Unternehmenssicht leicht kontraproduktive Effekte. Der Koordinations- und Abstimmaufwand verursacht zusätzliche Managementkosten.

Die Belastungsspitzen betreffen nicht nur die Ressourcen, die in Projekten aktiv in die Konzeptions- und Realisierungsarbeiten eingeplant sind. Die DV-Abteilung eines Großunternehmens berichtet von den Ressourcenengpässen bei ihren internen Kunden, wenn die Einführungen verschiedener neuer Anwendungen zeitlich zusammentreffen. Die verschiedenen Schulungen sind dann vom Aufwand und vom Inhalt her für die Anwender nur schwer zu verkraften. Im ungünstigsten Fall sind sie in dem Monat angesetzt, in dem die Budgetierung oder der Jahresabschluss durchzuführen ist und den Anwendern der Sinn mehr nach produktiver DV-Nutzung als nach Schulung steht. Projekte wurden dann immer wieder in Warteschleifen gebracht, die kostenmäßig nur bedingt (z. B. mittels anderer Aufgaben für die Projektbeteiligten) aufgefangen werden können. In der Konsequenz wurde in dem Unternehmen ein Release-Management-Prozess eingerichtet, in dem die Einführungstermine nach Kundenmaßstäben optimal koordiniert werden. Rückwärts gerichtet hat das Folgen für die Terminsetzungen in der ganzen Projektlandschaft.

Ein Glücksfall wäre es, wenn die Abteilungen zur Behebung des Ressourcenengpasses zusätzliche Ressourcen aus dem Tagesgeschäft verfügbar machen könnten. Eher werden aber neue Mitarbeiter gewonnen oder externe Ressourcen zugekauft und dies mit unterschiedlicher Kostenwirkung: Kurzfristiger Einsatz externer Ressourcen muss mit relativ hohen Tagessätzen bezahlt werden, längerfristige Verträge binden entsprechende Mittel über die Projekte hinaus. Dabei sind in jedem Fall Einarbeitungszeiten und zusätzlicher Managementaufwand hinzuzurechnen, ebenso die Kosten für den Know-how-Transfer der Externen auf das Kundenunternehmen.

Die Betrachtung wäre aber noch zu einfach, wenn sie die Ressourcengegebenheiten des Unternehmens nur statisch behandelt. Parallel zu den Projekten und den regelmäßigen Geschäftsprozessen („Tagesgeschäft") laufen Supportprozesse wie die Personalbeschaffung und Personalentwicklung. Mit ihnen gilt es sich abzustimmen, sich mit laufenden Qualifizierungsmaßnahmen zu synchronisieren und neue Qualifizierungsmaßnahmen anzustoßen. Wo heute ein Ressourcenengpass gesehen wird, könnten in ein bis zwei Jahren mehr Mitarbeiter über die benötigte Qualifikation verfügen. Wenn die perspektivische Lenkung der erforderlichen Entwicklungsmaßnahmen gelingt, verfügt das Unternehmen rechtzeitig über das Know-how für die künftigen Projekte. Wenn nicht, wird der Erfolg des Projektportfolios zunehmend an die willkürliche Verfügbarkeit externer Ressourcen gebunden sein.

Im Rahmen der DV-Anpassungen zur Jahrtausendwende wurden die Spitzenbelastungen im Zusammenhang deutlich: Die eigenen Kapazitäten haben in der Regel nicht ausgereicht. Die Aussetzung anderer Projekte brachte Entlastung, aber nicht die Lösung. Die erforderlichen externen Fachleute waren teuer. Die Kapazität der eigenen Betriebsmittel war auf den Normalfall ausgelegt und reichte nicht. Die Externen nutzten die Chance und diktierten die Verträge. Damit bahnte sich gleichzeitig ein erhöhter Bedarf an Finanzmitteln an. Heute stehen Unternehmen, die diese – auch damals schon länger bekannte – Situation nicht vorbereitet haben, vor liegen gebliebenen Projekten, die in der Wartestellung teilweise ihren Wert verloren haben, und vor extern angepassten DV-Lösungen, für die ein Teil des Know-hows nicht mehr im Unternehmen ist. Die „Reparaturkosten" sind erheblich. Sie werden üblicherweise nicht erfasst und wirtschaftlich bewertet.

Um die Dynamik der Projektentwicklung wie die der Ressourcenentwicklung annähernd beherrschen zu können, ist hier der Schritt vom Portfolio zum Kalender erforderlich. In einem hinreichend genauen Zeitraster werden Nachfrage und Angebot transparent gemacht (Abbildung 5). Früh erkannte Diskrepanzen führen zu rechtzeitigen Entwicklungs- und Anpassungsmaßnahmen.

In einem Dienstleistungsunternehmen mit etwa einhundert gleichzeitig laufenden Projekten hat es sich die zentrale Projektkoordination zu einer Aufgabe gemacht, den Ressourcenbedarf der Projektlandschaft zu erfassen, nach Organisationseinheiten zu sortieren und an die Ressourcengeber zu kommunizieren. Der Betrachtungshorizont beträgt drei Jahre. Fallweise übernimmt die Projektkoordination eine moderierende Aufgabe zwischen Nachfragern und Anbietern. Ein weitergehender, steuernder Eingriff erfolgt allenfalls durch einen Bericht an ein zentrales Managementgremium, in dem absehbare Probleme für die Realisierung des Projektportfolios offen gelegt werden. Die letztendliche Verantwortung für die Abstimmung der Ressourcen liegt weiterhin bewusst bei Anbietern und Nachfragern. Seit Einführung dieses Prozesses haben die Organisationseinheiten zunehmend gelernt, das Projektportfolio in Gänze zu verstehen und ihre personellen Maßnahmen darauf besser abzustimmen.

Viele dieser Kosten (durch Zusatzqualifizierung, Belastungsspitzen usw.) werden den Einzelprojekten zugerechnet, sind aber durch suboptimale Steuerung der Projektlandschaft verursacht. Sie entstehen durch falsche projektübergreifende Bündelungen, schlecht abgestimmte Terminierungen, ungenügende Kommunikation von Ressourcenbedarf und Ressourcenangebot.

Projekte und ihr Ressourcenbedarf an die Fachbereiche, hier in Personenmonaten		2005			2006		
		Marketing + Vertrieb	Entwicklung	DV	Marketing + Vertrieb	Entwicklung	DV
P1	Neue Auftragsabwicklung	10	5	20	5	5	30
P2	Umstellung Betriebssystem		2	10	1	3	15
P3	Internet-Telefonie	10	0	15	10	0	50
Summen		**20**	**7**	**45**	**16**	**8**	**95**

Abbildung 5:   Die Transparenz des Ressourcenbedarfs des Projekts ist eine Voraussetzung für die Ressourcenentwicklung und Ressourceneinsatzplanung der Organisationseinheiten. Für die DV-Abteilung wird in diesem Beispiel eine Belastungsspitze in 2006 absehbar.

6. Wirtschaftliche Risiken beherrschen

Risikoanalysen sind im Projektmanagement seit langem bekannt. Es wird für jedes einzelne Projekt abgeschätzt, mit welcher Wahrscheinlichkeit Ereignisse eintreten, die die Einhaltung der Sach-, Zeit- und Kostenziele des Projektes gefährden, und welche Tragweite diese Ereignisse hätten. Die Eintretenswahrscheinlichkeit eines Ereignisses wird prozentual abgeschätzt.

Die wirtschaftliche Tragweite ergibt sich aus dem finanziellen Effekt bei Eintreten des fraglichen Ereignisses, z. B. durch Reparaturkosten. Den Risiken werden dann präventive Maßnahmen zur Verringerung der Eintretenswahrscheinlichkeit oder der Tragweite gegenübergestellt, wirtschaftlich bewertet und gegebenenfalls beschlossen.

Allgemeiner kann aufgrund typischer Risikofaktoren (Ressourcenverfügbarkeit, Planungssicherheit, Akzeptanz etc.) auch die Realisierungswahrscheinlichkeit von Projekten beurteilt werden.

Eine Risikoanalyse für das Projektportfolio insgesamt ist bisher die seltene Ausnahme. Bestenfalls werden die Projekte in ein Risikoportfolio eingetragen, um riskante von weniger riskanten Vorhaben zu unterscheiden (Abbildung 6).

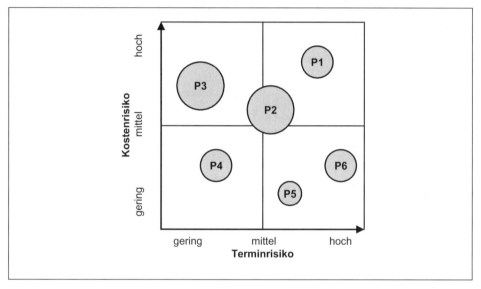

Abbildung 6: *Vergleichende Darstellung der Projekte hinsichtlich ihrer Termin- und Kostenrisiken in einem Portfolio. Die Projektbudgets sind anhand der Kreisflächen veranschaulicht.*

Im Rahmen der Bewertung des Projektportfolios sind Aussagen zu den Risiken für die erwarteten Kosten- und Nutzeneffekte bzw. die Wirtschaftlichkeit der Projektlandschaft gefragt. Im einfachsten Fall werden Best-Case-Worst-Case-Szenarien der Einzelprojekte zugrunde gelegt und auf das Projektportfolio hochgerechnet (Abbildung 7). Diese Darstellungen sind zwar abstrakt und liefern bei hoher Verdichtung Daten, die zu ihrem Verständnis gründlicher Hinterfragung bedürfen, haben aber bisher in jedem Fall zur Erkenntnis des Managements geführt, dass die Wirtschaftlichkeit der Projektlandschaft erheblicher Unsicherheit unterliegt und ein spezifisches Risikomanagement lohnt.

In einem Unternehmen, das sich vom Projektmanagement besondere Innovationsschübe erhofft, definierte der Führungskreis den Begriff Risikomanagement zunächst als „Unwort". Es wurde bemängelt, dass das Wort Risiko dem innovativen Denken und Handeln widerspräche, und das entsprechende Kapitel wurde in der neuen Projektmanagement-Anleitung ausgelassen. Heute ist eine Projektlandschaft entstanden, deren Wirtschaftlichkeit kaum noch zu steuern ist. Viele Projekte haben Kostenprobleme, und externe Gutachten konstatieren, dass die geprüften Projektpläne mehr durch Gefälligkeit als durch Realismus geprägt sind. Terminliche Verschiebungen in der Projektlandschaft sind an der Tagesordnung. Die Kosten werden nur noch über ein Krisenmanagement gesteuert. Schließlich wurde jetzt in der Not das Risikomanagement implementiert. Den Anschub gaben neben dem entstandenen Leidensdruck auch die Anforderungen des KonTraG (Gesetz zur Kontrolle und Transparenz im Unternehmensbereich) und des Sarbanes-Oxley-Acts, die einem professionellen Risikomanagement gelten. Insgesamt ist die Erkenntnis gewachsen, dass Projektmanagement mit seinen verschiedenen Planungs-, Controlling- und Steuerungsinstrumentarien auch praktiziertes Risikomanagement heißt.

Projekte mit Budgets (in TEUR)		Zielgrößen					
		Kosten in TEUR			Verzinsung		
		Plan	Best Case	Worst Case	Plan	Best Case	Worst Case
P1	Neue Auftragsabwicklung	5.000	3.500	6.000	13%	22%	8%
P2	Umstellung Betriebssystem	1.000	900	1.200	9%	11%	7%
P3	Internet-Telefonie	2.800	2.500	5.000	10%	15%	2%
Portfolio		**8.800**	**6.900**	**12.200**	**12%**	**18%**	**5%**

Abbildung 7: Risikoanalyse des Projektportfolios. Gegenstand der Wirtschaftlichkeitsbetrachtung sind die Kosten sowie die Verzinsung. Für die Projekte und daraus abgeleitet für das Projektportfolio werden neben den Planwerten die Einschätzungen für den denkbar besten und den denkbar schlechtesten Fall angegeben (Best Case, Worst Case).

Vielfach liegt der eigentliche Effekt von Risikoabschätzungen in dem Anschub, den sie der inhaltlichen Auseinandersetzung mit der Situation im Projektportfolio geben. Wer sich an die Analyse macht, muss sie als Teil eines beginnenden Dialogprozesses planen. Erst im Dialog zwischen Controlling und Management entsteht das gemeinsame Wissen, was es mit den Zahlen auf sich hat und was am besten zu tun ist.

Darüber hinaus gilt es dann, projektübergreifende Effekte zu identifizieren und gegebenenfalls Wechselwirkungen von Risiken zu erkennen, z. B. Auswirkung möglicher Einflüsse auf voneinander abhängige Projekte (Domino-Effekt). Damit kann sich die Tragweite eines Schadensereignisses in einer Projektlandschaft vervielfachen.

Das im DV-Unternehmen ungeschickt begonnene Reorganisationsprojekt führt zu ungewollten Fluktuationen, mit Nachteilen für andere Projekte und für das Unternehmen. Die besten Mitarbeiter verlassen das Unternehmen zuerst, nehmen ihr Know-how mit zu den Wettbewerbern und hinterlassen (nicht nur in der Projektlandschaft) Qualifikationslücken, die mit zusätzlichem Aufwand geschlossen werden müssen.

In einem Unternehmen der Metallindustrie bringt die Umstellung auf das neue CAD-System nicht nur Kostenrisiken, weil der Wartungsaufwand noch nicht absehbar ist. Schlimmer noch, beschert es den betroffenen Produktentwicklungen zusätzliche Terminrisiken aufgrund der notwendigen Einarbeitung und anfänglich fehlenden Routine der Entwickler.

Das Risikomanagement darf also nicht allein der Führung des Einzelprojekts überlassen bleiben. Die projektübergreifende Sicht liegt verantwortlich in der Hand des portfolio-verantwortlichen Managementgremiums. Hier sind die übergreifenden Risiken zu erfassen und ihre Wechselwirkungen in der Projektlandschaft zu untersuchen. Die wirtschaftlichen Auswirkungen (kostenwirksame Einplanung von Gegenmaßnahmen) sind in die Wirtschaftlichkeitsanalyse des Projektportfolios (Abbildung 3) und in die projektübergreifende Ressourcenplanung (Abbildung 5) aufzunehmen. Die risikobedingten Gegenmaßnahmen werden verantwortlich den Projekten zugeordnet und sind Gegenstand des Berichtswesens. Im Dialog zwischen koordinierendem Managementgremium und operativer Ausführung realisiert sich ein wirksames Risikomanagement.

7. Höhere Wirtschaftlichkeit durch schnellere Realisierung erreichen

Vermeidbare Kosten entstehen durch die übermäßige Länge von Projekten. Dabei handelt es sich häufiger um ein Symptom der Projektmanagement-Kultur im Unternehmen, das sich auch Projektvorgehensmodell manifestiert, als um das Problem eines einzelnen Vorhabens und ist deshalb für die Steuerung des Projektportfolios von Belang.

Lange Projekte verlieren auf halber Strecke Ziele, Motivation und Mitarbeiter; die Produktivität sinkt. Die Ziele, die vor zwei Jahren noch galten, sind heute überholt; ein Teil der Arbeit ist umsonst gewesen.

Zweimal wurde das Projekt schon verlängert. Was ursprünglich für 18 Monate geplant war, geht jetzt ins fünfte Jahr. Mit jeder Verlängerung wurden die Anforderungen erneuert, weil Markt- und Technologie-Entwicklungen das Projekt überholt haben. Ein Projektergebnis, wie es am Anfang geplant war, wäre mittlerweile antiquiert. Ein Teil der bisherigen Leistungen wird also ad acta gelegt, viele Aufwände der ersten Projektstufen kommen nicht mehr zur Geltung. In der Gesamtbetrachtung wird deutlich, wie sich das Kosten-Nutzen-Verhältnis des Projekts durch die mehrmalige Verlängerung negativ entwickelt hat. Den im Vergleich zur anfänglichen Planungen schon verringerten Nutzenerwartungen stehen mittlerweile mehrfache Kosten gegenüber. Die anfangs gemiedene 80%-Lösung wäre allemal wirtschaftlicher gewesen.

Gerade große Unternehmen verstricken sich bei ihren Vorhaben zur Organisations- und Technologie-Entwicklung oft in teure und lange Projekte. Was überschaubar angefangen hat, bläht sich auf und wird zum Dauerbrenner. Oder ein Vorhaben wird wegen geringerer Priorität gestreckt und streckenweise nur noch am Leben gehalten, ohne wesentliche Ergebnisse zu erzielen – das Projekt kostet nur noch Geld und bringt keinen Nutzen.

Dann wechseln nicht nur die hoffnungslos überforderten oder entmutigten Projektleiter, auch in den Lenkungsausschüssen lässt sich oft eine bemerkenswerte Fluktuation feststellen, ohne dass dies als Alarmsignal von der Unternehmensführung immer realisiert würde. Wechsel in den Gremien bedeutet oft neue Ausrichtungen und Zielsetzungen, neue Auseinandersetzung und Verzögerung.

Selten werden die Lenkungsgremien in die Verantwortung für ihre Projekte genommen. Anders in einem Unternehmen, wo das Managementgremium für die Steuerung der Projektlandschaft hier den Hebel angesetzt hat. Zahlreiche Probleme waren in der letzten Zeit darauf zurückzuführen, dass die Transmission zwischen Unternehmensführung und Projektlenkung nicht funktionierte. Die Sprecher der Lenkungsgremien müssen jetzt Ziele vereinbaren, in denen auch die zügige Abwicklung der Projekte eine zentrale Rolle spielt. Die Zielformulierungen werden von dem Portfolio-verantwortlichen Managementgremium unterstützt. Es sorgt auch dafür, dass die Verantwortung nicht allein auf den Einzelprojekterfolg fokussiert, sondern eine Mitverantwortung für den Erfolg des Projektportfolios übertragen wird. Z. B. wird als ein Ziel formuliert, dass Einzelprojektentscheidungen keine unabgestimmten, negativen Nebenwirkungen für andere Projekte haben dürfen.

Die Kunst liegt darin, Projekte auf Geschwindigkeit zu trimmen. Dies kann z. B. erreicht werden, indem jeder einzelne Projektabschnitt darauf ausgerichtet wird, anwendbare Teilergebnisse zu liefern, oder das flächendeckend ausgerichtete Projekt sich zunächst auf eine pilotierende Einheit konzentriert.

Zugleich sind entsprechende Rahmenbedingungen für die Projektarbeit zu schaffen:

- klare, hohe Dringlichkeit für das Unternehmen
- herausfordernde Zielsetzung

Wertanalyse des Projektportfolios

- Freistellung des Teams für die intensive Bearbeitung der Aufgabe
- deutliche und gemeinsame Vorstellung des erforderlichen Ergebnisses und der erforderlichen Arbeitsweise im Team
- kreativitäts- und produktivitätsunterstützende Infrastruktur
- Teilergebnisse in kurzen Etappen geplant (tages- oder wochenweise)
- Entscheidungsspielraum und Eigenverantwortung des Projektteams
- kurze, direkte Kommunikationswege zwischen Projekt und Auftraggeber
- permanente Moderation, Supervision und Beratung des Prozesses
- kontinuierliches Monitoring des kritischen Umfeldes und gegebenenfalls umgehende Projektanpassung
- Reduzierung des formalen Overheads auf das Mindestmaß

Die verschiedenen Vorgehensmodelle des Projektmanagement unterstützen diese Ansätze unterschiedlich: So sehen z. B. die meistens verwendeten „sequentiellen Vorgehensmodelle" (Wasserfallmodell, Project Life Cycle) ein geordnetes, phasenweises Vorgehen vor, das am Ende liefert, was am Anfang sorgfältig konzipiert worden ist. Für jede Phase sind Ergebnistypen und Templates definiert, die zu liefern und zu benutzen sind.

Hingegen nähern sich „Spiralmodelle" und explorative, experimentelle Projektkonzepte der Lösung iterativ an, tasten sich auf unbekanntes Terrain vor, probieren zunächst eine 20%-Lösung. Daraus lässt sich gegebenenfalls neuer Analyse- und Konzeptionsbedarf erkennen. Der nächste Schritt ist daraufhin eine reifere 50%-Lösung usw., bis schließlich die Lösung steht. Mit diesem Prozedere werden Anforderungen, die sich im Laufe eines Projekts zwangsläufig auch weiterentwickeln, leichter berücksichtigt als in sequentiellen Vorgehensmodellen.

Das „Agile Projektmanagement" stellt innerhalb von zwei bis vier Wochen anwendbare Ergebnisse bereit, quasi kleine 100%-Lösungen; damit kann der Kunde schon einmal arbeiten und er kann besser präzisieren, was er im Weiteren noch braucht. Das so genannte „Agile Manifest" stellt dafür als wesentliches Prinzip die intensive Interaktion im Projektteam und mit den Projektkunden anstelle einer unnötigen Formalisierung der Projektarbeit in den Vordergrund.

Für die Optimierung des Projektportfolios heißt das, nicht nur eines der beschriebenen Vorgehensmodell generell zu präferieren, sondern eher eine Auswahl zu ermöglichen, um den verschiedenen Projekterfordernissen gerecht zu werden. Damit wären auf der Projektebene die Rahmenbedingungen geschaffen, die Vorhaben besser und schneller abzuwickeln.

Auf der Ebene des Projektportfolios heißt es, klarere Prioritäten zu setzen und mit der überkommenen Gewohnheit aufzuräumen, für wichtig erachtete Projekte immer sofort und umfassend aufsetzen zu wollen. Tendenziell ist es besser, kürzere Projekte hintereinander und schnell abzuwickeln als viele Projekte gleichzeitig (Abbildung 8).

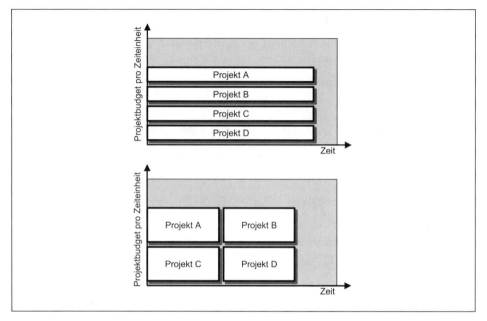

Abbildung 8: *Lieber weniger, schnelle Projekte als viele Projekte gleichzeitig. Bei langen Projekten wächst die Wahrscheinlichkeit, dass sich Projektziele und Projektbedingungen verändern und verschiedene früh im Projekt erbrachte Leistungen nicht mehr zum Tragen kommen.*

Das Argument, erst die parallele Abwicklung erlaube die optimale Vernetzung und Realisierung von Synergieeffekten, ist mit Vorsicht zu genießen und gegen die überproportional steigenden Komplexitäts- und Abstimmkosten abzuwägen.

8. Der Projektportfolio-Prozess muss organisatorisch verankert werden

Um das zur wirtschaftlichen Optimierung des Projektportfolios erforderliche Denken und Handeln in der Organisation zu verankern, sind Maßnahmen auf mehreren Ebenen notwendig.

- Der Steuerungsprozess für das Projektportfolio ist zu konfigurieren: Es gilt, die Schritte zur Steuerung der Wirtschaftlichkeit zu beschreiben und die erforderlichen Arbeitshilfen zu entwickeln (Abbildung 9).

Wertanalyse des Projektportfolios

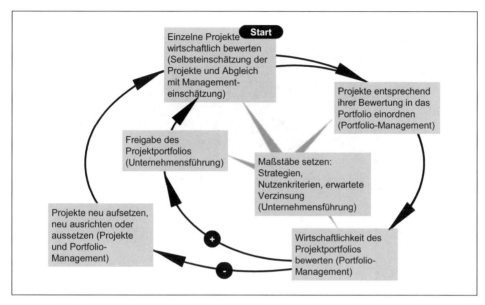

Abbildung 9: Der Steuerungsprozess für das Projektportfolio verbindet die wirtschaftliche Bewertung für einzelne Projekte und die Projektlandschaft.

- Die Verantwortung für die Steuerung des Projektportfolios ist zu beschreiben: Die auszuführenden Funktionen und Rollen gilt es zu definieren, z. B. für ein Portfolioverantwortliches Managementgremium. Seine zentrale Aufgabe wird es sein, die strategische Ausrichtung sowie die wirtschaftlichen Risiken und Potenziale in der Projektlandschaft frühzeitig zu erkennen und Entscheidungen für die Unternehmensführung vorzubereiten.

- Die Arbeitsweise zwischen den beteiligten Personen und Gremien muss geklärt werden: An die Stelle der Auseinandersetzung über einzelne Projekte muss der Dialog über die Wirtschaftlichkeit des Projektportfolios treten. Für das beteiligte Management gilt es, die Doppelrolle als Promotor des einzelnen Projekts und Mitgestalter der Projektgesamtheit zu unterscheiden.

- Die Anreize für die Steuerung der Wirtschaftlichkeit des Projektportfolios sind zu setzen: Wo bisher die Leistung allenfalls an der Lenkung und Führung des einzelnen Projektes gemessen wurde, gilt es nun, auch Leistungsmaßstäbe für die projektübergreifende Steuerung zu setzen, Ziele zu vereinbaren und Zielerfüllung zu messen.

Ein wirtschaftliches Projektportfolio darf kein Zufall sein. Die Projekte sind die Vorhaben, die mit ihren Neuerungen und Veränderungen die Unternehmensstrategien verwirklichen. Sie verfolgen wirtschaftliche Ziele und müssen wirtschaftlich durchgeführt werden. Erst wenn das für die nachhaltige Entwicklung und Verbesserung erforderliche, professionelle Management nachvollziehbar ist, ist hierin Wertsteigerung begründet.

Priorisierung von Projekten

Petra Leyendecker

> *„Prioritäten setzen heißt auswählen, was liegen bleiben soll."*
> *(Helmar Nahr, dt. Mathematiker und Wirtschaftswissenschaftler)*

Die Priorisierung von Projekten stellt für jedes Unternehmen eine Möglichkeit dar, die operative Umsetzung von strategischen Zielen im Sinne einer Zielkaskadierung zu gestalten. Faktoren wie Dringlichkeit, Unterschiede in nationalen und globalen Bedürfnissen sowie Konfliktpotenziale mit Linienaufgaben werden oft nicht berücksichtigt. Abgestimmte und etablierte Verfahren sind für die erfolgreiche Implementierung von Projektprioritäten unabdingbar. Zudem wird oft verkannt, dass nur eine eindeutige Kommunikation von Projektprioritäten zum gewünschten Erfolg führt.

1. Projektlandschaft an Unternehmenszielen ausrichten
2. Priorisierung im Rahmen der Ressourcen vornehmen
3. Dringlichkeit richtig ansetzen
4. Prioritäten von Linienaufgaben berücksichtigen
5. Priorisierung in Projektclustern praktizieren
6. Prioritäten in Kategorien abbilden
7. Regelmäßigen Priorisierungsprozess einrichten
8. Projektprioritäten in global agierenden Unternehmen setzen
9. Prioritäten und ihre Bedeutung kommunizieren
10. Die Grenzen der Priorisierung erkennen

1. Projektlandschaft an Unternehmenszielen ausrichten

Ziel des Portfolio-Managements ist es, über die Auswahl und Priorisierung der Projekte zum Erfolg und zur Wertsteigerung des Unternehmens beizutragen. Die wirtschaftlich und strategisch interessantesten Projekte müssen initiiert und termingerecht umgesetzt werden.

Die Ressourcen – Mitarbeiter, Betriebsmittel, finanzielle Mittel – sind meist knapp und werden knapp gehalten. Mit den vorhandenen Ressourcen können deshalb in der Regel nicht alle potenziellen Unternehmensprojekte realisiert werden. Selbst den wichtigsten, selektierten Projekten mangelt es oft noch an der erforderlichen Ressourcenausstattung. Deshalb gilt es, die ausgewählten Projekte zu priorisieren und eine Rangfolge aufzustellen, in der diese Projekte entsprechend ihrer Dringlichkeit – aufgrund strategischer oder wirtschaftlicher Implikationen oder äußerer, z. B. gesetzlicher Terminvorgaben – durchzuführen sind.

Im Sinne einer Zielkaskadierung (d. h. praktisch durch Übersetzung der Unternehmensziele auf die Bildung der Rangfolge) wird damit die Projektlandschaft letztendlich auch operativ auf die Erreichung der übergeordneten Ziele hin ausgerichtet.

2. Priorisierung im Rahmen der Ressourcen vornehmen

Die Diskussion um die Prioritäten der Projekte, alle durch Initiatoren und Promotoren gefordert und gefördert, endet allerdings allzu oft mit einer zu großen Anzahl von Vorhaben mit hoher Priorität, die so mit den vorhandenen Ressourcen nicht bewältigt werden kann.

Wenn die Priorisierung zur terminlichen Planung der Projekte genutzt werden soll, ist sie stringenter vorzunehmen und die Vergabe der höchsten Priorität zu begrenzen. Ein Prinzip wäre z. B., dass nur die Projekte die höchste Priorität erhalten, die – in Summe – mit voller Unterstützung und Ressourcenausstattung durchgeführt werden können. Insofern ist die Anzahl der Projekte, die mit höchster Priorität belegt werden können, durch ihre Volumina und die für die Projektarbeit zur Verfügung stehenden Mitarbeiter, Betriebsmittel und finanziellen Mittel bestimmt.

Neben dieser grundsätzlichen Betrachtung werden Priorisierungen auch genutzt, um im Projektverlauf im Falle von Ressourcenkonflikten eine praktische Lösung zu finden. Dann stellt die Priorisierung eine Vorfahrtsregelung dar, die situativ zum Einsatz kommt. Situativ heißt allerdings auch, fallweise zu prüfen, ob die Vorfahrtsregel binär angewendet wird oder eine differenziertere Lösung zum besseren Ergebnis führt.

Fall: Es kommt zu Ressourcenkonflikten zwischen zwei IT-Projekten. Beide Projekte haben zum selben Termin gemäß ihrer Planung Anwender-Schulungen vorgesehen. Überschneidungen ergeben sich bezüglich des Schulungsraumes, einige Anwender sind für beide Schulungen erforderlich. Orientiert man sich ausschließlich an der Prioritätenliste, müsste das rangniedrigere Projekt, bei dem in diesem Fall die Schulung auf dem zeitkritischen Pfad liegt, zurückstehen. Bei näherer Betrachtung zeigt sich jedoch, dass das ranghöhere Projekt den Schulungstermin verschieben kann, ohne seinen Endtermin zu gefährden.

3. Dringlichkeit richtig ansetzen

Was in dem vorangegangenen Beispiel für eine einzelne Aktivität in einem Projekt dargelegt wurde, gilt auch für Projekte insgesamt: Die Dringlichkeit ist durch den unternehmerisch notwendigen Endtermin zu bestimmen, nicht durch Aktionismus und Lustprinzip. Die Frage, die zur Beurteilung der Dringlichkeit gestellt werden muss, lautet: Was passiert, wenn wir dieses Projekt jetzt nicht durchführen? Je größer der strategische oder wirtschaftliche Nachteil, desto schneller sollte das Projekt begonnen werden.

Nicht beeinflussbare äußere Faktoren, z. B. gesetzliche Vorgaben, führen in der Regel zu einer sehr hohen Dringlichkeit und setzen den Endzeitpunkt eines Projektes unverrückbar fest. In guter Erinnerung ist die Jahr-2000-Problematik, die in vielen Unternehmen im Rahmen eines Projektes mit hoher Dringlichkeit bearbeitet wurde. Aber auch unternehmensinterne Faktoren können unter dem Aspekt der Dringlichkeit betrachtet werden. Bspw. kann ein schnelles Wachstum der Mitarbeiterzahl zu einer hohen Dringlichkeit eines Projektes zur Beschaffung von neuen Arbeitsräumen und der Einrichtung von Telearbeitsplätzen führen. Andernfalls lassen sich leicht Produktivitätsnachteile abschätzen.

Die Dringlichkeit anderer Projekte ist schwieriger zu beurteilen. So muss z. B. die Dringlichkeit einer Produktentwicklung unter verschiedenen Aspekten betrachtet werden: Welcher besondere wirtschaftliche Nutzen wird erreicht durch die schnelle Einführung eines neuen Produktes? Welchen Nutzen bringt die schnelle Einführung im Hinblick auf die bestehende Produktpalette? Welche Aktivitäten sind bei konkurrierenden Unternehmen festzustellen, die die eigene Entwicklung unter Zeitdruck setzen? Wie hoch ist die Realisierungswahrscheinlichkeit des Projektes im engen Zeitkorsett? Ist möglicherweise eine abgestufte Einführung, d. h. zunächst der stark nachgefragten Varianten, vorstellbar?

Ein Projekt ohne Dringlichkeit, d. h. ohne Nachteile für das Unternehmen, wenn es nicht jetzt sofort durchgeführt wird, braucht auch nicht sofort in Angriff genommen zu werden. Projekte, die eine niedrige Dringlichkeit haben, können unter Umständen auf einen späteren Zeitpunkt verschoben werden. Zur entsprechenden Planung können die letztmöglichen Starttermine der Projekte retrograd ermittelt werden, d. h. ausgehend von den notwendigen Endterminen. Dabei ist ein realistischer Zeitpuffer einzurechnen, um die Erreichung des Endtermins auf jeden Fall sicherzustellen (Abbildung 1). Ein zu großer Zeitpuffer würde allerdings hinsichtlich der Dringlichkeit des Projekts das falsche Signal setzen.

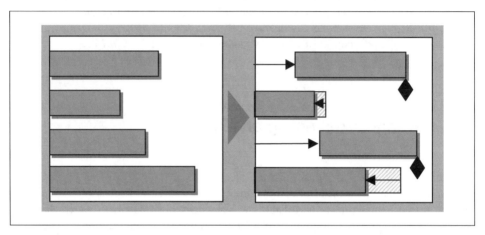

Abbildung 1: *Planungen nach dem Prinzip „Alles sofort beginnen" (Planung nach dem Lustprinzip) sind zu überführen in „Beginnen, wo es jetzt notwendig ist, damit das Ergebnis zum notwendigen Termin vorliegt" (retrograde Planung). Mit den frei werdenden Ressourcen können die wirklich dringenden Projekte beschleunigt durchgeführt werden, wie in der Abbildung mit Pfeilen gekennzeichnet.*

Eine besondere Schwierigkeit kann allerdings entstehen, wenn die Initiatoren von Projekten mit geringer Dringlichkeit ihre Motivation mit einem schnellen Projektstart und ihren persönlichen Erfolg mit Durchsetzungsstärke verbinden. Durch ihre Einbeziehung in den Priorisierungsprozess kann die Motivation erhalten u. a.rseits die Verbindlichkeit eines späteren Starttermins abgesichert werden. Aus der Beteiligung entsteht die Erkenntnis über die Notwendigkeit des Timings in der Projektlandschaft, und die Gefahr eines heimlichen Projektbeginns wird vermieden.

Für Projekte mit hoher Dringlichkeit sollten hingegen die erforderlichen Ressourcen unbedingt zur Verfügung gestellt werden, um eine möglichst zügige Abwicklung zu gewährleisten.

Priorisierung von Projekten

4. Prioritäten von Linienaufgaben berücksichtigen

Im Projektverlauf wird oft deutlich, was die Priorisierung von Projekten nicht leisten kann: die planerische Beherrschung von Ressourcenkonflikten nicht nur zwischen Projekten, sondern auch zwischen Projekten und Linienaufgaben (Abbildung 2). Wo sich die Projektpriorisierung auf die Frage konzentriert, welches der Projekte vorrangig bearbeitet werden soll und wann es spätestens zu beginnen ist, haben die Abteilungen zusätzlich zur Projektarbeit ihre spezifischen Aufgaben im Tagesgeschäft zu erfüllen, haben eigene Terminsetzungen und eigene Ziele. In der Summe mögen die für die priorisierten Projekte erforderlichen Ressourcen vorhanden sein, im Tagesgeschäft mit seinen operativen Dringlichkeiten setzen die Abteilungen auch ihre eigenen, operativen Prioritäten. Im Falle eines Konfliktes kann deshalb die Projektpriorität nur bedingt zu einer Lösung beitragen. Dann ist vielmehr der Dialog zwischen Projekten und Linienorganisation gefragt, um zu einer gemeinsam getragenen Lösung zu kommen.

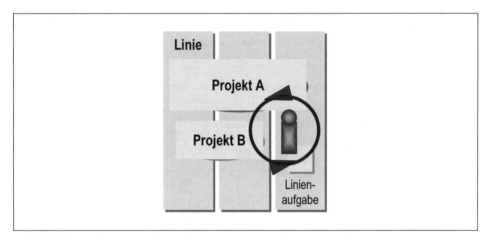

Abbildung 2: In der operativen Priorisierung erfolgt neben dem Abgleich der Projekte untereinander auch der Abgleich mit den dringenden Linienaufgaben bezogen auf die gefragte Engpassressource.

Das setzt voraus, dass die Linienorganisation nicht nur am Ergebnis des abteilungs- oder bereichsspezifischen Tagesgeschäftes interessiert ist, sondern ihre Aufgabe auch in der Unterstützung von Projekten sieht. Der Hinweis, dass die Zuordnung von Ressourcen zu Projekten zwar in der Entscheidung der einzelnen Führungskräfte liege, sich jedoch an der Bedeutung der Projekte für das Unternehmen insgesamt orientieren müsse, ist wenig wirkungsvoll, wenn die Führungskräfte nicht am Beitrag ihrer Abteilung zum Projekterfolg gemessen werden. Deshalb muss die Projektarbeit zum Anliegen der Linienorganisation gemacht werden, z. B. durch entsprechende Zielvereinbarungen mit den Führungskräften.

5. Priorisierung in Projektclustern praktizieren

Mit diesem Blick auf die Ressourcenanbieter und die Ressourcenengpässe des Unternehmens wird auch deutlich, dass Priorisierung nur für eine Gruppe von Projekten sinnvoll ist, die tatsächlich um dieselben Ressourcen konkurrieren. Projekte, die nicht auf denselben Ressourcenpool zurückgreifen, müssen nicht gegeneinander priorisiert werden. Die Lösung liegt in der Bildung von Projektclustern, die der Ressourcensituation Rechnung tragen, und der Priorisierung innerhalb der einzelnen Cluster. Oft werden diese Cluster fachlich durch die verschiedenen Projekttypen bestimmt, z. B. Produktentwicklungen, IT-Projekte etc.

Die Clusterung bietet zudem die Gelegenheit, den notwendigen Ziele- und Interessenabgleich mit der Linienorganisation fokussierter anzugehen (Abbildung 3). So können bspw. die Bereichsleiter Marketing und der Abteilungsleiter Produktentwicklung Mitglieder der Lenkungsausschüsse für die Entwicklungsprojekte sein und damit auch aktiv Verantwortung für Projekterfolge erhalten. Vielleicht wird auch ein Fachgremium gebildet, das das Projektcluster regelmäßig berät. Die Projektanliegen werden damit auch wieder zu Anliegen des Linienmanagements. In dieser Konstellation wird es leichter gelingen, Konflikte zwischen Projektaufgaben und Linienaufgaben konstruktiv anzugehen.

Ressourcennachfrager		Ressourcenanbieter				
Projekte-cluster	Projekte mit Prioritäten	F&E	Produktion	Betriebs-organisation	Anwendungs-entwicklung	Personal-entwicklung
Produkt-entwicklungen	P-1 P-3 P-2	●	●			
IT-Projekte	I-1 I-3 I-2 I-4			●	●	
Organisations-vorhaben	O-1 O-2			●	●	●

Abbildung 3: *Fachliche Projektcluster erlauben eine effektivere Fokussierung auf die Engpassressourcen, die die Prioritätsdiskussion bestimmen*

Im Übrigen bietet die Bildung von Projektclustern die Möglichkeit, die Methoden der Projektbewertung differenzierter anzuwenden. So kann z. B. die erwartete Verzinsung oder Amortisationsdauer für verschiedene Projekttypen unterschiedlich vorgegeben werden. Oder die Bewertungskriterien selbst sind spezifisch für jedes Projektcluster zusammengestellt. Z. B. können für die Produktentwicklung der Innovationsgrad und die Verbesserung der Wettbewerbssituation in einem bestimmten Marktsegment als Kriterien herangezogen werden, für IT-Projekte hingegen die Kompatibilität mit IT-Systemen in einem internationalen

Unternehmensumfeld oder die Nutzbarkeit der neuen Anwendung in vielen Unternehmensbereichen.

6. Prioritäten in Kategorien abbilden

Die Priorisierung beginnt oft mit einer Kategorisierung der Projekte, z. B. in A-, B- und C-Prioritäten. Dabei ist darauf zu achten, dass die einzelnen Gruppen möglichst gleich viele Projekte enthalten. Die Überbetonung einer Gruppe kann darauf hinweisen, dass die eingesetzte Methode nicht trennscharf genug ist und in der Entscheidung wenig hilft. Ein häufig zu beobachtender Effekt ist dann z. B., dass fast alle Projekte die Priorität A erhalten und die Kategorisierung damit nutzlos wird. Für die Kategorisierung kann auch wieder die Frage nach der Ressourcenausstattung hilfreich sein.

Beispiel einer Definition:

- Alle Projekte mit A-Priorität erhalten volle Ressourcenausstattung. Das Linienmanagement hat sicherzustellen, dass die erforderlichen Ressourcen zur Verfügung gestellt und gegebenenfalls aufgestockt werden. Mitarbeiter mit den notwendigen Kenntnissen sind für die Projektaufgabe in erforderlichem Umfang freizustellen. Gegebenenfalls müssen Mitarbeiter für die qualifizierte Arbeit im Projekt geschult werden. Projekte mit A-Priorität müssen bei den vierteljährlich stattfindenden Portfolio-Reviewsitzungen den jeweiligen Stand und das weitere Vorgehen detailliert vorstellen. Die Leitung von A-Projekten wird nur erfahrenen Projektleitern übertragen.

- Projekte mit B-Priorität sind mindestens mit 50 % der erforderlichen Ressourcen auszustatten. Ressourcenkonflikte zwischen Linienaufgabe und Projektaufgabe müssen fallbezogen gelöst werden. Mit Verzögerungen gegenüber der ursprünglichen Zeitplanung ist zu rechnen. Bei Bedarf erfolgen Projektpräsentationen zum aktuellen Stand anlässlich der Portfolio-Reviewsitzungen. Die Leitung von B-Projekten wird Mitarbeitern übertragen, die
zumindest die einwöchige Projektleiterschulung absolviert haben und bereits ein Projekt geleitet haben.

- Projekte mit C-Priorität sind mindestens mit 25 % der erforderlichen Ressourcen auszustatten. Mit erheblichen Verzögerungen gegenüber der ursprünglichen Zeitplanung ist zu rechnen. Die Leitung von C-Projekten wird Mitarbeitern übertragen, die zumindest die einwöchige Projektleiterschulung absolviert haben.

Ansätze wie dieser erscheinen stark vereinfachend, können aber die erforderliche Diskussion vorantreiben und den Blick auf die realistische Verfügbarkeit der Ressourcen lenken. Zudem sind die Prioritäten regelmäßig zu überprüfen und gegebenenfalls neu zu setzen. Bei den Projekten mit B- und C-Prioritäten muss wegen der in Kauf genommenen Verzögerungen häufiger das Kosten-Nutzen-Verhältnis überprüft werden. Verzögerungen erhöhen Kosten aufgrund zusätzlicher Rüstzeiten und erhöhen gleichzeitig das Risiko für den Nutzen, weil ein länger dauerndes Projekt eher von Umfeldentwicklungen überholt wird.

Die Kategorisierung wird auf die Projektlandschaft insgesamt oder in Projektclustern angewandt. Innerhalb der Kategorien und Cluster gilt es dann wieder die Reihenfolge der Projekte optimal zu definieren.

7. Regelmäßigen Priorisierungsprozess einrichten

Neben den methodischen Möglichkeiten, wie eine Priorisierung regelmäßig vorgenommen werden kann, ist die Organisation der Priorisierung zu klären: Wie erfolgt Priorisierung? Wie kann entschieden werden, welche Projekte tatsächlich durchgeführt werden sollen und welche nicht, welche Projekte alle erforderlichen Mittel und Mitarbeiter zur Verfügung haben und welche nur mit halber Kraft betrieben werden können oder zunächst zurückgestellt werden?

Die erforderlichen Schritte der Projektbewertung, Projektselektion und Projektpriorisierung werden für die Erstellung und Überprüfung des Projektportfolios in regelmäßigen Abständen (z. B. vierteljährlich) als Projekt- und Portfolio-Reviews durchgeführt: Wie sind die Projekte zu bewerten, ist die Zusammensetzung des Portfolios optimal und sind die Prioritäten richtig gesetzt? In Abhängigkeit von Umfeldbedingungen (Marktänderungen, Strategieänderungen, gesetzliche Vorgaben etc.) kann sich das Bewertungsergebnis für die einzelnen Projekte ändern und zu einer Umschichtung der Prioritäten für anstehende genauso wie für laufende Projekte führen. Gegebenenfalls muss das Unternehmen entscheiden, ob und unter welchen Bedingungen ein bereits laufendes Projekt zugunsten eines neuen Projektes abgebrochen bzw. zurückgestellt werden soll.

Voraussetzungen für das Gelingen des Priorisierungsprozesses sind die Organisation der erforderlichen Managementgremien (Abbildung 4) und die verantwortungsvolle Wahrnehmung ihrer Aufgaben.

Priorisierung von Projekten

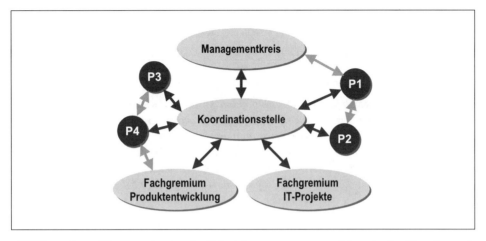

Abbildung 4: Die Organisation des Priorisierungsprozesses mit beratenden Gremien und dem Managementkreis als Entscheidungsgremium

Die Beteiligten im Einzelnen:

Projektportfolio-Management und Priorisierung sind Aufgabe des Managementkreises.

Je nach Größe des Unternehmens kann es sinnvoll sein, Fachgremien zur Begutachtung, Beratung und fachlichen Entscheidungsvorbereitung für bestimmte Projekttypen einzurichten. Die Fachgremien bestehen aus Mitarbeitern, die aufgrund ihrer fachlichen Fähigkeiten und Entscheidungskompetenz geeignet sind, Projektalternativen zu bewerten und einen Vorschlag für die Auswahl und Priorisierung von Projekten zu erarbeiten.

Die Zusammenführung und Klärung aller für das Projektportfolio relevanten Informationen aus Projekten und Fachgremien und die Organisation des Entscheidungsprozesses liegt bei der Projektkoordination. Die Projektkoordination übernimmt damit eine übergreifende, unterstützende und integrierende Rolle, um sicherzustellen, dass – über alle Projekte gesehen – vergleichbare Vorlagen in erforderlicher Qualität erarbeitet und dem Managementkreis zur Ratifizierung und gegebenenfalls Modifikation des Projektportfolios (oder gegebenenfalls einzelner Projektcluster) unterbreitet werden.

Schließlich sind auch die Projektinitiatoren in den Selektions- und Priorisierungsprozess angemessen mit einzubinden.

Fall: In einem Unternehmen soll der Projektselektionsprozess optimiert werden. Zunächst wird eine Analyse der bestehenden Situation vorgenommen. Dabei stellt man fest, dass von den Mitarbeitern nur wenige Projektideen eingereicht werden. Die Mitarbeiter nennen auf Befragung folgende Gründe:

- *Der Auswahl- und Priorisierungsprozess und die eingesetzten Methoden sind nicht transparent.*

- *Es gibt Unklarheit und Misstrauen, wie die Projektideen im Managementgremium diskutiert und interpretiert werden.*
- *Über das „Schicksal" der Projektideen kommt keine zuverlässige Rückmeldung.*
- *Das projektbezogene, aufgabenübergreifende Engagement wird nicht anerkannt.*

Durch stärkeres Einbeziehen der Projektinitiatoren werden die Kritikpunkte beseitigt. Priorisierungsentscheidungen werden nachvollziehbarer. Die aktive Kommunikation stellt der Projektkoordinator sicher. Er hilft auch den Initiatoren, die Projektanträge managementorientiert auszulegen. Die Unternehmensführung stellt den Erfolgsfaktor Innovation deutlich heraus. Die Motivation, neue Ideen einzubringen, steigt. Gleichzeitig äußern die Beteiligten mehr Verständnis dafür, dass nicht alle Projekte mit hoher Priorität belegt werden können.

8. Projektprioritäten in global agierenden Unternehmen setzen

Neben den Überlegungen zur Priorisierung zwischen Projekten und zwischen Projekt und Linienaufgabe ist eine weitere Abhängigkeit zu berücksichtigen. Das ist die hierarchisch bedingte Priorisierungsmacht, vergleichbar der schon erwähnten Zielkaskade. Prioritätsvorgaben der Unternehmensführung haben Vorrang vor Prioritätsinteressen der Abteilung und beide haben Vorrang vor der Einschätzung des einzelnen Mitarbeiters, welche Aufgabe die dringlichste sei. Andererseits nutzt ein Durchgreifen wenig, wenn der verordneten Priorität berechtigte Zweifel an der Machbarkeit oder Interessenkonflikte und mangelnde Akzeptanz gegenüberstehen. Die Gründe mögen sachlich sein oder prozessbedingt, wenn Organisationseinheiten oder Mitarbeiter sich übermäßig fremdgesteuert fühlen. Hier kommt es darauf an, einen Prozess zu finden, der zu tragfähigen Prioritätsentscheidungen führt.

Die Prioritätshierarchie wird bei global agierenden Unternehmen besonders deutlich. Die Projektarbeit wird nicht mehr durch Gegebenheiten einer lokalen Geschäftseinheit bestimmt, sondern ist international ausgerichtet (Abbildung 5).

Grundsätzlich gelten für die Priorisierung von Projekten im internationalen Umfeld dieselben Erfolgskriterien wie für den rein nationalen Bereich: Ausrichtung an Unternehmenszielen, effiziente und transparente Prozesse und Kommunikationswege, klare Definitionen, Einbeziehen der Beteiligten und Kontinuität sind wichtige Faktoren einer erfolgreichen Prioritätenfestlegung und -umsetzung. Jedoch ist durch kulturelle Unterschiede und Vielzahl der Projekte, Abhängigkeiten und Machtverhältnisse zwischen den Unternehmenseinheiten die Umsetzung der Projektselektion und -priorisierung im internationalen Gefüge weitaus kritischer und aufwändiger als in lokal agierenden Unternehmen. Gerechtfertigt ist sie jedoch durch Synergieeffekte und die dadurch bedingte Wertsteigerung der Gesamtunternehmung.

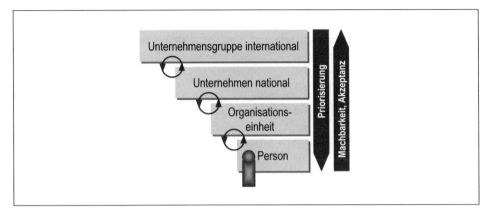

Abbildung 5: Prioritätshierarchie in einem internationalen Unternehmen

Wie sollen die Projektselektion und -priorisierung im internationalen Gefüge durchgeführt werden: zentral unternehmensübergreifend oder dezentral in den lokalen Einheiten? Letztendlich bestimmen Struktur und Organisation des Unternehmens auch die Organisation des Priorisierungsprozesses. Immer dann, wenn das Projektergebnis für den Unternehmensverband global genutzt werden kann, ist es sinnvoll, eine zentrale Selektion und Zielabstimmung einzurichten. Die Priorisierung mit Terminabstimmungen und Reihenfolgebildung muss dann nicht zwangsläufig auch zentral erfolgen. Oft sind auch abgestufte Lösungen anzutreffen, in denen die Selektion und Priorisierung mittels eines iterativen Vorgehens zwischen der zentralen und den dezentralen Stellen erfolgt.

Fall: Ein Unternehmen besteht aus vier wirtschaftlich unabhängigen Geschäftseinheiten in verschiedenen Ländern. Um Kosten zu sparen und den wirtschaftlichen Nutzen zu vergrößern, sollen die Produktentwicklungen künftig in Zusammenarbeit durchgeführt und die Produkte in allen Ländern möglichst zeitgleich vermarktet werden. Deshalb wird ein Projektselektionsprozess eingeführt, der die zentrale Priorisierung aller Produktentwicklungen vorsieht, um die Bedeutung der einzelnen Projekte für das Gesamtunternehmen zu verdeutlichen. Allerdings soll die Arbeit an den Entwicklungsprojekten jeweils überwiegend in einer einzelnen Geschäftseinheit durchgeführt werden, u. a. um die Kommunikation der Teammitglieder zu erleichtern und darüber den Realisierungsprozess zu verkürzen. Für die einzelnen Geschäftseinheiten ist aber nicht nur die Priorität für das Gesamtunternehmen wichtig, sondern auch die Dringlichkeit, die das Projekt vor dem Hintergrund des lokalen Marktes und Wettbewerbs hat, sowie die Gegebenheiten der eigenen, dezentralen Projektlandschaft und Ressourcensituation. Deshalb führen die einzelnen Geschäftseinheiten zusätzlich eine lokale Priorisierung durch. Die zentral vergebene Priorität wird dabei als ein wichtiger Faktor für die Bewertung herangezogen. Das Ergebnis der lokalen Priorisierung wird an die zentrale

Projektkoordination kommuniziert, um die Darstellung eines übergreifenden Projektportfolios zu unterstützen und gegebenenfalls Diskrepanzen abzustimmen.

In diesem Fallbeispiel macht es Sinn, die Projektselektion und Priorisierung zentral durchzuführen, weil das Projektergebnis von allen Unternehmenseinheiten genutzt wird. Da aber die Ressourcen für je ein Projekt überwiegend von einer Unternehmenseinheit bereitgestellt werden müssen, wird zusätzlich eine lokale Priorisierung durchgeführt, unter Beachtung der Gesamtpriorität.

Die Herausforderung, ein organisatorisches Konzept für die Verbindung mehrerer Priorisierungsebenen zu finden, erhält bei internationaler Projektarbeit eine neue Dimension. Kritische Faktoren für das Gelingen von international durchgeführten Projekten sind u. a. eine effiziente Kommunikation und das Verständnis und die Integration von lokalen, sehr differenten Belangen. Unterschiedliche Anforderungen der Märkte oder Größe der einzelnen Geschäftseinheiten sind dabei genauso zu berücksichtigen wie kulturelle Aspekte. Dies gilt auch für die Priorisierung:

- International besetzte Abstimmungsgremien sind einzurichten und müssen gemeinsam arbeits- und entscheidungsfähig werden.
- Lokale Gegebenheiten müssen in globale Betrachtungen einfließen, um den Erfolg in maßgeblichen Märkten zu erreichen.
- Ein globales Priorisierungsergebnis muss von lokalen Einheiten mitgetragen werden.
- Eine effiziente Kommunikations-, Dokumentations- und Informationsplattform für die Projektelandschaft muss etabliert werden, mit Vereinbarung der notwendigen Spielregeln für den Umgang mit Informationen.

Die Einbindung von Repräsentanten der lokalen Einheiten bei der Projektauswahl und -priorisierung ist sinnvoll und erforderlich. Nur so kann gewährleistet werden, dass alle, auch spezifische lokale Anforderungen einfließen, und durch die Transparenz der Prozesse und die Mitarbeit bei der Festlegung von Prioritäten bleibt die Motivation in den einzelnen lokalen Einheiten erhalten.

In diesem Zusammenhang darf übrigens nicht verkannt werden, dass die notwendigen nationalen Vorhaben vor dem Hintergrund der internationalen Projekte oft nur noch auf geringe Akzeptanz stoßen und aufgrund der Ressourcenbindung in den internationalen Projekten auch nur noch schwer durchzuführen sind.

Fall: In einem internationalen Unternehmen werden IT-Projekte zentral aufgesetzt und priorisiert, um zu gewährleisten, dass einheitliche Systeme genutzt werden und keine „Insellösungen" zum Einsatz kommen. Mehr noch: Im Zuge der Internationalisierung wird die Durchführung zusätzlicher IT-Projekte zur Installation einer international genutzten Informations- und Kommunikationsplattform notwendig. Die internationalen Projekte haben eine hohe Dringlichkeit und werden entsprechend auch mit höchster Priorität bewertet. Die aufgrund der angespannten Situation auf dem IT-Stellenmarkt ohnehin mit Ressourcenengpässen kämpfende IT-Abteilung kann für rein nationale Projekte infolge des internationalen Vorhabens keine Mitarbeiter zur Verfügung stellen.

Hier sind dann ressourcensparende Alternativen gefragt, z. B. der Kauf von Standardlösungen oder die Zusammenarbeit mit anderen Unternehmen in strategisch unkritischen, gemeinsamen Entwicklungen.

9. Prioritäten und ihre Bedeutung kommunizieren

Bei allen Ansätzen und Darstellungen ist es wichtig, dass die von der Priorisierung Betroffenen ein klares und einheitliches Verständnis davon haben, was die einzelnen Prioritäten bedeuten. Was heißt A/B/C-Priorität? Heißt niedrige Priorität, dass andere Aufgaben in jedem Fall Vorrang vor der Projektaufgabe haben? Was bedeuten Projekte mit hoher Priorität für das Tagesgeschäft? Diese Definitionen müssen für die global agierende Unternehmensgruppe, für das lokal tätige Unternehmen und gegebenenfalls bezogen auf ein Cluster festgelegt werden.

Die Priorisierung der Projekte hat nur Sinn, wenn sie allen Beteiligten bekannt ist und von ihnen mit getragen wird. Mit der Priorität wird die Bedeutung des Projekts kommuniziert – und diese hat Konsequenzen für die eigene Arbeit.

Die Unternehmensleitung ist am Prozess der Priorisierung per se beteiligt. Für sie bedeutet die Priorisierung die Sicherheit, dass die Projekte ausgewählt und vorrangig bearbeitet werden, sie sich an den Unternehmenszielen orientieren und zur Wertsteigerung des Unternehmens beitragen.

Die Projekte werden über die Priorität durch den projektübergreifenden Managementkreis oder durch die projektkoordinierende Stelle informiert. Lenkungsausschuss und Projektleiter werden daraufhin den Projektplan demgemäß ausrichten und vereinbaren. Die Mitarbeiter im Projekt werden in Abstimmung mit ihren Führungskräften ihren Arbeitseinsatz entsprechend einplanen.

Die Information an die Projektmitarbeiter, die den Kontext der Entscheidung oft nicht kennen, muss gezielt erfolgen. Unkommentierte und schwer nachvollziehbare Prioritätenänderungen führen leicht zu dem Eindruck, dass die Unternehmensleitung nicht weiß, was sie will.

Niedrige Prioritäten erfordern eine Erläuterung, sollen sie nicht der Motivation der Mitarbeiter in den fraglichen Vorhaben abträglich sein. Es ist darzulegen, dass es hierbei nicht um unwichtige Vorhaben geht (die das Unternehmen per se nicht angehen würde). Schließlich handelt es sich auch bei diesen Projekten um nach strategischen und wirtschaftlichen Kriterien selektierte Vorhaben. Vielmehr sollte herausgestellt werden können, dass es um die terminlich optimierte Reihenfolge der Projekte im Zusammenhang aller Projekte in der Projektlandschaft geht. Für den Linienvorgesetzten bedeutet die Priorisierung ein hilfreiches Instrument bei der Disposition der Mitarbeiter. Sie ist somit auch ein Thema bei der Ressourcenvereinbarung zwischen Projektleiter und Linienvorgesetztem. Eine niedrige Priorität aller-dings als Argument zu nutzen, um von abweichenden persönlichen Prioritäten oder nicht ausreichender Arbeitsleistung abzulenken, hieße die Bedeutung von Priorität im Ansatz zu verkennen.

10. Die Grenzen der Priorisierung erkennen

Es gibt nicht das eine optimale Priorisierungsverfahren. Vielmehr muss jedes Unternehmen für sich Bewertungskriterien, Organisationsstruktur und Prozesse definieren, um die Prioritätenvergabe zu gestalten und so die Operationalisierung der Unternehmensziele im Projektportfolio zu realisieren. Einige abschließende Überlegungen sollen helfen, Grenzen und Risiken zu erkennen.

Priorisierung bedeutet Aufstellung einer Rangordnung und damit auch, dass Projekte mit geringerer Dringlichkeit rangniedriger eingestuft werden. Das kann zu einer Unterschätzung der Projektbedeutung, bei den Projektbeteiligten – wie schon ausgeführt – zu Motivationsverlust, zu konträren persönlichen Prioritäten und in der Konsequenz zu Verzögerungen führen. Hier stehen dem Nutzen der Priorisierung Risiken gegenüber, die es bei der Gestaltung des Priorisierungsverfahrens sorgfältig zu berücksichtigen gilt.

Bei Ressourcenengpässen werden Prioritäten oft als formales Entscheidungskriterium verstanden. Prioritäten sind jedoch Willenserklärungen. Sie können nicht eine zu erarbeitende und zu vereinbarende Ressourcenverteilung zwischen Linie und Projekten ersetzen. Und sie können vor allem nicht die Bereitschaft aller Beteiligten ersetzen, bei Ressourcenkonflikten durch Verhandlung zu einer gemeinsam getragenen, realistischen Lösung zu kommen.

Je größer die Anzahl der Projekte innerhalb eines Projektportfolios oder Pojektclusters, desto formaler und unbedeutender werden die Prioritätsunterscheidungen bei rangniedrigen Projekten. Welcher Bedeutungsunterschied besteht zwischen einem Projekt mit dem Rang 20 und einem Projekt mit dem Rang 21? Hat dies wirklich noch eine praktische Bedeutung?

Auch für die Priorisierung selbst gilt also: Aufwand und Nutzen müssen sorgfältig gegeneinander aufgewogen werden – ein aufwändiger Priorisierungsprozess gewährleistet nicht in jedem Fall ein optimal zusammengestelltes Projektportfolio. Prioritäten können nur ein Kriterium für die unternehmerische Entscheidung sein, können sie aber keinesfalls ersetzen.

Projekte der Produktinnovation bewerten und selektieren

Gerold Rüdrich

> *„Wenn man nicht weiß, was richtig ist,*
> *soll man nicht tun, was falsch ist."*
> *(Manfred Rommel)*

In den Köpfen der Entwickler, Produktmanager, Arbeitsvorbereiter, Vertriebsmitarbeiter und Manager kursieren viele Geschäftsideen, wie man mit neuen Produkten das Wachstum des Unternehmens sichern könnte. Jeder versucht, seine Idee so überzeugend wie möglich zu präsentieren. Die einen argumentieren mit der bahnbrechenden innovativen Technologie, andere setzen auf Kosteneffizienz und wieder andere schwören auf den hohen Kundennutzen. Deshalb braucht ein Unternehmer oder leitender Angestellter ein transparentes standardisiertes Bewertungsverfahren, mit dem er mit hoher Treffsicherheit die besten Produktinnovationen erkennen kann. Hierfür hat sich in den Chefetagen die Portfolio-Methodik als sehr nützlich erwiesen.

Die Entwicklung einer Projektportfolio-Darstellung wird am Beispiel von Produktentwicklungen beleuchtet. Verschiedene Optionen für die Projektbewertung können sinnvoll sein: Beispiele sind diskontierter Cash-Flow, Risikobewertung, Know-how-Intensität und Schutzrechtsstärke. Eine Zusammenfassung der wichtigsten Grundsätze für die Implementierung rundet den Beitrag ab.

1. Nachvollziehbarkeit sicherstellen

2. „Harte" Kriterien festlegen

3. „Weiche" Kriterien messbar machen

4. Betrachtung dynamisieren

5. Leitpunkte für das Implementieren

1. Nachvollziehbarkeit sicherstellen

Jeder Entwickler, Produktmanager oder Geschäftsleiter kennt das Problem der richtigen Einschätzung von Projektvorhaben. Am liebsten würde man alle Ideen aufgreifen und realisieren. Andererseits droht die Gefahr, dass nicht alle Projekte mit den erforderlichen, inhaltlichen Ergebnissen zur rechten Zeit und im vorgegebenen Kostenrahmen beendet werden. Sind erst einmal Abweichungen entstanden, dann reicht es kaum aus, sich von den subjektiven Darstellungen der Projektleiter leiten zu lassen, um wieder auf Kurs zu kommen; dies insbesondere, da noch so gute Korrekturmaßnahmen in der Regel zu spät kommen.

Es wird schnell klar, dass ein Instrumentarium erforderlich ist, welches die Bewertung verschiedener Projekte transparent macht. Es soll als Entscheidungsgrundlage und später für Controlling-Maßnahmen sowohl für das Einzelprojekt als auch für die Gesamtheit der Projekte dienen.

Weiterhin ist nicht zu vergessen: Auch die Mitarbeiter honorieren die Transparenz von Entscheidungsprozessen und die Bemühung zu ihrer Objektivierung. Zudem kann die Projektbewertung für die Mitarbeiter auch zur Zielvereinbarung genutzt werden.

Für solche Anforderungen hat sich die Portfolio-Technik schon seit längerem als eine übersichtliche Darstellung und Kontextbetrachtung angeboten. Allerdings besteht bei Präsentationen einer neuen Produktinnovation die Verführung, Entscheidungen nur über die Bewertung des jeweiligen Einzelprojekts zu fällen. Für eine Gesamtoptimierung sind aber noch Fragen der Dringlichkeit der verschiedenen Projekte oder der Verfügbarkeit von Ressourcen aus anderen Projekten mit zu berücksichtigen. Die Anwendung der Portfolio-Tools bekommt derzeit durch entsprechende DV-Unterstützung nochmals einen Schub, da sich die Erstellung und insbesondere Veränderungen leichter bewerkstelligen lassen.

2. „Harte" Kriterien festlegen

Mit der Portfolio-Methodik lassen sich Projekte unterschiedlichster Art einschätzen. Für die Bewertung von Projekten zur Produktentwicklung eignet sich das Attraktivitäts-Portfolio, wie es in der Abbildung 1 dargestellt ist. Hier wird die Ordinate nur für die Wirtschaftlichkeit (Cash-Flow, oder für ähnliche Ergebnisdarstellung) verwendet. Sie wird in der Regel nachvollziehbar aus dem Geschäftsplan bzw. dem Produktplan entnommen.

Projekte der Produktinnovation bewerten und selektieren

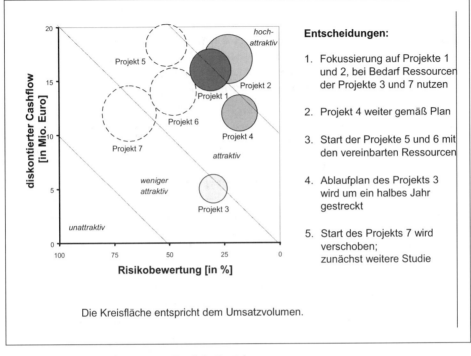

Abbildung 1: Attraktivität von Produkt-Projekten

Dafür muss zuvor vom Projektteam ein Geschäftsplan erarbeitet werden, der mindestens folgende Inhalte enthält:

- Marktübersicht: für welche Märkte ist das Produkt interessant
- Marktsegmentierung: stimmiges Markt-Produkt-Konzept
- Marktstruktur: Spielregeln im Marktsegment
- Target costing: welchen Preis ist der Kunde bereit zu zahlen
- Make, Cooperate or Buy: was machen wir selber, was lassen wir andere machen
- Marktpositionierung: wie stehen wir im Vergleich zum Wettbewerber
- Strategische Herausforderung: welche Wettbewerbsvorteile müssen wir aufbauen
- gekürzter Projektplan mit Ressourcen und Investitionsplanung: wie wird die Strategie umgesetzt
- Diskontierter Cash-Flow: Differenz aus finanzwirksamen Aufwendungen und Erträgen über den Zeitraum eines Produktlebenszyklus diskontiert um den Kapitalzins auf das Jahr des Projektbeginns.

Aus diesem Geschäftsplan lassen sich alle Zahlen in Abbildung 2 nachvollziehbar ableiten. Hier werden die wirtschaftlichen Größen der einzelnen geplanten Produkte im Vergleich dargestellt. Aus dieser Tabelle entnimmt man den Wert für die Ordinate des Attraktivitäts-Portfolios (Diskontierter Cash flow). Es ist mithin leicht zu erkennen, dass die grobe Betrachtung des Portfolios sehr wohl auf konkrete, qualifizierte Daten zurückgreifen bzw. jederzeit der unmittelbare Zusammenhang hergestellt werden kann.

Projekt	diskontierter Cash-Flow in Mio. EUR	Umsatz in Mio. EUR	Produktlebenszyklus in Jahren	Businessplan vom
laufende Projekte				
Projekt 1	16	80	5	31.05.2005
Projekt 2	17	110	5	03.07.2005
Projekt 3	5	38	4	03.07.2005
Projekt 4	12	60	5	31.05.2006
Summe	**50**	**288**		
potenzielle Projekte				
Projekt 5	18	80	5	...
Projekt 6	14	103	6	...
Projekt 7	12	140	5	...
Gesamtsumme	**94**	**611**		

Abbildung 2: *Wirtschaftliche Größen der geplanten Produkte*

3. „Weiche" Kriterien messbar machen

In dem Portfolio sollten auch so genannte „weiche" Kriterien wie z. B. Beitrag zu den Unternehmensstrategien bzw. -zielen oder aber Realisierungswahrscheinlichkeiten aufgegriffen werden.

In Abbildung 1 wird die Abszisse des Portfolios auf das Risiko bezogen, so dass diejenigen Produktprojekte besonders attraktiv sind, die sich in der rechten oberen Ecke des Portfolios befinden. Bei ihnen ist also die Wirtschaftlichkeit hoch und das Risiko gering. Um hier eine Quantifizierung zu erhalten, ist das Risiko selbst wieder in unterschiedliche Kriterien aufzugliedern. Diese können sein:

- Erfüllungsgrad der kritischen Erfolgsfaktoren
  (Differenzierung zwischen den Wettbewerbern im Marktsegment)
- Target costing
  (Erzielung marktrelevanter Herstellkosten)
- Markteinführung
  (Time to market und Qualität der Marketing-Aktionen)
- Kostenüberschreitung
  (Einhaltung der Projektkosten)
- Patentposition
  (eigene Patente und/oder Schutzrechte Dritter)
- marktfremde Einflüsse
  (Veränderungen gesetzlicher, gesellschaftlicher, ökologischer Vorgaben).

Diese für ein Geschäft relevanten Risiko-Kriterien werden (wie z. B. in der Abbildung 3) zusammengestellt und gewichtet:

Risiko	Ge-wich-tung (W)	Risikobewertung (P)						Projekt 1	Projekt 2	Projekt 3	Projekt 4	Projekt 5	Projekt 6	Projekt 7
		0	1	2	3	4	5							
Erfüllungsgrad d. kritischen Erfolgsfaktoren (KEF)*	8	> 95 %	> 90 %	> 85 %	> 80 %	> 75 %	≤ 75 %	2	1	1	0	2	2	3
Target costing Überschreitung*	4	≤ 0 %	≤ 5 %	< 10 %	< 15 %	< 20 %	< 25 %	1	1	3	1	5	3	3
Markteinführung (Zeit, Qualität)	3	sehr gut	gut	befrie-digend	aus-reichend	mangel-haft	unge-nügend	1	2	1	0	2	2	4
Kostenüber-schreitung (bzgl. Projekt-aufwand)	1	≤ 5 %	> 5 %	> 10 %	> 15 %	> 20 %	> 25 %	2	2	1	2	3	4	3
Patentposition	3	hoch attrak-tiv	attrak-tiv	gut	schwach	schlecht	kritisch	2	1	2	3	2	3	5
marktfremde Einflüsse (gesetzl. gesell., ökolog.)	2	gar nicht	kaum	gering	teil-weise	im wesentl.	voll	0	0	0	3	0	1	2
Gesamtrisiko							Summe P x W (in %)	31	23	30	18	51	48	68

Abbildung 3: *Risikobewertung*

Die Kriterien „Erfüllungsgrad der kritischen Erfolgsfaktoren" und „Überschreitung Target costing" sollten wieder nachvollziehbar aus einem Geschäftsplan zu entnehmen sein. Die anderen Kriterien werden oft nur qualitativ bewertet, wobei es meistens auf eine Relativbewertung zu den anderen Produkt-Projekten hinausläuft.

In den Branchen Chemie, Pharmazie, Biotechnologie etc. haben z. B. Schutzrechte eine hohe strategische Bedeutung. Hier kann man beispielsweise die Patentposition ausführlicher darstellen.

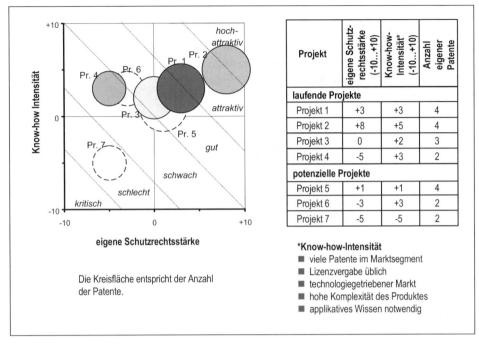

Abbildung 4: Patentposition

In der Abbildung 4 ist auf der vertikalen Achse die Know-how-Intensität eines Produktes und auf der horizontalen Achse die eigene „Schutzrechtsstärke" abgetragen. Dieses Portfolio hilft auch bei der Erstellung einer Patentstrategie.

Eine dritte Dimension – insbesondere im Portfolio Abbildung 1 – lässt sich durch die Größe der Projekte in Form von Kreisen verdeutlichen. Hier sind ggf. auch dann noch Kreisabschnitte kenntlich zu machen, die ggf. Marktanteile kennzeichnen etc.

4. Betrachtung dynamisieren

Mit der Portfolio-Technik lassen sich zeitliche Veränderungen gut darstellen. Man kann mit Pfeilen anschaulich aufzeigen, wie der Verlauf in der Vergangenheit war und in Zukunft sein sollte.

Wer dies über mehrere Jahre verfolgt, wird feststellen, dass man zu Projektbeginn eher zu euphorisch ist. Zumeist werden die Risiken zu wenig berücksichtigt bzw. gar nicht gesehen (oder man will sie nicht sehen). Allein deswegen ist eine regelmäßige Prüfung über den Projektzeitraum sinnvoll. Wie die Abbildung 5 zeigt, kann dies auch dazu führen, dass man mit dem neuen Wissen manche Projekte abbricht (z. B. Projekt 3), um die Ressourcen für andere Aufgaben freizusetzen, oder man vereinbart Maßnahmen (z. B. ein Kostensenkungsprogramm im Projekt 2), um wieder attraktiver zu werden.

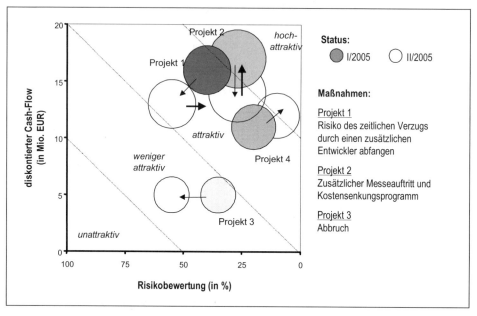

Abbildung 5: Status von Produkt-Projekten

Ein weiterer interessanter Nebeneffekt bei der zeitlichen Betrachtung ist das Erkennen, welche Projektleiter generell ihre Projekte zu optimistisch bzw. zu pessimistisch einschätzen. Das hilft bei der Bewertung zukünftiger Projektpläne.

5. Leitpunkte für das Implementieren

Sicherlich sind in dieser Entscheidungsgrundlage nicht alle denkbaren Kriterien berücksichtigt. Aber an den letzten Prozenten hin zur „100%-Wahrheit" (die man sowieso nicht erreicht) würde man bezüglich des Aufwandes und der Zeit an die Grenzen des Machbaren gehen. Die Stärke der Portfoliobetrachtung liegt gerade in der Vereinfachung und Fokussierung. Sie ermöglicht damit dem Unternehmer/Manager, strategische Entscheidungen nachvollziehbar zu treffen.

Falls man sich in seiner Organisationseinheit für die Implementierung eines solchen Instrumentariums entschieden hat, sollten unbedingt folgende Punkte beherzigt werden:

- nicht alle Produkte/Projekte sofort abbilden wollen, sondern mit den Piloten beginnen
- Grundlage für das zugearbeitete Zahlengerüst aus den Projekten sind standardisierte Geschäftspläne (Nachvollziehbarkeit)
- Kombination und damit Standardisierung unterschiedlicher Projekte-Portfolios berücksichtigen (wie z. B. ein Markt-Technologie-Portfolio, so dass weitere Betrachtungen relativ einfach möglich sind)
- dieses Instrument mit den Zielvereinbarungen für das Team (Projektplanung) und jeden Mitarbeiter (Arbeitspaketbeschreibung) verknüpfen
- Schaffung einer Zuständigkeit (z. B. Controller) für die Implementierung dieses Bewertungsverfahrens
- regelmäßige Aktualisierung und Präsentation (z. B. vierteljährlich) in einem Entscheidungsgremium, damit diese neue Art des Controllings in der Organisation lebt und verbessert wird.

Projektportfolio im Kontext des Innovationsmanagements

Frank Mattes

> *„Tomorrow will be different from today.*
> *Continuing innovation and improvement are essential for survival."*
> *(Brian Tracy, US-Erfolgsautor)*

Innovationsmanagement bedeutet die Sicherung der Zukunftsfähigkeit des Unternehmens und ist damit eine Kernaufgabe des Managements. Anhand unterschiedlicher Kennzahlen lässt sich ableiten, dass zwar fast alle Unternehmen dem Innovationsmanagement eine herausragende Bedeutung beimessen, die Ergebnisse aber vielfach enttäuschend sind. Dies sind sicher zentrale Gründe dafür, dass Unternehmen in den letzten Jahren die Professionalisierung des Innovationsmanagements vorangetrieben haben.

Das besondere Augenmerk dieses Artikels gilt der frühen Phase des Innovationsprozesses, dem „Fuzzy Frontend", in dem Ideen sich kristallisieren und verworfen werden oder zu Projekten konkretisiert werden. Es werden Prozesse und Bewertungsmethoden vorgestellt, mit denen sich auch die Frühphase des Innovationsprozesses managen lässt. Insbesondere werden Methoden vorgestellt, mit denen sich eine vergleichende Gesamtschau der Innovationsvorhaben und die Integration in das Gesamt-Projektportfolio des Unternehmens erreichen lassen.

1. Die Herausforderung Innovationsmanagement

2. Der Innovationstrichter

3. Die Füllung des Innovationstrichters

4. Bewertungsprozess für Innovationsideen

5. Bewertungsmethodik für Innovationsideen

6. Integration in das Gesamt-Projektportfolio

1. Die Herausforderung Innovationsmanagement

Innovationen sind das Herzstück für die Zukunftsfähigkeit des Unternehmens. So sagen 89 % aller weltweiten Unternehmen, dass Innovation eine Top-Priorität ist.

Aber erfolgreiches Innovationsmanagement ist keine einfache Kunst. Drei Zahlen mögen dies belegen:

- Die Innovationsaufwendungen deutscher Unternehmen betrugen im Jahr 2007 ca. 122 Milliarden Euro – aber weniger als die Hälfte aller Unternehmen hatten mit ihren Innovationen Erfolg.

- Kapitalmärkte bzw. Finanzinvestoren erwarten von einem Unternehmen im Schnitt ein organisches Wachstum von 4 % bis 6 % pro Jahr. Für einen großen Mittelständler mit einem Jahresumsatz von 500 Millionen Euro würde dies bedeuten, jährlich ein Geschäft von 25 – 30 Millionen Euro Umsatz anzubauen.

- Die Flop-Raten wachsen. Aus der Konsumgüterindustrie ist z. B. bekannt, dass aus fast 2.000 Ideen für neue Produkte lediglich 176 wirklich zu neuen Produkten führen. Von den am Markt lancierten Produkten versagen 70 % und lediglich 11 neue Produkte erweisen sich am Markt als erfolgreich, wie Abbildung 1 zeigt. Mit anderen Worten: Es braucht etwa 200 Ideen, um am Ende eines langen und kostenaufwändigen Innovationsprozesses ein erfolgreiches Produkt zu haben.

Betrachtet man aber das tatsächlich vorhandene Innovationsmanagement näher, so stellt man häufig ein oder mehrere der folgenden Phänomene fest:

- Auf die Frage nach Zweck und Zielen laufender Innovationsvorhaben bekommt man keine griffigen Antworten

- Es gibt kein systematisches Einsaugen von innovativen Ideen in den Innovationsprozess

- Die vorhandenen Ideen werden nicht in einem systematischen Prozess bewertet und dort für gut genug befunden, um konkretisiert zu werden bzw. als nicht gut genug erachtet und ausgesondert. In der Folge bleiben zu viele Ideen „in der Umlaufbahn"

- Permanente Ressourcendiskussionen überlagern die Abwicklung der laufenden und die Vorbereitung der zukünftigen Projekte

Projektportfolio im Kontext des Innovationsmanagements

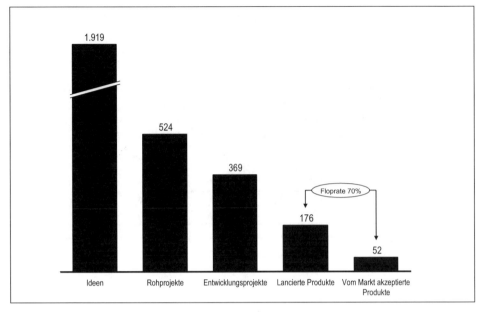

Abbildung 1: Erfolgsraten bei Produktinnovationen in der Konsumgüterindustrie

- In der Abwicklung der laufenden Projekte wird „das Rad immer wieder neu erfunden"
- Produktneueinführungen leiden immer wieder an fehlender Verfügbarkeit

Um das Innovationsmanagement erfolgreich zu machen, müssen Unternehmen also Antworten auf drei Kern-Herausforderungen finden:

- Klare und für alle Mitarbeiter verständliche Innovationsstrategie, d. h. Definition der Felder, auf die sich Innovation richten soll
- Generierung einer hohen (und weiter steigenden) Anzahl von Ideen für potenzielle Innovationen in den definierten Feldern
- Stringente und transparente Prozesse, die sicherstellen, dass die Innovationsideen effizient priorisiert und die priorisierten Ideen effizient umgesetzt werden

2. Der Innovationstrichter

Häufig wird der Innovationsprozess als Trichter gestaltet mit einer breiten Trichteröffnung („*Fuzzy Frontend*"), die möglichst viel Ideen aus dem Unternehmen, von Lieferanten oder von Kunden einsaugt und einem stark konturierten Trichterhals, in dem die ausgewählten und vorbereiteten Projekte effizient abgewickelt werden („*Efficient Backend*").

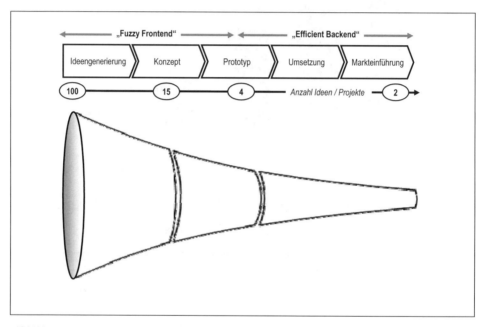

Abbildung 2: *Gestaltung des Innovationsprozesses*

Im „Efficient Backend" geht es darum, die ausgewählten und konkretisierten Projekte effizient umzusetzen:

- Ein robustes Projektmanagement stellt nach Vorliegen harter Projektzeile und technischer Spezifikationen sicher, dass die angestrebten Ziele auch erreicht werden – und insbesondere die Supply Chain für das neue Produkt aufgebaut wird
- Unternehmen, die ihre Innovationsstrategie auf Produktinnovationen ausrichten, setzen häufig standardisierte Vorgehensweisen ein (bis hin zu Masterplänen als Vorlagen für die Einzelprojekte), um die Qualität der Projektplanung sicherzustellen und den Planungsaufwand zu minimieren

- Ausgefeilte Ressourcenmanagement- bzw. Multiprojektmanagementsysteme stellen die Verfügbarkeit von kritischen Ressourcen für die Projektabwicklung sicher bzw. sorgen für die optimale Priorisierung im Falle ungeplanter Abweichungen

Wie ein „Efficient Backend" gestaltet werden kann und worauf bei der Umsetzung zu achten ist in den anderen Artikeln dieses Buchs beschrieben.

Gegenstand dieses Artikels soll es sein, Antworten auf die folgenden Fragen zu liefern:

- Mit welchen Prozessen kommen Ideen in das „Fuzzy Frontend" des Innovationstrichters?
- Wie können Filtermethoden und Filterprozesse gestaltet werden, damit aus den vielen Innovationsideen die besten herausgefiltert und damit die Innovationsprojekte definiert werden können?

3. Die Füllung des Innovationstrichters

In der Praxis kommen Innovationsideen auf drei Wegen in das „Fuzzy front-end" des Innovationstrichters: Intern generierte Ideen, Ideen von Kunden sowie Ideen von Lieferanten bzw. externen F&E-Einrichtungen (Open Innovation).

Für die Identifizierung und Bearbeitung von *intern generierten Ideen* gibt es in dem meisten Unternehmen definierte Abläufe (etwa über das Betriebliche Vorschlagswesen oder die Anmeldung dieser Ideen bei einem im Innovationsprozess involvierten Manager).

Bei der Füllung des Innovationstrichters mit *Innovationsideen von Kunden* gibt es drei prinzipielle Vorgehensweisen, die von den innovativsten Unternehmen gleichermaßen systematisch und professionell betrieben werden:

- Beobachtung von Kunden und Wettbewerb (Markt- und Wettbewerbsanalysen, Technologieradar, Kundenzufriedenheitsanalysen, systematisches Beschwerdemanagement)
- Kundenbefragung (dedizierte Kundenbefragungen sowie Kontakte auf Messen, Seminaren und Ausstellungen)
- Systematische Befragung des Vertriebs (Vertriebsbefragungen bzw. -workshops sowie produktbezogenes Benchmarking)
- Aktive Einbindung führender Kunden als „Lead User".

Als Lead User werden besonders qualifizierte und fortschrittliche Kunden bezeichnet, die sowohl motiviert als auch qualifiziert sind, bedeutende Beiträge zur Entwicklung von Innovationen zu erbringen. Lead User zeichnen sich durch drei Merkmale aus: Zum ersten erspüren sie Bedürfnisse, die sich zukünftig auf dem Markt durchsetzen werden, wesentlich früher als die Masse der Kunden; zum zweiten wollen sie in starkem Maße von Innovationen, die ihre Probleme lösen bzw. ihre neuen Bedürfnisse befriedigen, profitieren und sind deswegen auch bereit, sich in einen Innovationsprozess einzubringen; zum dritten sind Lead User in Ermangelung entsprechender Herstellerangebote besonders motiviert, selber zu innovieren („Not macht erfinderisch").

Lead User gibt es sowohl in Konsumentenmärkten als auch in Business-to-Business-Märkten. Generell ist der Freizeit- und Sportbereich reich an Innovationen, die sich auf Lead User zurückführen lassen. Eine Untersuchung von Innovationen im Skateboarding, Snowboarding und Surfen kam zu dem Schluss, dass praktisch alle grundlegenden Innovationen von den Sportlern und nicht von den Herstellern stammen. Aber auch in industriellen Märkten wie Leiterplatten, CAD/CAM und Medizintechnik sind es Lead User, die die Innovation vorantreiben.

Die systematische Integration von *Innovationsideen, die von Lieferanten kommen*, ist in den letzten Jahren unter dem Begriff Open Innovation bekannt geworden. Im weiteren Sinne werden darunter outside-in- und inside-out-Prozesse verstanden, mit denen Unternehmen Innovationen von Außen (Lieferanten, externe F&E-Einrichtungen) in den eigenen Innovationsprozess einsaugen bzw. Innovationen und Intellectual Property, die nicht benötigt werden, an andere Unternehmen über Lizenzierung, Joint Ventures oder Spin-Offs veräußern. Open Innovation bedeutet für die Unternehmen, die es anwenden:

- Klare Suchprofile für die Integration externer Technologien
- Offenheit für das Insourcing von externen Technologien
- Bereitschaft zur Verwertung von nicht benötigter eigener Technologie in Form von Lizensierung, Spin-outs oder Joint Ventures

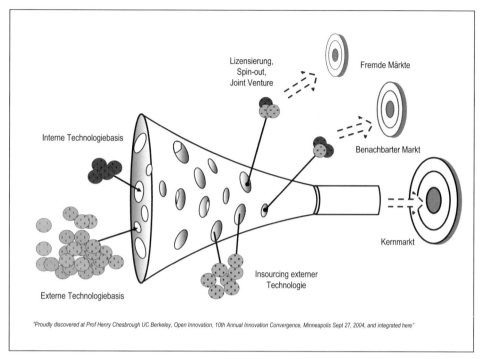

Abbildung 3: Open Innovation

4. Bewertungsprozess für Innovationsideen

Naturgemäß sind die Innovationsideen, die sich im Fuzzy Frontend des Innovationsprozesses befinden, noch „weich" und können nur unzureichend mit harten Bewertungsmethoden und Projektplanungssystematiken gegriffen werden.

Andererseits erfordern die Konkretisierung der Innovationsideen und ihre Priorisierung Aufwände an Personal und Geld, so dass sie für ein funktionierendes Projektportfoliomanagement mit im Gesamtprojektportfolio zu berücksichtigen sind.

Gefragt ist also ein Ansatz, der einerseits die schrittweise Verfeinerung und Auswahl bzw. Priorisierung der Innovationsideen gewährleistet und andererseits die Berücksichtigung der Innovationsideen im Projektportfolio gewährleistet.

In der Praxis werden im Fuzzy Frontend des Innovationstrichters zwei Tore aufgebaut, in denen jede Innovationsidee durch ein Entscheidungsgremium anhand einer definierten Entscheidungsmethodik bewertet wird. Das Ergebnis dieser Bewertung kann eine von drei Möglichkeiten sein: Freigabe für die nächste Konkretisierungsstufe bzw. zur Projektplanung (mit den dafür erforderlichen Ressourcen), Stopp der Weiterverfolgung oder Neuadjustierung und erneute Konkretisierung – wobei die Neuadjustierung z. B. auch beinhalten kann, auf die gemeinsame Entwicklung mit einem externen Partner zu setzen.

In der ersten der durch die zwei Tore definierten Phasen geht es darum, die Idee zu modellieren. Jede Idee wird zuerst einzeln evaluiert und dann – wenn immer möglich – das Businesspotenzial weiter verbessert durch die Kombination von Ideen und Lösungsansätzen: Produktgestaltung und -funktionalität, Produktionsverfahren, Distributionskanäle, Marketing, etc.

Mit anderen Worten: Es sind die über die verschiedenen Kanäle in das Fuzzy Frontend des Innovationstrichters gelangten Innovationsideen zunächst nur mit wenigen Schlüsselparametern zu beschreiben. Ein großer Konsumgüterhersteller z. B. verlangt von den Ideengebern für das Tor 1 nur eine grobe Beschreibung der Projektidee mit einigen plausiblen Aussagen zu Umsatzpotenzial, Marketing und produktionstechnischer Machbarkeit.

In der zweiten der durch die zwei Tore definierten Phasen geht es darum, das Geschäftsmodell zu modellieren. Hier sind der Praxis umfangreichere Arbeiten erforderlich, um die Planungsannahmen aus der ersten Phase zu bestätigen bzw. noch fehlende Aussagen nachzuliefern. Der eben erwähnte Konsumgüterhersteller verlangt für das zweite Tor Aussagen über Planabsatz / -umsatz (je Markt), Kannibalisierungseffekte, Planmargen, das Marketingkonzept und die produktionstechnische Machbarkeit.

Die Entscheidungen über das Passieren der definierten Tore treffen in der Regel ein hochrangiges, interdisziplinäres „Torwächter"-Team, das einmal monatlich zusammenkommt.

5. Bewertungsmethodik für Innovationsideen

Die Bewertungsmethodik für Innovationsideen im Tor 2 des „Fuzzy Frontends" des Innovationstrichters hat vier Ansprüchen zu genügen: Sie muss die finanzielle Bewertung der Innovationsvorhaben zulassen; sie muss dem frühen Reifegrad der Idee angemessen sein, sie muss einen ganzheitlichen Blick auf das Innovationsvorhaben ermöglichen und sie muss die Vergleichbarkeit unterschiedlicher Innovationsvorhaben einschließlich der laufenden Projekte erlauben.

In der *finanziellen Bewertung von Innovationsvorhaben* wird meist der erwartete finanzielle Impact (gemessen am erwarteten diskontierten Cash Flow) mit dem Risiko des Innovationsvorhabens multipliziert, wobei letzteres üblicherweise als Produkt der Wahrscheinlichkeiten „Realisierungserfolg" und „Markterfolg" berechnet wird.

Zur Bewertung der Innovationsvorhaben in den restlichen drei Dimensionen wird in der Praxis häufig auf Scoring-Modelle gebaut. Typischerweise beinhalten diese Scoring-Modelle die folgenden Dimensionen:

- Passung zur Innovationsstrategie
- Passung zum Technologielebenszyklus
- Grad der Beherrschung der Erfolgsfaktoren im Segment (Technik, Vertrieb, Supply Chain)
- Technische (interne) Erfolgswahrscheinlichkeit
- Aktuelle prognostizierte Abweichung von den Ziel-COGS (Cost of Goods Sold)
- Erreichbare Wettbewerbsposition
- Größe des Zielmarkts
- Erwarteter Diskontierter Cash Flow
- Erwartete Marge

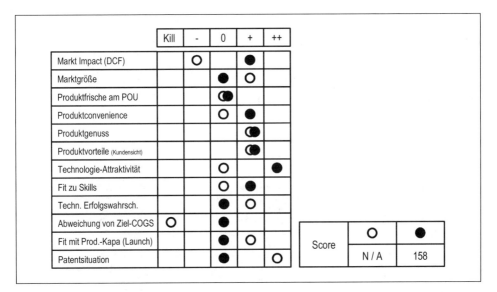

Abbildung 4: Scoring-Verfahren zur Bewertung von Innovationsideen

Die Anwendung derartiger Scoring-Verfahrens in einem Nahrungsmittel-Unternehmen ist in der nachfolgenden Abbildung dargestellt. Wichtig in der Anwendung derartiger Scoring-

Methoden im Innovationstrichter ist es, auch klare „Killer"-Kriterien zu definieren, d. h. Kriterien, bei deren Unterschreitung die Idee verworfen oder neu zu adjustieren ist (im folgenden Beispiel ist das Score der entsprechenden Idee „N/A, d. h. Nicht anwendbar").

Mit den Informationen aus der Bewertung von Innovationsvorhaben lassen sich zahlreiche vergleichende Betrachtungen anstellen, die auf die Priorisierung der Innovationsvorhaben abzielen.

Die entscheidenden Dimensionen sind in der Regel

- Markt-Impact (d. h. diskontierter Cash Flow)
- Erzielbare Marge
- Time-to-market (d. h. Zeitdauer bis zu Beginn des Cash Flows)
- Time-to-volume (d. h. Zeitdauer bis zur Erreichung eines bestimmten Umssatzvolumens)
- Risikoposition (d. h. Produkt aus Realisierungs- und Markterfolgswahrscheinlichkeiten)
- Ressourcenbindung

In der grafischen Darstellung als Portfolio kann der Markt-Impact als Achse gewählt werden oder aber als illustrierende Dimension, etwa in Form der Größe der Portfolio-Einträge. Die nachfolgende Darstellung zeigt in schematischer Form gebräuchliche Varianten der Portfolio-Darstellung Innovationsvorhaben.

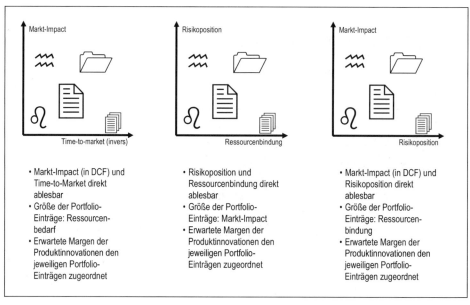

Abbildung 5: Gebräuchliche Varianten der Portfolio-Darstellung von Innovationsvorhaben

6. Integration in das Gesamt-Projektportfolio

Scoring-Verfahren erlauben die Integration der Innovationsvorhaben in umfassende Multiprojekt-Portfolios, wie sie in den restlichen Artikeln dieses Buchs beschrieben sind.

In der vergleichenden Betrachtung mit anderen Projekten (etwa Organisations- oder DV-Projekten) ist in der Praxis dabei wichtig, die unterschiedlichen Zeithorizonte, etwa durch gesonderte Farbgebungen, deutlich zu machen.

Sofern man sich für die Darstellung entscheidet, hat man einen weiteren Vorteil zur Hand: Mit einem Blick lässt sich die Altersstruktur des Projektportfolios und seine inhaltliche Struktur ablesen. Es lassen sich Informationen gewinnen wie z. B. „Wir haben x Projekte, die im nächsten Jahr umgesetzt sein werden aber nur y Projekte für das übernächste Jahr" oder „Nur x % unserer Projektressourcen gehen auf Marktinnovationen – beschäftigen wir uns zu sehr mit uns selbst?"

Zusammenfassend lässt sich feststellen, dass der Projektportfolio-Ansatz mit entsprechenden Adjustierungen auch auf das Thema Innovationsmanagement anwendbar ist. Unternehmen haben damit die Möglichkeit, all diejenigen Vorhaben, die „das Geschäft von morgen aufbauen" auf einen Blick zu sehen und die dafür erforderlichen Management-Entscheidungen zu treffen.

Risikomanagement im Projektportfolio

Peter Wollmann, Gudrun Pleuger

> *„Projekte ohne Risiko sind unsinnige Vorhaben
> – sie haben keine unternehmerische Komponente
> und wollen nicht wirklich verändern."*

Herausfordernde Entwicklungen, von zunehmender IV-Komplexität über immer schnellere Internationalisierung bis hin zu neuen regulatorischen Anforderungen, haben in den letzten Jahren zu einer deutlich erhöhten Anzahl von Misserfolgen im Projektmanagement geführt. Hierfür werden in dem Beitrag verschiedene Risikotypen identifiziert. Die positiven Erfahrungen mit einem umfassenden Risikosteuerungskonzept für Projekte und Projektportfolio werden geschildert, mit Erläuterung der wesentlichen methodischen und organisatorischen Ansätze. Ein Schwerpunkt ist die qualifizierte Darstellung der Projektwechselwirkungen im Portfolio. Die Verpflichtungen auf ein professionelles Risikomanagement, wie zuletzt durch den Sarbanes-Oxley-Act, unterstreichen die Relevanz und machen die Implementierung eines entsprechenden Berichtswesens erforderlich.

1. Relevanz des Themas

2. Risikosteuerung auf Einzelprojektebene als Basis

3. Methodik und Prozess zur Risikosteuerung im Projektportfolio-Management

4. Integration im Risikomanagement-System des Unternehmens

5. Fazit

1. Relevanz des Themas

Das Risikomanagement im Projektportfolio-Management bezieht sich auf die Gesamtheit der Projekte eines Unternehmens oder einer Unternehmensgruppe und ist daher vom Risikomanagement in Einzelprojekten abzugrenzen.

Primärer Fokus des Risikomanagements in Einzelprojekten ist die Ortung, Analyse und Steuerung von Risiken, die bei Verfolgung des Projektziels während der Projektlaufzeit auftreten. Die diesbezüglichen Aktivitäten werden durch die jeweils verantwortlichen Projektgremien gesteuert. Eine Kontextbetrachtung mit anderen (parallel laufenden) Projekten ist hierbei nur insoweit vorzunehmen, als sich hieraus neue Erkenntnisse für das Risikomanagement des einzelnen Projekts ergeben.

Risikomanagement im Projektportfolio-Management hingegen fokussiert auf Risiken, die sich im Kontext aller laufenden Projekte ergeben und verfolgt werden müssen. Verantwortlich für diese Aufgaben sind vorzugsweise bereichsübergreifende Gremien oder Querschnittsfunktionen, die die Risiken identifizieren und analysieren, Steuerungsvorschläge entwickeln und Entscheidungen für die Geschäftsführung vorbereiten.

Sowohl das Risikomanagement in Einzelprojekten als auch das Risikomanagement für das Projektportfolio insgesamt gewinnen an Bedeutung. Hierfür sind verschiedene Faktoren verantwortlich:

- Die wachsende Komplexität und Abhängigkeit von IV-Anwendungen führen zu hohen Risiken bei der Weiterentwicklung vorhandener Systeme oder bei der Ablösung durch neue Systeme. Bei Veränderungen oder Erneuerungen miteinander vernetzter IV-Systeme potenzieren sich die Einzelrisiken.

- Der organisatorische, technische und systemische Fortschritt beschleunigt sich. Dadurch entstehen erstens Risiken bei dem sich zwangsläufig ergebenden Übergang von alten in neue Technologiewelten durch noch nicht hinreichende Erfahrung und Kompetenz. Zudem erhöht sich die Komplexität, weil auch schnell verschiedene Technologiewelten im Unternehmen nebeneinander entstehen, die von den Projekten und dem Projektportfolio insgesamt berücksichtigt und bedient werden müssen.

- Die Marktentwicklung führt zu beschleunigten Anforderungen bspw. an Produktentwicklung und Kundenservice. Die diesbezüglichen Veränderungsvorhaben müssen schneller und zielgerichteter als bisher durchgeführt werden – und oft auch parallel.

- Der Trend zu immer kürzeren Projektlaufzeiten bei gleichzeitiger Parallelisierung von Projekten verursacht Risiken, weil es zunehmend an Management Attention und Budget/Ressourcen-Committment mangelt.

Risikomanagement im Projektportfolio

- Die steigenden regulatorischen Anforderungen (Sarbanes-Oxley-Act, Basel II usw.) erhöhen die Komplexität von Projekten bzw. der Implementierung von Projektergebnissen in der Linie stark.

- Besondere Situationen entstehen bei Fusionen und Zusammenschlüssen von Unternehmen, wenn mit dem Merger die Organisationen, die verschiedenen Projektmanagement-Systeme sowie die Produkt- und Systemwelten ineinander integriert werden müssen. Mit der Komplexität dieses Vorhabens sind verstärkt Risiken für Einzelprojekte und das Projektportfolio insgesamt verbunden – die zudem mit einem Projektmanagement-System gesteuert werden sollen, das vielleicht selbst zur Disposition steht.

- Die Internationalisierung von Unternehmen führt zu supranationalen Projekten mit zusätzlichen Risiken hinsichtlich kulturellen, rechtlichen, regulatorischen und sprachlichen Differenzen.

In einigen Branchen – so bspw. in der Finanzindustrie – haben in den letzten Jahren die genannten Faktoren zu einer deutlich erhöhten Anzahl von Misserfolgen in Einzelprojekten sowie für das gesamte Projektportfolio geführt. Insbesondere die Produkt- und Bestandsführungssysteme, für die es kaum Branchenstandards gibt, erweisen sich wegen ihrer Komplexität, ihres Umfangs, ihrer Gesamtkosten und – damit verbunden – wegen des Volumens und der Laufzeit erforderlicher Erneuerungen und Anpassungen als erhebliche Risiken im Projektportfolio.

Eine Klassifizierung der Risiken für das Projektportfolio insgesamt ergibt folgende spezielle Risikotypen:

- Kumulierte Risiken: Risiken in Einzelprojekten treten zeitlich oder von den inhaltlichen Schwerpunkten her parallel auf und ergeben eine Potenzierung des Risikos für das Projektportfolio insgesamt (z. B. Fehlen oder Ausfall einer in mehreren Projekten benötigten Technologiekompetenz).

- Risiken einer falschen Schwerpunktsetzung: Die Schwerpunkte im Projektportfolio sind als Folge einer nicht genügend ausformulierten Strategie oder einer nicht genügenden Strategieanbindung des Portfolios falsch gesetzt. In der Konsequenz folgen die Investitionen über mehrere Jahre einer falschen Ausrichtung.

- Risiken aus Abhängigkeiten zwischen Projekten: Es treten Dominoeffekte zwischen Projekten auf, wenn sich Probleme in einem Projekt zwangsläufig auf andere, ursprünglich weniger risikobehaftete Projekte übertragen. Das kann z. B. der Fall sein, wenn ein Projekt dem falschen Fachkonzept eines anderen Projektes folgt.

- Risiken aus mangelnder Erfahrung oder Managementkompetenz für neuartige Projektthemen oder -reichweiten: Beispiele sind Outsourcing, Eintritt in neue und fremde Märkte, neue Technologien etc.

- Risiken aus dem Ressourceneinsatz in Projekten: Flaschenhälse bei kritischen Ressourcen können entstehen, wenn eine von mehreren Projekten nachgefragte Fähigkeit in geringerem Maße verfügbar ist oder ganz ausfällt. Risiken für die eigene Kompetenzentwicklung können auch aus zu hohem Beratereinsatz erwachsen.

- Risiken aus Inkompatibilitäten von Ergebnissen verschiedener Projekte untereinander, mit länderspezifischen oder mit regulatorischen Anforderungen: Verschiedene Projekte decken jeweils nur die geschäftlichen und regulatorischen Anforderungen einzelner Länder ab bzw. sind nicht untereinander kompatibel.

Fazit: Die Frage, wie viel Risiko für ein Unternehmen im Projektportfolio akzeptabel und steuerbar ist, und wie dieses Risikovolumen gesteuert wird, wird immer mehr zu einer existenziellen Frage für Unternehmen. Fehlentscheidungen im Management des Projektportfolios können für Unternehmen existenzgefährdend werden, wenn kritische Investitionsmittel oder Ressourcen falsch gebunden sind und dadurch vielleicht das notwendige Reagieren auf Markterfordernisse an anderer Stelle behindert wird. Die falsche Allokation von Investitionsmitteln und die falsche Entwicklung von Projektressourcen können so Unternehmen auf Jahre in eine nachteilige Position bringen

2. Risikosteuerung auf Einzelprojektebene als Basis

Zunächst können natürlich die Ausrichtung und Konzeption des Projektportfolios an sich Risiken bergen. Wenn mögliche strategische Entwicklungen oder Technologietrends nicht berücksichtigt werden, läuft das Projektportfolio Gefahr, in der Aufstellung und im Konzert der Projekte nicht mehr „up to date" zu sein. Dann wird ein Turnaround des Portfolios notwendig, der große Anstrengung kostet, und ein Großteil des bisherigen Ressourceneinsatzes ist vielleicht abzuschreiben. Wenn andererseits zu viele Projekte Neuland betreten, für das es inner- und außerhalb der Firma keine signifikanten Erfahrungen gibt, kann das Investment ebenfalls hochgradig gefährdet sein.

Eine adäquate Risikosteuerung für das Projektportfolio basiert aber auch auf einem methodisch ausgereiften System der Risikosteuerung auf Einzelprojektebene. Dafür gilt es, das Risikomanagement der Einzelprojekte von Anfang an auch auf die Belange des Risikomanagements für das gesamte Projektportfolio auszurichten. Dies geschieht u. a. dadurch, dass

- Risiken nach projektübergreifend einheitlichen Kriterien und Kategorien erfasst werden,
- Rollen und Verantwortlichkeiten für das Risikomanagement in den Einzelprojekten vergleichbar geregelt sind,
- das Berichtswesen der Einzelprojekte unter Berücksichtigung der Risikoaspekte normiert ist und zunehmend auch regulatorische Aspekte berücksichtigt,

- letztlich auch eine „Risikokultur" – im Sinne des theoretischen und praktischen Umgangs mit Risiken im Unternehmen – durchgängig in allen Projekten gelebt wird.

Ein Risikosteuerungskonzept auf Einzelprojektebene mit Ausrichtung auf das Projektportfolio insgesamt kann am Beispiel einer großen deutschen Versicherungsgruppe Mitte der 90er Jahre dargestellt werden. Deren Projektmanagementsystem (PMS) wurde in zwei Jahren konzipiert und implementiert und nach sechsjährigem Betrieb mit ständiger Weiterentwicklung um ein für alle Projekte geltendes PMS-Vorgehensmodell ergänzt (Abbildung 1).

Das PMS-Vorgehensmodell beschreibt, in welchen Schritten Projekte initiiert, geplant, durchgeführt und abgeschlossen werden. Das Vorgehensmodell sieht obligatorische und optionale Teile vor, um die Vergleichbarkeit der Projekte soweit notwendig sicherzustellen. Neben dem in Abbildung 1 dargestellten, grundsätzlich gültigen PMS-Vorgehensmodell gibt es für IV-Belange ein entsprechend konkretisiertes IV-Vorgehensmodell.

Die wesentlichen Aspekte des PMS-Vorgehensmodells im Einzelnen:

Vergleichbare Projektphasen: Im Rahmen des Vorgehensmodells lassen sich verschiedene Phasenmodelle (z. B. Wasserfall- oder Spiralmodell) realisieren. Obligatorisch sind nach der Initiative (die in der Verantwortung der Linie liegt) die Phasen Aufplanung und Einplanung. Danach folgen die Durchführungsphasen, in denen z. B. Entwurf, Umsetzung, Erprobung und Einführung mehr oder weniger sequenziell, simultan oder iterativ abgewickelt werden. (Die Durchführungsphasen können je nach den unterschiedlichen Projekterfordernissen auch anders definiert werden.) In jedem Fall wird das Projekt mit der Phase Abschluss beendet, bevor die Ergebnisse in die Verantwortung der Linie und somit in den Betrieb bzw. die Produktion übergeben werden.

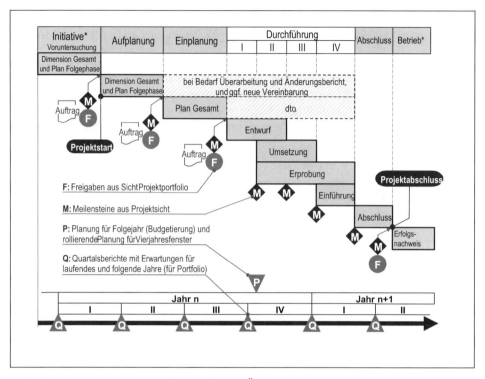

Abbildung 1: Das PMS-Vorgehensmodell im Überblick (*Die Verantwortung für die Phasen Initiative und Betrieb liegt in der Linienorganisation.)

Vorgegebene Ergebnistypen der Standardphasen: Das Vorgehensmodell definiert für die Standardphasen (Initiative, Aufplanung, Einplanung, Durchführung, Abschluss, Betrieb) bestimmte Ergebnistypen, die sich in der Regel als Dokument darstellen. Einige Ergebnistypen sind phasenspezifisch, andere in mehreren Phasen explizit aufgeführt. Alle Ergebnistypen haben grundsätzlich Muss-Charakter und sind aus projekteübergreifender Sicht Voraussetzung für die Freigabe der jeweils nächsten Projektphase.

Schrittweise Beauftragung in den Anfangsphasen: Zur Gewährleistung von Planungssicherheit und Planungsqualität werden der Auftrag zur Aufplanung, der Auftrag zur Einplanung und der Auftrag zur Durchführung jeweils separat und explizit gegeben, auf der Basis der von PMS verlangten Vorlagen. Hierfür sind Auftraggeber und Lenkungsausschuss verantwortlich. Daneben gibt es ein Projektportfolio-Steuerungs-Team, kurz PST, das mit hochrangigen Führungskräften unterhalb der Vorstandsebene besetzt ist. Dieses Management-Team entscheidet über die Freigabe dieser Phasen jeweils mit bzw. bereitet Vorstandsentscheidungen vor (im Sinne eines „Vetorechts" aus Sicht der Projektlandschaft insgesamt).

Entwicklung der Planwerte für Kosten und Termine des Projekts: Am Ende der Initiativphase (vor dem Projektstart) und am Ende der Projektphase Aufplanung werden jeweils für die Gesamtlaufzeit korrigierbare Dimensionen angegeben, für die Folgephase jedoch immer verbindliche Planwerte für Ergebnisse, Termine, Aufwände und Kosten. Am Ende der Projektphase Einplanung werden die Planwerte für die Gesamtlaufzeit des Projekts als Controllingmaßstab festgeschrieben und damit verbindlich (Abbildung 2).

Beispiel für Planwert „Kosten"

Feststellungen am Ende der Phasen	Werte für Gesamtlaufzeit des Projekts	Werte für jeweilige Folgephasen
Initiativphase	Dimension: 5.000 TEuro	verbindlicher Planwert für Aufplanung: 25 TEuro
Projektstart		
Projektphase Aufplanung	Dimension: 4.500 TEuro	verbindlicher Planwert für Einplanung: 100 TEuro
Projektphase Einplanung	Verbindlicher Planwert: 4.800 TEuro	

Abbildung 2: *Entwicklung der Planwerte im PM-Vorgehensmodell*

Flankierung durch Spielregeln der Führung und Kooperation: Eine Voraussetzung für den Projekterfolg ist z. B. die Auftragsklarheit. Hier greift das Prinzip des Briefings und Rebriefings: Der Auftraggeber gibt verantwortliche Ziele und Bedingungen vor. Auf dieser Grundlage präzisieren bzw. operationalisieren der Projektleiter und das Initiativteam/ Projektteam das weitere Vorgehen und sichern durch Rückmeldung bzw. Abstimmung mit dem Auftraggeber gemeinsames Verständnis und Konsens. Die bewusst und gezielt akzeptierten Bereiche mit Unklarheiten sind definiert und ihre Abarbeitung im Projekt vereinbart. Für die Auftragsklärung (einschließlich etwaiger Änderungen) haben beide – Auftraggeber und Projektleiter – zu sorgen. Die Verantwortung für die Zielsetzung, unter Berücksichtigung der zu bedienenden Unternehmensziele, bleibt natürlich immer beim Auftraggeber. Entsprechende Spielregeln sind in den Projektteams und mit den Steuerungsgremien der Projekte zu vereinbaren, um den praktischen Umgang mit dem Vorgehensmodell effizient und verlässlich zu regeln.

3. Methodik und Prozess zur Risikosteuerung im Projektportfolio-Management

Auf Basis des beschriebenen Risikosteuerungs-Systems auf Einzelprojektebene kann ein adäquater Managementprozess zur Risikosteuerung im Gesamtprojektportfolio aufgebaut werden. Wesentlich ist hierbei insbesondere ein bezüglich Inhalt und Prozess ausgereiftes, managementorientiertes Berichtswesen zum Status des Projektportfolios. Dazu gehört – neben Kontextbetrachtungen zu Zeit-, Kosten-, Qualitäts- und Ergebnisfortschritt in der Realisierung des Projektportfolios – eine Übersicht des Risikostatus der Einzelprojekte, bezogen auf die genannten Kategorien (Zeit, Kosten, Qualität, Ergebnis) (Abbildung 3).

Die standardisierte Meldung aus den Projekten wird von einer Querschnittsfunktion, die für das strategische und operative Projekt-Controlling und somit auch das Controlling des Projektportfolios verantwortlich ist, konsolidiert und kommentiert. Das Ergebnis wird in dem schon beschriebenen Management-Team (PST) mit Vertretern aller relevanten Unternehmensteile erörtert und gegebenenfalls ergänzt. Auf dieser durchgehend methodisch und inhaltlich fundierten Grundlage erhält der Vorstand regelmäßig einen Bericht, der die Risiken des Projektportfolios insgesamt und den Steuerungsbedarf seitens des Vorstands klar zeigt. Der Prozess insgesamt ist in Abbildung 4 dargestellt.

Ergänzt wird der prozessuale Ansatz durch die Einrichtung von Abstimmkreisen zwischen vernetzten Projekten, wobei Vernetzung unterschiedlich (inhaltlich, durch Zugriff auf gleiche Ressourcen etc.) definiert sein kann (Abbildungen 5 und 6).

Risikomanagement im Projektportfolio

Einschätzung aus PL-Sicht Stand 1. Quartal des Jahres									
PMS-Nr.	Projekt	PL	Generelle Risikoklasse des Projektes	Einhaltung der aktuellen Vereinbarungen mit dem Auftraggeber					Gesamtbewertung: Projekt ...
				Funktionalität	Qualität	Kosten	Termine	Schnittstellen	
429	Projekt 1	Dr. Müller	hoch	◆	◆	◆	◆	◆	**erfordert grundsätzliche Neuausrichtung**
436	Projekt 2	Meier	mittel	✓	✓	✓	✓	✓	sollte so weiterlaufen
501	Projekt 3	Neumann	mittel	✓	✓	✓	✓	✓	sollte so weiterlaufen
532	Projekt 4	Zimmer	niedrig	✓	✓	✓	✓	✓	sollte so weiterlaufen
536	Projekt 5	Dr. Paul	hoch	✓	✓	✓	○	○	**erfordert erhöhte Aufmerksamkeit**
540	Projekt 6	Schmitz	niedrig	✓	✓	●	●	●	sollte so weiterlaufen
557	Projekt 7	...	mittel	✓	✓	✓	●	●	sollte so weiterlaufen
620	Projekt 8	...	hoch	✓	●	✓	✓	✓	sollte so weiterlaufen
625	Projekt 9	...	mittel	✓	✓	✓	✓	✓	sollte so weiterlaufen
626	Projekt 10	...	mittel						

✓ = sichergestellt   ● = problematisch   ○ = stark gefährdet   ◆ = ausgeschlossen

Abbildung 3: *Übersicht der Risikoeinschätzung zu Großprojekten des Projektportfolios durch die Projektleiter, gemessen an der Realisierungswahrscheinlichkeit und einer Risikoanalyse auf Basis breiter Erfahrungswerte*

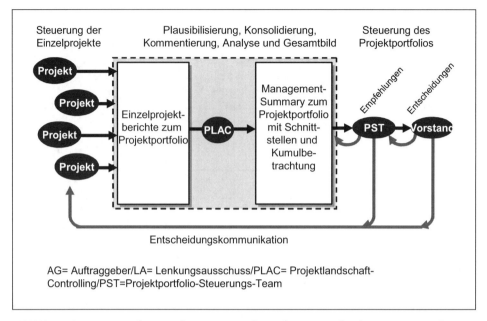

Abbildung 4: Prozess des Berichtswesens mit besonderer Berücksichtigung von Risikoaspekten

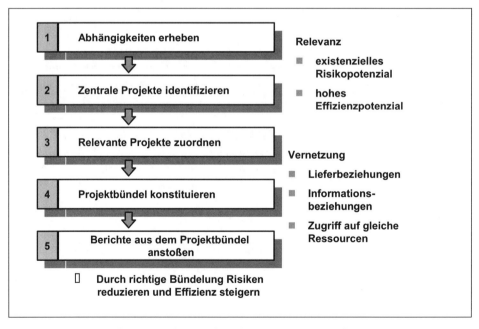

Abbildung 5: Vorgehen zur Definition der relevanten Projektbündel

Risikomanagement im Projektportfolio

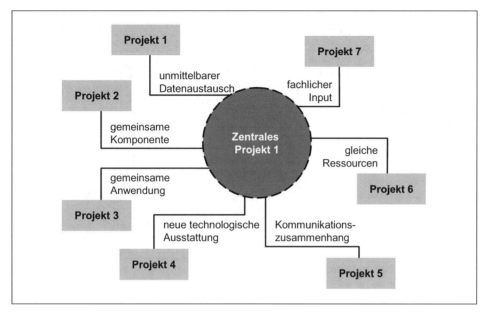

Abbildung 6: *Schematische Darstellung eines Projektbündels mit den verschiedenen Vernetzungen zwischen den tangierten Projekten*

Die Abstimmkreise berichten – zusätzlich zu dem Berichtswesen aus den Einzelprojekten – nach einheitlichem Schema über risikobehaftete Abhängigkeiten und Wechselwirkungen an die verantwortliche Querschnittsfunktion sowie das Managementgremium (PST). Ein Bericht ist beispielhaft in Abbildung 7 dargestellt.

Neben den aufgeführten methodischen und prozessualen Ansätzen zur Risikosteuerung im Projektportfolio-Management sind auch noch weitere, hier nur kurz zu streifende unterstützende Maßnahmen denkbar, wie bspw. die projektbegleitende Revision in ausgewählten, besonders risikoträchtigen Projekten. Gegebenenfalls können auch regelmäßige externe Audits von Projekten und Projektbündeln sowie zur Projektelandschaft insgesamt Klarheit über Risiken und die Qualität der Risikosteuerung schaffen.

Fazit ist, dass ein erhebliches Repertoire an Risikosteuerungskonzepten und Instrumenten auch auf Multiprojektebene bzw. auf Ebene des gesamten Projektportfolios zur Verfügung steht. Traditionell werden schwerpunktmäßig Konzepte und Maßnahmen zur Risikosteuerung in Einzelprojekten angewendet. Wegen der steigenden Risiken für das Projektportfolio insgesamt – seien es nun Kumulrisiken, Risiken falscher Schwerpunktsetzung oder Risiken aus Abhängigkeiten zwischen Projekten aufgrund des Zugriffs auf gleiche knappe zentrale Ressourcen, um nur wenige Beispiele zu nennen – werden die Entwicklung und Implementierung von Risikosteuerungs-Systemen auf Projektporftolio-Ebene immer wichtiger.

Abhängigkeiten und Risiken						
Abge-stimmter Termin	Pro-jekt-Nr.	Zuliefernde Stelle	Inhalt	Status alt	Status neu	Erläuterungen, ggf. Zwischentermine
30.09...	528	Projekt 1	Auslieferung Komponente A abgeschlossen	☹	☺	
24.07...	528	Projekt 1	Erteilung Freigabe zur verwendung Komponente B	☺	☺	Bei fehlender Freigabe droht Herauslösung
13.07...	528	Projekt 3	Vorbehaltliche Freigabe Komponente C	☹	☺	Evtl. Korrekturen können noch bis 24.07. umgesetzt werden
24.06...	445	Projekt 5	Übergabe Teilergebnis D	💣	☺	keine den Produkttest verhindernden Fehler
30.04...	528	Projekt 1	Programmierung Komponenten E, F fertig gestellt	☺	✓	Terminverzögerung würde Verschiebung von Projekt 5 bedeuten, keine Puffer mehr
13.02...	413	Projekt 6	Plausibiiltäts-maschine Release 1.1	☺	💣	Die Plausibili-tätsmaschine liegt nicht vollständig vor
31.12...	528	Projekt 7	Programmierbeginn spezifische Komponenten G, H	☺	✓	

✓ erledigt J im Plan ☺ Achtung ☹ Abweichung absehbar 💣 Abweichung eingetreten

Abbildung 7: *Risikobericht aus Projektbündeln (schematisiertes Beispiel)*

4. Integration im Risikomanagement-System des Unternehmens

Das Gesetz zur Kontrolle und Transparenz im Unternehmensbereich (KonTraG) oder die Auswirkungen des Sarbanes-Oxley-Acts (SOX) in den USA und auch in Europa haben die Verpflichtung der Unternehmen zum Risikomanagement und zur internen Überwachung bzw. zum Betrieb eines effektiven und effizienten Kontrollsystems unterstrichen und die Anforderungen an die verwendeten Risikomanagement- bzw. Kontrollsysteme erhöht. Durch ein effektives und effizientes Risikomanagementsystem resp. Internal Control System soll sichergestellt werden, dass bestehende und künftige Risiken im Unternehmen erkannt und überwacht sowie rechtzeitig begrenzt werden. Insbesondere geht es darum, Entwicklungen frühzeitig zu erkennen, die den Fortbestand des Unternehmens gefährden, und negative Auswirkungen auf die wirtschaftliche Lage des Unternehmens abzuwehren.

Dies führt zu einer intensivierten Berichterstattung des Vorstandes an den Aufsichtsrat sowie – im Rahmen der Geschäftsberichte und hier des Lageberichts – an die Öffentlichkeit.

Im Rahmen der Konzipierung und Implementierung eines entsprechend erweiterten Risikomanagementsystems mit Reporting im Unternehmen sind die wesentlichen Risikofelder, die für das Unternehmen ohne risikosteuernde Maßnahmen bestandsgefährdend bzw. wirtschaftlich gravierend relevant werden können, zu orten und zu analysieren. Dabei müssen die Verantwortlichkeiten für die Steuerung in diesen Risikofeldern ebenso dokumentiert werden wie die Sicherungsmaßnahmen, die im Übrigen regelmäßig – in den meisten Unternehmen von der Revision, aber auch extern durch den Wirtschaftsprüfer oder andere Experten – auf ihre Eignung geprüft werden.

Es liegt auf der Hand, dass für Unternehmen mit einem größeren Volumen an Veränderungsmaßnahmen, also mit einer umfangreichen und komplexen Projektelandschaft, die Ausrichtung und die Steuerung des Projektportfolios zu den wesentlichen Risikofeldern zählen, die einer besonderen Beobachtung unterzogen werden müssen.

Aus diesem Grund ist es zwingend erforderlich, dass sich das Projektportfolio-Management und das Risikomanagement-System des Unternehmens integral ergänzen (Abbildung 8).

Der Leiter der Querschnittsfunktion „Projektportfolio-Controlling" fungiert als verantwortlicher Risikomanager für das Risikofeld Projektportfolio, womit er „geborenes Mitglied" des Kreises der Risikomanager für die einzelnen Risikofelder ist, die in dieser Funktion an den Chief Risk and Control Officer berichten. Damit wird das Risikomanagement für das Projektportfolio prozessual, inhaltlich und personell mit dem Gesamtrisikosteuerungssystem des Unternehmens verknüpft.

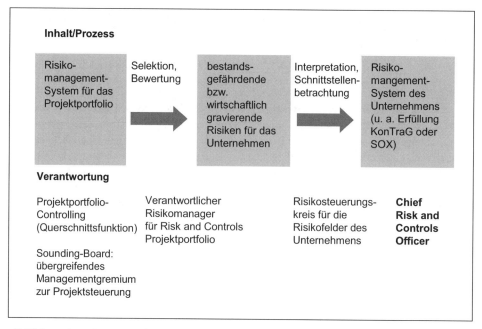

Abbildung 8: *Zusammenhang zwischen dem Risikosteuerungssystem für das Projektportfolio und dem Risikomanagement des Unternehmens*

5. Fazit

Das Thema „Risikomanagement im Projektportfolio-Management" ist aus verschiedenen Sichtweisen von besonderer Bedeutung für das Unternehmen, nämlich

- aus Sicht des Projektportfolios, welches das Investment des Unternehmens in seine Zukunft in Form von Veränderungsvorhaben enthält, und
- aus Sicht des Unternehmens insgesamt, das ein Risikomanagement-System betreiben muss, das bestandsgefährdende oder wirtschaftlich gravierende Risiken erkennt und beherrschbar macht.

Die methodischen und operativen Anforderungen an das Risikomanagement-System im Projektportfolio-Management sind durchaus hoch, können aber durch die spezifischen Konzepte zur Steuerung von Projektportfolios – bei Erreichen eines ausgereiften Standes – relativ problemlos bedient werden.

Von besonderer Wichtigkeit ist wie immer bei Managementsystemen, dass die Zuständigkeiten und die Steuerungsprozesse sehr präzise geklärt und beschrieben sind und dass die Beteiligten sich auf eine produktive Form der Zusammenarbeit in einer positiven Unternehmenskultur verständigen. Wesentlicher weiterer Erfolgsfaktor ist, dass die Thematik die explizite Unterstützung der Geschäftsleitung erfährt und auf dieser Basis ein intensiver Dialog mit dem Vorstand erfolgt.

Synergien in der Projektlandschaft nutzen

Matthias Hirzel

> *„Handeln ist leicht, Denken ist schwer, nach dem Gedachten handeln unbequem."*
> *(Johann Wolfgang von Goethe)*

Wie oft wird die Synergie von Projekten als Argument herangezogen, vermutet oder beschworen. Um was es dabei wirklich geht, kann kaum aufgezeigt werden. Hier will der Beitrag methodische Hilfestellung geben. Anhand von Matrixbetrachtungen werden quantitative und qualitative Effekte erfasst und zu Messgrößen für das Synergiepotenzial im Ganzen aggregiert. Anschließend erfolgt eine Kontextbetrachtung unterschiedlicher Möglichkeiten zur Bewertung des Projektportfolios.

1. Den verborgenen Schatz heben

2. Verbundvorteile mit der Synergiematrix darstellen

3. Mit Pärchenvergleich die Bewertung vornehmen

4. Verbundvorteile qualitativ beschreiben

5. Exkurs: Kontextbetrachtungen herstellen

1. Den verborgenen Schatz heben

Es wird viel von Verbundvorteilen im Projektbündel gesprochen. So sind Vorhaben zur Produkt- und Verfahrensinnovation, zur Infrastrukturverbesserung, zur Organisation und Informationsverarbeitung etc. nicht unabhängig voneinander. Häufig werden Fähigkeiten, Investitionen, Softwareprogramme erforderlich, die zwei oder mehreren Projekten gleichermaßen dienen. So kann es sein, dass ein Innovationsvorhaben für sich zu aufwändig erscheint, in der Kombination mit einem anderen Projekt jedoch an Bedeutung gewinnt.

Für das Management des Projektportfolios ist dieser Aspekt von Relevanz. Wenn es gelingt, die Verbundvorteile zwischen den Projekten zu orten und gezielt zu nutzen, lassen sich die für die Projektlandschaft erforderlichen Ressourcen wirtschaftlicher einsetzen und hinsichtlich Ergebnis und Qualität bessere Effekte erzielen.

Das ist die Theorie, in der Praxis allerdings kommen solche Überlegungen zu kurz. Dies liegt nicht notwendigerweise am Willen, sondern hier insbesondere an der Darstellungsmöglichkeit. Es besteht ein großer Bedarf an methodischer Untermauerung der mit Recht vermuteten Verbundvorteile in den Projekten.

2. Verbundvorteile mit der Synergiematrix darstellen

Die Verbundvorteile im Projektportfolio lassen sich mit Hilfe einer Synergiematrix orten. Hier werden die einzelnen Projekte miteinander in Beziehung gesetzt und durch eine Bewertung deutlich gemacht, ob und – wenn ja – wie stark der Verbundvorteil zwischen den einzelnen Projekten ist. Die Abbildung 1 macht dies im Ansatz deutlich.

Besteht z. B. ein starker Verbundvorteil zwischen zwei Projekten (hier zwischen P2 und P3), so wird dies mit einer Bewertungszahl, schwankend zwischen 0 und 12, deutlich gemacht

Die Synergiematrix gibt Aufschluss, inwieweit die Projektlandschaft untereinander verflochten ist. Auch wird deutlich, welche Projekte insbesondere zu Verbundvorteilen beitragen und mithin einen besonderen Stellenwert im Portfolio erhalten. So zeigt sich, dass z. B. ein Projekt zum Aufbau der IT-Infrastruktur für sich genommen nicht richtig überzeugt, im Projektverbund jedoch erheblich an Bedeutung gewinnt.

y \ x	P_1	P_2	P_3	...	P_n	Σ
P_1		0	0	...	0	0
P_2	6		12	...	8	26
P_3	0	4		...	0	4
⋮	⋮	⋮	⋮		⋮	⋮
P_n	0	8	0	...		8
Σ	6	12	12	...	8	38

Vorteilsempfänger (horizontal) — Vorteilsgeber (vertikal) — maximal 144

Interpretation:

- Projekt x (horizontal) erfährt durch Projekt y (vertikal) einen Verbundvorteil: keinen (0) sehr hohen (12)
- Projekte mit hoher Summe sind horizontal (x) besondere Vorteilsempfänger und vertikal (y) besondere Vorteilsgeber
- Summe der Punkte insgesamt gibt Synergiepotenzial des Projektportfolios an
- Synergieintensität: 38/144*100 = 26 %

Abbildung 1: Bewertung von Verbundvorteilen in der Synergiematrix

Durch Addition lassen sich die Projekte hinsichtlich ihrer Intensität als Vorteilsgeber oder Vorteilsempfänger berechnen. Das Projekt, das am wenigsten Vorteile gibt (P1), kann ceteris paribus am leichtesten gestrichen werden. Starke Vorteilsgeber sind in jedem Fall zu halten.

Eine derartige Synergiematrix lässt sich analog mit monetären Größen erstellen. In den einzelnen Feldern sind dann die in Euro geschätzten Einsparungen festgehalten. Wie immer bei solchen Betrachtungen fällt es besonders schwer, die qualitativen Aspekte wie Ergebnisverbesserung in barer Münze auszudrücken. Eine monetäre Betrachtung bietet sich besonders für Projekte der Produktentwicklung an.

3. Mit Pärchenvergleich die Bewertung vornehmen

Um die Komplexität bei der Einschätzung der Verbundvorteile in der Projektematrix zu beherrschen, werden jeweils zwei Projekte miteinander verglichen (Pärchen). Die Bewertung erfolgt anhand von vorab festgelegten Kriterien. Abbildung 2 kann als Beispiel dienen. Hier wird eine qualitative Einschätzung der synergetischen Beziehung zweier Projekte untereinander in eine nummerische Größe übersetzt.

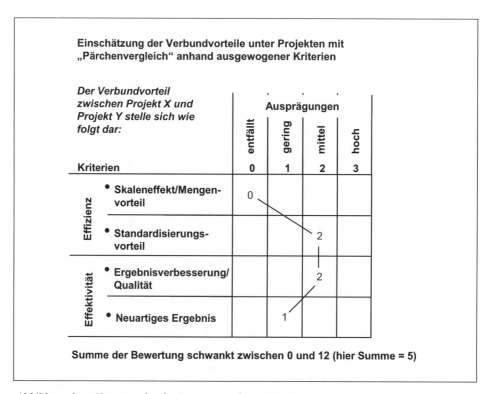

Abbildung 2: *Kriterien für die Bewertung der Verbundvorteile*

Die Bewertung selbst sollte von einem Personenkreis vorgenommen werden, der das zu erörternde Projektbündel gut kennt und für eine notwendige Neutralität bürgt. In der Regel werden diese Bewertungen vom Projektservice vorbereitet und von einem Projektkoordinationsgremium überprüft und belastbar gemacht.

In diesem Zusammenhang kann auch gleichzeitig erfasst werden, ob eine Abhängigkeit zwischen den Projekten besteht. Prinzipiell ließen sich hier vier Variationen aus vier Komponenten herleiten: Synergie vorhanden, nicht vorhanden bzw. Abhängigkeit vorhanden, nicht vorhanden.

In der Praxis zeigt es sich jedoch, dass, wenn eine Abhängigkeit besteht, meist auch in unterschiedlicher Intensität ein Verbundvorteil ausgemacht werden kann, bzw., wenn keine Abhängigkeit besteht, auch ein Verbundvorteil nicht vorliegt (Abbildung 3).

	Synergie		
vorhanden		selten	Regel
nicht vorhanden		Regel	theoretisch
		nicht vorhanden	vorhanden
		Abhängigkeit	

Abbildung 3: *Zusammenhang von Synergie und Abhängigkeit*

4. Verbundvorteile qualitativ beschreiben

Sollte die Synergiematrix in numerischer Form nicht aussagekräftig genug sein, so bleibt es unbenommen, die Verbundvorteile verbal näher zu skizzieren. Zu achten ist allerdings darauf, dass das Prinzip des Pärchenvergleichs eingehalten wird. Nur so ist eine Kompatibilität auf den verschiedenen Abstraktionsebenen sicherzustellen.

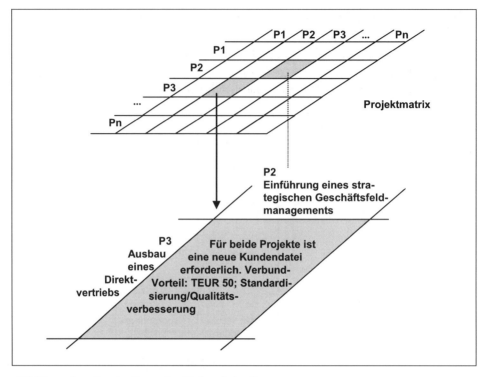

Abbildung 4: Beschreibung der Verbundvorteile

Abbildung 4 zeigt die Auffächerung der Projektmatrix. Dadurch wird die Untermauerung der quantitativen Größen durch qualitative Aussagen möglich und ergänzt. Die Darstellung erfolgt durch eine IT-gestützte Auflistung, deren Logik sich an der Projektmatrix orientiert.

In der Praxis wird man nicht alle Verbundvorteile qualitativ beschreiben. Es kommt weniger auf Vollständigkeit denn auf Zweckmäßigkeit an. Wichtig ist allerdings, dass die Systematik vorliegt und bedarfsorientiert „gefüllt" werden kann.

Ist die Verbundstärke der Projekte bekannt, lassen sich weitere Kriterien für eine zusammenhängende Betrachtung heranziehen. So kann das Risiko, die Dringlichkeit, die Wirtschaftlichkeit etc. mit der Verbundstärke kombiniert und entsprechend in Portfolios dargestellt werden (Beispiel in Abbildung 5).

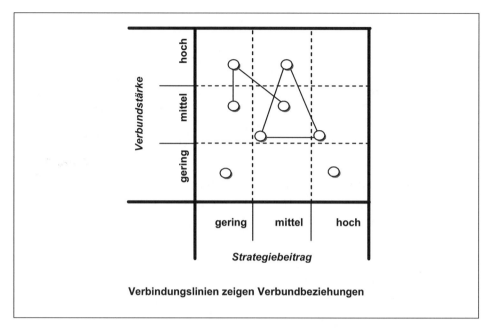

Abbildung 5: *Projekte-Attraktivität: Strategiebeitrag, Verbundstärke*

Unter dem Synergieaspekt sind auf jeden Fall diejenigen Projekte unentbehrlich, die eine hohe Verbundstärke ausweisen. In der Regel also solche, die mit vielen anderen Projekten im Zusammenhang stehen. Dies kann dann auch zu Überlegungen führen, mehrere Projekte zu einem Projekt zusammenzufassen. Solche Projekte andererseits, die völlig isoliert dastehen, geraten bei der Synergiebetrachtung naturgemäß ins Hintertreffen. Sollte es also zu Ressourcenengpässen kommen, so wird man diese Projekte eher zeitlich verschieben bzw. dann neu bewerten.

Gute Voraussetzung für eine erfolgreiche Analyse der Verbundvorteile sind Projektbündel, wie z. B. Projekte der Produktinnovation, Organisations-/IT-Projekte oder Infrastrukturvorhaben. Das erlaubt, Umfang und Intensität der methodischen Unterstützung an den spezifischen Bedarf der gleichartigen, einzuschätzenden Projekte auszurichten.

Sollte vor diesem Hintergrund dann der angemessene, methodische Ansatz gefunden bzw. entsprechend auf den eigenen Bedarf angepasst sein, beginnt erst die eigentliche Aufgabe. Sie liegt in der Bewertung bzw. Einschätzung der Verbundvorteile. Hier sollten möglichst keine neuen Gremien und Zuständigkeiten geschaffen werden. Die Fertigkeit besteht darin, sich der für das Projektportfolio-Management generell eingerichteten Ausschüsse etc. zu bedienen.

5. Exkurs: Kontextbetrachtungen herstellen

Es bietet sich an, hier den Ansatz einer Gesamtbetrachtung des Projektportfolios aufzuzeigen. Die Überlegung geht davon aus, dass das Portfolio als eine Einheit zu verstehen ist und anhand unterschiedlicher Kriterien generell beschrieben wird. Abbildung 6 zeigt ein Beispiel: Das Portfolio besteht aus x Projekten und wird anhand ausgewählter Kriterien beschrieben.

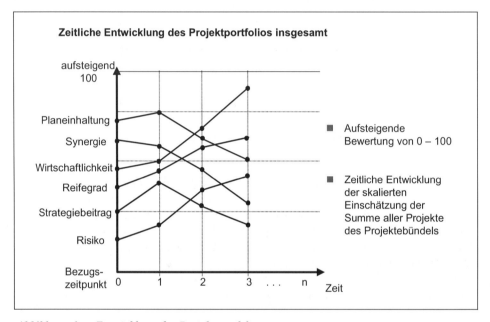

Abbildung 6: *Entwicklung des Projektportfolios*

Hinsichtlich des Beispiels in Abbildung 6 kann folgende Bewertung vorgenommen werden: Das Portfolio ist recht „kurzatmig": Der Strategiebeitrag sinkt, weniger neue Projekte kommen hinzu, die Planabweichungen steigen, das Risiko nimmt zu; allein die Wirtschaftlichkeit verbessert sich. Es liegt auf der Hand, dass hier entgegengesteuert werden müsste. Neue Projekte mit höherem Strategiebeitrag wären hinzuzunehmen. Die Summe der Projekte insgesamt wäre abzubauen.

Projektübergreifendes Wissensmanagement

Helmut Willke

> *„Eine Lösung hätte ich,
> aber die passt nicht zum Problem."*

Die Güter der Wissensökonomie schaffen neue und innovative Optionen für Problemlösungen; treibende Kräfte sind Digitalisierung und Globalisierung. Projekte und Projektlandschaften werden zum Kern einer wissensbasierten Operationsweise, wenn es gelingt, das in Projekten generierte Wissen zu explizieren, zu dokumentieren und der Organisation insgesamt zur Verfügung zu stellen. Quer zur Linienstruktur werden schnell neue Kompetenzen geschaffen. Die Fallmethode und speziell der MikroArtikel stellen praktische Ansätze dar, aus Projekterfahrungen gegenseitig wirklich zu lernen.

1. Wissen als Produktionsmittel

2. Wissensgenerierung in Projekten

3. Zur Logik des Wissensaustausches

4. Wissensaustausch in Projekten und in Projektlandschaften

5. Fallmethode als verbindendes Element von Projektarbeit und Wissensmanagement

6. Verknüpfung von Wissenselementen

1. Wissen als Produktionsmittel

In der Wissensökonomie bemisst sich der Wert des Wissens, wie der Wert jedes ökonomischen Gutes, an der Wertschöpfung (dem wertbildenden Nutzen) für den Kunden. Diese Aussage ist nicht ganz tautologisch, weil die Definitionshoheit über Wert und Wertschöpfung nicht immer und nicht zwingend beim Kunden liegt. Welchen Wert Wissen schafft, das in Form von Intelligenz oder Expertise in Produkte und Dienstleistungen eingebaut ist, hängt also weniger von „objektiven" Faktoren der Bedeutung dieses Wissens ab als davon, wie und wozu der Kunde oder Klient das Wissen nutzt. Dies ist keine neue Einsicht der Wissensökonomie, aber sie macht darauf aufmerksam, dass Wissen als Potenzial des Problemlösens umso wertvoller ist, je wichtiger einem Klienten die Lösung eines Problems ist.

Damit ist angedeutet, dass die Güter der Wissensökonomie weniger darauf ausgerichtet sind, elementare Probleme des Überlebens und der materiellen Reproduktion zu lösen, wie noch die Agrarwirtschaft und die Industrieökonomie. Vielmehr ist die Besonderheit der Wissensökonomie darin zu sehen, dass ihre Produkte und Dienstleistungen neue, zusätzliche, innovative Optionen schaffen, die bislang außer Reichweite oder gar undenkbar waren oder die Probleme betreffen, die aus den Lösungen herkömmlicher Probleme resultieren oder von denen die Klienten zuvor gar nicht wussten, dass man solche Probleme haben könnte. Ein in ein Auto eingebautes Navigationssystem mit großem Farbdisplay, Sprachsteuerung, Satellitenortung und automatischer Stau-Umleitung ist ein ziemlich intelligentes Produkt, das ein Problem löst, das erst durch den durchdringenden Erfolg industrieller Autoproduktion entstanden ist. Es ist insofern ein typisches Produkt der Wissensökonomie, als es niemand ernsthaft zum Überleben braucht, aber viele bereit sind, ihm einen hohen Wert zuzuerkennen, weil es Werte schöpft – z. B. Zeitersparnis oder Stressreduktion – die der Steigerung der eigenen Wertschöpfung – Leistungsfähigkeit, Zeit, Gesundheit – dienen.

Wenn die Konsumgüter der Warenökonomie dazu da sind, Bedürfnisse zu befriedigen, dann dienen die Konsumgüter der Wissensökonomie dazu, *Probleme zu lösen*. In wissensbasierte Güter ist kodifizierte, in Artefakten gespeicherte Intelligenz eingebaut, die zu nichts anderem taugt, als bestimmte Probleme zu lösen. Der Grad der Intelligenz eines Gutes korreliert mit der Anzahl und Gewichtigkeit der mit dem Gut lösbaren Probleme. So erbrachten Ärzte, Lehrer oder Banker auch vor einhundert Jahren Dienstleistungen, die bestimmte Probleme lösten, und es waren genau in diesem Sinne intelligente Dienstleistungen. Es ist anzunehmen, dass dieselben Dienstleistungen heute einen höheren Intelligenzgrad aufweisen, weil sie in der Lage sind, schwierigere Probleme zu lösen. So lösten die ersten Autos vor hundert Jahren durchaus ein Problem, das Problem schneller und anstrengungsloser Fortbewegung, und sie waren bereits vor einhundert Jahren in diesem Sinne wissensbasierte Produkte, auch wenn ihr Intelligenzgrad im Vergleich mit heutigen Autos eher gering war.

Aufschlussreich ist die Frage, was die *Investitionsgüter* der Wissensökonomie sein könnten. In Investitionsgütern wendet sich die Warenökonomie auf sich selbst an, indem sie Güter herstellt, die der produktiveren Herstellung von Gütern dienen. Der analoge Prozess im Fall der Wissensökonomie besteht dann darin, intelligente Güter für die produktivere Herstellung wissensbasierter Güter zu schaffen und anzuwenden. Beispiele sind die Verwendung von CASE-Instrumenten („computer aided software engineering") für die Herstellung von intelligenter Software; oder die Nutzung von netzbasierten Verfahren des parallelen, verteilten Entwickelns („concurrent engineering") zur Entwicklung wissensbasierter Produkte; oder die Intranet-basierte Nutzung einer firmenweiten strukturierten Datenbank für alle gesammelten und kommentierten Problemlösungen bei Reparaturen und Wartungen von Geräten des Unternehmens über Laptops, die vor Ort bei jedem Kunden per Funk-Netz zugänglich ist und für die gerade anstehende Reparatur abgefragt werden kann; oder die organisierte Nutzung der Einsichten aus Fallsupervisionen durchgeführter Projekte für die Verbesserung der Methoden und Prozesse von Projektarbeit etc. Es wird deutlich, dass die Investitionsgüter der Wissensökonomie durchgängig Komponenten oder Aspekte von Wissensmanagement darstellen. Sie haben dementsprechend die Aufgabe, wissensbasierte Prozesse und Strukturen des produktiveren Umgangs mit Wissen zu schaffen, einschließlich eines kompetenteren Umgangs mit Nichtwissen. Wissensmanagement als Investitionsgut der Wissensökonomie löst das Metaproblem, wie durch Wissen über Wissen Probleme effizienter und effektiver zu lösen sind, und wie durch Expertise im Umgang mit Nichtwissen Probleme, die aus der Sicht von Entrepreneuren vielversprechend sind, sich so definieren lassen, dass die Lösung dieser bislang (den potenziellen Kunden/Klienten) unbekannten Probleme eine Wertschöpfung ermöglicht.

Hier sind vorrangig zwei Treibsätze der Wissensökonomie von übergreifender Bedeutung: Digitalisierung und Globalisierung. Sie definieren umfassende Dynamiken, die die einzelnen Komponenten der Wissensökonomie, die Wissensbasierung von Operationen und das Wissensmanagement von Organisationen, zu einer gesellschaftsgeschichtlichen Trajektorie verknüpfen, die als dritte „industrielle" Revolution zumindest so singulär zu werden verspricht wie die beiden davor liegenden Revolutionen. Denn mit der *Digitalisierung* von Daten und Informationen und der Erzeugung digitalisierter Erlebnisräume und Praxiskontexte werden alle wichtigen Kostenfaktoren des Wissens auf eine völlig neue Grundlage gestellt und einer grundsätzlich anderen Kostenrechnung ausgesetzt. Dies verändert die Mikrologik der Wissensökonomie, weil es Kostenstruktur und Austauschlogik von Wissen transformiert und insbesondere die Transaktionskosten gegen Null tendieren lässt. Aber es verändert zugleich auch die Makrologik der Neuen Ökonomie, weil die etablierten Prinzipien der Marktwertbildung, der Bildung von Aktienwerten, der Kriterien für zukünftige Wertsteigerung etc. von Internetfirmen und digitalen Hybridfirmen geradezu auf den Kopf gestellt werden.

2. Wissensgenerierung in Projekten

Die Wissensökonomie bringt nicht nur neue Bettgenossen in überraschenden Allianzen oder Fusionen zusammen, sie transformiert auch bestehende Industrien von innen heraus zu einer wissensbasierten Operationsweise, die aus manchem gewöhnlichen Entlein einen stolzen Schwan macht. Der Kern einer wissensbasierten Operationsweise ist Projektarbeit und Projektmanagement dann, wenn es gelingt, das in Projekten generierte Wissen zu explizieren, zu dokumentieren und damit der Organisation insgesamt zur Verfügung zu stellen. Das macht es erforderlich, Projektmanagement und Projektmanagement-Systeme an etablierte *Prinzipien des Wissensmanagements* anzubinden. Solche Prinzipien sind:

1. Praxis: Wissen ist in sozialen Praktiken oder Instrumenten verdichtet. Jedes Wissen folgt aus der Praxis.

2. Dokumentation: Explizites Wissen muss in lesbarer Form dokumentiert sein, um Wissensaustausch in Organisationen zu fundieren. Nur explizites Wissen ist austauschbares und transferierbares Wissen.

3. Fallmethode: Jedes Wissen folgt aus einer spezifischen Erfahrung, einem spezifischen Fall oder Problem. Der Fall (oder das Problem) klärt sich nur in der Kommunikation. Gute Fälle repräsentieren beispielhafte Einsichten.

4. Speicherung: Wissen wird in Modellen, Methoden und Instrumenten („Tools") gespeichert, die dazu dienen, Probleme zu lösen. Relevantes Wissen dient der Problemlösung.

5. Verknüpfung: Der Gehalt von Wissen ist nicht von einzelnen Wissenspartikeln geprägt, sondern von den spezifischen Verknüpfungsmustern zwischen diesen Wissenselementen. Die spezifischen Verknüpfungen bilden das systemische Wissen von Organisationen.

Die Notwendigkeit, Projektmanagement nach den Prinzipien des Wissensmanagement neu auszurichten, betrifft nicht nur High-Tech-Firmen und die „E-Economy", sondern gerade auch die scheinbar „alten" Industrien und Dienstleister. So ist die Autoindustrie dabei, aus einem klassischen Produkt des Industriezeitalters ein wissensbasiertes intelligentes Produkt zu machen, dessen Wert für den Kunden zunehmend darin liegt, gleich eine ganze Fülle von Problemen im Bereich der Mobilität zu lösen. Dies verändert mit dem Produkt auch die Arbeitsweise der Entwicklungsbereiche und zunehmend aller anderen Bereiche, einschließlich der Produktion selbst, zu Formen der Wissensarbeit, die wiederum zu neuen Anforderungen an das Management, die Führung und Leitung wissensbasierter Organisationen führen.

3. Zur Logik des Wissensaustausches

Digitalisierung unterstützt diese Dynamik, nicht nur weil Transport und Verteilung digitaler Güter so leicht fallen, sondern auch weil sich gerade Wissen in Gestalt digitalisierter Intelligenz und Expertise praktisch in jedes Produkt einbauen und jeder Dienstleistung als Fundierung, Support und Vernetzung zuordnen lässt. Auch wenn Wissen immer schon Bestandteil jeder Produktion und jeder menschlichen Aktivität war, ob es der Bau der Pyramiden oder das Erlegen eines Mammuts war, kommt mit einer durchdringenden Digitalisierung doch eine neue Qualität der Möglichkeiten der Verbreitung und Nutzung von Wissen ins Spiel. Dabei stehen wir in dieser Entwicklung erst ganz am Anfang. Die Wissensökonomie wird sich, so ist zu erwarten, umso stärker entfalten, je mehr Bereiche und Felder sich einer Digitalisierung erschließen lassen.

Mit Digitalisierung eng verschwistert ist die zweite treibende Dynamik der Wissensökonomie, die *Globalisierung,* und die sich darin entfaltende Globalität wissensbasierter Transaktionen. Digitalisierung und die auf ihr beruhenden neuen Daten- und Kommunikationstechnologien einerseits und digitale Vernetzungstechnologien andererseits unterscheiden denn auch grundlegend die gegenwärtige Ausprägung von Globalisierung von früheren Phasen, die es in historischer Sicht durchaus gab. Im Zusammenspiel mit Digitalisierung eröffnet Globalisierung die Möglichkeit eines weltweiten Austausches wissensbasierter Güter. Damit entsteht ein Wettbewerbsdruck um neues Wissen, der alles Bisherige in den Schatten stellt und von dem sich vor allem das herkömmliche Wissenschaftssystem nichts hat träumen lassen. Plötzlich werden die Fähigkeiten indischer Programmierer in Bangalore relevant für die Konkurrenzfähigkeit und die Aktienkurse deutscher High-Tech-Firmen.

Managementkurse der Harvard Business School oder Herzoperationen führender Kliniken können praktisch in jeden vernetzten Hörsaal der Welt projiziert werden, und die in Kanada gefundene Lösung eines Reparaturproblems lässt sich noch am selben Tag in Brasilien anwenden. Global agierende Firmen lassen ihre Forschungs- und Entwicklungsabteilungen im Drei-Schichten-Betrieb zeitversetzt rund um die Uhr rund um den Globus arbeiten, um im Wettlauf um schnelles Wissen vorn zu sein. Die vernetzten und sich wechselseitig beobachtenden Börsen der Welt fügen das globale Finanzsystem zu einer Gesamtarchitektur unterbrechungsfreier Operationsprozesse nach der Formel 7x24x365 zusammen – und es gibt gar keinen Zweifel darüber, dass andere Bereiche und Branchen folgen werden.

Globalisierung stellt darüber hinaus gerade den die Wissensökonomie prägenden Wissensaustausch vor neue Möglichkeiten und neue Probleme. Selbst hochgradig verteilte, über den ganzen Globus verstreute Organisationen können über das Internet oder über proprietäre Netze relevante Informationen und Wissenskomponenten austauschen, wenn sie neben den technologischen auch die kognitiven und organisationalen Voraussetzungen für dieses schwierige Unterfangen beherrschen. Wie voraussetzungsvoll dies ist, lässt sich erst nachvollziehen, wenn man zum einen den Begriff des Wissens ernst nimmt und Wissensaustausch nicht mit Datenaustausch verwechselt, und wenn man zum anderen gelernt hat, mit dem Unterschied zwischen implizitem und explizitem Wissen zu arbeiten. Die Kernfrage von Wissensmanagement und Wissensaustausch ist, wie diese beengenden Merkmale impliziten Wissens durch Externalisierung und Explizierung überwunden und geradezu in ihr Gegenteil verkehrt werden können, ohne dass Wissen dadurch auf Daten reduziert wird.

Durch Explikation wird implizites Wissen, von seiner lokalen Begrenzung auf einzelne Personen entbunden. Implizites Wissen ist „local", weil es als Ergebnis eines sozial organisierten individuellen Lernprozesses im mentalen System des Menschen verkörpert und gespeichert ist – es ist zunächst auf den Körper eines einzelnen Menschen begrenzt. Wissen ist an die Erfahrung einer sozialen Praxis gebunden und schließt damit neben den kognitiven Komponenten immer auch emotionale Qualitäten und Komponenten ein, welche die soziale Konstellation und die darin zum Ausdruck kommenden Beziehungen kennzeichnen. Diese emotionale Färbung des Wissens und seine Einbindung in einen Erfahrungskontext machen es praktisch außerordentlich schwierig, implizites Wissen zu explizieren. Denn explizites Wissen bleibt nur Wissen, wenn es die kognitiven *und* emotionalen Komponenten seiner Genese aus einer sozialen Praxis beibehält.

Die Dokumentation von Wissen in Symbolsystemen ist für den Menschen erstaunlicherweise sehr eingeschränkt, weil es nur drei Grundformen der Darstellung gibt: Texte, Zahlen und Bilder. Alle Dokumente sind Kompositionen aus einem oder mehreren dieser Komponenten (oder ihrer weiteren Codierung). Das Problem ist nun, dass sich emotive Komponenten des Wissens in Zahlen so gut wie gar nicht, in Texten nur bei besonderer Anstrengung und Sorgfalt, und am ehesten noch in Bildern inkorporieren und transportieren lassen. Die Explikation von Wissen in Dokumenten setzt also voraus, dass es gelingt, (1) mit den (leicht darstellbaren und deshalb in der Regel im Vordergrund stehenden) Daten (2) die Relevanzkriterien, die aus diesen Daten für den „Autoren" Informationen gemacht haben, zu formulieren und deutlich zu machen, so dass „Leser" oder Adressaten an diesen Kriterien anknüpfen können und auch für sie aus den dargestellten Daten Informationen werden. Die Dokumentation setzt schließlich vor allem voraus, dass es gelingt, (3) zusätzlich zu den Relevanzkriterien auch den Erfahrungskontext, die soziale Praxis, in welcher das Lernen und die Generierung von Wissen stattgefunden haben, so darzustellen, dass wiederum Leser oder Adressaten neben den kognitiven Momenten auch die emotiven und sozialen Fundierungen rekonstruieren können.

Erst in diesem aufwändigen Prozess lässt sich der notwendige Praxiskontext symbolisch vermittelt simulieren. Erst dann handelt es sich nicht nur um Daten oder Informationen, sondern um dokumentiertes Wissen. Dies macht deutlich, warum es nicht genügt, etwa in einer noch so eleganten technischen Lösung Datenbanken in ein Intranet einzustellen. Sie verkommen zu Datenfriedhöfen, weil ihnen die kritischen Komponenten fehlen, die es „Nutzern" erst ermöglichen, aus den Dokumenten Informationen und Wissen zu rekonstruieren. In der Praxis erweist sich, dass eine der besten und wirksamsten Methoden, entsprechende Dokumente herzustellen, darin besteht, *Geschichten zu erzählen*. Gut geschriebene Geschichten haben wie Erfahrungsberichte, Märchen, Romane, Tagebücher, gut geschriebene Leitartikel etc. die Eigenschaft, kognitive, emotive und soziale Komponenten so zu verknüpfen, dass tatsächlich für den oder die Leser ein Erfahrungskontext rekonstruierbar ist.

4. Wissensaustausch in Projekten und in Projektlandschaften

Wenn Wissen kompetent expliziert wird, und wenn Organisationen in ihre Regelsysteme Intelligenz einbauen und einen organisationalen Geschäftsprozess „Wissensmanagement" als Komponente ihrer strategischen Positionierung und der Fundierung ihrer Kernkompetenzen etablieren, dann beginnt ein Zustand, in dem Wissen nicht mehr „sticky, local and contextual" bleibt, sondern durch Digitalisierung hochbeweglich, durch Vernetzung ortsunabhängig und durch den Einbau in Organisationen sich neue, systemische Kontexte erschließt. Dann sind wichtige Voraussetzungen dafür geschaffen, dass Wissen zu einer unternehmerischen Ressource wird, welche die Fähigkeit einer Organisation zur Wertschöpfung auf eine neue Grundlage stellt.

Es erscheint als sicher, dass diese neuen Formen der Wissensarbeit die Spannbreite individuellen Wissens und individueller Kompetenzen überschreiten und deshalb durch Organisationsformen kollektiver Intelligenz gestützt werden müssen. Projektarbeit und insbesondere Multiprojektmanagement sind beispielhafte Formen dieser Art. Allerdings sind sie das nicht automatisch, sondern erst dann, wenn sie in ihrer besonderen Chance zu koordinierter Wissensarbeit genutzt werden.

Kaum eine andere Form von Arbeit macht den Sinn von Wissensmanagement augenfälliger als Projektarbeit. Projekte dienen dazu, quer zur etablierten Linienstruktur schnell, unbürokratisch und koordiniert neue Kompetenzen zu schaffen. Viele Projekte sind *darin* auch bemerkenswert erfolgreich. Weniger erfolgreich ist das Projekt*management* bislang darin, die neuen Kompetenzen tatsächlich für die Organisation selbst zu sichern und die Vergemeinschaftung des in Projekten erarbeiteten Wissens zwischen verschiedenen zusammenhängenden Projekten und zwischen Projekten und Organisation zu fordern und zu fördern. Ich möchte dies abschließend an zwei Beispielen anschaulich machen.

5. Fallmethode als verbindendes Element von Projektarbeit und Wissensmanagement

Jedes Projekt bietet Anlass für Lernschritte, die über das Projekt hinaus bedeutsam sind: prototypische Probleme, exemplarische Erfolgsfaktoren, immer wiederkehrende neuralgische Punkte der Koordination, Anhaltspunkte für die Entwicklung von Frühindikatoren für Abweichungen oder Ressourcenüberschreitungen etc. Der Normalfall ist, dass jedes Projekt und jede(r) Projektleiter(in) das Rad neu erfindet, die Tricks und Fallen der Projektarbeit selbst mühsam und kostspielig erlernt, die für die jeweilige Organisation typischen Lektionen selbst lernen muss.

Diese missliche Situation lässt sich dadurch verbessern, dass Projekte systematisch nach solchen *lessons learned* abgefragt werden, die über das Einzelprojekt hinaus für die Organisation (Abteilung, Bereich, Firma etc.), etwa für ihre strategische Positionierung und Ausrichtung, für ihre Kernkompetenzen oder für ihre Innovationsfähigkeit von Bedeutung sind. Praktische Erfahrungen in dieser Hinsicht zeigen allerdings, dass diese „Abfrage" zumindest in der Anfangsphase der Einführung und Gewöhnung an das Instrument zeitlich aufwändig und mikropolitisch sensibel ist und sein Nutzen sich erst in der praktischen Anwendung erweist – dann allerdings mit hohem Nutzen und großer Überzeugungskraft.

Aufwändig ist die Fallmethode, weil der „Fall" zunächst als erlebte und erzählte, also rekonstruierte *Geschichte* erhoben werden muss, am besten anhand eines orientierenden methodischen Leitfadens, etwa der Balint-Methode: Berichten – Nachfragen – Hypothesenbildung – Empfehlungen entwickeln – Bewertung der Hypothesen und Empfehlungen – Reflexion. In einem zweiten Schritt empfiehlt es sich, den Fall oder die Geschichte wie einen *Intervisionsfall* aus unterschiedlichen Perspektiven (Betroffene, Beobachter, Externe) zu beleuchten, um seiner Tiefenstruktur auf die Spur zu kommen. Erst in einem dritten Schritt können dann auf dieser Grundlage die Kerneinsichten des Falles entwickelt, geprüft und formuliert werden. All dies lässt sich beispielhaft in der Form des *MikroArtikels* – einer gut geschriebenen Kurzgeschichte mit der Rekonstruktion des Geschehens, mit den Einsichten in das Problem und mit Schlussfolgerungen – darstellen und für andere lesbar machen.

Damit ist eine entscheidende Hürde für die Nutzung von Wissen, welches in Projekten gewonnen wurde, genommen. Denn mit dem MikroArtikel liegt eine Einsicht, eine *lesson learned,* eine Expertise, eine relevante Erfahrung in dokumentierter, lesbarer Form vor. Nun lassen sich Erfahrungen damit gewinnen, wie diese Form praktiziert und verbessert werden kann, so dass relevante andere Personen tatsächlich die solchermaßen dokumentierte Expertise finden und für sich selbst nutzen können. Darüber hinaus sind solche dokumentierten und organisierten Wissenspartikel oder Expertisekomponenten aber vielfältig nutzbar. Etwa dadurch, dass sie in einer bestimmten Struktur in einem *Case Book* eingebaut werden, dass sie einem elektronischen Projektmanagement-System als „Fälle" hinterlegt bzw. als Expertisebank zugänglich gemacht werden oder dass sie in die Wissenslandkarte der Organisation eingeordnet werden, um deren Entwicklung und Revision zu leiten (siehe als Zusammenfassung der genannten Schritte die Übersicht in Abbildung 1).

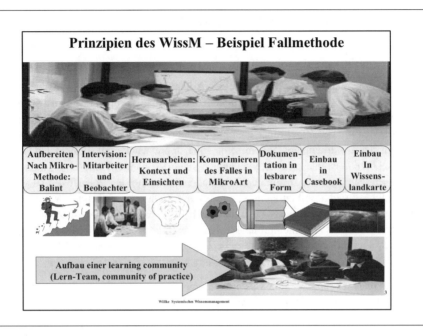

Abbildung 1: Fallmethode

Leitziel des Arbeitens mit der Fallmethode im Feld Projektarbeit und Projektmanagement ist es, die „Wissensrendite" eines Projekts zu steigern, indem das erarbeitete Wissen herausgearbeitet und dokumentiert und somit auffindbar und wieder verwendbar wird. Aber auch über das einzelne Projekt hinaus dient diese Methode dazu, in systematischer Weise *Lerngemeinschaften* etwa in Form von „communities of practice" oder von Lernteams aufzubauen. Hieran erweist sich auch in der Praxis, dass Projektarbeit und Projektmanagement eine ausgezeichnete Grundlage und Vorbereitung für Wissensmanagement darstellen. Es ist deshalb weder nötig noch sinnvoll, Wissensmanagement als neue Mode oder neue Welle zu propagieren. Vielmehr sollte die Aufmerksamkeit darauf liegen, die vorhandenen Ansätze und Kompetenzen – etwa im Bereich Projektmanagement – zu nutzen, auszubauen und durch eine systematische Betonung der Wissenskomponente gewissermaßen organisch mit Wissensmanagement anzureichern. Tatsächlich verändert Wissensmanagement ja nicht die Zielsetzungen von Projektarbeit. Vielmehr unterstützt und systematisiert es die zentrale Aufgabe von Projektmanagement – nämlich in effektiver und effizienter Weise neue Expertise zu generieren, welche für die strategische und operative Positionierung und Ausrichtung der Organisation von Bedeutung und von Wert ist.

6. Verknüpfung von Wissenselementen

Der wohl entscheidende Kernpunkt eines projektübergreifenden Wissensmanagements ist die optimale *Verknüpfung* von Wissenselementen nach organisationsrelevanten Mustern. Dies klingt harmloser als es ist. Denn dahinter versteckt sich die kritische Frage der Passung zwischen Projekten untereinander einerseits und zwischen der Projektelandschaft und dem Strategiedesign des Unternehmens andererseits. Eine üppig wuchernde Projektelandschaft mag viele brauchbare Wissenselemente erzeugen. Aber dies bedeutet keineswegs, dass das generierte Wissen untereinander zusammenhängt und auf die zentralen Bedarfe des Unternehmens zugeschnitten ist. Genauso klar sollte sein, dass eine zu strenge und rigide Ausrichtung möglichen Wissens auf „eindeutige" Ziele illusionär ist. Wissen ist eine so empfindliche und heikle Ressource, dass nur eine optimale Balance zwischen Klarheit und Flexibilität, Ausrichtung und Spielraum, Varietät und Redundanz angemessen ist. Genau auf diesen Punkt zielt die Operation des Verknüpfens von Wissenselementen.

Dazu muss man wissen, dass die Besonderheiten von systemischem oder organisationalem Wissen sich nicht aus einer bloßen Aggregation von einzelnen Wissenspartikeln ergeben, sondern erst auf den *spezifischen Mustern* der Verknüpfung von Komponenten. Lexikalisches Wissen im Sinne von Einzelwissen ist heute weitgehend unproblematisch und irrelevant – jede Daten-CD enthält in diesem Sinne mehr „Wissen" als ein spezialisierter Fachmann. Relationales Wissen dagegen ist kostbar und knapp. Es hängt von spezifischen Erfahrungskontexten ab, in denen die oft merkwürdigen und unerforschlichen Bahnungen und Verbindungsregeln der für eine Organisation bezeichnenden Kommunikations- und Verknüpfungsmuster gebildet und vermittelt werden (siehe dazu den Leitsatz in Abbildung 2).

Für ein projekteübergreifendes Wissensmanagement ist deshalb die entscheidende Frage: Wie gestalten wir die Verknüpfungen zwischen dem vorhandenen relevanten Wissen und neu zu generierendem Wissen so, dass in den Verknüpfungseffekten die Ziele der Organisation befördert und nicht behindert werden? Schon hier kommt zum Ausdruck, dass keineswegs jedes Wissen und jeder Lernprozess „gut" oder „förderlich" sein müssen. Es gibt, wie besonders Argyris und Schön heraus gearbeitet haben, störendes Wissen und pathologisches Lernen. Es gibt gerade in Einzelprojekten Eigendynamiken und Eigenlogiken der Wissensgenerierung, die keineswegs mit den Zielen der Organisation übereinstimmen müssen. Die Kunst besteht also darin, um es zu wiederholen, eine Balance der Verknüpfungen zu finden, welche Einbindung und Orientierung leistet, ohne Fantasie und Innovation zu unterbinden.

Abbildung 2: Die Frage der Verknüpfung von Wissenselementen

Auch hierin erweist sich eine bemerkenswerte Seelenverwandtschaft zwischen Projektmanagement, insbesondere Multiprojektmanagement, und Wissensmanagement. In beiden Fällen geht es darum, die immer wichtiger werdende unternehmerische Ressource Wissen in einer organisierten und systematischen Form des Managements zur Entfaltung zu bringen. Wie jedes kluge Management weiß, ist hierbei Maximierung ebenso schädlich wie Vernachlässigung. Die Kunst besteht darin, dass es tatsächlich um *Kunst* geht – also um die schöpferische Kultivierung einer Ressource, die sich trivialisierender Steuerung kunstvoll entzieht.

Ressourcen für das Projektportfolio verfügbar machen

Matthias Hirzel

> *„Wenn du etwas so machst, wie du es seit 10 Jahren machst, dann ist die Wahrscheinlichkeit hoch, dass du es falsch machst."*
> *(Charles Keltering)*

In einer dynamischen Welt erfordern Neuerungs- und Änderungsvorhaben meist solche Ressourcen, die in der Organisation kaum verfügbar sind bzw. erst geschaffen werden müssen. Es ist daher einerseits wünschenswert, dass die Projekte strategische Ressourcen aufbauen helfen, und andererseits, dass sie sich in freier Wahl Ressourcen außerhalb der Organisation bedienen können. Hier die richtige Ausgewogenheit zwischen Projektportfolio- und Ressourcenmanagement zu schaffen, ist eine komplexe, wohl aber entscheidende Aufgabe.

1. Ressourcen dem Wettbewerb aussetzen

2. Anforderungen entlang der Wertschöpfungskette orientieren

3. Ressourcen priorisieren, Projektebedarf einschätzen

4. Ressourcenbedarf der Projekte im Kontext darstellen

5. Verfügbarkeit in die Entscheidung einbeziehen

6. Management der Ressourcen organisieren

1. Ressourcen dem Wettbewerb aussetzen

Unternehmen verfügen über Ressourcen. Dies sind unterschiedliche Fähigkeiten in entsprechendem Umfang; also z. B. Elektronik-Know-how, repräsentiert durch Entwicklung und Produktion, oder Logistik mit diversen Transport- und Lagermöglichkeiten.

Ist das Unternehmen nun in einem stabilen Zustand, erwirtschaftet Erträge und kann sich in seiner Leistungsfähigkeit mit den Wettbewerbern messen, dann sind der qualitative und der quantitative Ressourcenbedarf ausgewogen und gewährleisten die regelmäßigen geschäftlichen Routinen. Bewegung entsteht erst dann, wenn die Wettbewerber z. B. schneller oder kostengünstiger leisten, und das Unternehmen seine Produktivität steigern muss. Hier beginnt die Schwierigkeit: Projekte werden gerade dort erforderlich, wo die eigenen Ressourcen knapp oder unzugänglich sind.

Die kritische Situation wird weiter verschärft: Das traditionelle Verständnis sieht die Grenzen der Ressourcen dort, wo die eigenen Kapazitäten nicht mehr ausreichen und wo vielleicht Zukauf in gewohnter Form sich nicht anbietet. In der Praxis sind die Projekte also sehr stark an das Ressourcenangebot in der eigenen Organisation gebunden.

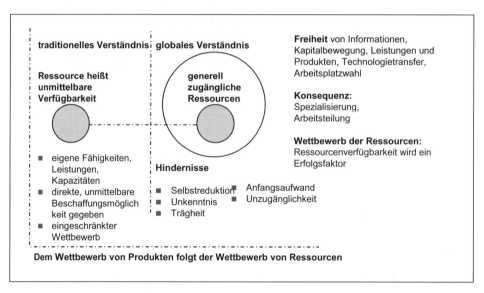

Abbildung 1: Lokales versus globalem Ressourcenverständnis

Wer dieses Limitierung aufgibt, schafft Wettbewerb. D. h., die Projekte werden, ob extern oder intern, dort ihren Ressourcenbedarf decken, wo das Angebot hinsichtlich Qualität, Kosten und Zeit am günstigsten ist. Hier setzt das strategische Ressourcenmanagement ein und verfolgt einen anderen Denkansatz. Es geht prinzipiell von einer globalen Verfügbarkeit aller

Ressourcen aus. Dem Wettbewerb der Produkte folgt mithin der Wettbewerb der Ressourcen. Nur dasjenige Unternehmen wird eine gute Zukunftschance haben, das für seine Leistungserbringung Fähigkeiten und Kapazitäten verfügbar macht, die zumindest dem Standard entsprechen.

Vor diesem Hintergrund wird man die eigenen Ressourcen auf den „Prüfstand" stellen müssen und in der Regel ein Revirement vornehmen. Wenn also Programmierer in Indien relativ günstig anbieten, liegt es nahe, die eigene Softwarekapazität vergleichsweise gering zu halten und eben dort einzukaufen. Dies allerdings bedarf eines weltoffenen Verständnisses von Ressourcen, was nicht immer gegeben ist. Hindernisse sind hier insbesondere eine selbstaufgelegte „Begrenzung", Unkenntnisse der Märkte, eine gewisse Trägheit, der zunächst hohe Anfangsaufwand und auch zum Teil die Unzugänglichkeit der Märkte.

2. Anforderungen entlang der Wertschöpfungskette orientieren

Für das Unternehmen kann es vorteilhaft sein, eine gezielte Ressourcenpolitik zu betreiben. Projekte sollen dort freie Hand haben, wo es sich um Randkompetenzen handelt, und dort auf die Organisation verpflichtet zu sein, wo Kernkompetenz aufgebaut werden soll.

Mit Hilfe der Wertschöpfungskette wird der Leistungserstellungsprozess transparent. Bei einem Versandhaus z. B. können folgende Wertschöpfungsabschnitte erforderlich sein: Einkauf, Logistik, Verpackung, Distribution, Verkauf (Abbildung 2). Für jeden Abschnitt sind bestimmte Ressourcen (Fähigkeiten und entsprechende Kapazitäten) erforderlich. Diese Ressourcen stehen jeweils für sich im Wettbewerb. Vergleicht man z. B. die Fähigkeit der eigenen Logistik mit anderen Logistiksystemen der gleichen Branche, so lassen sich Defizite oder Vorteile erkennen. Erweitert um einen Vergleich mit Logistiksystemen anderer Branchen, kann man hier zusätzliche Anregungen erhalten. Das Benchmarking erscheint besonders dann notwendig, wenn die Ressource zu den Kernkompetenzen gezählt werden muss, d. h., wenn sie für die erfolgreiche Wertschöpfung einen strategischen Beitrag leistet.

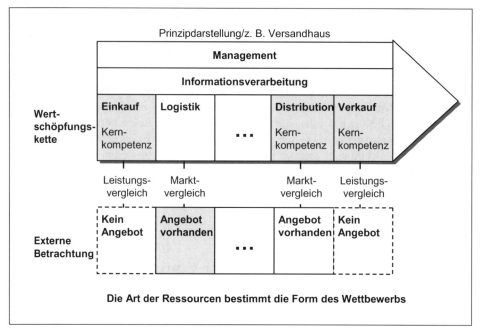

Abbildung 2: Ressourcenbedarf in der Wertschöpfungskette

Außerdem spielt die Verfügbarkeit der Ressource am Markt eine Rolle. Könnte z. B. das Versandhaus die Logistik an externe Unternehmen vergeben, dann entstünde unmittelbarer Wettbewerb. Es wäre durchaus denkbar, dass in dem genannten Beispiel eine eigene Logistik unrentabel erscheint und dieser Abschnitt der Wertschöpfungskette extern vergeben wird.

Der Wettbewerb wäre also in das Unternehmen getragen. Nicht nur die Produkte stehen in Konkurrenz, sondern jeder Abschnitt der Wertschöpfungskette. Es handelt sich dabei sicherlich nicht um ein neuartiges Phänomen, sondern um die Rigorosität, mit der dieser Wettbewerbsvergleich vollzogen wird.

3. Ressourcen priorisieren, Projektebedarf einschätzen

Aufgrund der Analyse der Ressourcenanforderung entlang der Wertschöpfungskette lässt sich die Ressourcenstärke durch zwei Aspekte beschreiben:

- der Nutzen, den die Ressource für das Unternehmen erbringt (Strategiebeitrag), und zwar im Sinne von unverzichtbaren Kernkompetenzen und notwendigen Randkompetenzen, sowie
- die im Wettbewerbsvergleich vorliegende „relative Ressourcenstärke" (Ressourcenbeherrschung). Sie drückt die „Stärke" der eigenen Ressource im Vergleich zu anderen aus.

Für die Beurteilung des qualitativen Ressourcenbedarfs jedes Projektes im Einzelnen und für das Projektebündel im Ganzen ist es erforderlich, die Ressourcen hinsichtlich ihrer Bedeutung und Beherrschbarkeit in eine Folge zu bringen (Abbildung 3).

Bedeutung Beitrag zur Strategie	Beherrschung Relative Wettbewerbsstärke
1. Elektronik	1. Optik
2. Logistik	2. Mikromechanik
3. Optik	3. Elektronik
4. Mikromechanik	4. Logistik
5. …	5. …

Abbildung 3:   *Reihung der Ressourcenstärke*

Führt man die Projekte an einer derartigen Rangordnung vorbei, kann festgestellt werden, welches Projekt aus Unternehmenssicht günstige bzw. förderliche Ressourcen bindet. Die Einschätzung der Projekte hinsichtlich ihres Ressourcenbedarfs erfolgt entsprechend der Multifaktorenmethode (Scoring). Die Prinzipdarstellung in Abbildung 3 erläutert den Ansatz.

**Einschätzung der Projekte
hinsichtlich ihrer Nutzungsintensität von strategischen Ressourcen**

Ressourcen	Bedeutung	Projekt 1		Projekt 2		...
		Bedarf	Bed. x Bedeutg.	Bedarf	Bed. x Bedeutg.	
Elektronik	0,4	3	1,2	5	2,0	...
Logistik	0,3	4	1,2	5	1,5	...
Optik	0,2	1	0,2	-	-	...
Mechanik	0,1	2	0,2	-	-	...
	1,0	10	2,8	10	3,5	▶ Max. = 4
	Skalierung 0 - 1		0,65		0,87	

Hohe Zahl heißt intensive Nutzung der als strategisch bedeutsam erkannten Ressourcen

Abbildung 4: Einschätzung des Projekt-Ressourcenbedarfs

Das in Abbildung 3 dargestellte Schema zur Bewertung des Ressourcenbedarfs hinsichtlich der strategischen Bedeutung kann analog aufgestellt werden für den Ressourcenbedarf der Pojrekte hinsichtlich der relativen Wettbewerbsstärke (Ressourcenbeherrschung). Eine derartige Rechnung lässt sich dann in einem Ressourcenpotfolio darstellen, das die Nutzungsart der Ressourcen aller Projekt verdeutlicht; siehe Abbildung 4.

Ressourcen für das Projektportfolio verfügbar machen

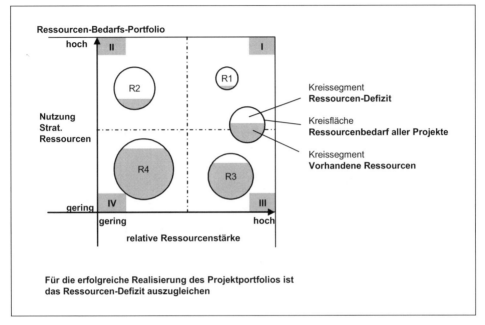

Abbildung 5: Ressourcennutzung/Bedarf der Summe aller Projekte

4. Ressourcenbedarf der Projekte im Kontext darstellen

Wird der qualitative Bedarf der Projekte an Ressourcen zwischen 0 bis 1 skaliert, lässt sich der Zusammenhang auch in einem Portfolio darstellen (Abbildung 4). Projekte sind umso „ressourcenfreundlicher", je weiter sie im süd-östlichen Teil (Feld III) des Quadranten positioniert sind.

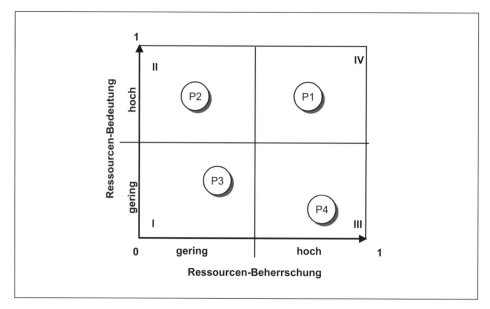

Abbildung 6: *Attraktivität des Projekte-Ressourcenbedarfs*

Im Kontext lassen sich folgende Situationen beschreiben:

- Eine breite Streuung kennzeichnet eine ausgewogene Weiterentwicklung des Unternehmens hinsichtlich des Ressourcenbedarfs der Projekte.
- Ist das Unternehmen in einer stabilen Situation, werden sich die Projekte primär im Feld IV bewegen.
- Ist das Unternehmen im Umbruch und sind neue Fähigkeiten aufzubauen, werden sich die Projekte hauptsächlich im Feld II bewegen.
- Projekte im Feld I sind meist „mühsam" und tragen nicht zur Entwicklung der strategischen Ressourcen bei.
- Projekte im Feld III gehen leicht von der Hand.

Die Bewegung von Feld III zu Feld IV geht über Feld II (I); eine wohl notwendige, aber auch anspruchsvolle Umschichtung des Projektportfolios. Hier ist das Ressourcenmanagement des Unternehmens besonders gefordert. Es kommt darauf an, den Zugang zu Ressourcen zu sichern.

5. Verfügbarkeit in die Entscheidung einbeziehen

Der Ressourcenbedarf bezogen auf die Verfügbarkeit kann ebenfalls in einem Portfolio dargestellt werden. Entsprechend lassen sich wie in Abbildung 6 gezeigt erste Handlungsoptionen ableiten.

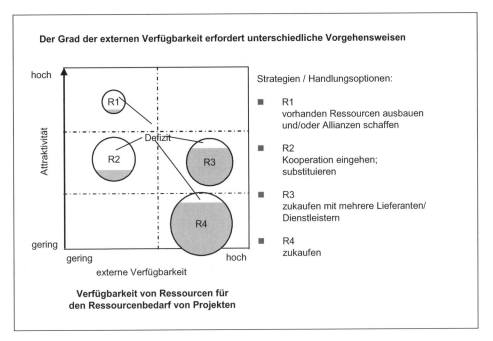

Abbildung 7:   *Verfügbarkeit externe Ressourcen*

Die Ressourcen stehen erst dann richtig im Wettbewerb, wenn hinreichend Transparenz geschaffen wird. Dazu bedarf es allerdings eines aktiven Ressourcenmanagements; denn was sich im Umfeld tut, welche Tendenzen sich abzeichnen, welche Quellen sich auftun oder was anderswo schon einen Schritt weiter ist, teilt sich nicht von selbst mit. Überhöhte Selbsteinschätzung, Arroganz oder zurückgenommene Bescheidenheit sind hier nicht gefragt. Es geht um die Jagd nach Informationen, und mehr noch, sie auch wertfrei aufzunehmen. Gar zu leicht wird das Umfeld durch die Vorurteilsbrille gesehen. Da nimmt man auch nur das wahr, was man wahrnehmen will.

Um hier ein einigermaßen objektives Bild zu erhalten und die Trends zu erfassen, ergeben sich zahlreiche Ansatzmöglichkeiten. Hinsichtlich des Ressourcenmanagements lässt sich die Entwicklung über unterschiedliche Kanäle orten:

- Lieferanten kommen viel herum und können einiges erzählen. Sie bedienen auch die Wettbewerber. Im Gespräch lassen sich Eindrücke festhalten. Das gilt ebenso für deren Wertschöpfungskette: Wo will der Lieferant Veränderungen bei sich vornehmen? Was will er aufbauen? Was sieht er auf sich zukommen?
- Auf Konferenzen und Tagungen wird in der Regel alles gesagt; man muss es nur wahr- und ernst nehmen. Mancher Referent berichtet öffentlich gar zu eifrig über Vorhaben im eigenen Hause.
- Verbände sollten mehr eingebunden werden. Sie haben in der Regel ungenutzte Informationen, können diverseste Kontakte herstellen und sind per se zur Unterstützung aufgerufen.
- Aus der Literatur und Fachpresse lässt sich vieles über Entwicklung von Ressourcen und deren Vergleichbarkeit bzw. Marktfähigkeit entnehmen. Man muss sich nur mit ihr auseinander setzen und vielleicht eine gewisse „Lese-Aversion" abbauen.
- Im Internet bietet sich mehr und mehr ein weltweiter Markt an. Sich hiermit auseinanderzusetzen, wird besonders für das mittlere und obere Management entscheidend.
- Internes Know-how ist größer, als man manchmal annimmt. Häufig fühlen sich Mitarbeiter nicht verstanden und könnten, richtig angesprochen, mehr zur Transparenz des Ressourcenmanagements beitragen.
- Der Wettbewerber ist nicht nur hinsichtlich der Produkte zu vergleichen, sondern insbesondere bezogen auf seine Wertschöpfungsketten (Benchmarking).
- Institute und Universitäten reagieren in der Regel gern auf Ansprache durch die Wirtschaft. Hier lässt sich leicht eine Symbiose aufbauen, die zu beiderseitigem Nutzen beiträgt.
- Last not least: Der Kunde selber entwickelt sich und wird seine Nachfrage verändern. Auch hier lassen sich Rückschlüsse auf den zukünftigen Ressourcenbedarf ziehen.

Ressourcen für das Projektportfolio verfügbar machen

Quellen-Dokumentation

Ressource/ Kompetenz	„Gate Keeper" (intern)	Fachkräfte/ Experten (extern)	Organisationen/ Dienstleister etc.	Messen/ Konferenzen	Etc-
Foto-Elektronik	H. Schanz	■ H. Federer Fa. Gelsen GmbH ■ H. Mahn TH Darmstadt ■ ...	■ Schneider AG ■ Chunei Ltd ■ ...	■ Cebit. ■ ...	■ ...

Kontinuierlich Ressourcen-Quellen erfassen und zugänglich machen

Abbildung 8:   *Ressourcen-Quellenverzeichnis*

6. Management der Ressourcen organisieren

Der erörterte Ansatz ist strategisch. Es geht nicht um den Ressourcenbedarf der Projekte allein, vielmehr wird der Versuch unternommen, den Belangen der Organisation als Ganzes gerecht zu werden.

Vor diesem Hintergrund ist das strategische Ressourcenmanagement hinsichtlich der Zuständigkeiten gesondert auszulegen. Für den Nutzen und den Umfang jeder Ressource sollte der Nachweis erbracht werden können. Ein für die jeweilige Ressource verantwortliches Management wäre mithin aufgefordert, den Wettbewerbsvergleich herzustellen und entsprechend die Effektivität und Effizienz der Ressource aufzuzeigen. Verfügt z. B. ein Lichtleiterhersteller über die Ressource Kunststoffe, Mechanik und Faserverarbeitung und kann bei der Faserverarbeitung im Vergleich zum Wettbewerb nicht bestehen, wird er diese über kurz oder lang extern beziehen. Im weiteren Sinne könnte das Ressourcenmanagement auch für organisationsübergreifende Fähigkeiten, wie z. B. Prozess-, Innovations- oder Qualitätsmanagement geltend gemacht werden. Hier wären dann ebenfalls entsprechende Verantwortlichkeiten zu schaffen.

Gefragt ist ein regelmäßiger, also z. B. jährlicher Check der Position einer Ressource im Vergleich zu ihrer Handhabung in anderen Unternehmen bzw. ihrem Angebot auf dem Markt. Dazu sind Messgrößen zu entwickeln und – hier ist das Controlling gefragt – neue Instrumente anzubieten. Insbesondere ist das Ressourcenmanagement in die üblichen Controllingroutinen einzubringen und sollte Bestandteil der Planung des Unternehmens werden. Nur so erscheint gewährleistet, dass man sich der Thematik auch verantwortungsbewusst annimmt.

Ressource ist also nicht nur das, was man besitzt. Ressource im Wettbewerb heißt: Ressourcenverfügbarkeit erhöhen, Vergleiche ziehen und selektieren.

Ressourcenmanagement – Schlüsselkompetenz für ein erfolgreiches Projektportfolio

Frank Kühn, Gudrun Pleuger, Anette Kreitel-Suciu

*„Arbeit tendiert dazu,
den zur Verfügung gestellten Zeitraum auszufüllen."*

Wenn in der Projektarbeit von „Ressourcenmanagement" die Rede ist, so in der Regel vom Problem der begrenzten „Human Resources". Die Ressource Mitarbeiter steht deshalb auch im Mittelpunkt dieses Beitrags. Unsere Überlegungen folgen dabei allerdings nicht dem gelegentlich betriebswirtschaftlich reduzierten Begriff des „Human Capital". Vielmehr wollen wir zeigen, wie sich die Motivation der Mitarbeiter und die Motive der Organisation durch eine differenziertere Projektkoordination und ein bereichsübergreifendes Führungsverständnis besser in Einklang bringen lassen und damit Zugang zu individuellen und unternehmerischen Potenzialen geschaffen wird.

1. Stiefkind Ressourcenmanagement
2. Engpass Mitarbeiter
3. Umworbene Leistungsträger
4. Aufwändigere Projekte
5. Komplexere Anforderungen an die Mitarbeiter
6. Perspektivische Ressourcenplanung
7. Wirkungsvolle Ressourceneinsatzsteuerung
8. Implementierung des Ressourcenmanagements
9. Fallstudie: Abteilungsübergreifendes Ressourcenmanagement fällt schwer
10. Fallstudie: Externes Wissen für Unternehmen gesichert

1. Stiefkind Ressourcenmanagement

Die Herausforderungen sind klar: Die richtigen Fähigkeiten zur richtigen Zeit an der richtigen Stelle im Projekt einsetzen. Die Chance der Projektarbeit nutzen, um Mitarbeiter nach ihren Potenzialen und ihrer Motivation einzusetzen. Kollegiale Beratung zum Wissensaustausch anwenden. Gesammelte Projekterfahrungen in Wissensbanken und Expertensystemen den Kollegen schnell zugänglich machen, um Know-how zu übertragen. Die erfahrensten Fachleute zu engagierten Lernbegleitern für die Projektanfänger machen.

Beneidet sind die Unternehmen, in denen das funktioniert.

Wenn Projekte hinsichtlich ihrer Probleme und Unsicherheiten befragt werden, wird an erster Stelle die Ressourcensituation beklagt. Die benötigten Mitarbeiter stehen nicht zur Verfügung, Ressourcenzusagen werden nicht eingehalten, die Aufgaben sind mit der vorhandenen Mannschaft nicht zu schaffen. Und für den Know-how-Transfer bleibt keine Zeit.

Die Ressourcen für die Projektarbeit sind aus ganz unterschiedlichen und vielfältigen Gründen knapp:

- Die Sparsamkeit ist Methode in einer kostenorientierten Unternehmensführung.

  Äußerungen aus dem Vorstand: „Eine gute Unternehmensführung äußert sich in knappen Ressourcen." – „Der Kessel muss unter Druck stehen."

- Es wird für die Gesamtheit der Projekte ein Budget beschlossen, das das Aufwands- und Kostenlimit setzt.

- Die verfügbaren Ressourcen werden den Projekten nicht optimal zugeordnet. Im Unternehmen verfügbare Fähigkeiten kommen nicht an der richtigen Stelle zur Geltung.

- Die Abteilungsleiter geben ihre Mitarbeiter nur ungern frei.

  „Gemessen werde ich daran, wie gut ich die Abteilungsziele erreiche. Deshalb brauche ich meine Leistungsträger für die Abteilungsaufgaben."

- Schlechte Erfahrungen in Projekten führen dazu, dass Kollegen sich nur widerstrebend zur Mitarbeit bereit finden.

  „Projektarbeit? Das kommt immer oben drauf. Besondere Anerkennung gibt es aber nicht. Höchstens Unzufriedenheit, wenn die überzogenen Terminpläne nicht eingehalten werden. Ohne mich."

- Die erforderlichen Qualifikationen sind am internen und externen Arbeitsmarkt tatsächlich schwer beschaffbar.

- Enge Orientierung an der Aufbaustruktur und an Stellenbeschreibungen behindert die Flexibilität des Ressourceneinsatzes in der per definitionem linienübergreifenden Projektarbeit.

„Warum sollte ich in dem Projekt dem Kollegen zuarbeiten, den sie zum Projektleiter gemacht haben? Er steht nicht über mir und er gehört nicht zu meinem Bereich. Ich arbeite nur auf Anweisung meines Abteilungsleiters." (Abbildung 1).

Abbildung 1: Ausgeprägte Orientierung an der Linienstruktur behindert den bereichsübergreifend optimierten Ressourceneinsatz und führt zwangsläufig eher zum unnötigen mehrfachen Anbau gleicher Ressourcen in verschiedenen Abteilungen.

- Falsche Aufwandsschätzungen blockieren Ressourcen unnötig oder führen zur späten Erkenntnis, dass die eingeplanten Ressourcen doch nicht reichen. Insbesondere Kommunikationserfordernisse werden regelmäßig unterbewertet: Abstimmungen mit Stakeholdern, Vor- und Nachbereitungen von Arbeitstreffen, Präsentationen und Entscheidungssituationen, Einzelgespräche und Konfliktmanagement. Daraus resultieren dann leicht Verschiebungen im gesamten Ressourcen- und Projektgefüge.

- Die übermäßige Präzision der Aufwandsschätzung, mit hohem Aufwand erkauft, gibt eine Scheinsicherheit. Schon kleine Einflüsse bringen aber das Gerüst ins Wanken und machen Nachjustierungen erforderlich. Die Ressource des Projektleiters wird im administrativen Aufwand des Ressourcenmanagement verschwendet. Was im einzelnen Projekt Stress bereitet, wirkt sich als Verhärtung in der projektübergreifenden Koordination kontraproduktiv aus.

Zu große Präzision kann genau die falsche Reaktion auf Unsicherheit sein. Die Planung z. B. von „Einsatzstunden" verliert sich im Detail, wo Flexibilität in der Gänze gefragt ist. Sie macht blind für größere Zusammenhänge. Jeder Zweifel an der äußerst sorgfältigen Planung wird als Affront gewertet. Aus Sicht der projektübergreifenden Ressourcenplanung hat sich z. B. die Dimension „Personenmonat" bewährt. Sie lässt genügend Raum zur situativen Feinsteuerung in den Projekten und signalisiert gleichzeitig die Größenordnung, die ein Eingreifen des Multiprojektmanagements zur Lösung eines projektübergrei-

fenden Ressourcenproblems sinnvoll macht – eine Abwägung zwischen den Kosten eines evtl. suboptimalen Ressourceneinsatzes und den Kosten einer aufwändigeren Planung und Steuerung.

- In dem einen oder anderen Projekt entwickeln sich im Engagement für das innovative Thema eine Begeisterung und Eigendynamik, die zu einem mehr oder weniger transparenten Mehrverbrauch an Ressourcen führen.
- Hohe Belastung weniger Leistungsträger führt mit der Zeit zur Erschöpfung dieser wichtigen Ressourcen. Höchstleistungen sind nicht auf Dauer zu erbringen, die Verfügbarkeit nimmt dann oft rapide ab. Arbeitswissenschaftlich ist längst nachgewiesen, dass mit der Dauer einer Höchstleistung Erschöpfung und Erholungsbedarf überproportional steigen und damit die Arbeitseffizienz nachhaltig reduzieren.
- Ressourcen werden durch uneffiziente Arbeitsformen in den Projekten verschwendet: Ungenügende Auftragsklarheit führt auf teure Irrwege. Umfangreiche Projektbesprechungen dienen zur Profilierung des Projektleiters. Alleingänge von Projektmitarbeitern erfordern Nachbesserung, damit Qualität und Akzeptanz stimmen. Mangelndes Verantwortungsbewusstsein einzelner Kollegen erfordert Nacharbeit im Team. Das sind nicht nur Probleme im Einzelprojekt, vielmehr werden auch der Projektlandschaft insgesamt damit Ressourcen entzogen.

Viele Unternehmen werden sich in einzelnen Punkten wiedererkennen. Absurd der gelegentliche Vorschlag, man müsse zur Lösung nur das richtige DV-Tool einsetzen; so einfach sollte niemand aus der Verantwortung fliehen.

Vielmehr sind verschiedene Beteiligte im Unternehmen gefragt, aktiv zur Lösung beizutragen. So wird die letztgenannte Frage der effizienten Arbeitsform nur zu schnell der mangelnden Führung im einzelnen Projekt zugeordnet. Und doch spiegelt sich hier im Verhalten der Mitarbeiter eine Kultur im Umgang mit Ressourcen wider, die dem Unternehmen und der Realisierung eines anspruchsvollen Projektportfolios insgesamt zu schaffen machen dürfte: In großen Unternehmen ist oft eine Entfremdung zwischen Menschen und Organisation wahrnehmbar. Damit gehen unternehmerisches Denken und Handeln, der Kontakt zum Markt und das Kostenbewusstsein vielen Mitarbeitern verloren – ein grundsätzliches Führungsproblem.

Der Vorstand, der die Mitarbeiter im Projektteam fragte, ob sie genauso aufwändig vorgehen würden, wenn die Firma ihnen selbst gehörte, erntete verständnislose Blicke und allenfalls etwas Unbehagen.

2. Engpass Mitarbeiter

Die Ressource Mitarbeiter lässt sich mehr oder weniger exakt quantifizieren. So werden sich die Mitarbeiter immer in ihrer Produktivität und Effizienz voneinander unterscheiden. Hinzu kommen persönliche Veränderungen und Entwicklungen im Laufe der Zeit, z. B. durch Einarbeitung, Übung und Erfahrung.

Ganz eigenen Regeln folgt die Ressource Wissen. Sie hat die hervorragende Eigenschaft, dass sie sich durch Teilung vermehrt. Andererseits birgt die Ressource Wissen die Einschränkung, dass sie oft verborgen ist und deshalb zur produktiven Umsetzung erst einmal expliziert, d. h. preisgegeben und verfügbar gemacht werden muss. Damit wird deutlich, dass sie einer „Trägerressource" bedarf: Personen sind notwendig, die das Wissen in die Praxis übersetzen und an Kollegen weitergeben; langjährige Expertenerfahrungen sind in intelligente Betriebsmittel eingebaut; und vielleicht ist ein bedeutender Wissensschatz des Unternehmens über erfolgreiche Verfahren und Prozesse auch in Berichten und Regelwerken festgehalten. Wissen ist also vielfach vorhanden, die Nutzung dieser Ressource leidet jedoch – neben der gelegentlich mangelnden Bereitschaft zur Weitergabe – mit unter der Knappheit der anderen Ressourcen. Wo Mitarbeiter nicht die Möglichkeit bekommen, in die Dokumentation von Erfahrungen und in gegenseitiges Lernen zu investieren, wird der Lern- und Transferprozess immer wieder stocken. Wo die Kollegen, die mit Beratern zusammenarbeiten, nicht die Zeit bekommen, das Know-how der Externen zu übernehmen, wird das Unternehmen von dem gemeinsamen Projekt nur kurzfristig profitieren und bei vergleichbaren Aufgabenstellungen immer wieder auf die Hilfe anderer angewiesen sein. (Hierzu ist an späterer Stelle ein Fallbeispiel beschrieben.)

So oder so ist also der Mitarbeiter die knappe Schlüsselressource.

Ein Vorstand zur Einführung des Projektmanagements im Unternehmen: „Der Kampf um die Ressourcen ist angesagt."

Überkommene Prozesse der Wissensvermittlung werden aber auch dort ihre Grenzen haben, wo sie mit der Geschwindigkeit einer dynamischen Geschäfts-, Technologie- und Unternehmensentwicklung kaum noch mithalten können, und eine neue Qualität des Ressourcenmanagements erfordern.

Der Leiter Personalentwicklung berichtet: „Im Bereich der neuen Technologien setzen wir auf eine gesunde Fluktuation. Die neuen Mitarbeiter bringen uns das neue Know-how schneller, als wir es uns anders aneignen könnten. Natürlich wissen wir, dass wir bei diesem ständigen Erneuerungsprozess auch Erfahrungen verlieren. Und dass wir zusätzliche Ressourcenkosten durch das Einarbeiten unserer neuen Kollegen in unsere fachlichen Anforderungen und in unsere speziellen, organisatorischen Gegebenheiten haben. Das müssen wir einkalkulieren." (Abbildung 2)

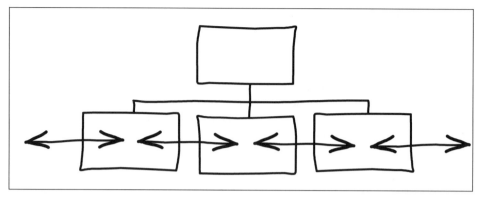

Abbildung 2: Das Ressourcenmanagement umfasst nicht nur die im eigenen Unternehmen verfügbaren Kapazitäten und Fähigkeiten, sondern die optimale, abgestimmte Nutzung aller internen und externen Potenziale.

3. Umworbene Leistungsträger

Das Werben um gute Ressourcen ist nicht neu. Allerdings liefern die heutigen Organisationsmodelle eine explizitere Beschreibung verschiedener, einander überlappender Organisationsformen und geben den jeweiligen Verantwortlichen ein neues Selbstbewusstsein. Damit wird die Werbung um die besten Mitarbeiter offensiver.

Die „Parteien" heißen Linienorganisation, Prozessorganisation und Projektorganisation (weitere können hinzukommen):

- Linienorganisation: Die Fachabteilungen möchten sich mit den Mitarbeitern zu Kompetenz-Centern entwickeln, die im Unternehmen und darüber hinaus in der eigenen Zunft – z. B. der Controller oder Logistiker – anerkannt sind.
- Prozessorganisation: Die Verantwortlichen für die linienübergreifenden Geschäftsprozesse (z. B. Produktinnovation oder Auftragsabwicklung) brauchen die Mitarbeiter, um mit deren Kompetenz und Einsatz die Leistungserstellung vom Kundenwunsch bis zur Problemlösung erfolgreich abzuwickeln.
- Projektorganisation: Die Projektleiter fragen die besten Mitarbeiter nach, um die erforderlichen Innovationen voranzutreiben.

Ein auf diese Situation passendes, übergreifend abgestimmtes und aktives Ressourcenmanagement ist nur selten anzufinden. Oft wird vielmehr beklagt, dass die Personalkapazität auf die Linienorganisation zugeschnitten wird und dass insbesondere die Projektarbeit dann zusätzliche – in der Linienorganisation ungeliebte – Arbeitsbelastung bedeutet.

Von seinem Abteilungsleiter nach einem längeren Projektmeeting befragt, gestand der Mitarbeiter, dass er sich jetzt mit noch größerem Engagement und Aufwand in dem besagten Projekt einsetze. Der Abteilungsleiter erläuterte ihm daraufhin, welche Aufgaben im Tagesgeschäft zu erledigen seien, und bat seinen Mitarbeiter in einer „Denksportaufgabe" (Originalton), sich zu erinnern, wer seine Leistungsbeurteilung verfassen werde. Damit war die Mitarbeit im Projekt faktisch beendet. Der Abteilungsleiter wies den Projektleiter resolut darauf hin, dass Veränderungen des Ressourceneinsatzes in Zukunft in jedem Fall zwischen ihnen beiden direkt erfolgen müssen und nicht auf den Schultern „gutwilliger" Mitarbeiter ausgetragen werden dürften. Der Projektleiter nahm als persönlichen Lernpunkt mit, künftig neben der Ressourcenvereinbarung mit den Führungskräften auch gleich das Prozedere für terminliche und aufwandsbezogene Änderungen, wie sie sich im Projektverlauf immer wieder ergeben können, abzustimmen: Ab wann ist Rücksprache erforderlich, welche Spielräume für Abweichungen gibt es?

Das in diesem Fall geschilderte Verhalten kann sich ein Unternehmen angesichts selbstbewusster Leistungsträger und High Potenzials nicht mehr leisten. Die Mitarbeiter wollen sich optimal eingesetzt sehen. Daran messen sie auch die Organisation und das praktizierte Ressourcenmanagement. Die Führungskraft ist gefragt, Orientierung zu geben, Ziele zu setzen und den Mitarbeitern zu ermöglichen, ihre Fähigkeiten und ihre Motivation zur Geltung zu bringen. Die Mitarbeiter haben ein sehr feines Gespür, was ihren Wert im Unternehmen und am Markt steigert und was nicht. Es gibt Organisationen, die die schlechteren Mitarbeiter verlieren, und es gibt Organisationen, die die besseren Mitarbeiter verlieren. Die Begründung für die Letzteren liegt häufig in den fehlenden Möglichkeiten, ihren persönlichen Wert in ihrem Unternehmen und für den Arbeitsmarkt weiterentwickeln.

Die fortschrittliche Referatsleiterin: „Ich habe mir mit viel Eigeninitiative eine besondere Qualifikation erworben. Eine Anerkennung durch das Unternehmen erhalte ich dafür nicht. Die Anwendung meiner Kenntnisse wird mir leider durch meine Vorgesetzten, die über diese Qualifikation nicht verfügen, verwehrt. Der Austausch mit anderen Experten außerhalb des Unternehmens ist schwierig. In Projekten werden meine Vorschläge abgeblockt. Das Image des Unternehmens wird für mich bei Bewerbungen zunehmend eher hinderlich als hilfreich sein. Mir bleibt nur der schnelle Wechsel in ein anderes, moderneres Unternehmen."

Die Besten werden, wenn ihnen eine attraktive Perspektive verwehrt wird, die Ersten sein, die andere Arbeitsstellen suchen und finden. Mitarbeiter, die sich im flexiblen Einsatz bewährt haben und insbesondere im Rahmen von Projektarbeit über die Abteilungsgrenzen hinaus sichtbar geworden sind, werden sehr schnell innerhalb oder außerhalb des Unternehmens abgeworben. Gute Nachwuchskräfte, angefangen bei den Studienanfängern, können sich ihr Unternehmen und ihren Arbeitsplatz aussuchen und kommen vielleicht gar nicht erst. Die Informationsmöglichkeiten insbesondere über das Internet ermöglichen neue Aussichten und verschärfen den Wettbewerb der suchenden Unternehmen und Abteilungen. Die Organisation und ihre Führungskräfte sind also gefragt, in die Offensive zu gehen.

Abteilungsleiter:„Ich setze die Mitarbeiter so ein, dass die Aufgaben möglichst eine Herausforderung für ihre Potenziale sind. Dafür setze ich auf Linienaufgaben genauso wie auf interessante Projektaufgaben. So entstehen hohes Engagement und hervorragende Leistungen, mit Vorteilen für die Abteilung und für jeden Einzelnen. Wenn die Mitarbeiter sich gut entwickeln, werden sie vielleicht irgendwann Herausforderungen suchen, die ich ihnen in der Abteilung und in aktuellen Projekten nicht mehr bieten kann. Deshalb mache ich den Mitarbeitern von Anfang an klar, dass ich sie bedingungslos unterstützen werde, wenn sie innerhalb oder außerhalb des Hauses wechseln wollen. Wenn ich nur früh genug informiert bin. So entwickeln wir ein sehr konstruktives Vertrauensverhältnis, von dem wir alle Vorteile haben und ständig lernen. "

4. Aufwändigere Projekte

Die Unternehmen beklagen, dass gute Projektleiter Mangelware sind. Projektleiter beklagen, dass sie nicht die optimal geeigneten Projektmitarbeiter bekommen. Wachsen die fachlichen Herausforderungen der Projekte und die organisatorischen Anforderungen an die Funktionen und Rollen im Projekt?

Tatsächlich herrscht der Eindruck, dass die Projekte größer und vernetzter werden, mit einer Vielzahl zu beachtender Abhängigkeiten und engerer Randbedingungen. Komplexere Projekte bedürfen einer aufwändigeren Planung. Wo Automobilhersteller für die Entwicklung eines Pkw-Motors die Managementaufwendungen zur Planung und Steuerung eines Projekts mit etwa 10 % bis 15 % des Gesamtbudgets ansetzen, können die Managementaufwendungen bei umfangreicheren Projekten in der Luft- und Raumfahrt einen Budgetanteil von 50 % leicht überschreiten.

Die Einplanung der Managementaufwendungen wird leicht übersehen. Nachdem die Schritte zur fachlichen Lösung auf Effizienz getrimmt und in der Ablaufplanung präzise dargestellt sind, gilt es deshalb ressourcenschonende Lösungen für die Führungs- und Abstimmprozesse, für das Controlling und das Berichtswesen zu finden – und mit dem geschätzten Aufwand ebenfalls von allen Beteiligten einzuplanen!

Die Größe der Projekte, der Umfang ihrer Vernetzungen und die Präzision der Planung müssen dort ihre Grenze finden, wo sie hinsichtlich Qualität, Aufwand und Schnelligkeit kontraproduktiv wirken und – im Kontext des ganzen Projektportfolios – überproportional steigende Managementaufwendungen generieren. Damit sinkt die Produktivität.

Häufig leidet die ganze Projektlandschaft unter einem durchgängigen Konstruktionsfehler der Projekte, der falsch angesetzten Projektdauer. Die oft zu lange Projektdauer führt zu geringerer Produktivität, mit anderen Worten zur Ressourcenverschwendung. Alle Projekte sollen angefangen werden – die Ungeduld des Managements kennt keine Grenzen. Lieber strecken die Verantwortlichen Projekte, die oft auf dieselben Ressourcen zugreifen, zeitlich.

Ein fataler Fehler: Was als Know-how am Anfang eines längeren Projekts aufgebaut wird, ist vielleicht auf halbem Wege schon nicht mehr relevant. Entwicklungen im Umfeld überholen das Projekt, und die Ziele verändern sich schneller als der Projektfortschritt. Die Motivation der Beteiligten geht auf Durststrecken bald verloren. Umgekehrt passieren bei zu kurz geplanter Projektdauer Flüchtigkeitsfehler hinsichtlich fachlichem Konzept und nachhaltiger Implementierung der Problemlösung. Bei auf engem Zeitraum hoch komprimiertem Ressourceneinsatz entsteht überproportionaler Koordinationsaufwand und ein erhöhtes Risiko von unabgestimmten, individuellen Fehlleistungen.

Für schnelle, weniger komplexe Aufgaben ist übrigens auch zu überlegen, ob das Projektmanagement der richtige organisatorische Lösungsansatz ist. Das wird in der Euphorie schnell vergessen. Auch ein falsch gewählter Organisationsansatz bedeutet Ressourcenverschwendung.

Die Diskussion über die optimale Dauer der Projekte, verbunden mit ihrer richtigen Dimensionierung, muss im Managementgremium, das für die Planung und Steuerung des Projektportfolios verantwortlich ist, geführt werden. Der in Abbildung 3 dargestellte Zusammenhang kann dabei hilfreich sein. Dieser Zusammenhang sollte auch jedem einzelnen Projektleiter präsent und im Projektteam diskutiert sein, weil er der Projektsteuerung und dem Selbstmanagement eine Orientierung für die optimale Projektdauer gibt, die auf Produktivität und Ressourcenschonung gerichtet ist.

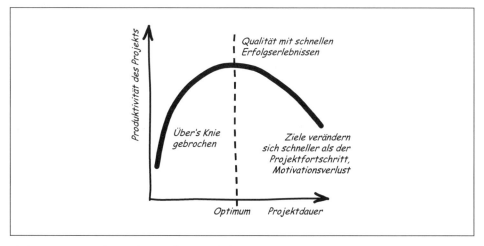

Abbildung 3: *Schon allein in der Projektdauer sind vielleicht Produktivitätsverluste und Ressourcenverschwendung angelegt*

Unternehmen, die in diese Falle gelaufen sind, investieren jetzt zunehmend in den Rückbau und in das geschickte Zurechtschneidern ihrer Projekte („Tailoring"). Viel sorgfältiger wird abgewogen, inwieweit sich Teillösungen rechnen, die in kleineren Projekten entwickelt werden, und wie die Integration zur Gesamtlösung erreicht werden kann. Vorsichtige Pilotierungen sind im Organisationsprojekt angesagt. Die Übertragung auf die verschiedenen Unternehmensbereiche erfolgt in Staffeln. Die Produktentwicklungen und Markteinführungen werden vorsichtig in Versionen abgestuft.

Z. B. ist das so genannte „Agile Project Management" darauf angelegt, in jeder der schnellen Projektphasen nutzbare Lösungen zu erreichen; schon nach der ersten Phase wird ein Produkt verfügbar gemacht, dessen Funktionalität in den Folgephasen vielleicht erweitert wird.

Neue oder veränderte Anforderungen werden nicht mehr unkritisch in das Projekt übernommen, sondern bezüglich Aufwand und Timing sorgfältig geprüft. Ein wirkungsvolles und schnelles „Change Request Management" ist angesagt, um die Ressourcenverschwendung für die mühsame Erfüllung längst überholter Anforderungen und Zielsetzungen im Ansatz zu vermeiden.

Dabei darf natürlich nicht wiederum der Fehler gemacht werden, dass der zusätzliche Aufwand und Ressourceneinsatz für die vermehrten Schnittstellen und Abstimmungen, für die Lernschleifen und Versionsübergänge, für die Organisation des Change Request Managements und des Releasemanagements übersehen oder unterschätzt werden.

Die neue Zurückhaltung gilt nicht nur für Projekte, die in Eigenregie aufgesetzt und geführt werden, sondern auch für Auftragsprojekte mit vorgegebener Spezifikation seitens des Kunden.

Der Mitarbeiter eines Automobilzulieferers:„Vorpreschen können wir uns in unseren Projekten längst nicht mehr leisten. Der Kunde lässt sich unsere Aufwände sehr genau darstellen, und die Gefahr der Fehlinvestition unserer Ressourcen ist viel zu groß. Wir arbeiten zudem in Abhängigkeit von den Produktentwicklern in den Automobilfirmen, die der Marktdynamik und den sich schnell entwickelnden Kundenwünschen folgen müssen. Bis zuletzt ändern sich die Anforderungen an unsere Komponente. Vom „Point of no return" können wir nur träumen. Das Pflichtenheft ist erst mit dem Projektende abgeschlossen. Deshalb müssen wir in jedem Entwicklungsschritt sehr sorgfältig überlegen, bis zu welchem Reifegrad und mit welchem Aufwand wir jede neue Variante vorantreiben."

5. Komplexere Anforderungen an die Mitarbeiter

Nicht nur die zunehmende Größe und Komplexität der Projekte stellen die Unternehmen vor Probleme. Hinzu kommen gewachsene Anforderungen an einen guten Mitarbeiter, die es schwierig machen, ihn zu finden.

So wurde das Konzept, den Mitarbeitern mehr Arbeitsumfang mit mehr Verantwortung zu geben („job enrichment"), Allgemeingut. Früher waren die Arbeitsplanung und -steuerung von der Arbeitsausführung penibel getrennt und eine hochgradige Arbeitsteilung war angesagt. Sicherlich ein überholtes Modell. Heute sollen die Mitarbeiter – neben zunehmenden fachlichen Anforderungen – die Arbeitsplanung und -steuerung mitgestalten, Aufgaben der kontinuierlichen Verbesserung und der Ressourcendisposition übernehmen, über ein herausragendes Selbstmanagement und offensive Selbstdarstellung verfügen. Organisatorisches Talent und Verständnis für Prozesse sind gefragt. Der Mitarbeiter soll in der Kommunikation Kunden-, Management- und Expertenorientierung gleichermaßen beherrschen. Die erforderliche, ständige persönliche Weiterentwicklung sollen sie eigeninitiativ meistern.

Gelegentlich ist allerdings Irritation angesagt, wenn die fortschrittlichen Gedanken z. B. der Personalentwicklung an verschiedenen Stellen des Unternehmens unterschiedlich weit gediehen sind. Ein Abteilungsleiter:„Personalentwicklung? Ja, dafür haben wir eine Abteilung. Ich glaube, die kümmern sich um alles. Dadurch kann ich meine Zeit auf interessante, fachliche Fragen konzentrieren." Die Personalentwicklung:„Wir verstehen uns als Dienstleister für die Führungskräfte. Die müssen selbstverständlich selbst aktiv werden, über den Entwicklungsbedarf der Mitarbeiter befinden und die erforderlichen Maßnahmen veranlassen. Auf Anforderung geben wir dann natürlich Unterstützung." Die Unternehmensführung:„Für die Personalentwicklung ist jeder Mitarbeiter eigeninitiativ verantwortlich. Schließlich haben wir es mit erwachsenen Menschen zu tun. Die Führungskräfte geben den Mitarbeitern die notwendige Orientierung und Möglichkeit zur individuellen Entwicklung." In diesem Spiel der Linienorganisation bleibt dann auch die Entwicklung der Projektmanagement-Fähigkeiten leicht außen vor, wenn es nicht gelingt, die Beteiligten dafür ausdrücklich in die Verantwortung zu nehmen.

Die Bereicherung von Aufgaben, Verantwortung und Kompetenzen ist im Prinzip zu begrüßen, weil sie die Expertise der Mitarbeiter in jeglicher Hinsicht nutzt und enge Vorgaben zentraler Steuerungsstellen in immer komplexeren Organisationen immer weniger realitätsnah sein können.

Andererseits kann das Konzept für Führungskräfte verführerisch sein und über seine Grenzen mag man dann weniger sprechen. Sie sind dort, wo der Mitarbeiter mit seinen Potenzialen in unverantwortlicher Weise überfordert wird – Qualitätsprobleme und Enttäuschung auf allen Seiten sind die Folge.

Das junge Projektmanagement traut sich eher als das gewachsene Linienmanagement, die neuen Anforderungen an seine Führungskräfte explizit zu beschreiben. Je komplexer das Projekt, desto eher ist der Projektmanager grundsätzlich als Generalist mit den oben beschriebenen Eigenschaften gefragt. Konkreter äußern im Kick-off-Meeting Projektleiter und Projektmitarbeiter gegenseitig ihre Erwartungen an das Führungs- und Kooperationsverhalten des anderen. Dann wird deutlich, dass nicht nur der Projektleiter Besonderes zu leisten hat: Die Projektmitarbeiter selbst werden mit in die Planungs- und Controllingpflicht genommen, um sie mit dem Projekt zu identifizieren und um sie für kostenbewusstes, ressourcenschonendes Denken und Handeln zu sensibilisieren.

Aus arbeitswissenschaftlicher Sicht vervielfacht sich mit der Arbeitsbereicherung allerdings auch die faktische Arbeitsbelastung und schließlich die individuell empfundene Arbeitsbeanspruchung (engl. „stress"), wenn nicht zusätzlicher Raum gegeben wird und wenn die tatsächlichen Fähigkeiten und die Motivation des Mitarbeiters nicht hinreichend berücksichtigt werden. Dann ist die Produktivität in Gefahr, und das Ressourcenmanagement droht individuell zu scheitern. Nur selten trauen sich Mitarbeiter aufgrund ihrer persönlichen Präferenzen vorzuschlagen, dass sich ihr Einsatz doch auf den fachlichen Teil im Arbeitspaket beschränken möge und dass sie aus Steuerungsaufgaben entlassen werden.

Das klassische ergonomische Belastungs-/Beanspruchungs-Modell ist zum Verständnis hilfreich. Darin ist die Beanspruchung als Funktion der Belastung und der persönlichen Eigenschaften beschrieben, mit denen der Mitarbeiter auf die Belastung reagiert: Beanspruchung = f (Arbeitsbelastung, persönliche Eigenschaften). Die individuell empfundene Beanspruchung steigt, je höher die Arbeitsbelastung wird und/oder je weniger die persönlichen Eigenschaften der Aufgabe adäquat sind. Die Höhe der Arbeitsbelastung ist nicht einfach eine additive Größe aus Teilbelastungen; gegebenenfalls können unterschiedliche Teilbelastungen sogar gegenseitig erholungswirksam sein, wie z. B. beim Wechsel zwischen Arbeitsabschnitten mit kreativer und administrativer Projektarbeit vorstellbar; wer in Selbstbeobachtung und Selbstreflexion geübt ist, kennt diese Effekte bei sich selbst und nutzt sie bewusst. Mit persönlichen Eigenschaften sind erworbene Fähigkeiten und Fertigkeiten gemeint, aber auch Größen, die schneller veränderlich sind, z. B. Ermüdung. Sind Arbeitsbelastung und persönliche Eigenschaften ausbalanciert, ist die Beanspruchung optimal). Fehlbeanspruchungen (Überforderung genauso wie Unterforderung) führen aus betriebswirtschaftlicher Sicht zu Qualitäts- und Produktivitätseinbußen aufgrund fehlender Motivation, schließlich auch nachweisbar durch Absenz und Fluktuation.

Die Verlagerung von dispositiven Aufgaben aus der Managementebene auf die operative Ebene entlastet also die Führungskräfte keineswegs. Vielmehr werden auch ihre Aufgaben vielfältiger und verantwortungsvoller, und das Modell der differenzierten, aufgaben-, personen- und situationsabhängigen Führung erhält eine neue Dimension.

6. Perspektivische Ressourcenplanung

Die Ressourcennachfrage kommt zunächst aus den einzelnen Projekten und muss dann umgehend befriedigt werden. Eine Schwierigkeit ergibt sich meistens bei den erforderlichen Aufwandsschätzungen. Projekte sind per definitionem in der Gesamtheit ihrer Bedingungen einmalige oder neuartige Aufgaben, d. h., Erfahrungen hinsichtlich erforderlicher Kapazität und Qualifikation können nur bedingt genutzt werden. Deshalb sind bei den Aufwandsschätzungen die besten Fachleute einzubeziehen. Vergleichbare Projekte werden analysiert und Analogieschlüsse zu ähnlichen Aufgaben gezogen. Schließlich ergeben sich vernünftige Annahmen, welche Fähigkeiten in welchem Umfang und wann gebraucht werden.

Eine projektübergreifende Konsolidierung führt dann zu einem Bild, welche Ressourcen benötigt werden, um das aufgestellte Projektportfolio zu verwirklichen.

Wenn allerdings immer wieder bestimmte Fähigkeiten im Unternehmen nicht verfügbar sind, liegt der Verdacht nahe, dass in der Personalpolitik der mittel- bis langfristigen Unternehmens-, Organisations- und Personalentwicklung nicht genügend Rechnung getragen wurde. Regelmäßig sind deshalb die Fragen zu stellen:

- Welche Technologie- und Markttrends werden Geschäft und Unternehmung beeinflussen?
- Wie will das Unternehmen in den nächsten Jahren darauf reagieren? Welche Initiativen will es selbst ergreifen?
- Welche Projekte sind abzusehen?
- Welche Fähigkeiten werden folglich kurz-/mittel-/langfristig gefragt sein?

Hier wird der Einwand kommen, dass angesichts schnelllebiger Entwicklungen nicht alles absehbar und kalkulierbar ist. Natürlich nicht. Aber zu häufig sind Unternehmen von absehbaren Entwicklungen überrascht. Wenn z. B. die Ressourcen für die DV-Umstellungen zum letzten Jahrtausendwechsel „überraschend" knapp wurden, ist das schon erstaunlich. Wenn ein Unternehmen im Anlagegeschäft eine Chance für große Aufträge in einem neuen Marktsegment erkennt und gleichzeitig die Personalpolitik auf den Vorruhestand für erfahrene Projektmanager setzt, um nach Vollzug eine ganze Generation an Erfahrung zu vermissen, dann ist das schon sträflich. Hier sind offensichtliche und absehbare Ressourcennachfragen übersehen worden.

Es ist also ein Projektportfolio gefragt, das nicht nur die momentane Situation der Projektlandschaft widerspiegelt, sondern auch perspektivische Dimensionen hat und die Ressourcennachfrage kurz-, mittel- und langfristig erkennen lässt.

Ist die Ressourcennachfrage aktuell geklärt und perspektivisch abgeschätzt, gilt es jetzt, das Ressourcenangebot intern und extern zu sichten. Fragen können z. B. sein:

- Welche Ressourcen sind seitens der Fachabteilungen für Projektarbeit kurz-, mittel- und langfristig verfügbar?
- Welche externen Dienstleister können eingebunden werden? Wie entwickelt sich das relevante Dienstleistungssegment?
- Wie entwickeln sich Wettbewerber und andere Unternehmen mit interessanten Ressourcen? Werden dort Ressourcen frei, die für das eigene Unternehmen gewonnen werden können?
- An welchen Schulen und Universitäten sind Absolventen anzusprechen? Wie entwickeln sich die Studiengänge inhaltlich? Welche Resonanz haben sie?
- Wie entwickelt sich der Arbeitsmarkt? Welche Wert- und Arbeitshaltungen entwickeln sich in der Gesellschaft? Wodurch werden diese Entwicklungen getrieben?

DV-Unternehmen:„Wir müssen uns darauf einstellen, dass sich die Werthaltungen junger Experten gegenüber der Bindung an ein- und dasselbe Unternehmen verändern. Wir haben bisher schon viel mit Freelancern zusammengearbeitet, teilweise über viele Jahre. Jetzt erkennen wir zunehmend einen Trend zu dem, was wir Nomadentum nennen. D. h., Experten mit speziellem Wissen, dessen Aufbau für jedes Unternehmen hohe Investitionen erfordern würde, wechseln schnell von Organisation zu Organisation. Das funktioniert bei der Schnelllebigkeit des Wissens natürlich nur begrenzt. Die Nomaden müssen ein gutes Gefühl für das Verfallsdatum der eigenen Expertise haben und ihr Wissen permanent und systematisch weiterentwickeln bzw. neu aufbauen, um eine attraktive Ressource zu bleiben."

Weil die Steuerung der Angebotsseite schwierig erscheint, wird bei Ressourcenengpässen noch allzu oft ausschließlich die Ressourcennachfrage seitens der Projekte den Gegebenheiten angepasst. Prioritäten werden verändert, der Leistungsumfang wird verlegenheitshalber reduziert, Terminzusagen werden von Anfang an nicht wirklich ernst genommen.

Nachhaltige Verbesserungsmöglichkeiten liegen aber tatsächlich eher auf der Angebotsseite. So können die Ressourcen der Fachabteilungen zuverlässiger gewonnen werden, wenn mit den Führungskräften entsprechende Zielvereinbarungen abgeschlossen wurden, z. B.: „Die Patentabteilung stellt im kommenden Jahr vier Mitarbeiter für Produktentwicklungen im Bereich ABC bereit, die aufgrund ihrer Fach- und Projektmanagement-Qualifikation innerhalb einer Woche in die Projektaufgaben eingearbeitet werden können." Damit wird Projektarbeit auch zum Anliegen der Linienorganisation.

Die Wirksamkeit wird unterstützt durch einen Feedbackprozess, in dem – in der leichtesten Übung – die Projektleiter zur Leistungsbeurteilung der Projektmitarbeiter hinzugezogen werden oder – oft noch schwieriger zu akzeptieren – sie um die Beurteilung des Projektbeitrags durch die Fachabteilung gebeten werden.

Die externen Dienstleister können durch den Aufbau einer partnerschaftlichen Kooperation enger gebunden werden, bis hin zur gegenseitigen Ankopplung von Planungs- und Steuerungssystemen. Damit entsteht eine gute Grundlage für zuverlässigere, gemeinsame Planungen. Eine frühe Einbeziehung in das Projekt verstärkt die Verpflichtung.

In Schulen und Universitäten können Informationsveranstaltungen helfen, die Akzeptanz des Unternehmens als Arbeitsplatzanbieter zu steigern. Mit der Mitgliedschaft des Unternehmens im Förderverein ergeben sich neue Möglichkeiten, Kontakte zu jungen Potenzialträgern zu knüpfen und diese für das Unternehmen zu gewinnen.

Die aktive Zusammenarbeit mit erstklassigen Arbeitsvermittlern und Personalberatern hilft, Trends zu verfolgen und erster Ansprechpartner für interessierte Führungskräfte und Fachleute zu sein. Und schließlich macht die Mund-zu-Mund-Propaganda zufriedener Leistungsträger das Unternehmen zur ersten Adresse am Arbeitsmarkt.

7. Wirkungsvolle Ressourceneinsatzsteuerung

Die Steuerung des Ressourceneinsatzes im Projektportfolio erfolgt auf mehreren Ebenen.

Auf der strategischen Ebene werden die besten Ressourcen den wichtigsten Projekten zugeordnet. Kriterien für diese Projekte sind Volumen, strategische Bedeutung, Dringlichkeit und Risiko. Projekte der höchsten Priorität werden personell voll ausgestattet – oft der Prüfstein für das gemeinsame Bekenntnis zum Top-Projekt – und unterliegen häufig auch einem besonderen Berichtswesen an die Unternehmensführung. Das für die Steuerung des Projektportfolios verantwortliche Managementgremium richtet seine Aufmerksamkeit primär auf diese Projekte, ihren bisherigen Ressourcenverbrauch und den Forecast, d. h. die Erwartungswerte. Das Berichtswesen des Projektmanagements und des Ressourcenmanagements werden hier zwangsläufig miteinander verbunden. Übergreifende Analysen ergeben Aufschluss, inwieweit sich aktuell oder absehbar Ressourcenengpässe ergeben, die ein oder mehrere Projekte gefährden.

Auf der operativen Ebene erfolgen die Ressourcengewinnung und Ressourcenvereinbarungen zwischen den Projekten und den Fachabteilungen. Manche Unternehmen haben eine Projektkoordination installiert, die diesen Prozess durch eine projektübergreifende Darstellung der Nachfrage- und Angebotssituation absichern.

Für die Darstellung der aktuellen Projekte- und Ressourcensituation kann schon eine einfache Matrix hilfreich sein, die das Ressourcenangebot der Fachabteilungen der Ressourcennachfrage der Projekte gegenüberstellt, um die Passung zu überprüfen. Gelegentlich sind die Fachabteilungen überrascht, welche Ressourcen sie in Summe den verschiedenen Projekten zugesagt haben (Abbildung 4).

	Proj. A	Proj. B	Proj. C	Summe	
Abt. 1	5 PM	8 PM	6 PM	19 PM	
Abt. 2	12 PM	6 PM	10 PM	~~28 PM~~	max. 20 !
Abt. 3	2 PM	12 PM	8 PM	22 PM	

Abbildung 4: Nachfrage-/Angebotsmatrix. Die Projekte sind die Ressourcennachfrager, die Fachabteilungen die Ressourcengeber. Die Projekte haben ihre Ressourcennachfrage hier in Personenmonaten quantifiziert. Das Linienmanagement weist auf Grenzen hin.

In einem oben beschriebenen Fall wurde der Konflikt geschildert, der wegen eines übermäßig engagierten Projektmitarbeiters zwischen Vorgesetztem und Projektleiter entstand. Im Hintergrund stand das Modell, dass der Projektleiter die Ressourcen für sein Projekt durch Ansprache der Vorgesetzten gewinnt. Ein anderes Modell sieht die offene Ausschreibung der Projekte im Unternehmen vor. Interessierte Mitarbeiter bewerben sich um Projektaufgaben. Inwieweit sie vorher die Zustimmung ihrer Führungskräfte einholen, wird sicherlich auch eine Frage des vertrauensvollen Verhältnisses sein; hier wird sich zeigen, ob der Vorgesetzte seine Zusage, den Werdegang seiner Mitarbeiter vorbehaltlos zu unterstützen, vorbildlich einhält. Wieder ein anderes Modell sieht vor, dass die Fachabteilungen ihre Mitarbeit im Projekt offensiv anbieten, weil sie sich ganz oder teilweise aus Projektarbeit finanzieren. Sie müssen sich dann mit externen Anbietern vergleichen lassen und ihre Effizienz und Wettbewerbsfähigkeit beweisen – worum es bei diesem Modell letztendlich ja auch geht. In diesem Zusammenspiel sind eine gemeinsame Orientierung auf die Prioritäten der werbenden Projekte wichtig und in jedem Fall eine klare Regelung der Eskalationswege, über die Ressourcenkonflikte im Sinne des strategisch ausgerichteten Projektportfolios entschieden werden können.

Gespräche sind besonderes erfrischend und konstruktiv, wenn lange geübte, enge Denkbahnen unvoreingenommen aufgebrochen werden. So scheint auch vieles im Ressourcenmanagement in älteren Organisationen undenkbar, was in jungen Unternehmen unkonventionell und unbürokratisch ausprobiert wird.

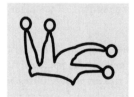

Ob es z. B. um das Scheckheft des Projektleiters und des Projektteams geht, aus dem das Unternehmen ressourcenschonende Lösungen sofort mit Prämien belohnt, oder um den Ressourcen-Joker: Mit der Ressourcenvereinbarung zwischen Projekt- und Linienmanagement wird eine Vereinbarung zwischen Projektmitarbeiter und Linienvorgesetztem verbunden. Der Vorgesetzte erhält drei Joker-Karten.

Jede Joker-Karte berechtigt ihn, während eines bestimmten Zeitraums (Quartal, Jahr, Projektdauer) den Projektmitarbeiter unplanmäßig für dringende Linienaufgaben einzusetzen und damit einen Ressourcenkonflikt zu veranlassen. Dafür löst er seine Joker-Karten bei dem Mitarbeiter ein. Physisch wird expliziert, was sonst zu leicht gang und gäbe ist. Nach dem vereinbarten Zeitraum wird das „Spiel" ausgewertet und gegebenenfalls über die Herausgabe der Joker-Karten durch den Mitarbeiter neu verhandelt.

Eine gemeinsame Aufgabe der übergreifenden Gremien, der Projekte und der beteiligten Fachabteilungen wird es sein, Synergiemöglichkeiten zwischen den verschiedenen Vorhaben zu suchen. Vergleichbare Arbeitspakete können z. B. durch ein- und denselben Mitarbeiter übernommen werden, um Doppelarbeit mit gegebenenfalls inkompatiblen Lösungen zu ersparen. Die projektkoordinierende Stelle wird darauf hinweisen, wenn teilweise vergleichbare Themenstellungen schon in anderen Projekten bearbeitet wurden, und die Projekte anhalten, Kontakt aufzunehmen, Erfahrungen zu hinterfragen und ganz praktisch Projektstrukturpläne, Arbeitspaketbeschreibungen und Ablaufpläne, Lösungswege und Ergebnisse auf Übertragbarkeit zu prüfen. Die Fachabteilung kann vorschlagen, die Mitarbeiter zwischen mehreren Projekten zu wechseln, um die anstehenden Aufgaben in Summe optimal bedienen zu können. Sie wird gegebenenfalls auch für die Reihenfolge operativer Arbeiten eine bestimmte Reihenfolge und ein geschicktes Timing vorschlagen, die für das Unternehmen ressourcenschonend sind. Überstunden für das Projekt in der sowieso schon angespannten Budgetierungsphase des Unternehmens sind unnötig, wenn in der anschließenden Woche die Projektarbeit entspannter ausgeführt werden könnte.

Die Nutzung von Synergien funktioniert abhängig vom Projektmanagementverständnis und den organisatorischen Randbedingungen des Unternehmens unterschiedlich gut. In dem Ingenieur-Unternehmen mit fast ausschließlichem Projektgeschäft, das unter Kosten- und Zeitdruck steht, ist z. B. die Wiederverwendung von Ergebnissen und Erfahrungen eine pragmatische Selbstverständlichkeit – sei es durch das Studium von Dokumentationen erfolgreicher Projekte und die Übernahme erfolgreicher Lösungen oder durch den bereichsübergreifenden Einsatz bewährter Mitarbeiter. In verschiedenen Industrieunternehmen erfolgt die Bündelung des konzeptionellen Know-hows für Produkt- und Verfahrensentwicklungen im Bereich System Engineering, das den verschiedenen Realisierungsprojekten vorgeschaltet ist. In Unternehmen, die auf eine breite Projektmanagementkompetenz setzen, um die Arbeitskultur in der Organisation insgesamt zu modernisieren, und die deswegen auch bewusst immer wieder andere Mitarbeiter in Projektarbeit einbeziehen, muss die Übertragung von Erfahrung sicherlich stärker unterstützt werden.

Auf der Ebene der persönlichen Disposition ist die Steuerung dem Selbstmanagement der Mitarbeiter anvertraut. Die Mitarbeiter geben ihre erste diesbezügliche Arbeitsprobe bei der Planung und Abstimmung der Aufwände in ihren einzelnen Arbeitspaketen sowie bei ihrem Beitrag zur gemeinsamen Ressourceneinsatzplanung.

Die Planung des Ressourceneinsatzes lässt sich gut in einem Workshop mit allen Projektbeteiligten abstimmen. Nach Klärung der Arbeitspakete, der Mitwirkenden und des Zeitplans sowie nach Klärung der Management- und Abstimmaufwände (z. B. Teamsitzungen) summieren alle Projektmitarbeiter die für sie geschätzten Aufwände und tragen sie in einer gemeinsamen Tabelle monatsbezogen ein (Abbildung 5). Damit entsteht schnell ein ressourcenbezogenes Bild über die Machbarkeit. Im Kleinen wird geübt, was projektübergreifend fortgesetzt werden kann: die Konsolidierung der Nachfrage seitens der Projekte und die Prüfung der Machbarkeit seitens der Fachabteilungen.

Mike	*Mai*	*Juni*	*Juli*		*Mai*	*Juni*	*Juli*
AP X	-	-	3 PT	Tom	2 PT	4 PT	5 PT
AP Y	8 PT	4 PT	4 PT	Mike	10 PT	6 PT	10 PT
AP Z	2 PT	2 PT	3 PT	John	8 PT	-	2 PT

Abbildung 5: *Umsetzung der Aufwandsschätzungen im Projekt (in PT = Personentagen) auf die Ressourceneinsatzplanung. Die Projektbeteiligten, die vielleicht in verschiedenen Arbeitspaketen (AP) mitarbeiten, konsolidieren ihre Aufwände bezogen auf ihre persönliche Ressource.*

Wie die Planung wird auch die Steuerung, die bei komplexen Vorhaben zentral durch den Projektleiter nur noch bedingt geleistet werden kann, vor Ort gebracht. Der Projektleiter wird hierbei natürlich Unterstützung geben, sich der erforderlichen Fähigkeiten und Arbeitsweise der Projektmitarbeiter versichern, den Ressourceneinsatz verfolgen und vorausschauend hinterfragen.

Das Projektteam bedient sich im Projektverlauf z. B. der Arbeitswertmethode, die den Sachfortschritt und den Aufwandsfortschritt vergleichbar macht. D. h., wenn für einen Arbeitsabschnitt ein Aufwand von 20 Personentagen eingeplant bzw. „budgetiert" war, ist ein Sachfortschritt von 30 % einem Arbeitswert von 6 Personentagen (30 % x 20 PT) gleichzusetzen. Wenn der Mitarbeiter dafür bislang schon 10 Personentage investiert hat, ist das sicherlich eine Klärung wert. Bei dieser Methode wird davon ausgegangen, dass die Arbeit gleichmäßig linear verläuft und dass Sach- und Aufwandsfortschritt in etwa korrespondieren. Die Arbeitswerte haben den Vorteil, dass sie über die Projekte bis auf die Ebene des Projektportfolios verdichtet werden können und damit einen Beitrag zur Einschätzung und Vorausschau der Ressourcensituation leisten.

Natürlich ist hier die einzelne Projektführung und jeder einzelne Projektmitarbeiter angesprochen, aber nicht ausschließlich. Projektübergreifend lassen sich in der verantwortungsvollen oder fahrlässigen Handhabung der Ressourcen vielleicht Muster erkennen, die Anlass zu einer grundsätzlichen Intervention geben, weil sonst die Realisierung des Projektportfolios insgesamt in Gefahr gebracht wird. Die konkrete Klärung der Sach-, Zeit- und Kostenziele und das kontinuierliche Messen an den vereinbarten Zielen – von der Planung bis zum Projekt-Controlling – müssen zum Gemeingut werden.

Ein Projektleiter durchleuchtete mit seinem Projektteam in einer zweitägigen Klausur alle Arbeitspakete: Welche Aktivität trägt inwieweit zur Zielerreichung bei? Was ist notwendig, was sind Schnörkel? Die Klausur führte zum besseren gegenseitigen Verstehen untereinander, mit einigen sofortigen Synergieeffekten, sowie zur Reduzierung des Projektaufwands um etwa 30 %. Hier wurde unternehmerisches Ressourcenmanagement auf Projektebene aktiv wahrgenommen.

Wenn alle Beteiligten ihre Rolle in diesem Zusammenspiel verantwortungsvoll wahrnehmen, kann das Ressourcenmanagement gut funktionieren.

Zum Thema DV-Unterstützung: Die bisherigen Ausführungen zeigen, welche Herausforderungen das Ressourcenmanagement an Organisation, Führung und Kooperation stellt. Inwieweit die vorstellbaren Konzepte auch praktisch umsetzbar und tragfähig erscheinen, muss jedes Unternehmen entsprechend seiner kulturellen und organisatorischen Voraussetzungen entscheiden. Das ist immer der erste Schritt.

Daraus ergeben sich die Anforderungen an unterstützende DV-Systeme. Noch zu oft wird der Fehler gemacht, in einer leistungsfähigen Software die Lösung zu suchen. Ein DV-System kann allenfalls helfen, Daten und Informationen über Ressourcenbedarf und Ressourcenangebot, über Ressourceneinsatz und Ressourcenverbrauch aufzunehmen und in verschiedenen Zusammenhängen darzustellen. Es kann damit die Kommunikation der Ressourcensituation, der bestehenden und absehbaren Engpässe und die notwendigen Abstimmprozesse zwischen allen Beteiligten wirkungsvoll unterstützen.

Die Konzeption und Implementierung eines solchen Systems ist sicherlich sorgfältiger als bei anderen DV-Anwendungen auszulegen, damit es in dem sensiblen und konfliktgefährdeten Prozess des Ressourcenmanagements eine konstruktive und akzeptierte Rolle spielen kann (ganz abgesehen von den grundsätzlichen Datenschutz- und Mitbestimmungsfragen bei personenbezogenen Daten).

8. Implementierung des Ressourcenmanagements

An verschiedenen Stellen wurde es schon deutlich: Die Voraussetzungen für ein erfolgreiches Ressourcenmanagement sind vielfältig. Es geht um analytische und planerische Kompetenz (Aufwandsabschätzung, Tailoring, Ortung von Synergiepotenzialen), organisatorische Fähigkeiten auf allen Ebenen (Zuordnung der richtigen Ressourcen auf die richtigen Projekte, praktische Ressourcendisposition in Abstimmung mit dem Linienmanagement, kostenbewusstes Team- und Selbstmanagement aller Beteiligten), Managementprozesse und -systeme (Ziel- und Leistungsvereinbarungen zwischen Projekt- und Linienorganisation, Berichtswesen über Projektportfolio und Ressourcensituation). Und es geht um eine Unternehmenskultur, die die Kooperation zwischen Linien- und Projektmanagement fördert, die Transparenz von Nachfrage und Angebot unterstützt und den verantwortungsvollen Umgang mit Informationen pflegt, die bislang teilweise in der disziplinaren Struktur gehütet wurden.

Das Vorgehen zur Implementierung des Ressourcenmanagements wird unweigerlich eine aufmerksam beobachtete Arbeitsprobe sein. Dabei wird die Aufmerksamkeit des Linienmanagements in der Rolle des gefragten Ressourcengebers höher sein als die des Projektmanagements, das den ihm eigenen Anspruch an eine bestimmte Planungsqualität am liebsten auf das gesamte Unternehmen ausgedehnt wüsste. Hier gilt es eine Balance zu finden, die von beiden, sich überlappenden und aufeinander angewiesenen, Organisationsformen akzeptiert wird.

Bei der Ausgestaltung des Ressourcenmanagements, motiviert durch den Wunsch nach einem schlagkräftigeren Projektmanagement, dringt man leicht in die Kompetenzen des Linienmanagements ein. Damit kann die Installation des Ressourcenmanagements im Rahmen des Multiprojectings und Portfoliomanagements unversehens erschwert werden. So wurde bei der Konzeption eines Projektmanagement-Systems überlegt, wie der systematische Abgleich zwischen Nachfrage und Angebot gestaltet werden könne. Eine Meinung war, dass eine vollständige Übersicht über den Ressourceneinsatz in den Linienabteilungen den Projekten die Möglichkeit geben müsste, freie Ressourcen zu identifizieren und – nach Abstimmung mit den Vorgesetzten – einzusetzen. Eine andere Meinung war, dass die Projekte als Nachfrager in die Vorhand gehen und ihren Ressourcenbedarf offen legen sollten. Schließlich kam man gemeinsam zu dem Schluss, den zweiten Weg zu gehen, weil ansonsten die Grenze zum Linienmanagement verletzt würde. Die Kompetenz der Abteilungsleiter zur Ressourcendisposition sollte seitens des Projektmanagements unbeschnitten bleiben, um zu einer beidseitig tragfähigen Lösung zu kommen. Der Gedanke an die Transparenz des Ressourceneinsatzes in den Fachabteilungen war mit der Befürchtung verbunden, dass letztlich das Projektmanagement zur übergreifenden Kontrollinstanz im Ressourcenmanagement werden könnte. Diese Befürchtung hat sich nicht bewahrheitet, aber das Projektmanagement hat mit seinen mittlerweile geschulten, geübten und verbesserten Instrumenten der Ressourcenplanung und -steuerung zumindest eine Vorbildfunktion übernommen, mit zunehmenden Transfereffekten auf das Linienmanagement.

Je nach Situation im Unternehmen kann eine breite, dann aber zügige und entschlossene Einführung des Ressourcenmanagements besser sein, oder die Anwendungen mit einigen Piloten, d. h. Projekten und Fachabteilungen, die das Ressourcenmanagement engagiert ausprobieren und erfolgreich vorführen. Die Piloten sind hinsichtlich Umfang und Schwierigkeitsgrad repräsentativ auszuwählen, damit die Übertragbarkeit der Ergebnisse auf das Unternehmen von Anfang an außer Zweifel steht.

9. Fallstudie: Abteilungsübergreifendes Ressourcenmanagement fällt schwer

Aus einem alt eingesessenen Industrieunternehmen hat sich ein neues, schnell wachsendes Technologieunternehmen als Spin-off abgelöst. Den jungen Mitarbeitern in der neuen High-Tech-Schmiede macht die Projektarbeit Spaß, weil sie immer wieder neue Herausforderung und Abwechslung bringt. Bei der Frage nach Teambildung und interdisziplinärer Zusammenarbeit fallen die Antworten jedoch zögerlich aus. Die Projektleiter definieren sich auf Nachfrage eher als „Projektleiter Technik" oder „Projektleiter Vertrieb". Eine funktionsübergreifende Verantwortung gibt es nicht und wird auch für schwierig erachtet. Der Zugriff erfolgt nur auf die Ressourcen im eigenen Linienbereich; linienübergreifende Ressourcenvereinbarungen erscheinen undenkbar. Viele Mitarbeiter würden auch nicht einsehen, warum sie einem Kollegen aus einer anderen Abteilung zuarbeiten sollten. Von einer linien- und projektübergreifenden Optimierung des Ressourceneinsatzes kann daher auch keine Rede sein.

Eine gemeinsame Analyse führte zu folgenden Einsichten: Das Unternehmen hat in seiner Entwicklung offensichtlich einen Lernschritt ausgelassen. Das in seiner Organisation eher konservative Mutterunternehmen hatte sich mit dem Thema Projektmanagement noch nicht explizit auseinandergesetzt, war der strikten Linienorganisation verhaftet und hat diese Haltung in Form einiger Schlüsselpersonen dem jungen Unternehmen mitgegeben. Die neuen, jungen Mitarbeiter haben andererseits noch nicht die Managementerfahrung, um professionelle, horizontale Brücken über die vertikale, starke Linienorganisation zu schlagen. Sie behelfen sich engagiert mit der Bildung persönlicher Seilschaften und bauen auf individuelle Kontakte, die sie sich aufwändig erarbeiten und die sich letztendlich als dauerhafte Basis für linienübergreifendes Projekt- und Ressourcenmanagement als wenig haltbar erweisen. Eine eingerichtete Projektkoordination stellt den Ressourceneinsatz für Projektarbeit in der Übersicht dar, hat aber keine eigene Wertschöpfung im Sinne der Initiative und Moderation eines Prozesses, in dem Synergien durch übergreifend optimalen Ressourceneinsatz und gegenseitiges Lernen geschöpft werden könnten.

Das Unternehmen befindet sich jetzt im Erkenntnisprozess, der auf allen Ebenen mit Diskussionsrunden vorangetrieben wird. Seitens der Unternehmensführung ist der klare Auftrag zum linienübergreifenden, koordinierten Ressourceneinsatz formuliert, verbunden mit entsprechenden Zielsetzungen für das Linienmanagement. In neuen Trainingseinheiten werden die Herausforderungen der interdisziplinären und linienübergreifenden Zusammenarbeit angesprochen und die erforderlichen Arbeitstechniken und Kommunikationsmöglichkeiten geübt. Mittelfristiges Ziel ist ein optimierter Ressourceneinsatz, um nachhaltige Kostenvorteile im Wettbewerb zu realisieren.

10. Fallstudie: Externes Wissen für Unternehmen gesichert

In einer Unternehmensgruppe in der Finanzdienstleistung entstand Mitte der 90er Jahre ein erheblicher Bedarf an Effizienzsteigerung. Um das Preis-/Leistungsverhältnis der Produkte in dem immer stärker umkämpften Markt halten zu können, war eine deutliche Senkung der Fixkosten erforderlich, die nur über die Optimierung zentraler Strukturen und Geschäftsprozesse zu erreichen war.

Zur Unterstützung wurde ein großes, weltweit tätiges Beratungsunternehmen ausgewählt. Es sollte im ersten Schritt ein Konzeptprojekt durchführen. Das Beratungsunternehmen stellte zwei hochrangige Mitglieder seines Seniormanagements für die Steuerung des Projektes, einen Projektleiter und acht Full-Time-Berater sowie Back-Office-Leistungen zur Verfügung. Seitens des Finanzdienstleisters verpflichtete sich der gesamte Vorstand auf die Steuerung des Projektes und bildete damit das Auftraggeber-Gremium. Ein erfahrenes Mitglied des oberen Managements wurde als interner Projektleiter benannt und verschiedene weitere Führungskräfte und Experten für das Projekt zur Verfügung gestellt.

In der Konzeptphase operierten externe und interne Projektleiter als Tandem. In den verschiedenen Teilprojekten wurden ebenfalls Tandems aus externen und internen Teilprojektleitern gebildet. Naturgemäß nahm der Berater bei der detaillierten Konzepterarbeitung wegen der methodischen Erfahrung und wegen des erforderlichen, massiven Ressourceneinsatzes, aber auch wegen der für solche Fälle zugeschnittenen und geübten Arbeits- und Durchsetzungsweisen eines großen Beratungsunternehmens quasi eine führende Rolle ein. So herrschte auf der Ebene der strategischen Steuerung des Projektes und der Erarbeitung der grundsätzlichen Konzepte ein ausgewogenes Verhältnis von internem und externem Einfluss, internen und externen Ressourcen auf Managementebene, internem und externem Know-how.

Ungleichgewichte ergaben sich allerdings im Detail. In den vertiefenden Konzepten und ihrer quantitativen Unterlegung war eindeutig ein Know-how-Vorsprung der Berater zu erkennen. Dieser Vorsprung wurde auch dadurch unterstützt, dass der Beratereinsatz für die Konzeptphase zeitlich relativ knapp bemessen war, um die anstehenden, grundlegenden Veränderungen von Strukturen und Prozessen mit schnellen Entscheidungen konsequent voranzutreiben. Dadurch wurde es für das Unternehmen bzw. den Auftraggeber schwieriger, das im Projekt entwickelte Know-how zu adaptieren.

In der Entscheidungsphase zum Ende des Konzeptprojektes und vor dem Realisierungsbeschluss wurde dieses Thema ausführlich erörtert. Die Unternehmensgruppe entschied sich, die Realisierung der verabschiedeten Konzepte weitgehend aus eigener Kraft mit dem eigenen, bewährten Projektmanagement-System durchzuführen. Für die Steuerung dieses Projektbündels wurde ein Project-Office installiert und mit eigenen Mitarbeitern besetzt. Weiter wurde eine Übergangsphase definiert, in der die Berater das Detail-Know-how auf die Realisierungsprojekte sowie das Project-Office transferieren sollten. Die Berater selbst übernahmen in lediglich zwei von rund zwei Dutzend Realisierungsprojekten Verantwortung.

Das Project-Office war gefordert, das Controlling des Projektbündels einschließlich Monats- und Quartalsberichten an den Vorstand – unter erhöhter Aufmerksamkeit auch der Aufsichtsratsgremien – zügig zu beginnen. Dazu musste es die quantifizierten Detailkonzepte und Veränderungsziele als Erfolgsmaßstab sowohl verstehen als auch ins Haus hineinkommunizieren. Innerhalb eines über drei Monate reichenden Kraftakts wurde deshalb eine vollständige Adaption der Detailkonzepte vom Berater einschließlich noch erforderlicher Anpassungen und Vertiefungen vollzogen.

In der Auswertung dieses Prozesses wurden die folgenden Einsichten festgehalten.

Zur Absicherung des Know-how-Transfers sollte beim massiven Einsatz externer Beratung in der Konzeptphase eine adäquate Steuerung durch interne Kräfte (über 50 %) sichergestellt sein. In der Realisierungsphase sind die Steuerung und das Controlling vollständig vom Unternehmen auszuführen. Um diese Aufgabe überhaupt fundiert wahrnehmen zu können, ist die Adaption der Beraterkonzepte rechtzeitig sicherzustellen.

Der Grad an Fremdsteuerung durch den Berater ist von Anfang an zu begrenzen. Interessenkonflikte, die den Projekterfolg auch im Nachhinein noch gefährden können, sind sorgfältig zu vermeiden. Besondere Konflikte entstehen dabei durch Arbeitsstile von Beratern, die mit „geliehener Autorität" operieren. Dabei wird typischerweise versucht, schwierigen Situationen mit dem lapidaren Hinweis auf das von der Unternehmensführung erhaltene Mandat auszuweichen: „Sie wollen doch nicht die Entscheidung des Vorstands in Frage stellen?" Wirklich produktive, konzeptionelle Auseinandersetzungen bleiben dadurch gelegentlich auf der Strecke, und bei den wichtigsten Leistungsträgern des Unternehmens entstehen Unmut und Akzeptanzprobleme. Dies ist bei ausgewogenem Verhältnis von Steuerungsverantwortung und Know-how weitgehend ausgeschlossen.

Die frühzeitige und verantwortungsvolle Reflexion über Beratereinsatz und Know-how-Transfer sowie über Koordination und Controlling der Realisierungsprojekte haben Lösungen ermöglicht, die zu guten Ergebnissen und einem insgesamt ressourcenschonenden Vorgehen geführt haben.

Controlling des Projektportfolios auf Basis der Arbeitswertanalyse

Matthias Hirzel

*„Kaum verloren wir das Ziel aus den Augen,
verdoppelten wir unsere Anstrengungen."*
(Mark Twain)

Das magische Dreieck des Projektcontrollings: „Zeit-Kosten-Ergebnis" hat einen Pferdefuß: Kosten und Zeit werden quantitativ gemessen, Ergebnisse qualitativ eingeschätzt. Wie aber soll hier eine Aggregation über alle Projekte erfolgen? Konkret: Was ist der Ergebnisstand des Projektportfolios? Antwort kann das Arbeitswertkonzept geben. Mit ihm werden Ergebnisse monetär erfasst und damit vergleichbar gemacht.

1. Anforderung formulieren

2. Projektfortschritt ermitteln

3. Abweichungen quantifizieren

4. Fertigstellung prognostizieren

5. Gesamtübersicht schaffen

1. Anforderung formulieren

Planabweichungen sollen rechtzeitig erkennbar und nachvollziehbar sein. Eine Projektabwicklung, die durch Formalismen und Unübersichtlichkeit geprägt ist, wird zur reinen Bürokratie degradiert. Wenn viele Daten zu bewältigen sind, wenn das Wesentliche nicht mehr klar hervortritt, fühlen sich Mitarbeiter überlastet, demotiviert und das Management desorientiert. Dadurch werden die Beurteilungsmaßstäbe mehrdeutig, die Projektverfolgung erheblich erschwert, die Verdichtung von Projektdaten ist mühevoll. Ein effizientes Controlling des Fortschritts der Projekte sollte mithin folgenden Zielen genügen:

- Einfache und klar verständliche Indikatoren geben über den Stand des Projekts (Planeinhaltung/Planabweichungen) und die Summe aller Projekte Auskunft.

- Die Aussagen sind zeitnah und aktuell sowie die zu erwartende Entwicklung prognostizierbar.

- Das Prinzip der Überwachung ist einheitlich und eine gemeinsame Sprache für alle Beteiligten gewährleistet.

- Die Anwendung ist zumutbar und darf zu keinem übermäßigen administrativen Aufwand führen.

2. Projektfortschritt ermitteln

Während bei der Projektdurchführung die Termin- und Kostenüberwachung meist in quantitativen, nachvollziehbaren Größen vorliegt, „begnügt" man sich bei der Verfolgung geleisteter Arbeiten und erreichter Ergebnisse mit vagen oder ausführlichen Beschreibungen. Möglichst unverbindliche Texte über die erledigten Arbeiten beherrschen das Bild.

Hier kann das Konzept der Arbeitswertanalyse hilfreich sein. Es fordert die Projektbeteiligten auf, jeweils zum Berichtszeitpunkt eine quantitative Aussage über den Arbeitsfortschritt zu „wagen"; also z. B.: 25 % der zum Ende des Projekts geplanten Ergebnisse sind geschafft.

Dies bereitet sicherlich im Einzelfall Kopfzerbrechen, doch gibt es viele praktische Ansätze zur Ermittlung des quantitativen Arbeitsfortschritts: Sie rangieren von einfachen Einschätzungen durch die Beteiligten, über messbare Meilensteine bis hin zur Anwendung von Erfahrungsdaten. Wegen der regelmäßigen Berichterstattung kann eine gewisse Ungenauigkeit bei der Einschätzung des Arbeitsfortschritts hingenommen werden. Sie gleicht sich über den

Zeitraum aus (Statistikeffekt). Bei bestimmten Projektarten helfen auch Hilfsgrößen, wie „aufgewandte Zeit" oder „durchgeführte Versuchsreihen" weiter.

Mit Kenntnis des Arbeitsfortschritts, ausgedrückt als Prozentsatz vom anvisierten Ergebnis, und bei Kenntnis der geplanten Gesamtkosten (Projekt-Budget) lässt sich der Wert des jeweils erreichten Arbeitsstands, nämlich der „Arbeitswert", ermitteln.

Arbeitswert = Arbeitsfortschritt (in %) x Gesamtkosten (Projekt-Budget).

Auf diese Weise stehen zum Berichtszeitpunkt für jedes Projekt drei Größen zur Verfügung, und zwar:

- geplante Kosten (Plan-Kosten),
- angefallene Kosten (IST-Kosten),
- Arbeitswert (AW).

3. Abweichungen quantifizieren

Sind Plan-Kosten, IST-Kosten und Arbeitswert zum Berichtszeitpunkt bekannt, lässt sich der Projektstand quantitativ feststellten, und zwar durch:

- **die Kostenabweichung,** d. h. inwieweit der in Geld bewertete Arbeitsfortschritt (Arbeitswert) zum Berichtszeitpunkt von den bis dahin angelaufenen Kosten abweicht:
  Kostenabweichung = AW - IST-Kosten
- **die Leistungsabweichung,** d. h. inwieweit der in Geld bewertete Arbeitsfortschritt zum Berichtszeitpunkt von dem bis dahin geplanten, wertmäßigen Ergebnis abweicht:
  Leistungsabweichung = AW - Plan-Kosten

Grafisch stellen sich die Abweichungen wie in Abbildung 1 dar: Der Einfachheit halber werden ausschließlich lineare Beziehungen verwendet. Dies ist jedoch nicht zwingend.

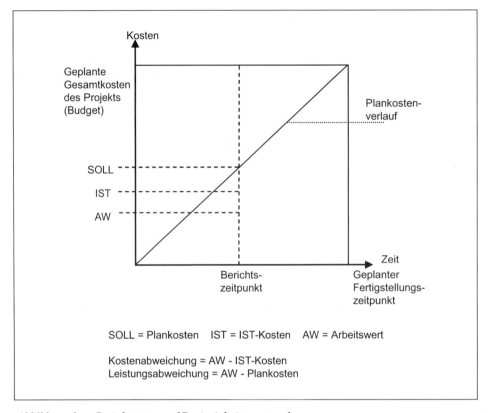

Abbildung 1: Projektstatus auf Basis Arbeitswertanalyse

Da alle Leistungs- und Kostenabweichungen monetär quantifiziert sind, lassen sie sich auch über alle Ebenen von Arbeitspaketebene, über die Teilprojektebene bis hin zum Gesamtprojekt sowie über alle Projekte hinweg aggregieren. Dies ist ein herausragender Vorteil der Arbeitswertanalyse.

4. Fertigstellung prognostizieren

Das besondere Interesse bei der Projektüberwachung richtet sich auf die Prognose. Wo wird man landen? Zu welchen Kosten und in welcher Zeit wird das gewollte Ergebnis erreicht sein? Arbeiten die Umstände für oder gegen das Projekt?

Die hier gewählte Prognose gibt an, welche Werte sich einstellen, wenn so weitergemacht wird wie bisher, wenn auch in Zukunft die gleiche Effizienz herrscht. Die Prognose zeigt mithin an, wohin bei unverändertem Kurs, ohne Korrekturmaßnahmen, die Reise geht. Grafisch stellt sich dies wie in Abbildung 2 gezeigt dar:

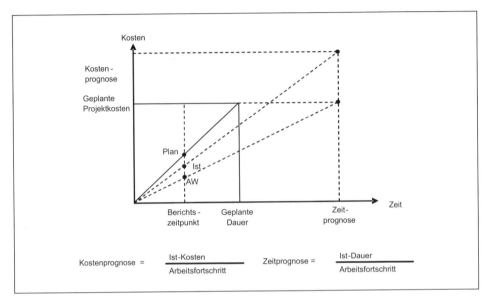

Abbildung 2: Prognoserechnung

Der Prognosewert, ob nun hinsichtlich Kosten- oder Zeitabweichung, ist in seiner absoluten Größe eher ein Orientierungwert, zumal die hier zu ergreifenden Maßnahmen noch nicht einkalkuliert sind. Mehr Bedeutung muss der Veränderung des Prognosewertes über die Zeit geschenkt werden. Wenn, wie bei der Arbeitswertanalyse möglich, eine Abfrage monatlich bzw. quartalsmäßig erfolgt, stellt sich ein Trend ein, der entweder in Richtung Plan tendiert oder aber sich von Berichtszeitpunkt zu Berichtszeitpunkt weiter von diesem entfernt. Es ist mithin die Veränderung der jeweils pro Berichtszeitpunkt errechneten Prognose, die zeigt, inwieweit das Projekt auf Kurs gehalten werden kann oder nicht.

Aufgrund der Prognose sind gegebenenfalls Maßnahmen zu ergreifen. Ihre Wirkung wäre in der Folge zu ermitteln; sie schlägt sich auf die Zeit bis Fertigstellung (ZbF) bzw. die Kosten bis Fertigstellung (KbF) nieder (ttc = time to complete; ctc = cost to complete). Daraus resultiert in der Summe:

Erwartete Gesamtzeit (EGZ) = IST-Zeit + ZbF

Erwartete Gesamtkosten (EGK) = IST-Kosten + KbF

Die Erwartungsgrößen, da sie den Effekt der Maßnahmen berücksichtigen, liegen in der Regel unterhalb der Prognose.

5. Gesamtübersicht schaffen

Ein Überblick über den Stand aller Projekte ergibt eine tabellarische Zusammenstellung, wie sie in Abbildung 3 gezeigt wird. Sie ist hier redundant ausgelegt, um die Nachvollziehbarkeit zu gewährleisten. Für das Controlling des Projektebündels sind lediglich der Arbeitsfortschritt pro Projekt sowie die bis zum Bezugszeitpunkt angefallenen IST-Kosten erforderlich. Alle übrigen Größen werden aufgrund der Plandaten ermittelt. Alle monetären Größen lassen sich über die Summe der Projekte hinweg aggregieren und geben mithin auch Kennzahlen über das Projektebündel insgesamt.

Realisierungsfortschritt des Projektbündels

Projekte	Plandaten				Zeitstatus				Zeitprognose		Kostenstatus					
	Start	Zeitbudget	Ende	Kostenbudget	Laufzeit bis Stichtag	Arbeitsfortschritt	Zeitwert	Zeitabweichung	Gesamtdauer	Ende	Plankosten	IST-Kosten	Arbeitsfortschritt	Arbeitswert	Kostenabweichung	Kostenprognose
	Mt/J	Mte	Mt/J	T€	Mte	%	Mte	Mte	Mte	Mt/J	T€	T€	%	T€	T€	T€
P1	9/05	30	3/06	900	10	20	6	4	50	11/00	300	20	20	180	70	1.250
P2																
⋮																
Pn																
S																

MT = Monat
J = Jahr
Mte = Dauer in Monaten
T€ = 1000 Euro

$$\text{Prognose Dauer} = \frac{\text{IST-Dauer}}{\text{Arbeitsfortschritt}}$$

$$\text{Prognose Kosten} = \frac{\text{IST-Kosten}}{\text{Arbeitsfortschritt}}$$

Abbildung 3: Realisierungsfortschritt des Projektbündels

Anhand der Tabelle (Abbildung 3) lassen sich zum Berichtszeitpunkt über alle Projekte hinweg aggregieren:

- Summe der bis dahin **angelaufenen**
  - Kostenabweichungen (Σ AW - Σ IST-Kosten)
  - Leistungsabweichung (Σ AW - Σ Plankosten)
  - Zeitabweichungen (Σ Zeitwert - Σ Plan-Monate)

- Summe der für die Fertigungsstellung (alle Projekte) **prognostizierten** Kosten-, Leistungs- und Zeitabweichungen

Die Einschätzung des Stands der Summe aller Projekte (Projektbündel) kann mit relativen Größen auf der Zeitachse dargestellt werden (Abbildung 4).

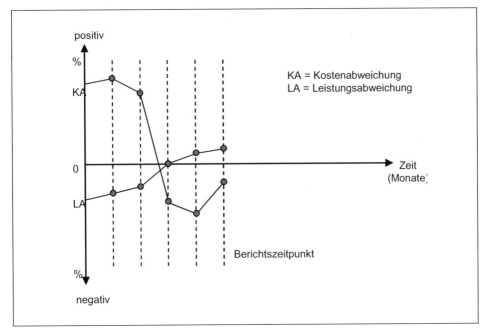

Abbildung 4: *Relative Entwicklung von Kosten-/Leistungsabweichung der Summe aller Projekte*

Das Augenmerk des Managements wird besonders auf der Veränderung der Entwicklung gerichtet sein. Die zugrunde liegende Arbeitswertanalyse erlaubt, der Abweichungsursache bis hin zum Projekt und, sofern das Projekt korrekt gesteuert wird, bis hin zum einzelnen Arbeitspaket nachzugehen.

Für eine zusammenhängende Betrachtung bieten sich im Sinne des Mappings unterschiedliche Kontext-Betrachtungen an. Als klassisch kann das Prognoseportfolio bezeichnet werden. Hier wird davon ausgegangen, dass das inhaltliche Projektergebnis in jedem Fall erreicht werden kann, jedoch bezogen auf Kosten und Dauer Planabweichungen entstehen. Die Abbildung 5 macht den Zusammenhang deutlich. Im Sinne einer „Ampelfunktion" sind alle diejenigen Projekte im grünen Bereich, die sich in den Quadranten I befinden, bzw. im gelben Bereich alle jene, die sich im Quadranten II, und im roten Bereich alle diejenigen, die sich im Quadraten III befinden.

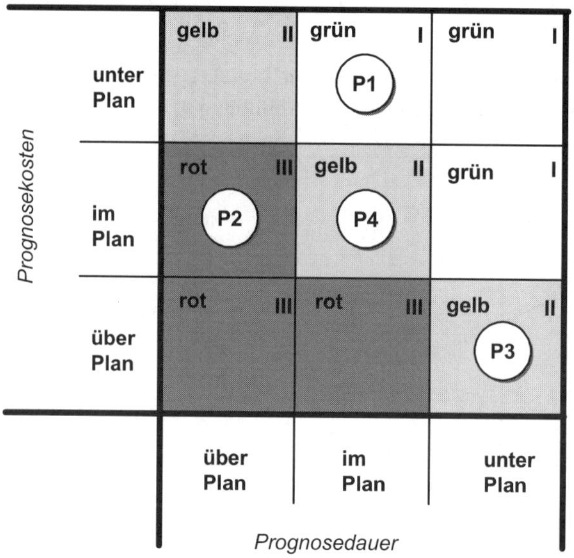

Abbildung 5: Projekte-Prognose-Portfolio

Die Gesamtdarstellung lässt auch einen Eindruck über die Belastbarkeit der Organisation zu. Befindet sich die Mehrzahl der Projekte im linken unteren Bereich, so kann davon ausgegangen werden, dass zu viele Projekte in Angriff genommen wurden und/oder die inhaltliche Messlatte zu hoch gelegt ist.

Wird eine derartige Portfoliobetrachtung erstellt, so bietet es sich an, den Arbeitsfortschritt als „Kuchenstück" im Projektkreis deutlich zu machen (Abbildung 6). Dadurch erhält man einen optischen Eindruck, welchen Reifegrad die Projekte haben. Dies wiederum kann auch Schlussfolgerungen darüber zulassen, ob die Alterspyramide der Projekte ausgeglichen ist. Schließlich lässt sich, wie bei allen Portfolios, durch Pfeile die zeitliche Dynamik kennzeichnen.

Das Controlling des Projektportfolios mit Hilfe des Arbeitswertkonzepts hat mehrere Vorteile:

- Die Projektverfolgung wird durch den Indikator Kostenabweichung sowie die entsprechende Prognoserechnung transparenter und wirkungsvoller.
- Mit größerer Gewissheit können Projekte angeregt, eingeplant und gesteuert werden.
- Die Beurteilungskriterien schaffen für alle Beteiligten eine gemeinsame Sprache.
- Die Belastung der Organisation mit Projekten wird deutlicher.

Controlling des Projektportfolios auf Basis der Arbeitswertanalyse

- Das Erkennen der Trends macht frühzeitige Maßnahmen im Rahmen der Projektelandschaft möglich (Priorisierungsveränderungen, Änderung der Projektezahl etc.).

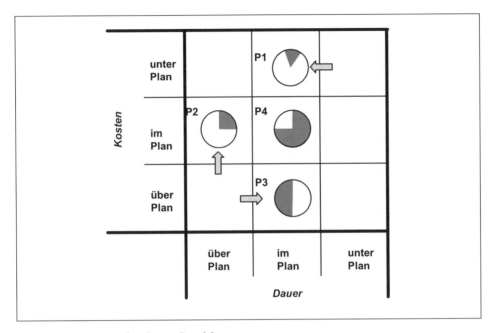

Abbildung 6: Projekte-Status-Portfolio

Zusammenfassend lässt sich feststellen, dass das Arbeitswertkonzept nicht nur für die Steuerung des Einzelprojekts sondern auch für die des Projektportfolios als Ganzes ein ideales Controllinginstrument ist. Es setzt allerdings eine konsequente Planung und Verfolgung der Einzelprojekte voraus. Da dies nicht per se gegeben sein wird, kann das Arbeitswertkonzept erst auf Basis einer guten Projektmanagementpraxis zur Anwendung kommen.

Teil III

Anwendung und Beispiele

Portfoliomanagement für Sachanlageinvestitionen bei Bayer MaterialScience

Wolfgang Alter, Georg Steinhoff, Andrea Werheid

> *„Es ist nicht genug zu wissen, man muss auch anwenden;*
> *es ist nicht genug zu wollen, man muss auch tun."*
> *(Johann Wolfgang von Goethe)*

Mit aussagekräftigen Investitionsportfolien, die routinemäßig in Entscheidungsprozesse eingebunden sind, können Großunternehmen und Global Player ihre weltweiten Projekttätigkeiten hinsichtlich Strategiebezug, Wirtschaftlichkeit und Ressourcenallokation effektiv planen und steuern.

1. Investitionsmanagement bei Bayer MaterialScience
2. Ziel des Investitionsportfolios
3. Decision Management und Decision Control: Wettbewerb der Ideen
4. Aufbau und Nutzen des Investitionsportfolios

1. Investitionsmanagement bei Bayer MaterialScience

Der Bayer-Konzern wurde in den Jahren 2002 bis 2004 im Rahmen einer strategischen Neuausrichtung als eine Holding-Gesellschaft mit mehreren Teilkonzernen neu aufgestellt (Abbildung 1). Zum Konzern gehören Bayer MaterialScience AG (BMS), Bayer CropScience AG und Bayer HealthCare AG sowie diverse Service-Gesellschaften wie z. B. Bayer Business Services, Bayer Technology Services und der Chempark-Betreiber Currenta. Ziel der Aufteilung in eigenständige Unternehmen war und ist, dass sich die unterschiedlichen Bereiche auf ihre operativen Kernkompetenzen konzentrieren können und im Markt entsprechend deutlich wahrgenommen werden.

Die Steuerung des Konzerns erfolgt über strategische Geschäftseinheiten (SGEs), denen die Konzernleitung – als Management Holding – strategische und operative Ziele vorgibt. In welcher Weise diese Ziele erreicht werden, obliegt weitgehend den Teilkonzernvorständen. Entsprechend werden die Geschäftsstrategien und die für die Umsetzung erforderlichen Investitionen der verschiedenen Bereiche in den Teilkonzernen entwickelt und mit der Konzernführung abgestimmt. Der Konzernvorstand übernimmt dabei für so genannte „strategische Investitionen" eine Controlling-Funktion, um vor allem die Zuteilung der erforderlichen Finanzmittel im Konzern optimal zu steuern.

Die Konzerntochter Bayer MaterialScience (BMS) ist im Markt für hochwertige Materialien weltweit tätig. Investitionen in eigene Produktionskapazitäten sind dabei von großer Bedeutung für die Verwirklichung der Unternehmensstrategie, sowohl für die Erreichung der Wachstumsziele als auch für den Aus- und Aufbau von Wettbewerbsvorteilen. Auf Grund der relativ hohen Kapitalintensität haben diese Investitionen einen großen und vor allem langfristigen Einfluss auf die Vermögens- und Kapitalstruktur sowie die Ertragslage des Unternehmens; sie bedeuten mithin auch eine faktische strategische Festlegung. Daher ist es eine wesentliche Aufgabe des Investitionsmanagements bei BMS, das Executive Committee beim gezielten Einsatz finanzieller Mittel in solche Vermögenswerte zu unterstützen, die in Zukunft einen hinreichenden Wertzuwachs sichern und sich an der Umsetzung der gewählten Strategie ausrichten.

BMS hat für das Investitionsmanagement einen Prozess entwickelt und eingeführt, der sowohl die Planung, Entscheidung und Durchführung der einzelnen Projekte als auch das Management der Summe aller Einzelmaßnahmen und ihrer Abhängigkeiten untereinander abbildet (Abbildung 1). Entsprechend berücksichtigt der Prozess auch die Aufgaben und Anforderungen unterschiedlichster Organisationseinheiten wie Produktmanagement, Produktion, Engineering, Finanzen, etc.

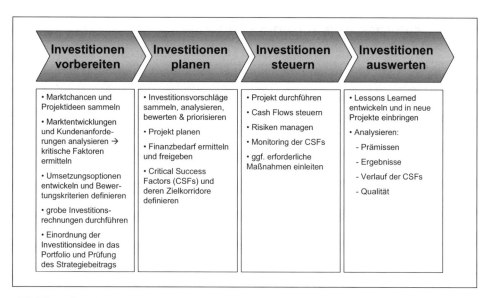

Abbildung 1: *Investitionsprozess*

Die Planung und Durchführung einer einzelnen Investition ist Aufgabe eines Unternehmensbereiches (Business Unit). Er ist dafür zuständig die Idee vorzubereiten, zur Genehmigung vorzuschlagen und anschließend umzusetzen. Die Summe aller Projekte, ihre strategische Bewertung und die Allokation der Finanzmittel liegen hingegen im Verantwortungsbereich des Executive Committees des Teilkonzerns. Der Investitionsprozess stellt sicher, dass nur die besten Investitionsideen in das Portfolio aufgenommen und anschließend zur Genehmigung vorgeschlagen werden.

Der Prozess berücksichtigt außerdem verschiedene Anforderungen, die auf Grund der Größe und Wichtigkeit einer Investition notwendig sind. So durchlaufen strategische Projekte, Groß- und Mittelinvestitionen (> 2 Mio. €) einen Prozess, der die Grundlage für ein globales Portfolio-Management auf Unternehmensebene bildet. Für Einzelmaßnahmen mit einem Volumen < 2 Mio. € hingegen erhalten die Bereiche ein Budget, das in der Folge zur Finanzierung ausgewählter Projektideen dezentral entschieden wird. Den Prozess für diese Investitionen können die Bereiche ihren eigenen Bedürfnissen und Anforderungen anpassen. Nur das Budget wird in die Betrachtungen des bereichs-übergreifenden Portfolio-Managements einbezogen.

2. Ziel des Investitionsportfolios

In einem Unternehmen, das wie BMS kapitalintensiv ist, gibt es viele verschiedene Ideen zur Verbesserung der aktuellen Situation, die mit Investitionen verbunden sind. Diese Vorschläge variieren zwischen dem Ersatz defekter Teile, der Rationalisierung von Prozessen, der Erweiterung bestehender Kapazitäten, dem Aufbau neuer Produktionsanlagen oder neuer Standorte. All diese Projekte unterscheiden sich im Kapitalbedarf und in der Unterstützung der strategischen Ziele.

Andererseits wird es nie ausreichend Finanzmittel und sonstige Ressourcen geben, um alle Ideen umsetzen zu können. Das Unternehmen muss also die besten Vorschläge auswählen. Basis für eine solche Auswahl ist neben der Wirtschaftlichkeit der Projekte die Investitionsstrategie der Firma. Soll der Fokus verstärkt auf Wachstum ausgerichtet werden oder ist höchste Effizienz das wichtigste Ziel? Wie geht man mit Projekten um, die die Verfügbarkeit erhöhen und wie entscheidet man bei vorbeugender Instandhaltung? Passend zur Strategie müssen Entscheidungskriterien entwickelt werden, mit deren Hilfe die Projekte im Portfolio abgebildet werden können. Das Portfolio zeigt so die Qualität jeder einzelnen Idee in Bezug auf die Realisierung der Investitionsstrategie.

Eine weitere wichtige Aufgabe des Portfolios ist es, bereits in Abwicklung befindliche Projekte und neue Ideen in einen Kontext zu stellen. So wird gewährleistet, dass die neuen Vorschläge verwirklicht werden, die zusammen mit den bereits laufenden Projekten die Strategie am besten umsetzen.

Für die Nutzung eines Portfolioansatzes im Investitionsmanagement ist essentiell, dass die Kriterien zur Erstellung und Auswertung des Portfolios konsequent über alle Bereiche und alle Arten von Projekten angewendet werden können. Die Bewertungen aller Projekte müssen vergleichbaren Maßstäben folgen. Trotzdem muss der verwendete Ansatz aber auch flexibel genug sein, um den Anforderungen unterschiedlicher Anwendergruppen gerecht zu werden. So setzt der Vorstand einen anderen Schwerpunkt als ein Bereichsleiter oder ein Standortleiter. Im Idealfall kann im Portfolio jede Perspektive abgebildet werden und die verschiedenen Portfolien bauen konsistent aufeinander auf.

3. Decision Management und Decision Control: Wettbewerb der Ideen

Die übergeordnete Unternehmensstrategie wird bei BMS auf Bereichsstrategien heruntergebrochen auf denen wiederum die Strategien der SGEs aufbauen. Dies ermöglicht zum einen die Fokussierung der Ressourcen auf die wichtigsten, strategischen Treiber, zum anderen entsteht zwischen den und innerhalb der internen Profitcenter auch ein Wettbewerb der Ideen um limitierte Ressourcen.

Insofern ergeben sich in den verschiedenen Arbeitsfeldern - parallel oder aufeinander aufbauend – Entscheidungssituationen, wobei aus den Projektideen diejenigen selektiert werden müssen, die die ökonomischen und strategischen Ziele von BMS optimal unterstützen. Als Basis zur Erstellung eines Projektportfolios müssen die Treiber der Projekte frühzeitig definiert und evtl. vorhandene Risiken identifiziert werden. Auf Basis dieser Informationen können die Projekte in das Projektportfolio eingeordnet werden. Abbildung 2 verdeutlicht diesen Prozess:

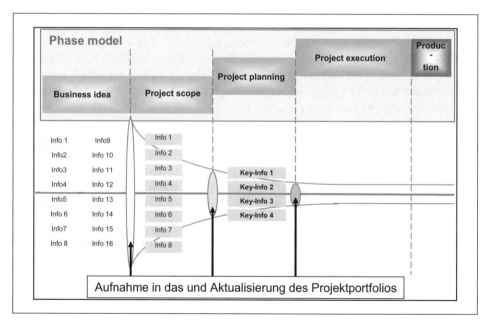

Abbildung 2: *Frühzeitige Identifikation von Projekttreibern und Aufnahme des Projektes in das Investitionsportfolio*

Die Unternehmensleitung, die Managementteams der Geschäftseinheiten sowie das Management der verschiedenen Detailprozesse müssen dabei sicherstellen, dass die Basis für die

Bewertungen der Projektideen in sich ausreichend konsistent und vergleichsrichtig ist. Ansonsten besteht die Gefahr, dass bei aufeinander aufbauenden Portfolioentscheidungen Entscheidungsträger für die Priorisierung der Projektideen eine unzureichende, im schlimmsten Fall widersprüchliche Datenbasis zur Verfügung haben. Bei Bayer MaterialScience wirkt diesem Risiko ein Community-Ansatz unter der Führung des Bereiches Corporate Development entgegen. Diese „Bewertungs-Community" ist aus Mitarbeitern der verschiedenen Teilkonzerne und Bereiche besetzt und tauscht sich regelmäßig über die aktuellsten Entwicklungen und Lessons Learnt aus.

Ein weiteres Risiko bei begrenzten Ressourcen besteht darin, dass individuelle Interessen – entweder einer Person aber auch von Teams oder gar ganzen Bereichen – die Entscheidungsprozesse bestimmen. Sichtbare Informationen, z. B. die einer Wirtschaftlichkeitsrechnung, könnten die Aspekte, die den Projekterfolg in einer Portfoliodiskussion steigern, zu stark gewichten. Zusätzlich könnten unbewusst schwache Signale für Projektrisiken vom Team nicht mehr wahrgenommen werden.

Diesen Risiken begegnet Bayer MaterialScience mit einem Ansatz, durch den eine gewisse Balance zwischen Decision Management und Decision Control gewährleistet wird. Dieses Vorgehen soll am Beispiel der Investportfolio-Entscheidungen exemplarisch beschrieben werden:

Unterstützt und begleitet durch Experten des Bereichs Corporate Development wird für Geschäftsideen, die größere Sachanlageinvestitionen erfordern, bereits in frühen Projektphasen damit begonnen, den Entscheidungsweg sowie die Entscheidungslogik des Projektteams und wie der Projektsponsoren transparent aufzuzeigen. Zu gewissen Haltepunkten werden diese Informationen einer Peer Group, die bereichsübergreifend besetzt ist, vorgestellt. Durch die Zusammensetzung der Peer Group und die Diskussion der Geschäfts- und Investitionsidee (z. B. Business Case) anhand einer SWOT-Analyse, die auf einer umfassenden Themenliste basiert, wird gewährleistet, dass Treiber für das konkrete Projekt sowie dessen Chancen und Risiken klar beschrieben werden. Die Peers sollen den Business Case aus ihrer unabhängigen Sichtweise hinterfragen. Genauso wichtig ist es aber auch, den Horizont des Projektteams durch die Erfahrungen und die Expertise der Peers zu erweitern. Die Ergebnisse dieser Workshops werden dokumentiert und dienen allen Managern als Entscheidungsgrundlage in den darauf folgenden Sitzungen.

Die organisatorische Anbindung von Corporate Development an den CEO von Bayer MaterialScience sowie die organisatorische Unabhängigkeit der Peers von der Hierarchie der Projektsponsoren dient somit als Gegenpol (= Decision Control) zu dem gesunden und gewünschten Eigeninteresse des Profit Centers (= Decision Management) an der Projektrealisierung.

Erst durch diese intensive Zusammenarbeit von vielen Mitarbeitern im Sinne „One Business - One Team", dem Leitgedanken von Bayer MaterialScience, sind die hoch verdichteten Informationen, die im Business Intelligence Tool „Investment Navigator" dokumentiert werden, als bereichsübergreifendes Invest-Portfolio-Instrument in der Praxis nutzbar.

4. Aufbau und Nutzen des Investitionsportfolios

Bei Bayer MaterialScience werden Investitionsportfolien auf unterschiedlichen Ebenen genutzt. So nutzt es das Executive Committee, um das globale Investitionsprogramm des Unternehmens auszuwählen und zu steuern. Genauso wird es aber auch von Standortleitern genutzt, um ihre Projekte an der Gesamtunternehmens- und an der Standortstrategie auszurichten. Bereichsleiter nutzten Portfolien, um das verfügbare dezentral zu vergebende Budget optimal auf ihre Kleinprojekte und Standorte zu verteilen.

Entsprechend den verschiedenen Anforderungen ist der generelle Portfolioansatz bei BMS sehr flexibel. Trotzdem bilden gemeinsame Bewertungsstandards und zentrale Vorgaben die Grundlagen für alle Varianten. So sind die Portfolien miteinander konsistent und können aufeinander aufgebaut werden.

Auf der untersten Ebene der Portfolienhierarchie stehen die Standortportfolien der einzelnen Bereiche. Ein Großteil der Ideen, die dort diskutiert werden, dient der Erhaltung des sicheren und zuverlässigen Betriebs der Anlagen. Diese haben zumeist einen „absoluten" Nutzen, d. h. bei Durchführung des Projektes kann weiter produziert werden, bei Nicht-Durchführung hingegen kann die Produktion nicht langfristig aufrechterhalten werden. Dementsprechend wird hier keine Berechnung des wirtschaftlichen Nutzens vorgenommen, sondern die Vorschläge werden anhand ihrer Dringlichkeit in ein Portfolio einsortiert. Ergänzend dazu werden Ideen mit einem klaren wirtschaftlichen Hintergrund (Kapazitäts- oder Effizienzprojekte) dementsprechend bewertet und in einem zweiten Portfolio abgebildet. Unter Berücksichtigung der strategischen Vorgaben ist der Standortleiter so in der Lage abzuwägen, wie er das ihm zur Verfügung stehende Kapital auf die verschiedenen Investitionsarten aufteilt.

Die Portfolien mehrerer Standorte werden für den Bereichsleiter zu einem Bereichsportfolio zusammengefügt. Dabei werden kleine Projekte, deren Entscheidung er an die Standortleiter delegiert hat, zusammengefasst abgebildet. Die Einordnung der größeren Projekte wird direkt aus den Standortportfolien übernommen. Aus diesem Portfolio kann der Bereichsleiter nun entnehmen, welche Vorschläge sein Investitionsprogramm zur Umsetzung der Bereichsstrategie am besten ergänzen. Er sieht aber auch die Stärken und Schwächen der einzelnen Standorte und kann entsprechend die Verteilung des ihm zur Verfügung stehenden Budgets steuern. Auch bietet ihm die Portfolioanalyse eine gute Argumentationsbasis, falls zusätzliches Budget benötigt wird (Decision Management).

Mittlere und große Projekte, die in diesem Prozess ebenfalls erfasst werden, sowie die aus strategischen Überlegungen entstandenen Projekte werden bei BMS in ein weltweites, bereichsübergreifendes Investitionsportfolio eingestellt. Zusammen mit der Analyse wie sich das Budget auf die verschiedenen Arten von Investitionen verteilt, wird es vom Executive Committee für die Entscheidung über das zukünftige Investitionsprogramm des Unternehmens genutzt.

Um diese Entscheidung optimal zu unterstützen wird das Portfolio auf Basis mehrerer Kennzahlen erstellt: Investitionssumme, Strategiebeitrag, Kapitalwert, Amortisationsdauer und Return on Investment (siehe beispielhaft Abbildung 3).

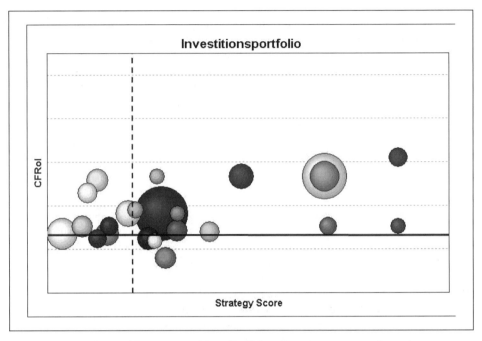

Abbildung 3: *Strategiebeitrag vs. CFRoI (Bubblegröße = Investitionsvolumen)*

Mit Hilfe dieses Portfolios werden vom Executive Committee die Investitionen ausgewählt, die z. B. die beste Kombination aus Strategiebeitrag und wirtschaftlicher Rendite bringen. Aus der Auswahl lässt sich dann das für BMS benötigte Investitionsvolumen der nächsten Jahre ableiten. Umgekehrt kann bei gegebenem Budget aus dem Portfolio abgeleitet werden, wie viele und welche Projekte realisiert werden können.

BMS erreicht durch das Investitionsportfolio die notwendige Transparenz über das optimale Investitionsprogramm. So kann die Investitionsstrategie mit der Gesamtunternehmensstrategie abgeglichen und bestmöglich umgesetzt werden. Zusätzlich wird die ökonomische und strategische Bedeutung jedes einzelnen Projektes klar herausgestellt. BMS nutzt das Portfolio, um die Verwendung von Cash Flows für Sachanlageninvestitionen zu optimieren.

Portfoliomanagement als Tool bringt für BMS bereits einen sehr großen Nutzen. Jedoch wird nur durch die Kombination dieses Ansatzes mit einem effizienten Business Intelligence Tool (Investment Navigator) sowie mit dem zuvor beschriebenen Peer Process die optimale Kombination von Decision Management und Decision Control erreicht.

Critical success factors of international project portfolio management

Peter Wollmann, Bob Dignen, Frank Kühn

> *Proposal for aphorism to accompany article: "Shall we take the following quotation from Charles Handy? 'This is terribly important - to choose the right people to work with you. I don't just mean those who can do the job, but people that you like, people that you can feel you can trust, people that you enjoy being with.'"*
>
> *Response to proposal: "It's an interesting quote. I also remember Tom Peters speaking and urging managers to populate organisations with people who '... didn't like the clothes you wore, didn't like your face, didn't like you personally and thought that you were a despicable human being ... and then there's a possibility that they might do something useful ...'. Isn't it food for thought?"*

When discussing the success factors of international project portfolio management, a number of quite different views have to be taken into account. Perspectives differ according to management level/function, cultural background and business relationship (purchaser-supplier dynamic). This is the challenge the authors decided to face up to themselves: drawing benefit from managing diversity.

The article contains the following chapters:

1. It is an interesting experiment

2. Perspective One: What internal and external support is required to manage my international project portfolio?

3. Perspective Two: Intervention to improve the steering and leadership of an international project bundle (case study)

4. Perspective Three: Corporate initiative: Developing training interventions to support the establishment of a new international leadership culture

5. Conclusion

1. It is an interesting experiment

… when three people with quite different professional backgrounds meet for a day in order to explore diverse approaches to "International Project Portfolio Management" and to investigate ways in which they might develop their cooperation. All parties were strongly curious to analyse the nature of consensus and diversity of perspective which exists in the group.

The trigger for this meeting was twofold: firstly, the increasing internationalisation of many major German and Swiss companies; secondly, the shared interest in developing best practice for international project management which is presenting new and significant challenges. All three parties have witnessed serious problems in international projects or project bundles due to difficulties in the collaboration of both internal and external management and staff leading to loss of company value. One expected outcome of the meeting was the development of a concept to combine internal and external resources and capabilities more effectively to master international project portfolios.

The profiles of the three participants at this meeting were diverse: a senior manager of an international financial services company who has run many large change projects over the last few years; a management consultant and partner of a German consultancy with a focus on strategy development, project and process management, leadership and cooperation; a communication consultant specialised in cultural difference and a director of a UK-based communication consultancy.

The three profiles offered three different perspectives

The senior manager is pragmatic, pre-occupied by the daily business of his company and project management responsibilities. He has little time to track discussions on business matters in scientific magazines and literature. He is more familiar with the terms and language of his company. He may tend to underestimate the opportunities and challenges represented by intercultural differences in business practice.

The management consultant is change orientated, focused on developing and facilitating the implementation of relevant organisational concepts, methods and processes which are state of the art and tailored to real business practice. He has an overview of a wide variety of companies with contact to individuals and teams at all levels of the organisations. Nevertheless, he may underestimate the intercultural barriers to realising change processes successfully in client organisation.

The communication consultant is focused on the personal development of individuals or smaller teams. He tends not to become involved in decision making concerning change management processes. His expertise is coaching individuals and teams to communicate more successfully in complex international situations. He has contacts with many individuals across organisations but his main entry point is usually through the human resources department. He may underestimate the impact of organisational dynamics on interpersonal communication across cultures.

The agenda of the meeting was designed to support creativity and free exchange of ideas and experiences. Interestingly, consensus quickly emerged to use the writing of a joint article on intercultural aspects of international project portfolio management as a framework for the day.

The group began with a brainstorming session using a mind map which clarified the structure and key points of the article. The next steps were quickly decided: individual writing of sections of the article, sharing and discussion of the results followed by a decision on how to best proceed next.

Importantly, the discussion of first drafts resulted in a decision not to attempt to integrate individual perspectives into a single vision. It was felt to be more interesting to retain the diversity of inputs whilst investigating the key commonalities of the various approaches which could be utilised to master international project portfolios.

2. Perspective One: What internal and external support is required to manage my international project portfolio?

The number of factors to be considered when managing an international project portfolio has increased exponentially in the last few years – in parallel to the growth in complexity and internationalisation of companies in increasingly competitive and varied markets.

Business has accelerated over the last twenty years and there is almost no precedent which assist in the management of a project landscape in rapidly developing international companies. As a result, the people in charge of steering the international project portfolio of a company are required to undertake a great deal of analysis to identify and meet the challenges of numerous change measures.

In this context, one of the critical tasks is to clarify effectively and efficiently the need for professional support to manage the international project portfolio and to win the right internal and external resources in terms of capacity and competencies. The definition of some resource categories might be helpful:

- **resources to manage technical contents:** experts in special products, plants, production methods, tools, IT concepts etc.

- **resources to manage organisational development:** managers and experts in business concepts, legal and management structure, process management, relationship management, company culture etc.
- **resources to master human resource and change management:** managers and experts needed to motivate people, to create enthusiasm and commitment, to assess and develop right people, to change mindsets and organisational culture etc.
- **resources to manage complex international projects, project bundles and portfolios in different positions:** different types of managers for projects – with both leadership competencies and special know-how including finance & controlling – such as project leaders or managers, project office members, project communication managers, heads of subprojects, country heads of international projects etc.
- **resources to take the sponsor or steering committee member or special mentor role:** normally people from the executive/top management level with enough time, attention, and motivation for aligning and supporting the project lead and project team

After working out such needs another yet more difficult analysis is to be done. It must be decided which needs may be covered by which internal resources (capacities and competencies) and which can only or should better be covered by which external supporters.

Here we have to differ between renting pure capacity – which will not considered in this article – and renting competency, which normally means a larger intervention for the organisation. There are a number of different intervention categories thinkable to meet the current situation of the project portfolio management and its future development, e.g.

- designing and facilitating of the project portfolio process, including project selection and prioritisation
- project management development
- face-to-face coaching of multi-project managers and other key players
- facilitating change and development processes within the project landscape
- enhancing project office service
- coaching of important projects (especially in conflicts or other difficult situations)
- supporting business design, strategy and process development in key projects
- team building to develop project and project portfolio performance
- supporting language skills needed in international projects
- analysis and working on cultural differences

After having finished this analysis and defined the profiles of the required internal and external resources, the potential suppliers have to be identified, assessed and selected.

Critical success factors of international project portfolio management

When the project portfolio organisation is established and staffed with competent resources, the question arises as to how best to manage it efficiently, including communication with the various stakeholders, ensuring interfaces and interdependencies. The most important idea to manage this challenge is to commit to shared principles with all stakeholders. These principles should contain the following:

- clear role and responsibility concepts
- clear and committed resources and budget
- clear understanding of the company as lead and consultancy as supplier
- clear rules for working between people, teams and the organisation as a whole
- clear understanding of the opportunities and risks of diversity in the project team and idea how to handle this
- clear understanding of the common aim – and that a common shift has to be realised
- integration of experienced internal people and consultants from all involved countries (as far as possible)
- common understanding of cooperation within a learning organisation and communication in a network
- clear understanding of the necessity of knowledge transfer, including migration of external competencies to internal organisation

Experience shows that the last topic is a particularly great challenge: It means creating and realising a learning and maintenance process which reliably ensures that the relevant external competencies are transferred systematically to the internal managers and experts.

Interestingly, although the preceding "Perspective 1" and the following "Perspective 2" are formulated from different mindsets, they reveal a shared understanding. Firstly, both define so-called resource categories and intervention categories with common principles. The following provides a case study which exemplifies these shared principles. It features (as resources) diverse managers and experts of a company who are responsible for managing an international project bundle, and a consultant who (on intervention) is asked to facilitate a challenging workshop in order to change the working methods needed to steer the project bundle successfully. The case underlines the relevance of essential principles such as clear role and responsibility definition.

3. Perspective Two: Intervention to improve the steering and leadership of an international project bundle (case study)

A fitness programme is set up generating an international project bundle

A global trading company wants to improve the efficiency of its cross-subsidiary logistics processes significantly. Therefore, the board member who is responsible for the logistics performance implements a fitness programme and asks the subsidiary managers worldwide to define appropriate projects, to nominate project managers and contribute to a regular exchange of experience in order to achieve the defined corporate aim and realise expected synergies.

A multi-project manager is nominated and requested to coordinate the project bundle as a subset of the corporate project portfolio, covering all subsidiaries and fitness projects worldwide. To initiate this, she prepares a set of materials containing the corporate project management standards, the forms to be used, and information on how to organise and control the bundle according to the corporate portfolio standards. She distributes the material to the involved people expecting them to pursue the procedures to the letter.

Success is endangered

Co-ordination of the programme seems difficult, and its realisation endangered. The subsidiary managers, who feel far enough away from the headquarters, don't deliver or exchange knowledge.

The project managers settled in the subsidiaries feel unhappy due to the multi-project manager's 'one-way' communication style and the general conflict of interest arising between loyalty to the global fitness programme and to the different priorities set in the local subsidiaries.

Eventually, the multi-project manager becomes frustrated. After discussion with some of the relevant managers, she becomes convinced that they are neither fully committed to the programme nor motivated to follow her, despite her having implemented her learning on how to steer projects.

A management consultant experienced both in project management and facilitating change processes is brought in to help get the project back on track.

A workshop is set up to restart the project bundle

The first step is to analyse the organisation of the project bundle in relation to the real lines of authority and communication within the company. The multi-project manager schedules a series of interviews (taking her responsibility for steering the project) which are carried out by the consultant (thus starting the intervention).

The result shows that power is not exercised correctly. The board as a whole is not received as sponsor of the fitness programme, and it does not completely fulfil its role. Additionally, intercultural differences are not taken into account sufficiently in the involvement of key players, evident in the fact that local managers express the feeling that they do not feel appreciated. Accordingly, communication lines are inefficient with omissions in official reporting and concealment of information.

The next step of the consultant is to discuss these findings with the multi-project manager and so create a joint solution to the situation. It concludes (1) to (re)launch the project bundle, (2) to make the key players fulfil their role explicitly, and (3) to do it by setting up an international workshop to create a shared feeling for the joint endeavour and re-state first principles. The multi-project manager presents the findings and outline to the board which makes the decision she wants.

Some thirty subsidiary and project managers are invited to a four day-workshop. The introduction is given by the board members as a group with the result that they are clearly perceived as motivated sponsors. Following this, the multi-project manager presents the status of the project bundle and a vision of the way forward in terms of teamwork and communication.

She introduces the next step as group work designed to enhance cross-subsidiary and cross-cultural communication, working on key processes and joint projects. All participants are encouraged to exchange information and experience cross-organisationally in order to benchmark their solutions and obtain best practice for the whole company. In a separate session, the multi-project manager and the participants discuss their roles, mutual expectations and principles of collaboration.

On the final day, the groups present their projects and selected solutions to the board, and commit to improved cross-organisational cooperation and future networking. The multi-project manager presents her findings how to steer the project bundle, with clear consensus of the participants, and finally the conclusion of the workshop. The results of the workshop are explicitly accepted and fully appreciated by the board as sponsor.

The task of the consultant has been to propose the workshop design, to facilitate the workshop, to coach the multi-project manager to reflect on and assume her role, and to challenge the board where necessary.

The findings from the workshop are transferable

The evaluation of the workshop shows important learning points:

Significant efficiency gains can be achieved by a pro-active multi-project management process which overcomes intercultural barriers and enables synergy trans-nationally. It requires committed sponsorship and attention to motivating international collaboration, in addition to structuring the project bundle and installing reporting lines.

The key players in a project bundle have to provide clear definition and consistent fulfilment of their roles and responsibilities. Consultants who are sensitive to and experienced in organisation and human resource development have to support this.

Successful international multi-projecting (for steering project portfolios as well as project bundles) must be driven by managers and teams who are interculturally competent with effective international communication skills.

International project bundles should invest in events which reinforce sponsorship and management responsibilities, support mutual intercultural understanding and ensure international collaboration on joint solutions.

After the preceding case study, which reflected a key situation in the course of an international project bundle, the following displays an approach made in a multinational organisation attempting to approach cultural change through a number of projects. The multi-project management itself becomes an integrated part of the issue, like "a puppet within a puppet". Compared to the preceding paragraphs, the story may pursue a different structure but its core ideas are shared by the author team.

4. Perspective Three: Corporate initiative: Developing training interventions to support the establishment of a new international leadership culture

A questioning approach

This organisation is implementing a process of radical cultural restructuring, moving from a classical pyramid (command and control) hierarchy to what it terms a networked approach. One important part of the rationale, aside from business drivers, is the desire to develop an attractive corporate environment for future generations of talent, to be attracted and retained.

Within this process, a number of associated projects are being developed which can be categorised as follows:

(a) Structural work, i.e. projects associated with business definition:

- corporate goal-setting
- process definition
- organisation and IT structures
- reporting

(b) Cultural work, i.e. projects associated with management culture:

- generic envisioning 'new leadership' training programmes

- initiatives to develop mentoring and coaching programmes to support change management
- function-specific interventions (international sales, international project management) designed to create holistic and more global group thinking to realise synergies and develop high common standards

An appropriate multi-project management process is defined to master the shift

After defining projects on the above listed topics there is consensus that a specific multi-project management is needed with dual benefits, firstly to steer the projects as a whole, and, secondly to exemplify the new way of working.

The management team decides to implement a multi-project management process which:

- follows a vision based upon a common definition of new performance, knowledge and behaviours
- is communicated strongly top-down and middle-down
- overcomes impediments of local specificity by creating buy-in which defines and produces measurable benefits for local contexts
- sets individual projects and sub-projects clearly within broad but connected strategic aims
- defines needs for internal/external support which is tailored to the needs of target groups
- assesses and delivers internal/external support
- establishes clear dependencies and risks between associated projects/sub-projects and develops measuring tools to monitor these
- develops cross-organisational maintenance procedures
- identifies and facilitates cross-consulting exchange and co-operation to ensure coherent roll-out

Training interventions are defined to support the multi-project management process

Clustering helps to orientate and design the training interventions effectively. Firstly, there is a differentiation of the capabilities which are to be developed:

- technical
- organisational
- communication

Secondly, three target groups are identified: sponsors, players (management/staff) and consultants. Training interventions are developed designed to enable critical questions to be answered:

A. Sponsors are enabled to define the following:

Which structural changes must be sponsored?

Which sponsorship message is to be communicated?

Which communication process is required?

How do we identify and manage risks as sponsors?

B. Players are enabled to define the following:

Which critical target groups can be identified and prepared? How relevant are:

- *country heads*
- *high potentials*
- *project leads*
- *functional heads*
- *key teams (project/virtual networks managing knowledge)*

Which knowledge and process competence is required by these groups?

Which memoranda of communication understanding can these target groups produce and commit to?

C. Consultants are required to define the following with each other to ensure synergistic delivery of training interventions:

How far can we identify common measurable objectives (technical/organisationa/communication dependencies and/or risks)?

How can we cooperate in practice to deliver dependency-driven content?

How can we ensure networking/exchange of experience?

An intercultural mindset

From the perspective of the intercultural coach, individuals and teams will require support in developing an international mindset. The intercultural mission for such coaching is threefold:

1. To create a truly 'global' mindset and practice (ability to balance headquarter and subsidiary perspectives, skills to persuade and motivate in corporate contexts etc.)
2. To enhance knowledge of and sensitivity to diversity of values and behaviours (knowledge of self and others)
3. To develop skills which facilitate transparency and impact (micro-communication skills based upon a set of effective international listening and speaking styles)

Intercultural coaching should be viewed as a series of internal interventions across different levels of an organisation and as a process synergising internal/external consulting and organisational interfaces designed to facilitate international portfolio project management. Companies and management consultancies may utilise the insights into communication offered by intercultural consultancies to synergise project outcomes and project processes to the maximum.

5. Conclusion

Three people with different backgrounds meet with a shared interest and a shared goal. They explore diversity and discover common basics, a situation itself analogous to that faced at the beginning of a project portfolio process.

What has emerged from the discussion on different theoretical and practical approaches to international project portfolio management is a shared recognition of three critical success factors.

The first success factor is **'analytic excellence'**. It is crucial to analyse effectively and efficiently the precise resource demand (particularly competencies) within the international project portfolio and to decide the combination of internal and external resources in detail required to satisfy this demand. Critically, the selected procedures, methods and tools have to become a common company standard.

The second success factor is **'commitment'**. The internal and external stakeholders within international project portfolios have to be aligned and committed to common corporate values, principles, rules, approaches or methods. This also contains committment to available project resources and budgets. Whilst this is important for every national project, it is an absolute prerequisite in an international arena. The outcome must be a common mindset and practice for all project portfolio stakeholders, both internal and external.

The third success factor, and a critical outcome of the author discussions, is what might be termed **'synergy management'**. The steering of an international project portfolio requires an appropriately highly complex organisation integrating internal and external stakeholders with the urgent demand to align and synergise individuals and teams in a short time frame in the most effective and efficient way. Such complex organisation would benefit from a new form of consulting which might be termed 'synergy consulting', a pro-active networking activity between involved consultants and client organisation designed to add value to the client situation by drawing benefit from diversity and shared principles and practices.

Finally, there is a fourth factor, possibly the most important, which we might term **'patience'** – a virtue in very short supply these days. It must be recognised that time is necessary to analyse and satisfy resource needs fully, to build the teams with a strong commitment to common principles and mindsets, and to find and manage synergies. Patient management of time will be required to manage the international project portfolio to successful resolution.

Projektprogramm zur unternehmensweiten Steigerung der Kosteneffizienz

Christopher Nimsch

„Wenn ich nicht mehr weiter weiß, bild' ich einen Arbeitskreis."

Ein globales Operational Excellence Program wird aufgesetzt. In einer Reihe internationaler Workshops werden eine fundierte und akzeptierte Zielsetzung erarbeitet und ein qualifiziertes Projektebündel auf den Weg gebracht. Miteinander sprechen, lernen und arbeiten machen den Erfolg aus.

1. Kernkompetenz: Projekt- und Multiprojektmanagement

2. Zielfindung: Ein längerer Prozess

3. OPEX 100: Ein Name, eine Aufgabe, ein Team

4. Projekte: Einheitlich erfassen und professionell planen

5. Kick-off des Projektebündels: Transparenz gewährleisten

6. Resümee und Ausblick

7. Ein Rückblick auf den Ausblick

1. Kernkompetenz: Projekt- und Multiprojektmanagement

Unternehmen stehen heute in einem internationalen, immer härter werdenden Wettbewerb. Die Halbwertzeit von Alleinstellungsmerkmalen wird immer kürzer. Lokale, individuelle Kundenbedürfnisse rücken in den Fokus der Global Player. Die vom Kunden gewünschten Produkte und Leistungen müssen immer schneller und kostengünstiger zur Verfügung stehen. Nationale Vorschriften und Gesetze schützen die regionalen Märkte, Handelsbarrieren gilt es zum eigenen Vorteil zu nutzen. „Ein Produkt für die ganze Welt" funktioniert nur selten.

Als Folge davon ergibt sich für Unternehmen die Notwendigkeit, die eigenen Prozesse noch effizienter und flexiebler zu gestalten, sowie die Fähigkeit auszubauen, die erforderlichen Veränderungen schnell, zuverlässig und ressourcenschonend durchzuführen. Das Projekt- und Multiprojektmanagement wird zu einer neuen Kernkompetenz.

In dem vorliegenden Beitrag wird anhand eines praktischen Beispiels gezeigt, welche unterschiedlichen Aspekte berücksichtigt werden müssen, um ein Projektebündel zum Ausbau von Wettbewerbsvorteilen erfolgreich zu initiieren und konsequent umzusetzen.

Die DORMA GmbH & Co. KG mit Sitz in Ennepetal ist ein international tätiges Unternehmen mit 65 Gesellschaften in 44 Ländern und rund 6.500 Mitarbeitern weltweit. Das Unternehmen ist Weltmarktführer in der Türschließtechnik und im Bereich von Raumtrennsystemen. Mit dem Geschäftsfeld Automatische Türsysteme belegt DORMA Platz 2 in der Welt.

Das Unternehmen ist in den vergangenen Jahren stark gewachsen, sowohl organisch als auch durch Akquisitionen. Der Umsatz wurde verdoppelt und der Gewinn kontinuierlich gesteigert. Neben einer Management-Holding gibt es fünf produktorientierte Divisionen und dreizehn vertriebsorientierte Regionen. Diese Führungsstruktur stellt den organisatorischen Pfeiler für das wirtschaftliche Wachstum dar. Das Produktportfolio, welches im Kern aus eigener Entwicklung und Produktion stammt, ist ein weiterer Pfeiler.

Vor dem Hintergrund der Wachstums- und Ergebnisziele im globalen Wettbewerb wurde neben den Aktivitäten im Vertrieb ein „Excellence Program" zur Optimierung der Produktionsprozesse und -strukturen aufgelegt.

2. Zielfindung: Ein längerer Prozess

Oftmals werden bereits in der Anfangsphase von Projekten und Programmen die Wurzeln für ein späteres Scheitern gelegt.

„Herr Meier, ich habe vollstes Vertrauen in Sie und Ihre Fähigkeiten. Sie werden das für unser Unternehmen schon machen. Wichtig ist im Moment, dass Sie schnell in die Vorwärtsbewegung kommen und schon mal anfangen."

Im vorliegenden Fall wurde dieser Fehler vermieden und nicht sofort mit der Umsetzung begonnen. Streng nach „Lehrbuch" wurde zusammen mit dem COO als Auftraggeber die Aufgabenstellung geklärt und das Programm definiert.

Soweit die Theorie. Was bedeutet denn nun Excellence? Was sind unsere heutigen und zukünftigen Kernkompetenzen? Was sind optimale Prozesse und Standorte? Wo werden welche Innovationen benötigt? Was bedeutet Qualität und wer braucht welche? Wer ist eigentlich „Best in Class" und überhaupt: in welcher „Class"?

Schnell wird deutlich, dass die Zieldefinition durch eine Person nur sehr rudimentär erfolgen kann. Es gilt also zunächst die Schritte zu einer fundierteren Zielsetzung und von allen beteiligten Personen akzeptierten Planung des Programms zu finden. Hierzu gehören:

- Identifikation und Einbeziehung der verantwortlichen Führungskräfte,
- betriebswirtschaftliche Ausgangslage, Potenzial und daraus abgeleitet die Zielsetzung für jede der beteiligten 32 Einheiten gestaffelt nach Geschäftsjahren,
- Klärung der qualitativen Ausgangslage anhand eines geeigneten Maßstabes und Ableitung von Zielsetzungen für die einzelnen Fachdisziplinen.

Der gesamte Prozess der Zielfindung bis hin zum Start der Realisierung des Projektebündels hat im vorliegenden Fall annähernd 15 Monate in Anspruch genommen. Die Festsetzung und Kaskadierung der monetären Zielwerte war noch die einfachste Übung. Auf Basis der aktuellen Gewinn- und Verlustrechnungen der Einheiten wurde unter Berücksichtigung der strategischen Wachstumsprognosen der einzelnen Produktgruppen sowie der üblichen Preisverfalls- und Teuerungsraten ein Szenario der Kostenentwicklung für fünf Jahre erstellt. Mittels Gap-Analyse zur fixierten Zielrendite wurde deutlich, welche Einheiten ihre Kosten in welchem Maße reduzieren bzw. vermeiden müssen, um das steigende Volumen mit dem gewünschten Ergebnis zu bewältigen.

Im zweiten Schritt wurden die Daten mit den Managern der 13 Vertriebsregionen vor dem Hintergrund der lokalen Businesspläne, der konjunkturellen Entwicklung und der jeweiligen Marktposition plausibilisiert. Nach Abschluss dieser Arbeiten wurde gemeinsam mit den Controllern ein Strich unter die Rechnungen gezogen und addiert. Das monetäre Ziel des Programms wurde verkündet:

„Die Potenzialrechnung hat ziemlich genau 100.000.000 Euro ergeben."

Gemeinsam mit den verantwortlichen Direktoren der Fachfunktionen aus der Holding wurde sodann in einer Workshop-Reihe die quelitative Beschreibung des Soll-Zustandes erarbeitet. Dabei wurde sowohl dem heutigen Ist-Zustand der eigenen Werke und Prozesse, als auch dem aktuellen Stand der Technik und dessen Entwicklungstrends in den verschiedenen Disziplinen Rechnung getragen. Das Ergebnis wurde in einem „Fokuspapier" (Abbildung 1) zusammengefasst, mit der Unternehmensstrategie abgeglichen und durch die Geschäftsführung verabschiedet.

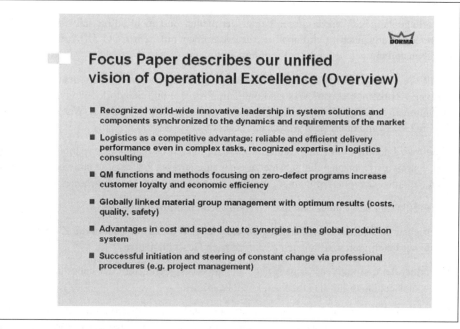

Abbildung 1: Qualitative Beschreibung der Operational Exellence

Ein weiterer Meilenstein auf dem Weg der Zielfindung war die Einbindung der Führungskräfte im Bereich Operations durch die gemeinsame Entwicklung eines Maßstabes zur quantitativen Messung der qualitativ beschriebenen Zielgrößen. Dies erfolgte über eine weitere Staffel von Workshops. In der ersten Veranstaltung wurde durch die Direktoren der Divisionen und einigen Werksleitern Kennzahlen für ein Cockpit (Abbildung 2) entwickelt, mit dessen Hilfe es möglich wurde, den Fortschritt der einzelnen Standorte zu messen und zu monitoren.

In den folgenden Arbeitstreffen wurde daraufhin gemeinsam mit den Kollegen des Bereiches Finance das Verfahren entwickelt und implementiert, mit dessen Hilfe die notwendigen Basisdaten erhoben, verdichtet, ausgewertet und visualisiert werden können. Für die beteiligten Führungskräfte war es dabei wichtig, dass die Kennzahlen im vorhandenen Managementinformations-Tool abgebildet werden und kompatibel zum Konzernberichtswesen sind.

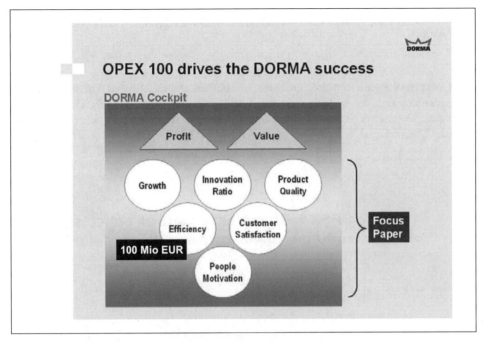

Abbildung 2: Kennzahlen in einem Cockpit

DORMA ist eine international operierende Gruppe. Die 32 produzierenden Einheiten sind in den lokalen Märkten möglichst nahe am Kunden aufgestellt, d. h. weltweit verteilt, in jeweils unterschiedlicher Größe und Komplexität. Zur Validierung der bisherigen Arbeit sowie zur Steigerung der Akzeptanz wurde deshalb im Jahr 2004 ein weiterer internationaler Workshop durchgeführt.

Im Rahmen der regelmäßig stattfindenden „International Group Conference" trafen sich 45 Kollegen aus dem Operations-Bereich. Hier wurden zum einen die Kennzahlen und Zielsetzungen diskutiert, zum anderen aber auch schon notwendige Maßnahmen zur Unterstützung kleinerer Einheiten besprochen. In den vier gemeinsam verbrachten Tagen wurde erneut deutlich, dass ein Erfolg nur über persönliche Kontakte, gegenseitiges Verstehen und letztendlich Vertrauen zu erreichen ist.

„Think global, act local" ist keine Phrase, sondern einer der Schlüssel zum Erfolg. Allerdings muss für das Global Thinking die Internationalität persönlich erlebbar sein und ein Netzwerk zum allseitigen Vorteil aufgebaut werden.

3. OPEX 100: Ein Name, eine Aufgabe, ein Team

Die Operational Exellence wurde qualitativ beschrieben und quantifiziert. Die Führungskräfte wurden beteiligt, das Vorhaben akzeptiert und aktiv unterstützt. Ausgehend von der momentanen Situation unter Berücksichtigung von Konjunktur und strategischer Marschrichtung des Unternehmens wurden die Ziele vereinbart (Abbildung 3).

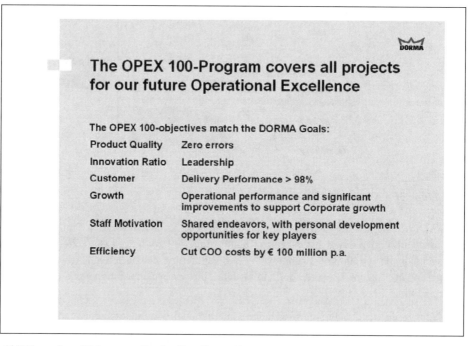

Abbildung 3: Zielsetzung für das Excellence Programm

Wunderbar, die deutschen Teilnehmer des Workshops waren zufrieden. Nicht so unsere britischen und asiatischen Kollegen:

„Gentlemen. We need a flag for our campaign. A titel for the program that we can gather our troops behind us."

Der Titel „OPEX 100" (**OP**erational **EX**ellence **100** Million Euro) wurde mit viel Spaß gemeinsam geboren.

Im Laufe der Vorbereitungen und der Workshops wurde eine weitere Dimension identifiziert, die in dem Programm zu berücksichtigen ist. Aufgrund der Kundennähe der produzierenden Einheiten sowie der Trennung zwischen produktorientierten Divisionen und vertriebsorientierten Regionen können sich in einigen Fällen Kompetenzstreitigkeiten und damit Reibungsverluste ergeben. Somit wurde eine eindeutige OPEX-Verantwortlichkeit notwendig, die in einigen Bereichen nicht der disziplinarischen Führungsverantwortung entspricht. Daraus resultiert ein intensives Stakeholder-Management hinsichtlich der Divisional- und Regional Boards. Übergeordnete Eskalationsstufe ist das Holding Board (Abbildung 4).

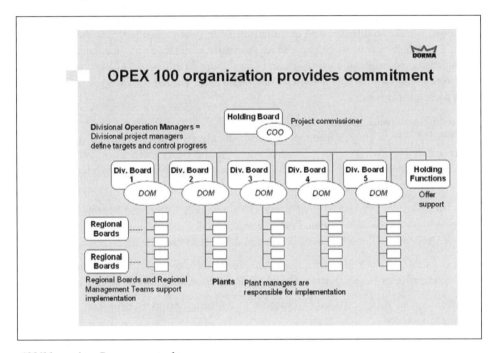

Abbildung 4: Programmstruktur

Aus Abbildung 4 wird deutlich, dass das Excellence Programm auf höchster Führungsebene läuft. Eine Besetzung mit Programmverantwortlichen aus der „2. Reihe" verbietet sich hinsichtlich der Zielsetzung und der politischen Brisanz vieler Themen. Entscheidungen müssen auf höchster Ebene getroffen und vertreten werden. Ebenso erscheint das Risiko sehr hoch, hier junge Projektleiter einzusetzen und zu „verbrennen". Die Chancen zur Entwicklung von Mitarbeitern hin zu Führungsaufgaben sind innerhalb der Projektelandschaft vielfach vorhanden.

Programmführung ist Managementaufgabe.

Personalentwicklung findet innerhalb der Projekte statt.

4. Projekte: Einheitlich erfassen und professionell planen

Im Anschluss an den internationalen Workshop wurden in den einzelnen Einheiten an Ideen gearbeitet, wie die qualitativen und quantitativen Ziele zu erreichen sind. Für die Koordination des Programms war es wichtig, die Ideen sowie den qualitativen und quantitativen Nutzen in möglichst eindeutiger und vergleichbarer Darstellung zu erhalten. Auf Basis der erarbeiteten Projekte sollten – in einem weiteren internationalen Treffen – Synergien gefunden und Ideen ausgetauscht werden.

Es wurde ein einfaches „Project Sheet" (Abbildung 5) entwickelt, mit dem die Projekte erfasst werden. Neben einigen Informationen zur Identifikation des Projektes (Titel, Nummer, Auftraggeber, Projektleiter usw.) sind dies vor allem die Beschreibung des Zwecks und der Ziele des Projektes. Dabei beschreiben der Zweck, warum das Projekt durchgeführt wird, und die Ziele die messbaren Ergebnisse des Projektes.

Beim Ausfüllen der „Project Sheets" wurde auf eine möglichst präzise Beschreibung geachtet. Andere, die nicht direkt an dem Projekt beteiligt sind, müssen aufgrund der Beschreibung erkennen können, ob der Inhalt auch für sie und ihr Werk interessant ist.

Der Chefredakteur der Zeitschrift „Fokus" in einem Werbespot, der durchaus auf das „Project Sheet" zutreffen kann: „Fakten, Fakten, Fakten und an die Leser denken!"

Die Ziele sollen daher „SMART" (**S**pezifisch, **M**essbar, **A**ttraktiv, **R**elevant, **T**erminiert) beschrieben werden.

Ein weiterer Bereich im Project Sheet stellt den Bezug zum DORMA-Cockpit her. Hier erschien es schwierig, den exakten Einfluss auf den jeweiligen KPI (Key Performance Indicator) zu beschreiben. Daher wird eine qualitative, linguistische Beurteilung angewandt. Mit ihrer Hilfe soll der Auftraggeber gemeinsam mit dem Projektleiter die Bedeutung des Projektes für die KPIs des Cockpits abschätzen.

Auf einer zweiten Seite werden die monetären Daten zusammengefasst. Dies sind zum einen die erwarteten GuV-relevanten Einsparungen und gegebenenfalls gegenläufigen Kosten, zum anderen die notwendigen Projektkosten und Investitionen.

Diese zweiseitige Unterlage wurde entlang der Programmstruktur „ausgerollt".

Project title *Projektname*		Responsible Board *Verantwortliches Board*	
Project manager *Projektleiter*		Commissioner *Auftraggeber*	
Project no *Projekt-Nr.*		Date of Project definition *Datum Projektdefinition*	
Project category *Projektkategorie*	☐ R&D ☐ Organization ☐ Integration	Project type *Projekttyp*	☐ Feasibility study *Konzept* ☐ Realization *Realisierung*
Company *Gesellschaft*		Site *Standort*	
Project purpose [1] *Projektzweck*			
Project objectives [2] *Projektziele*			

Phase	Approved[3] *freigegeben*	Running *läuft*	Completed *beendet*	Cancelled *abgebrochen*	Start [4] *Projektbeginn*	Deadline [5] *Projektende*
	☐	☐	☐	☐		

Strategic focus *Strategischer Fokus*	With regard to the strategic aims, the project is *Hinsichtlich der strategischen Ziele ist das Projekt*			
	necessary *notwendig*	relevant *wichtig*	useful *nützlich*	irrelevant *irrelevant*
Customer satisfaction *Kundenzufriedenheit*	☐	☐	☐	☐
People Motivation *Mitarbeiterzufriedenheit*	☐	☐	☐	☐
Growth *Wachstum*	☐	☐	☐	☐
Efficiency *Effizienz*	☐	☐	☐	☐
Innovation ratio *Innovationsrate*	☐	☐	☐	☐
Product quality *Produktqualität*	☐	☐	☐	☐

Strategic focus *Strategischer Fokus*	With regard to the strategic aims, the project is *Hinsichtlich der strategischen Ziele ist das Projekt*			
	necessary *notwendig*	relevant *wichtig*	useful *nützlich*	irrelevant *irrelevant*
Customer satisfaction *Kundenzufriedenheit*	☐	☐	☐	☐
People Motivation *Mitarbeiterzufriedenheit*	☐	☐	☐	☐
Growth *Wachstum*	☐	☐	☐	☐
Efficiency *Effizienz*	☐	☐	☐	☐
Innovation ratio *Innovationsrate*	☐	☐	☐	☐
Product quality *Produktqualität*	☐	☐	☐	☐

Spread of *Verteilung von*	Benefit *Nutzen*	Project Costs *Projektkosten*	
Holding			1) Why this Project
Division 1			2) What Result should be reached
Division 2			3) By Divisional Operations Manager
Division 3			4) Date of planned Project Start (DD.MM.YY)
Division 4			5) Date of planned Project End (DD.MM.YY)
Division 5			
Sum	100 %	100 %	

Abbildung 5: Erfassungsschema für Projekte (Project Sheet)

Parallel zu diesen Aufgaben wurden Projektmanagement-Trainings in der gesamten Gruppe durchgeführt. Insgesamt wurden mittlerweile weltweit über 360 Mitarbeiter und Führungskräfte in jeweils mehrtägigen Kursen auf die verantwortliche Übernahme von Projekten und Teilprojekten vorbereitet. So schwitzen bspw. 39 asiatische Kollegen aus Singapur, Malaysia, Hongkong und China bei 35 Grad Celsius und einer relativen Luftfeuchtigkeit von 90 % acht Tage lang, um sich intensiv vorzubereiten. Neben der systematischen Planung wurden ebenfalls Methoden des Risikomanagements vermittelt und geübt.

Die Trainingseinheiten wurden anwendungsorientiert mit einem Mix aus wenig Theorie und viel praktischer Übung durchgeführt. Ein weiterer Schwerpunkt neben der reinen Projektmanagement-Methodik lag auf den Themen Führung und Verantwortung.

In diesen Trainings wurden die Unterschiede zwischen den einzelnen Kulturen offensichtlich. Während in einigen europäischen Ländern viele Dinge hinterfragt und zum Teil Energie darauf verwendet wurde, Verfahren und Methoden zu widerlegen, haben die asiatischen Kollegen die Themen sehr interessiert und offen aufgenommen und durch schnelle Anwendung den Nutzen für sich entdeckt. Eine solche positive Lernhaltung ist sicherlich auch ein Standortvorteil.

5. Kick-off des Projektebündels: Transparenz gewährleisten

Im April 2005 war es dann soweit. Die Kollegen hatten ihre Ideen zu Projekten zusammengebunden. Das gemeinsame Kick-off war terminiert. Ziel dieses auf vier Tage angesetzten Workshops war es, zum einen zusammenzuzählen, ob die 100 Millionen erreicht werden, zum anderen miteinander und voneinander zu lernen.

Das Workshop-Design zum Kick-off war sowohl inhaltlich als auch vom Ablauf her eine große Herausforderung. 56 Kollegen unterschiedlicher Nationalitäten und Disziplinen mussten in fünf divisionalen Gruppen innerhalb von vier Tagen die erforderlichen Projekte miteinander besprechen. Die Inhalte und Vorgehensweisen mussten untereinander verstanden und divisionsübergreifend abgestimmt werden, um Synergien zu identifizieren. Gemeinsame Themen sollten zusammen bearbeitet werden, um Kosten zu teilen und Ressourcen zu schonen. Es galt Unterstützungsbedarf zu benennen und Know-how-Träger zu finden, die diesen Unterstützungsbedarf decken konnten. Darüber hinaus sollte noch ein gemeinsames „Erlebnis" geschaffen werden, an das die Teilnehmer sich erinnern und das die Gruppe zusammenschweißen sollte.

Am Ende der vier Tage erhielt jeder Teilnehmer einen Ordner und eine CD-ROM mit einer Übersicht der weltweit laufenden Projekte und allen Angaben aus den Project Sheets. Jeder hatte die geprüften und freigegebenen Projektaufträge für seinen Verantwortungsbereich sowie eine Übersicht von Unterstützungsmaßnahmen (Abbildung 6) in den Händen.

Das gesamte Programm unterstützt alle Aspekte des DORMA-Cockpits (Abbildung 2) nahezu ausgewogen. Die gesamte „Supply Chain" vom Lieferanten über die Produktion bis hin zum Kunden wird von den Projekten abgedeckt. Für 32 Standorte sind 151 Projekte aufgeplant. Die Projekte sind nach divisionaler Verantwortung in fünf Projekt-Portfolios zusammengefasst. Es bestehen Übersichten der Projekte hinsichtlich strategischem und wirtschaftlichen Nutzen, geplanten Investitionen und Umsetzungskosten, Verantwortungsbereichen und zeitlicher Staffelung. Die Risiken der einzelnen Projekte sind mittels einer „Härtegrad-Skala" bewertet.

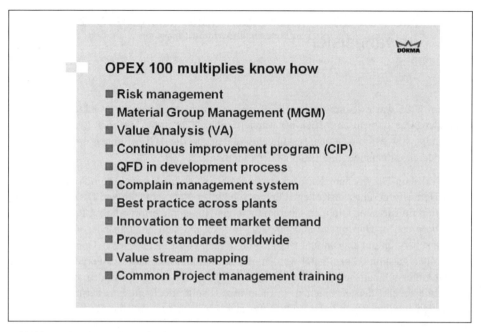

Abbildung 6: *Eine Auswahl des gruppenweiten Unterstützungsangebote*

6. Resümee und Ausblick

Zur weiteren Zusammenarbeit wurde ein kontinuierliches Projektmonitoring vereinbart. Die Projektleiter senden zu jedem Quartal einen Projekt-Statusbericht an die Divisional Operations Manager. Diese Statusberichte enthalten neben den Planzahlen auch die aktuellen Ist-Werte sowie eine Prognose über den Projektverlauf. Ein gemeinsames Review wird in einem Jahr auf einer internationalen OPEX-Konferenz stattfinden.

Die in dem Programm bisher gemachten Erfahrungen lassen sich in folgenden Erfolgsfaktoren für den Anschub eines Projektebündels ausdrücken:

- Das Programm muss durch die Führungskräfte getragen und vom Top-Management ausdrücklich gewollt werden.

- Betroffene müssen zu Beteiligten gemacht werden, auch bereits in der Vorphase von Projekten und Programmen.

- Mitarbeiter, die zukünftig die Verantwortung für Realisierungsprojekte übernehmen sollen, müssen rechtzeitig vorbereitet und qualifiziert werden.
- Gemeinsame, ergebnisorientierte Workshops in angenehmer Atmosphäre folgen dem Motto: „Miteinander reden, miteinander arbeiten."
- Eindeutige, messbare, realistische und zugleich anspruchvolle Ziele sind gemeinsam zu vereinbaren.
- Die Transparenz über Ziele, Kosten und Inhalte ist herzustellen und zu halten.

Alle diese Punkte sind nicht wirklich neu. Sie stehen so oder ähnlich in unterschiedlichsten Publikationen. Interessant dabei ist, dass diese einfachen Merksätze wirklich stimmen, und wie schwer es doch ist, sie in die Realität umzusetzen. Im vorliegenden Fall kamen dem Design, der Organisation und Moderation der Workshops eine hohe Bedeutung zu.

Die Realisierung kostet Zeit und Geld. Diese Investition aber lohnt sich. In der Vorbereitung stecken vielleicht 500.000 Euro Reisekosten, Beratung und Aufwand sowie etwa 15 Monate Arbeit. Was ist das gegenüber den anvisierten Einsparungen – und das jährlich?

Was bleibt zu tun? In den einzelnen Standorten beginnt jetzt erst die eigentliche Arbeit. Planungen werden realisiert, Probleme treten auf, Rahmenbedingungen ändern sich ...

Das „Anschubteam" ist auch nicht arbeitslos. Zum einen müssen das Vertrauen und die Kommunikation gepflegt und gefördert werden, zum anderen die Ergebnisse und Lernpunkte aus den Projekten zugänglich gemacht werden. Während Ersteres eine Führungsaufgabe des Management-Teams darstellt und in einer neu aufgesetzten Reihe von Workshops unter dem Titel „Thementage" angegangen wird, kann Letzteres durch eine Informationsplattform unterstützt werden.

Neben einem regelmäßigen OPEX-Newsletter wird es eine webbasierte Knowledge-Base geben, die als Informationsplattform der DORMA-Produktionsstandorte und OPEX-Projekte dient. Aber das ist ein weiteres, eigenständiges Thema.

7. Ein Rückblick auf den Ausblick

Heute, zur 2. Auflage dieses Buches, kann ich dem vorliegenden Beitrag ein weiteres Kapitel hinzufügen. Was von dem, was seit 2004 mit soviel Aufwand, aber auch Spaß und Engagement initiiert wurde, hat die Jahre überdauert und war nachhaltig erfolgreich? Zunächst die ernüchternde Nachricht:

„Den OPEX Newsletter gibt es nicht mehr."

Ansonsten haben wir die Ziele nicht nur erreicht, sondern noch übertroffen. Das ursprünglich prognostizierte Umsatzwachstum und das monetäre Kostensenkungsziel von 100.000.000 Euro wurden deutlich übertroffen. Die qualitativen Zielgrößen haben sich als richtig und tragfähig erwiesen und wurden durch die unterschiedlichen Projekte weltweit optimiert.

Natürlich sind nicht alle Projekte so glatt gelaufen wie ursprünglich geplant. Projekte, die die Ziele zu verfehlen drohten, wurden dank der erreichten Transparenz frühzeitig identifiziert und gestützt. Die Effizienz der Projektarbeit wurde durch ein neuartiges Verfahren gemessen und systematisch verbessert.

Vorhaben, die ihre Ziele nicht erreichen konnten, wurden durch andere Ideen ersetzt und aufgefangen. Lösungsansätze in einzelnen Werken wurden mit den Kollegen weltweit diskutiert und geteilt. Die anfängliche Investition in die Akzeptanz der Zielsetzung und das auf Vertrauen gegründete Netzwerk zwischen den einzelnen Personen haben letzendlich tatsächlich zum Erfolg geführt.

Projekt- und Portfoliomanagement mit Clarity

Stephan Koller

„Es ist nie das erste Mal."
(A. M. Homes)

1. Ausgangslage

2. Die heutige Lösung

3. Akzeptanz des Projektmanagements

4. Nutzen des Ressourcenmanagements

5. Nutzen des Financial-Managements und Time Reporting

6. Modul: „Prozess Manager"

7. Verwalten des Projektportfolios und Fazit

1. Ausgangslage

Die Firma

Die Generali (Schweiz) Holding mit ca. 2000 Mitarbeitern ist eine Tochtergesellschaft der italienischen Assicurazioni Generali. In der Schweiz und im Fürstentum Liechtenstein ist das Unternehmen mit der Generali Personenversicherungen, der Fortuna Lebens-Versicherungs AG Vaduz, der Generali Allgemeine Versicherungen und der Fortuna-Rechtsschutz-Versicherungs-Gesellschaft aktiv. Dazu kommen Servicegesellschaften für das Management des Fondsgeschäfts. Die Informationstechnologie unterstützt als zentraler Bereich mit insgesamt 134 Mitarbeitern an den zwei Standorten Adliswil und Nyon die Wachstumsstrategien sämtlicher Holdingbereiche. Der Betrieb ist an den Outsourcingspezialisten B-Source in Adliswil ausgelagert.

Die Idee

Anfang 2006 kam die Geschäftsleitung der Generali Gruppe Schweiz zusammen mit der internen Informatik zum Schluss, dass ein einheitliches Projektmanagement notwendig sei, um die Wachstumsziele zu erreichen und die Servicequalität sicherzustellen. Die bisher praktizierte, individuelle Vorgehensweise der einzelnen Projektleiter verhinderte eine strategische Ausrichtung aller Aktivitäten. Der Geschäftsleitung fehlte aufgrund der Vielzahl von nicht integrierten Softwareinstrumenten eine vergleichbare Datenbasis für ein wirksames Controlling. Dadurch entstanden immer wieder unvorhergesehene Ressourcenengpässe, und einzelne Projekte verzögerten sich unnötig. Da zudem der Auftragserteilungsprozess von den operativen Abteilungen an die IT nicht formal festgelegt war, kam es häufig zu Unsicherheiten bezüglich der Zuständigkeiten.

In den ersten, gemeinsam von der IT und Geschäftsleitung durchgeführten Analysen wurde klar, dass neben einer Standardisierung der Prozesse auch eine einheitliche, unternehmensweite Projekt- und Portfoliomanagementlösung nötig war. Künftig sollten alle Projektaktivitäten der Fachbereiche und der Informatik über eine einheitliche Datenbasis zentral kontrolliert und gesteuert werden können.

Der Entscheid

Der Entscheid CA Clarity zu Beschaffen war eng verknüpft mit den bereits eingesetzten Tools. Da wir mit CA Software Change Manager, vormals Harvest und Unicenter Service-Desk, schon Kunden von CA sind, lag eine mögliche Integration von CA Clarity natürlich nahe. Als dieses in einer Gartner-Studie auch noch als beste Lösung für Projekt- und Portfoliomanagement ausgezeichnet wurde, war die Entscheidung einfacher. Eine detaillierte Evaluation der Konkurrenzprodukte war für uns nicht mehr nötig. Natürlich haben wir das Tool zuerst geprüft und nicht einfach blind gekauft.

Projekt- und Portfoliomanagement mit Clarity

CA Clarity überzeugte uns nicht nur durch die umfassenden Funktionalitäten, sondern auch durch die große Flexibilität, die es uns ermöglicht, die Software präzise an unsere Bedürfnisse anzupassen.

Die modulare Lösung CA Clarity integriert nicht nur das Projekt- und Ressourcenmanagement in einem System, sondern auch die Portfolioplanung sowie das Demand- und das Kostenmanagement. Damit stehen alle Komponenten für eine strategische Ausrichtung und zentrale Führung von IT- und Businessprojekten zur Verfügung.

2. Die heutige Lösung

Nur vier Monate nach Projektstart wurden bereits die ersten Projekte über das System abgewickelt. Heute verwalten wir rund 50 Projekte und etwa 100 Wartungsprojekte mit Clarity.

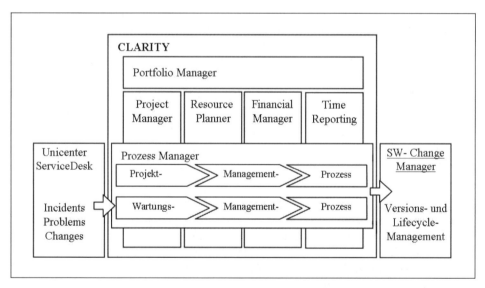

Abbildung 1: Einbindung von Clarity zwischen den ServiceDesk und den SW-Change Manager

Die bei uns schon länger eingesetzten CA-Lösungen Unicenter Service Desk und CA Software Change Manager für das IT-Infrastruktur- respektive SW-Change Management wurden mit Clarity verbunden. So können jetzt auch die Daten aus der IT-Wartung direkt in die Gesamtplanung miteinbezogen werden. Dieses Zusammenführen erlaubt uns heute eine durchgängige Aufgaben- und Ressourcenplanung für die Informatik. Mit Kenntnis des Arbeitsfortschritts, ausgedrückt als Prozentsatz vom anvisierten Ergebnis, und bei Kenntnis der geplanten Gesamtkosten (Projekt-Budget) lässt sich der Wert des jeweils erreichten Arbeitsstands, nämlich der „Arbeitswert", ermitteln.

Wir setzen heute sämtliche Module von Clarity, vom Project Manager und Process Manager über den Demand Manager und den Resource Planner bis hin zum Portfolio Manager und Financial Manager ein. Nicht alle Module werden in der gleichen Tiefe benötigt, so wird z. B. der Financial Manager nur für die Kontrolle der Ist- und Budgetzahlen verwendet.

3. Akzeptanz des Projektmanagements

Einer der wichtigsten Ergebnisse ist, dass alle zu einem Projekt notwendigen Daten in einer Datenbank zusammengefasst und auf jede erdenkliche Art ausgewertet werden kann. Es ist nicht mehr nötig, monatliche Datensammlungen in Excel-Tabellen zu organisieren. Alle Daten sind „real-time" aus Clarity abrufbar. Die zentrale und einheitliche Datenhaltung von Clarity ermöglicht es zudem, Analysen und eine konsistente Qualitätssicherung durch standardisierte Reports durchzuführen. Durch effizientes Ressourcenmanagement lassen sich Projekte nun auch besser planen und budgetieren.

Ebenfalls einen wesentlichen Gewinn erzielen wir bei der Transparenz. Heute sind die Projekte dokumentiert und jeder Projektmitarbeiter kann alle Informationen aus jedem Projekt einsehen. Dies wurde zuerst nicht bei jedem Projektleiter mit Begeisterung aufgenommen, da die Sichtbarkeit auf alle Projektdaten auch als Kontrolle aufgefasst werden kann; heute ist dies aber kein Diskussionspunkt mehr.

Durch die Offenlegung der Arbeiten hat das Projektmanagement an Akzeptanz gewonnen. Vorher wurde es oft als unnötig empfunden, weil man keine direkten Resultate sah. Nun ist alles dokumentiert. Die Business-Projektleiter sind präsenter und tragen mehr Verantwortung. Auch in der IT hat sich die Stimmung verbessert, weil die Ansprechpersonen durch die Projektorganisation nun klar definiert sind.

Die Geschäftsleitung hat damit ein Instrument zur Hand, dank dem sie fundiert und schnell entscheiden kann, welche Projekte und welcher Ressourceneinsatz den strategischen Unternehmenszielen am besten dienen.

Projekt- und Portfoliomanagement mit Clarity

Name	Resources	Budget	In Time	Finish	Gantt 2008 Q2	Q3	Q4	2009 Q1
GENERALI over IP	in scedule	in scedule	in scedule	01.01.09	■	■	■	■
MetaRole	in scedule	in scedule	in scedule	30.06.08	■			
MultiFunctionsPrinter	critical	in scedule	critical	31.12.08	■	■	■	
Nyon Perdtemps	critical	in scedule	in scedule	28.04.08	■			
Disaster Backup	in scedule	in scedule	in scedule	31.05.08	■	■		
SAP ERP Upgrade	in scedule	in scedule	in scedule	30.05.08	■			
Software-Bereitstellung nach ITIL	in scedule	in scedule	in scedule	01.05.08	■			
IT-Security Massnahmen 08	in scedule	in scedule	in scedule	30.04.08	■			
X-Net Infrastruktur	in scedule	in scedule	in scedule	31.12.09	■	■	■	■

Abbildung 2: Ausschnitt aus dem Infrastruktur-Portfolio

Die Fachbereiche sind froh, endlich Werkzeuge für das Projektmanagement in der Hand zu halten. Viele Projektleiter haben keine klassische Projektmanagement-Ausbildung und besitzen auch noch weniger Erfahrung in den Projektdisziplinen, daher sind sie auf Unterstützung angewiesen. Die Resonanz ist durchwegs positiv, da endlich Regeln geschaffen wurden und ein professionelles Tool zur Unterstützung zu Verfügung gestellt wird.

Durch die zentrale Ablage der Dokumentvorlagen muss z. B. nicht jeder die wichtigsten Inhalte eines Projektauftrags neu erfinden. Dies bringt dem Projektleiter Sicherheit über die Inhalte eines Dokuments und eine wesentliche erste Zeitersparnis schon vor Beginn.

Natürlich ist die Benutzung von Clarity nicht ohne Ausbildung möglich; deshalb wurde auch jeder Projektleiter im Umgang mit dem Werkzeug geschult.

Die Projektleiter pflegen heute die wichtigsten Tasks im Tool ein und können so den Projektverlauf planen und steuern. Die IT hingegen plant ihre Aufgaben anhand der gewünschten Lieferobjekte im Detail. Dies klingt einfach, aber auch die IT war das Planen weniger gewohnt, darum war die Umstellung nicht ohne Probleme.

Die Planungsmöglichkeiten auf der Web-Umgebung sind nicht für eine Detailplanung ausgerichtet, es genügt aber für die Erfassung von Meilensteinen und Schlüsselvorgängen. Für eine Detailplanung muss auf die mitgelieferte Windows-Clientsoftware „Open Workbench" zurückgegriffen werden. Die Open Workbench arbeitet mit den Daten aus der Clarity-Datenbank und ist dadurch mit Clarity verbunden.

Der Einsatz des Tools ist für die Projektleiter eine willkommene Unterstützung. Es ist jedoch auch klar zu sehen, dass die Projektleiter die Pflege der Projektdaten eher als Zusatzbelastung ansehen. Die neuen Planungswerkzeuge sind daher nicht von Anhieb bei allen Projektleitern auf gute Resonanz gestoßen. Dies ist aber keine Ursache des Tools, sonder eher die fehlende

Projektkultur, welche auch den Nutzen von Zusatzaufwendungen für die effiziente Bearbeitung der Projekte beinhaltet.

4. Nutzen des Ressourcenmanagements

Das Ressourcenmanagement ist wohl die größte Herausforderung in unserer Unternehmung. Da wir die Projekte mit fixen Ressourcen durchführen, müssen diese sehr genau eingeplant werden. Die Unterstützung von Clarity ist hier optimal. Es können Szenarien für ein oder mehrere Portfolios erstellt werden, um in diesen Szenarien dann die nötigen Planänderungen auf den Projekten vorzunehmen und so die optimale Ressourcenverteilung zu erreichen. Weiter Funktionen sind z. B. Erstellen und Bearbeiten von Ressourcenprofilen, die verschiedene Merkmale einschließen, wie die primäre Rolle, Qualifikationen, Erfahrung, und den Mitarbeitertyp. Hinzu kommt, das Anzeigen, Bearbeiten und Nachverfolgen der Zuordnungen von Ressourcen zu Projekten und die Auslastungen von Ressourcen, das Vergleichen der Ressourcenkapazität mit dem Ressourcenbedarf und vieles mehr.

Die IT-Projektleiter sehen das Ressourcenmanagement nach wie vor als Aufwand an. Aber ein Umdenken findet statt. So konnten wir sehr schnell unsere Mitarbeiter den anstehenden Projekten für die Jahresplanung zuteilen. Damit bekommen wir die Belastung besser in den Griff und können dem Business klar aufzeigen, was möglich ist und was nicht. Da wir kein Cost-Center sind, müssen wir mit den bestehenden Ressourcen die geforderten Aufgaben erfüllen. Nur durch konsequente Bewirtschaftung unserer Ressourcen können wir in der Informatik aufzeigen, dass für die Vorhaben keine Ressourcen vorhanden sind.

Leider ist hier zu sagen, dass dies keine einfache Aufgabe ist, da eine genaue Ressourcenplanung nur funktioniert, wenn die im Projekt geschätzten Aufwendungen und Projektaufgabenplanung genau sind.

Clarity unterstützt die Projektleiter mit sehr guten Auswertungen. So ist es für jeden Projektleiter oder Ressourcenmanager jederzeit möglich, Sichten auf Projekt- oder Ressourcenebene anzuzeigen, welche die Auslastung von einzelnen Mitarbeitern, Organisationseinheiten oder der Projektteams präsentieren.

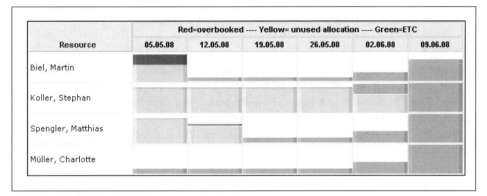

Abbildung 3: *Die Grafik zeigt die Wochensicht eines Projektteams mit der jeweiligen Ressourcenauslastung. Die helle Farbe zeigt die Zuordnung einer Ressource zu ihren Projektaufgaben, die graue Farbe zeigt die Reservierung der Ressourcen zu dem Projekt und die dunkle Farbe zeigt die Überbuchung einer Ressource, d. h. die Ressource hat mehr Aufgaben als sie reserviert wurde.*

Die Software unterstützt den Umgang mit den Ressourcen sehr gut. Es ist aber klar festzuhalten, dass alle Übersichten oder die Grafiken nur so genau sein können wie die Projektleiter diese Werte auch pflegen. Hier beginnt die Herausforderung in der Organisation. Die Ressourcenmanager und Projektleiter müssen ihre Planung immer auf dem neusten Stand halten. Was zuvor in bilateralen Absprachen funktioniert hat, ist heute eine komplexe neue Aufgabe für die verantwortlichen Stellen, welche nicht immer mit Begeisterung wahrgenommen wird.

5. Nutzen des Financial-Managements und Time Reporting

Einer der wichtigsten Punkte im Umgang mit Projekten sind immer wieder die Finanzen. Clarity verlangt, dass Finanzinformationen auf Projektebene festgelegt und genehmigt werden, damit Beleg- und Zeitformulartransaktionen gebucht werden können. Mit Hilfe des Ist-Aufwands dieser Transaktionen können der Projektstatus analysiert und Rechnungen erstellt werden. Clarity bietet auch hier eine Fülle von weiteren Möglichkeiten wie den Umgang mit Kapitalwertdaten, Return on Investments oder prognostizierte Werte.

Durch die noch relativ niedrige Projektkompetenz in der Unternehmung haben wir entschieden, die Aufwendungen im Finanzmanagement zu Beginn unseres Wandels einfach zu halten.

Es werden lediglich die Projektkosten budgetiert und mit den Rückmeldungen der Mitarbeiteraufwendungen die Ist-Kosten verfolgt.

Auch hier hängt vieles vom Projektmanager ab, da aus einer exakten Planung auch eine gute Kostenprognose abgegeben werden kann und durch die Rückmeldung der aufgewendeten Stunden durch die Projektmitarbeiter auch der Forschritt des Projekts ersichtlich ist. Diese Rückmeldung der Stunden, in Clarity „Time Reporting", ist ohne Probleme von den Mitarbeitern aufgenommen worden. Zuerst wurde die Zeiterfassung mit Skepsis aufgenommen, der Sinn des „Time Reporting" für eine Fortschrittskontrolle in den Projekten dann aber sehr schnell anerkannt.

In Clarity wird Zeit auf Vorgangsebene erfasst. Durch die Kostensätze werden die verknüpften Kosten einer Ressource bestimmt, die einem Vorgang in einem Projekt zugewiesen ist. Die Erfassung erfolgt täglich. Sie können das Zeitformular zwar auch wöchentlich, alle zwei Wochen oder sogar nur einmal im Monat ausfüllen; die Zeiten werden jedoch jeweils in Zellen für jeden Tag der Woche für jede Rückmeldeperiode eingegeben.

Es erwies sich als Nachteil, wenn die Mitarbeiter ihr Zeitformular nur noch einmal im Monat ausfüllen – wer weiß am Monatsende noch, was er zu Beginn des Monats wirklich gemacht hat? Hier mussten wir organisatorische Maßnahmen treffen, welche die Projektleiter und Linienvorgesetzten dazu verpflichten, ihre Mitarbeiter zu kontrollieren. Heute rapportieren etwa die Hälfte der Benutzer täglich und die andere Hälfte wöchentlich ihre Stunden.

Über die Zeiterfassung können wir heute auch sehr genau unsere IT- Wartungsaufwendungen weiter verrechnen.

6. Modul: „Prozess Manager"

In Clarity wird das Vorgehen im Projekt mit Prozessen beschrieben. Ein Prozess besteht aus einer „Reihe von Aktionen". Alle Prozesse haben zwei grundlegende Merkmale: Sie haben einen Anfangs- und einen Endschritt und die Schritte werden durch Vor- und Nachbedingungen miteinander verbunden. Jeder Schritt stellt eine Aktion dar, die den Prozess letztendlich weiterbewegen soll. Alle erstellten und gestarteten Prozesse werden übersichtlich angezeigt und können in ihren Fortschritten verfolgt werden.

So lassen sich z. B. Prozesse für eine Ideengenehmigung, Zeitformularfreigabe, Projektfreigabe oder ein Prozess zur Kommunikation von Portfolioszenarien erstellen. Das Definieren eines Prozesses in Clarity ist eine einfache Angelegenheit. Die Erfahrung zeigte uns jedoch, dass es nicht einfach ist, alle Prozessbeteiligten ihre Aktivitäten im Tool direkt durchführen zu lassen. Aus diesem Grund lassen wir viele Prozessentscheidungen durch den Projektleiter im Tool ausführen, die Entscheidungen werden aber in Sitzungsprotokollen dokumentiert. Konkret heißt das, die Projektfreigabe für ein Millionenprojekt wird durch den CEO in einer Sitzung erteilt, in Clarity setzt aber der Projektleiter die Aktion im Prozess auf „genehmigt".

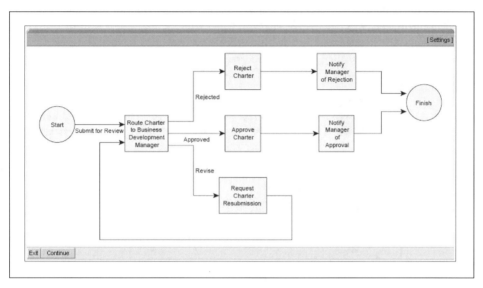

Abbildung 4: Der „Clarity-Prozessmanager" verfügt über allen notwendigen Prozessfunktionalitäten.

7. Verwalten des Projektportfolios und Fazit

Das Modul Portfoliomanagement von Clarity stellt die Tools zur Verfügung, mit denen Portfoliomanager Zeit und Geld den Initiativen zuordnen können, d. h. die Verwendung und den Umfang von Finanzmitteln festlegen, verteilen und einschränken können.

Mit dieser Funktion können Portfoliomanager eine detaillierte Bestandsliste ihrer Projekte, Anwendungen, Aktivposten, Produkte und sonstigen Investitionen erstellen und diese Investitionen ihren Portfolios hinzufügen. Innerhalb eines Portfolios können sie jedes Projekt und jede Investition anzeigen und analysieren, verschiedene Szenarien anwenden, Berichte erstellen und Prozesse anwenden.

Nur weil wir heute CA Clarity benutzen, heißt das noch nicht, dass wir Portfoliomanagement betreiben können. Das Tool stellt zwar die Projekte den Portfolios zu Verfügung und wertet sie bei Bedarf aus, aber für ein strategisches Portfoliomanagement müssen wird uns auf der

Organisationsebene verändern. Wir sind daran ein Projektmanagement Office zu etablieren, um dann ein Portfoliomanagement wirklich betreiben zu können.

Natürlich haben wir auch heute schon einen Nutzen aus dem Portfolio. Die Geschäftsleitung hat heute die Möglichkeit, Auswertungen zu Kosten, Budgetierungen oder den Stand der Projekte einzusehen.

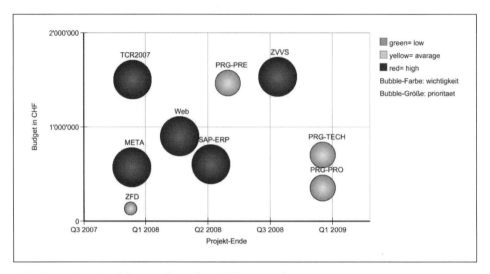

Abbildung 5: Portfolioausschnitt der Holding-Projekte

Die Vorteile von CA Clarity offenbarten sich schon nach kurzer Zeit. Die Projektleiter profitierten von Anfang an von klaren Zuständigkeiten durch die vorgegebenen Prozesse. Durch die Transparenz der Fülle von Aufgaben und Managementtätigkeiten, die ein Projektleiter ausführen muss, fand auch eine Sensibilisierung bei der Auswahl derselben statt. Das Jobprofil des Projektleiters wurde überdacht und in seiner Funktion stark aufgewertet.

Die Projekte laufen heute vor allem auch zielgerichteter und zudem hat sich durch die einheitlichen Projektstandards und Werkzeuge auch die Kommunikation zwischen den Geschäftsabteilungen verbessert. Auch dies trägt zur Effizienzsteigerung bei.

Im weiterem ist das Bewusstsein gestiegen, dass die IT nicht nur ein Kostenfaktor, sondern vor allem auch ein Business Enabler ist. Dank der zentralen Erfassung aller Projekte wurde klar, wie wichtig die Informationstechnologien für die Steuerung aller Prozesse innerhalb der Generali sind. Von den rund 50 überwachten Projekten sind nur vier reine Businessvorhaben, die ohne IT-Unterstützung auskommen. Zuvor hat die Businessseite oft gar nicht nachvollziehen können, was die Informatik eigentlich genau macht. Die geschaffene Transparenz für Projekte, Aufwände und Ressourcen verändert nun das Mindset.

Wir können heute auch sehen, dass ungefähr 35 % unserer Projektkosten in „change the business" und der Rest in „run the business" investiert werden. Natürlich ist das immer Definitionssache, aber mit der gewonnenen Klarheit können zukünftig gezielter in die eine oder andere Richtung Investitionen getätigt werden. Generell ist das Vertrauen in Investitionen gestiegen.

Eine der häufig einfach dargestellten Projektdisziplinen wie die Planung und Aufwandschätzung zeigt bei dem Einsatz von Clarity die Wichtigkeit dieser Disziplin. Ohne eine genaue Aufwandschätzung und Planung können wir in Clarity kein korrektes Ressourcen-, Finanz- oder Portfoliomanagement betreiben. Aus dieser Erkenntnis leite ich auch mein wichtigstes Fazit aus dem Tooleinsatz ab:

Ohne professionelles Projektmanagement sind die gepflegten Daten im Tool nicht viel wert, aber ohne professionelles Tool lässt sich kein sinnvolles Projekt- und Portfoliomanagement betreiben.

Internet-Plattform für projektübergreifende Information und Synergien

Christopher Nimsch, Andreas Linden

„Zusammen mit der Organisation lernen und wachsen."

Der Erfolg eines Unternehmens hängt immer stärker davon ab, dass das Wissen seiner Mitarbeiter über Produkte und Märkte, über innovative Technologien und Verfahren gewinnbringend umgesetzt wird. DORMA hat eine Plattform eingerichtet, die organisationsübergreifend und international schnellen Zugriff auf Wissen und Information in den Bereichen Best Practice, Yellow Pages, Projekte und DORMApedia erlaubt.

1. Verteilte Kompetenzen
2. Wissensmanagement: Möglichkeiten und Erfahrungen
3. Vier-Punkte-Strategie
4. Auswahl einer Lösung
5. Zukunftsorientierte Technik
6. Projekte-Plattform: Aktuelle Informationen
7. Best Practice: Von Erfahrungen lernen
8. Yellow Pages: Expertenkontakte schaffen
9. DORMApedia: Wissen im schnellen Zugriff
10. Leistungsfähige Suchfunktionen
11. Gratwanderung Vertraulichkeit

1. Verteilte Kompetenzen

Anm.: Eine Übersicht über die Geschäftstätigkeit der DORMA-Gruppe wird vom Autor im vorhergehenden Artikel gegeben.

Im Jahr 2004 hat die DORMA-Gruppe zur Stärkung der internationalen Wettbewerbsfähigkeit ein unternehmensweites Excellence-Programm ins Leben gerufen. Während der Planungs- und Startphase des Programms wurde deutlich, dass an verschiedenen Unternehmensstandorten an ähnlichen Aufgabenstellungen gearbeitet wird. Teilweise widmen sich die Mitarbeiter Problemstellungen, für die es an anderer Stelle im Unternehmen bereits gut funktionierende Lösungen gibt. Nicht selten werden auch bei Beratungsfirmen Fachwissen und Erfahrung eingekauft, die bereits in vergleichbarer oder sogar besserer Qualität im Unternehmen vorhanden sind.

Nun wäre es falsch anzunehmen, dass die produzierenden Einheiten der DORMA-Gruppe nicht auf Kooperation angelegt sind: Die Produktionen werden überregional durch fünf Divisional Operations Manager geführt. Zentralfunktionen wie bspw. „Gruppen-Logistik", „Strategischer Einkauf", „Qualitätsmanagement" und „Industrial Engineering" unterstützen die Zusammenarbeit. Die gemeinsame Abstimmung erfolgt monatlich in einer COO-Runde.

Andererseits werden viele der Produkte kundenauftragsbezogen gefertigt. Deshalb brauchen die Produktionen vor Ort die Kompetenz, auf ihren Markt und die Kundenanforderungen flexibel reagieren zu können. Eine vollständige, zentrale Kontrolle und Steuerung würde einen entscheidenden Wettbewerbsnachteil darstellen. Daher haben die Werksleiter einen entsprechend großen Entscheidungsspielraum.

Im Rahmen des Excellence-Programms stellte sich daher die Frage: „Wie können wir die Synergiepotenziale zwischen den Unternehmensteilen erschließen, ohne die lokalen Kompetenzen zu beschneiden?"

2. Wissensmanagement: Möglichkeiten und Erfahrungen

Schnell war eine Lösung gefunden: „Wir brauchen eine webbasierte Wissensmanagementplattform."

„*Prima Idee: Wir bilden all unser Wissen in einer Datenbank ab. Der Maschineneinrichter in Deutschland stellt das CNC-Programm zur schnelleren Bearbeitung eines Gehäuses auf dem zentralen Server ein. Dann können die Kollegen in China und Singapur das Programm herunterladen und nutzen.*"

Der anfänglichen Euphorie folgte die Ernüchterung: Woher soll der Mitarbeiter in Singapur wissen, dass ein solches CNC-Programm verfügbar ist und genau auf seine Anforderungen passt? Wenn der Kollege in Singapur noch Englisch versteht, ist das in China eher fraglich. Warum sollte zudem der deutsche Kollege sein Fachwissen zur Verfügung stellen, wenn er weiß, dass bei gleicher Ausrüstung und Programmierung das Erzeugnis aus China um das fast 30-Fache billiger hergestellt wird als in seiner eigenen Produktion? Die Interessenkonflikte liegen auf der Hand.

Eine Recherche auf dem Markt der IT-Tools zum Wissensmanagement macht die Verwirrung komplett. Man kann von der einfachen Homepage über spezielle Suchmaschinen und E-Businesslösungen bis hin zu ausgefeilten Portalen, die im Hintergrund auf hochkomplexe weltweite Datenbanknetze zugreifen, alles bekommen. Was also tun?

Wir haben uns mit Anwendern einiger IT-Lösungen unterhalten, um deren Erfahrungen zu nutzen. Einhellige Meinung war: Wissen verfügbar machen ist selbstverständlich die Grundlage einer lernenden Organisation. Leider verwenden die Mitarbeiter aber nur einen Bruchteil der Funktionalität von dafür bereitgestellten Softwarelösungen. Ausgeklügelte Ablagesysteme, logisch aufgebaute Navigationsmenüs über mehrere Ebenen und Kommunikationstools wie Chat-Funktionen, Instant-Messaging und Online-Telefonie werden oft nicht genutzt oder schrecken sogar ab.

Ein weiteres Problem besteht in veraltetem oder nicht zielführendem Wissen. Unmengen von Beiträgen in Datenbanken erschweren die Orientierung. Nutzer, die gezielt etwas suchen, finden überwiegend Informationen, die nicht mehr dem Stand der Technik entsprechen. Andere Systeme enthalten mittlerweile mehr private Themen wie Kochrezepte o. Ä.

3. Vier-Punkte-Strategie

Unzählige Gespräche und eine Diplomarbeit später haben wir uns für eine „4-Punkte-Strategie" entschieden:

1. Nur zielführende Themen zulassen und pflegen

Die Wissensdatenbank muss redaktionell gepflegt werden. Grundlage ist die Gliederung in vier Themenbereiche:

A.   Informationen über und aus der internationalen „Projektarbeit"

B.   „Best Practice"-Artikel inkl. interessanter Beiträge der betrieblichen Vorschlagswesen (BVW)

C.   „DORMApedia" als ein sich kontinuierlich entwickelndes Nachschlagewerk

D. Darstellung von Prozessen und Verfahren in einem „Master QM System"

2. Intelligente Suchfunktion

Aufgrund der Internationalität unserer Produktionseinheiten und der hohen Bedeutung des deutschen Stammsitzes ist Zweisprachigkeit (deutsch/englisch) eine Erfolgsvoraussetzung. Dabei muss ein deutsch eingegebener Suchbegriff sowohl die deutschsprachigen als auch die englischsprachigen Beiträge finden und umgekehrt. Eine weitere Herausforderung besteht darin, dass auch Beiträge gefunden werden, die Synonyme des Suchbegriffs enthalten.

3. Besser eine Telefonnummer als Online-Chats

Die Kommunikation soll nicht zum Selbstzweck werden. Es kommt vielmehr darauf an, für die jeweilige Aufgabenstellung schnell einen kompetenten Gesprächspartner zu finden. Beabsichtigt ist daher ein aussagekräftiges Telefonbuch im Sinne von „Yellow Pages", mit aussagekräftigen Expertenprofilen einschließlich Telefonnummern und E-Mail-Adressen.

4. Das Tool muss sich mit der Organisation und deren Anforderungen entwickeln lassen

Besonderes Augenmerk ist auf die Einführung zu legen. Gestartet wird mit einer Pilotgruppe von 50 internationalen Kollegen, deren Background zum einen die Produktion und zum anderen das Projektmanagement ist.

Zu Beginn soll das Tool einer relativ einfachen Internet-Anwendung entsprechen. Es muss aber sowohl in Umfang als auch in Funktionalität ausbaubar sein. Dafür brauchen wir einen Entwicklungspartner, der sich sowohl mit Internet-Applikationen auskennt als auch Erfahrungen auf dem Gebiet des modernen Wissensmanagements vorweisen kann.

4. Auswahl einer Lösung

Der Softwaredienstleister silver.solutions aus Berlin hat sich auf integrierte Internet-Anwendungen spezialisiert und ist bereits in verschiedenen Projekten für die DORMA-Gruppe in Deutschland tätig. Mit seiner Unterstützung wurden in Workshops mit Mitarbeitern verschiedener Standorte die Anforderungen an die Wissensplattform erarbeitet.

Im Ergebnis fiel die Entscheidung für die Software-Lösung „eZ publish", die bereits in anderen Projekten bei DORMA im Einsatz ist. eZ publish ist zugleich Redaktionssystem und Ent-wicklungsplattform für Internet-Anwendungen. Es ist sowohl für Inhalte, für E-Commerce-Anwendungen, Portale und Unternehmens-Websites als auch für Intranets oder Extranets ein-setzbar. Die zugrunde liegende Technologie erlaubt Datenbank- und Plattformunabhängige Entwicklungen. Die Software ist bei Bedarf erweiter- und anpassbar.

Auf Basis dieser Software hat silver.solutions eine Wissensdatenbank aufgesetzt, die folgende Funktionen anbietet:

- Informationen, FAQs, News, Glossar, DORMApedia, Best Practice
- Expertendatenbank
- Projekte sortiert nach Regionen und Divisionen, unterteilt in laufende und abgeschlossene sowie vertrauliche Projekte
- Umfangreiche Suchfunktionen (Volltextsuche, Keywordsuche, Suche nach Bereichen, Suche nach bestimmten Feldern etc.)
- Umfangreiche Rollen- und Rechteverwaltung für die Nutzer des Systems, z. B. verschieden umfangreiche Darstellung je nach User
- Diverse Workflows und Freigabeverfahren
- Funktion zur Erfassung aktueller Forecast-Zahlen und Informationen zu den Projekten durch die zuständigen Projektleiter (inkl. E-Mail-Erinnerung)
- Berichtswesen für das Controlling
- Zusatztools wie z. B. eine Notizfunktion

Alle Funktionen stehen zunächst in Deutsch und Englisch zur Verfügung. Die Plattform kann nach Bedarf um beliebige Sprachen, Rubriken und Funktionen erweitert werden. So wird bereits an einer Ergänzung gearbeitet, die weltweite Stellenausschreibungen für Projekte vorsieht.

5. Zukunftsorientierte Technik

Die Philosophie eines Tools, das für die kontinuierliche Weiterentwicklung offen ist, kommt unserem Ansatz der Wissensdatenbank sehr entgegen. Das System wird mit zunehmender Erfahrung den wachsenden Anforderungen anzupassen sein. Dank des offenen Quellcodes und offenen Standards können wir auch von künftigen Verbesserungen mit überschaubaren Kosten profitieren.

Absolute Offenheit und Flexibilität heißt auch, dass eZ publish unabhängig von bestimmten Datenbanken im Hintergrund als auch von speziellen Betriebssystemen und Browsern bei den Endnutzern arbeitet. Bei der Umsetzung mussten wir also keine Rücksicht auf die sehr heterogene IT-Landschaft unserer weltweiten Standorte nehmen. Da eZ publish den W3C-Standards folgt und Inhalte im XML-Format speichert, sind die lokalen Systemanforderungen auf ein Minimum beschränkt. Somit steht die Wissensdatenbank aus technischer Sicht jedem unserer Zielgruppe offen, egal ob er nun Windows, Linux oder ein anderes Betriebssystem nutzt oder ob er den Internet Explorer, Opera oder Firefox als Browser bevorzugt.

Im Redaktionssystem wird klar zwischen Inhalten und Layout getrennt. Damit lassen sich das Corporate Design und die gestalterischen Elemente einmal im System hinterlegen, um auch einen einheitlichen Auftritt im Rahmen der webbasierten DORMA-Systeme sicherzustellen. Die Redakteure müssen nur noch die einzustellenden Inhalte bearbeiten.

Da das System für eine weltweite Nutzergruppe erreichbar ist, ist ein wichtiger Aspekt die Mehrsprachigkeit der Plattform. Die offizielle Unternehmenssprache ist zwar Englisch, jedoch stammt das Gros unserer Zielgruppe aus dem deutschsprachigen Raum. Zwecks größtmöglicher Akzeptanz ist die Plattform zweisprachig – in Deutsch und in Englisch – angelegt. Die Nutzer wählen beim Aufruf der Plattform in ihrem Browser die bevorzugte Sprache.

Grundsätzlich ist es möglich, in dem System auch weitere Sprachversionen anzulegen. Die Inhalte müssten dann natürlich auch in sämtlichen gewünschten Sprachen eingepflegt werden. Die Beschränkung auf die beiden genannten Sprachen stellt insofern einen guten Kompromiss zwischen Pflegeaufwand und Abdeckung der im Unternehmen gesprochenen Sprachen dar.

6. Projekte-Plattform: Aktuelle Informationen

Der erste Kernbereich der Wissensmanagement-Plattform dreht sich rund um das Change Management. Dieser Teil ist der umfangreichste der gesamten Plattform und stellte sich zudem als der technisch aufwändigste heraus.

DORMA versteht den zielgerichteten Wandel und die kontinuierliche Verbesserung als entscheidende Erfolgsfaktoren in seinen dynamischen Märkten. Unterstützung gibt ein gruppenweit einheitliches Projektmanagement nach internationalen Standards. Es stellt die effiziente Umsetzung der Neuerungen und Veränderungen im Unternehmen sicher.

Deshalb wird den Nutzern der Plattform zunächst das Projektmanagement-Handbuch zur Verfügung gestellt. Es umfasst neben den Grundlagen des Projektmanagements auch Schulungsunterlagen sowie Formulare und Vorlagen für den Projektalltag. Darüber hinaus sind Informationen zur internen Zertifizierung und Beratung zu finden, die die Mitarbeiter in die Lage versetzen sollen, die Methoden und Techniken professionell anzuwenden.

Ist die Veröffentlichung entsprechender Unterlagen und Kontaktinformationen bis hierhin noch technisch unproblematisch, so gestaltete sich die Bereitstellung einer aktuellen Über-

Internet-Plattform für projektübergreifende Information und Synergien

sicht der laufenden Veränderungsvorhaben und Projekte wesentlich aufwändiger. Diese bietet jedoch erst die Grundlage zur sinnvollen Verknüpfung verwandter Themen.

Die Lösung sieht so aus, dass zunächst die Projektdaten aus einem Projektantrag in eine Datenbank importiert werden, die im Hintergrund des eZ publish arbeitet. Der Projektantrag besteht aus einem standardisierten, zweiseitigen Excel-Dokument, das auch für die Projektgenehmigung genutzt wird. Wir entschieden uns für den Einsatz der zusätzlichen Datenbank, um die Projektdaten zukünftig auch für andere Systeme zur Verfügung stellen zu können.

Einmal ins System importiert, werden die Projektdaten manuell mit den Projektleitern in der Expertendatenbank verknüpft, so dass der Anwender mit einem Klick sowohl von einem Projekt als auch von einem Best-Practice-Beitrag zu dem verknüpften Experten gelangen kann.

Um die Projektdaten aktuell zu halten, werden die Projektleiter sodann quartalsweise aufgefordert, einen Forecast zur Projektentwicklung abzugeben. Die Aufforderung erfolgt automatisch per E-Mail und liefert den Projektleitern die Links zu ihren Projekten, deren Daten sie anschließend direkt im System pflegen können. Zusätzlich werden die Projektleiter monatlich nach einer Einschätzung des aktuellen Projektstatus gefragt. Diese Abfrage erfolgt ebenfalls automatisch und kann auch um kurze Kommentare ergänzt werden.

Die abgegebene Einschätzung der Projektleiter steuert die so genannte Statusampel, die in der einzelnen Projektansicht sowie in projektübergreifenden Auswertungen den Projektstatus mit den Signalfarben visualisiert (Abbildung 1).

Statusampel	Einschätzung des Projektstatus
✓	Sach- Zeit- und Kostenziele werden erreicht oder besser
!	Sach- Zeit- oder Kostenziele sind gefährdet
⚡	Sach- Zeit- oder Kostenziele werden aus heutiger Sicht nicht erreicht

Abbildung 1: Darstellung des Projektstatus

Auswertungen über die Projektdaten sind zunächst nur in Form eines Excel-Exports vorgesehen, da wir erst Erfahrungen sammeln möchten, welche Berichtsformen sich als sinnvoll herausstellen. In einem zweiten Schritt ist angedacht, standardisierte Berichte über die Projektelandschaft direkt im System zur Verfügung zu stellen.

In diesem Bereich sind die Zugriffsrechte ein wichtiges Thema. Unser erster Entwurf sah lediglich vier getrennte Nutzergruppen und zwei unterschiedliche Projektansichten vor. Die allgemeinen Projektdaten wie Name, Zweck, Ziele und Zeitraum durfte demnach jeder Nutzer sehen. Die Projektdetailsicht mit Informationen über Kosten, Investitionen und Nutzen der Projekte durfte nur von dem zuständigen Management Board, dem Auftraggeber und dem Projektleiter selbst eingesehen werden. Nach ersten Bedenken bezüglich der Geheimhaltung haben wir die Leserechte insofern umgestellt, als auch die allgemeinen Projektdaten nur einem eingeschränkten Nutzerkreis offen stehen.

7. Best Practice: Von Erfahrungen lernen

Im „Best Practice"-Bereich sollen bestmögliche Lösungen für bestimmte Aufgaben und Problemstellungen verfügbar gemacht werden. Es geht weniger um Ausführungen aus der Literatur, die auch auf konventionellem Wege zugänglich ist, sondern vielmehr um Lösungen, die bereits in der Unternehmensgruppe erfolgreich im Einsatz sind. Die Nutzer können so einen leicht zugänglichen Ansprechpartner aus dem internationalen Kollegenkreis finden, der bereits Lösungsansätze für ihr aktuelles Problem ausprobiert hat und anwendet. Sie können auch ihre bisherige Lösung an den dargestellten Möglichkeiten messen und finden Anregungen zur Optimierung. So werden das eigene Wissen und eigene Erfahrungen mit Kollegen weltweit geteilt.

Die Vergangenheit zeigt, dass die „Best Practices" ein starkes Synergiepotenzial für DORMA enthalten. Sie helfen zukünftig zu vermeiden, dass das Rad in ein- und demselben Unternehmen dreimal erfunden wird und teure externe Beraterleistungen für vergleichbare Themen an verschiedenen Standorten mehrfach eingekauft werden.

Für den Nutzer ist der Bereich so strukturiert, dass er zur jeweiligen „Best Practice" bebilderte Artikel nebst Informationen zur Kontaktperson vorfindet. Die Artikel schildern die Problemstellung, den Lösungsansatz sowie die Effekte der Lösung auf die relevanten Kenngrößen oder KPIs (Key Performance Indicator).

8. Yellow Pages: Expertenkontakte schaffen

Während der „Best Practice"-Bereich lösungsorientiert ausgerichtet ist, stellt der Bereich „Expertendatenbank" die Personen in den Mittelpunkt, um das im Unternehmen vorhandene Wissen zu nutzen und zu erweitern, und letztlich auch hier wieder unter anderem Beratungskosten zu sparen.

Diese Expertendatenbank unterstützt die Mitarbeiter darin, über die schon bestehenden persönlichen Kontakte hinaus weitere Know-how-Träger im Unternehmen ausfindig zu machen. Die Adressen von Kollegen mit Wissen und Erfahrungen in verschiedenen Fachgebieten unterstützen ein Netzwerk zum weltweiten Austausch. Dies ist natürlich auch für neue Mitarbeiter hilfreich, die noch über wenige Kontakte im weiten Kollegenkreis verfügen.

Zu diesem Zweck sind die allgemeinen Kontaktdaten der Experten um weitere Datenfelder ergänzt, die es den Nutzern gestatten, einen geeigneten Ansprechpartner zu finden. Im Einzelnen sind das folgende Angaben, die über ein normales Telefonbuch hinausgehen:

- Besondere Kenntnisse
- Qualifikation
- Absolvierte Schulungen (intern)
- Sprachen
- Projektbeteiligungen
- Aktuelle und frühere Funktion im Unternehmen
- Lebenslauf (optional)

Die Expertendatenbank ist jedoch keinesfalls als Ressourcenpool gedacht, in dem der Nutzer Kollegen finden kann, die für ihn seine Aufgaben und Probleme lösen. Vielmehr soll sie helfen, bereichsübergreifend und überregional die Möglichkeiten der kollegialen Beratung besser auszuschöpfen. Die Lösung der eigenen Aufgaben bleibt weiterhin in der eigenen Verantwortung.

Weil in der Expertendatenbank personenbezogene Daten gespeichert werden, kommt den Themen Datensicherheit und Zugriffsrechte besondere Bedeutung zu. Deshalb stellten wir frühzeitig vor Projektbeginn den Kontakt zum Betriebsrat her, mit dem wir eine Betriebsvereinbarung über die Rahmenbedingungen abschlossen. Darin haben wir die freiwillige Teilnahme zum Prinzip der Expertendatenbank erhoben. Zudem darf auch keinerlei Auswertung der eingestellten Daten über eine zentrale Stelle erfolgen.

Um diesen Vorgaben gerecht zu werden, wurde die Plattform so ausgelegt, dass jeder Nutzer sein Expertenprofil ausschließlich selbst pflegen kann. Er hat somit die volle Kontrolle darüber, welche Informationen er über sich in das System stellt und zu welchen Themen er angesprochen werden möchte. Um dennoch eine zufrieden stellende Füllung der Expertendatenbank zu erhalten, wurde eine Einladungsfunktion implementiert. Diese ermöglicht es jedem Nutzer, Kollegen auf die Expertendatenbank aufmerksam zu machen und zur Teilnahme einzuladen.

9. DORMApedia: Wissen im schnellen Zugriff

Die hohe Flexibilität und Anpassungsfähigkeit des Systems zeigte sich schon während der Projektlaufzeit, als wir mit DORMApedia kurzfristig einen zusätzlichen Bereich aufnehmen konnten. Die Idee zu DORMApedia wurde aus einem Verbesserungsvorschlag geboren, der nach einer Plattform zum freien Austausch von Themen, Gedanken und Informationen fragte. Angelehnt an die freie Internet-Enzyklopädie Wikipedia entstand so ein Bereich, der es den Nutzern ermöglicht, sich relativ frei zu vorgegebenen Themen zu äußern. Im Unterschied zu einem klassischen Forum ist hier jedoch nicht eine Verkettung von Fragen und Antworten das Ziel, sondern eine Plattform für kurze Fachartikel, die mit Kommentaren und eigenen Einschätzungen ergänzt werden können.

10. Leistungsfähige Suchfunktionen

Leistungsfähige Suchfunktionen erleichtern den Nutzern den Zugang zu den vier vorgestellten Bereichen der Wissensdatenbank. Es gibt neben einer allgemeinen Suche, die alle Bereiche umfasst, zusätzlich für jeden Bereich erweiterte Suchfunktionen, die eine genauere Filterung der Suchergebnisse möglich machen. Da eine einfache Volltextsuche über die Inhalte zu grobe Ergebnisse bringen würde, können die Inhalte aller Bereiche mit Schlagworten aus einem zentralen Keyword-Katalog verknüpft werden. Eine Suche nach dem Stichwort „Zoll" könnte so z. B. einen kompetenten Ansprechpartner aus der Expertendatenbank, ein Projekt, das sich mit dem Thema beschäftigt, und Best-Practice-Artikel mit Problemlösungen ausgeben. Um den Herausforderungen der Zweisprachigkeit und den noch differierenden Begriffswelten der einzelnen Unternehmensteile zu begegnen, wird zu den Keywords jeweils auch die Übersetzung und für beide Sprachen eine beliebige Anzahl an Synonymen und Schreibweisen vermerkt.

Internet-Plattform für projektübergreifende Information und Synergien

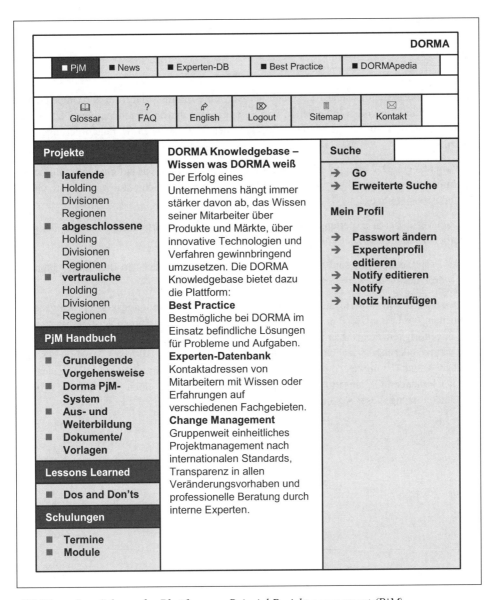

Abbildung 2: Schema der Plattform am Beispiel Projektmanagement (PjM)

Zu guter Letzt erleichtern wir den interessierten Nutzern den Umgang mit der Plattform mit einer Notify-Funktion. Jeder Nutzer kann sich damit per E-Mail informieren lassen, wenn es auf von ihm bestimmten Seiten etwas Neues gibt. So kann er sich bspw. ständig über aktuelle Best-Practice-Artikel auf dem Laufenden halten, ohne diesen Bereich regelmäßig „betreten" und durchsuchen zu müssen (Abbildung 2).

11. Gratwanderung Vertraulichkeit

Ziel der vorgestellten Lösung ist es nach wie vor, eine Internet-Plattform zur Unterstützung der projektübergreifenden Information und Synergie zu schaffen. Nachdem wir jetzt mit der Internet-Plattform online gegangen sind, kommen die nächsten Herausforderungen auf uns zu.

Da wir auch einige Werke im asiatischen Raum haben, mussten wir auf eine Verschlüsselung der Informationsübermittlung verzichten. China gestattet dies nicht. Wie groß ist die Gefahr der Industriespionage?

Die nun verfügbaren Expertenprofile enthalten die Skills und Erfahrungen unserer fähigsten Mitarbeiter. Sind diese auch für Headhunter interessant?

In der Projekteübersicht sind die Veränderungsvorhaben der nächsten drei Jahre enthalten. Was würde der Wettbewerb für diese Informationen zahlen?

Vorbeugend haben wir ein ausgeklügeltes Rollen- und Berechtigungskonzept vorgesehen. Momentan wird eine User-Verifizierung umgesetzt, die in regelmäßigen Abständen die aktuelle Zugehörigkeit der Nutzer zum Unternehmen überprüft. Trotzdem bleibt die Datenbank eine Gratwanderung zwischen offener Information und dem Risiko des Missbrauchs. Wir glauben jedoch daran, dass die Vorteile einer gemeinsamen internationalen Zusammenarbeit in einer lernenden Organisation überwiegen und unsere Lösung einen pragmatischen Ansatz zur Unterstützung dieser Arbeit bietet.

Effiziente Steuerung von Projektbündeln bei Produkteinführungen

Clemens Frowein

„Wer einen großen Sprung machen will, muss einige Schritte zurückgehen."

Projekterfolg ist kein Zufall. Aber oft sieht es so aus, als seien erfolgreiche Projekte das Werk hervorragender „Künstler" und eben nicht das Ergebnis systematischer Arbeitsweise. Im Bereich der Markteinführungen neuer Produkte lässt sich dieses Phänomen häufig beobachten. Der Fokus der Arbeit liegt hierbei naturgemäß in der inhaltlichen Bearbeitung der Produktentwicklung, der Produktion, der Logistik, des Marketings und der Vertriebsaktivitäten. Doch um neue Produkte entsprechend der zeitlichen und qualitativen Vorgaben auf den Markt zu bringen, ist die Koordination der genannten Bereiche bedeutsam. Hierfür ist ein professionelles Projektmanagement erforderlich. Dieser Artikel soll einen Ansatz zeigen, wie sich Projekterfolge bei der Einführung neuer Produkte systematische wiederholen bzw. steuern lassen.

1. Individualistische Praxis erschwert Management des Projektebündels

2. Masterplanung schafft Basis für Einzel- und Multiprojektmanagement

3. Standards typischer Projektabläufe schlagen sich im Masterplan nieder

4. Zuständigkeiten und Rollen machen die Anwendung verbindlich

5. Tools helfen die Komplexität beherrschen

6. „Trimmen": Vom Masterplan zum individuellen Projekt

7. Eckdaten des Masterplans werden im Multiprojektmanagement verankert

1. Individualistische Praxis erschwert Management des Projektbündels

Was macht Projekte immer wieder erfolgreich? Neben einem professionell agierenden Projektleiter gehören eine angemessene Organisation, zielführende Methoden und geeignete Arbeitsweisen wie z. B. Konfliktmanagement zu dem Erfolgsrezept bei der Projektarbeit. In der Praxis wird tatsächlich häufig nach diesem Rezept gekocht – leider jedoch allzu oft aus den Erfahrungen Einzelner heraus und vor allem bei jedem neuen Projekt immer wieder ein bißchen anders, je nach beteiligten Personen.

Gerade Unternehmen, bei denen viele Projekte anstehen, die ähnlichen bzw. wiederkehrenden Charakter haben, kostet eine fehlende Standardisierung bei der Projektplanung und -abwicklung viel Geld und Zeit und verschlingt Ressourcen, die möglicherweise deutlich effizienter eingesetzt werden könnten. Ein gutes Beispiel ist hier die Einführung bzw. das Lancieren neuer Produkte in der Konsumgüterindustrie. Die Branchen in diesem Bereich leben davon, neue Produkte mit hoher Geschwindigkeit und Qualität zu angemessenen Kosten in den Handel oder an den Verbraucher zu bringen.

Der Wettbewerb ist meist scharf, und wer zu langsam ist oder gar einen Flop landet, hat das Nachsehen – und unter Umständen sogar einen dramatischen Positionsverlust in Kauf zu nehmen. Um einen neuen Joghurt, ein Shampoo, einen Schokoriegel oder Ähnliches auf den Markt zu bringen, sind unzählige Aktivitäten erforderlich, es sind viele Mitarbeiter und Funktionen daran beteiligt. Koordination tut Not, die berühmte Checkliste versagt bei wachsender Komplexität.

2. Masterplanung schafft Basis für Einzel- und Multiprojektmanagement

In solchen Fällen eignet sich ein standardisiertes Projektmanagement, das wir Masterplanung getauft haben. Nicht nur das Modell des Projektmanagements kommt hier zum Tragen, sondern auch die inhaltlichen Schritte, quasi die Checklisten werden integriert. Ziel ist eine hohe Transparenz über das gesamte Vorhaben für alle Beteiligten. Nicht zuletzt ist die Unterstützung der Projekte mit einer geeigneten Software wichtig, in die sich die Standardabläufe integrieren lassen.

So wird hier ein Konzept vorgeschlagen, das auf drei Säulen fußt. Grundlage für die einzelnen Vorgehensschritte in der Projektarbeit ist zunächst ein Plan aller Aktivitäten, der Masterplan. Der Masterplan gibt Aufschluss darüber, wer welche Aktivität an welcher Stelle zu tun hat. Die zweite Säule ist ein Projektmanagement-Modell (PM-Modell), das auf der Grundlage eines Projektstrukturplans die Rollen und Verantwortlichkeiten sowie die Spielregeln in der Projektarbeit regelt. Drittes Element ist eine Software, die den Masterplan und die Projektstrukturen abbildet und damit die Komplexität für die Beteiligten beherrschbar macht.

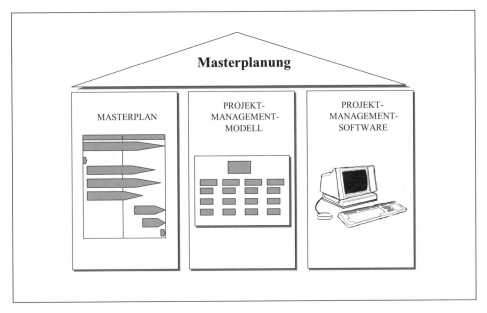

Abbildung 1: Die drei Säulen der Masterplanung

Erst die drei Säulen in ihrer Kombination machen das hier dargestellte Konzept der Standardisierung wirklich intelligent und praxistauglich.

3. Standards typischer Projektabläufe schlagen sich im Masterplan nieder

Der Masterplan bildet die prozessuale Grundlage der Projekte. Um bei dem Beispiel der Produkteinführungen zu bleiben, würden in einem solchen Masterplan die Schritte in ihrer konkreten Abfolge und mit entsprechenden Zeiträumen und Zuständigkeiten abgebildet.

Meist beginnt ein Masterplan mit dem Schritt bzw. der Aktivität Projektplanung und dann folgt ein Projekt-Kick-off. Dann können entsprechend die inhaltlichen Schritte – z. B. alle Schritte der Produktentwicklung, des Marketings etc. – abgebildet werden.

Je nach Komplexität und Umfang der Produkteinführungen kann ein Masterplan leicht über 200 einzelne Schritte umfassen. Die wichtigste Grundidee ist, dass ein Unternehmen mit vielen Produkteinführungen z. B. in einer Sparte nur einen Standard-Masterplan erstellt, der als Rahmen für alle Projekte gilt. Die Kunst dabei ist es, den größten gemeinsamen Nenner zu finden, ohne die individuellen Belange der einzelnen Vorhaben aus dem Blick zu verlieren. Ist der Masterplan einmal erstellt, kann jedes Projekt auf dieser Basis je nach spezifischen Anforderungen daraus dann den individuellen Plan ableiten. Konkret sollte der Masterplan folgende Aspekte beinhalten:

1. Alle Schritte, die für die Abwicklung solcher Projektkategorien erforderlich sind. Diese Schritte werden auf einem relativ hohen Abstraktionsniveau festgelegt und beinhalten ihrerseits wieder Aktivitäten, die aber im Masterplan zunächst nicht einzeln abgebildet werden.

2. Für jeden Schritt werden durchschnittliche Bearbeitungszeiten festgelegt. Diese Zeiten basieren auf Erfahrungswerten aus vergangenen Projekten und geben Aufschluss bzw. einen guten Anhaltspunkt über den Umfang der voraussichtlich benötigten Zeit.

3. Für jeden Schritt werden Zuständigkeiten festgelegt, allerdings im Sinne von Funktionen. D. h., es wird beschrieben, welche Funktion im Unternehmen welchen Schritt durchzuführen hat. Darüber hinaus wird beschrieben, wer bzw. welche Funktionen bei den einzelnen Schritten noch mitwirken sollte.

4. Die Abhängigkeiten der einzelnen Schritte sind zu beschreiben. Wichtig für die Vollständigkeit des Plans ist, dass jeder Schritt mindestens einen Vorgänger, d. h. einen Input aus einem anderen Schritt, hat und dass für jeden Schritt mindestens ein nachfolgender Schritt definiert wird. Erst aus diesen Abhängigkeiten ergibt sich die Logik des Prozesses und damit wird die Komplexität beherrschbar.

Es stellt sich nun die Frage, wie ein solcher Masterplan entwickelt werden kann. Zur Erarbeitung wird empfohlen, ein eher kleines Team aus Managern zusammenzustellen, die an dem Prozess beteiligt sind. Am Beispiel der Produkteinführung wären das Mitarbeiter aus den Bereichen Marketing, Vertrieb, Produktentwicklung, Produktion und Logistik. Ein Vorgehen in drei Phasen macht Sinn. Im ersten Schritt sollte eine umfassende Analyse der zu standardisierenden Prozesse erfolgen.

Dabei werden die Schritte des Prozesses zunächst im Ist erfasst und hinsichtlich Defiziten und Verbesserungsmöglichkeiten untersucht. Liegt die Analyse vor, wird der Prozess in einem zweiten Schritt in ein Soll-Konzept übertragen. Gerade bei komplexeren Abläufen ist es sinnvoll, sich an dieser Stelle einer Prozessmodellierungs-Software zu bedienen, z. B. ARIS oder Visio.

Die Software hilft, verschiedene Szenarien auszuprobieren und so zu einem optimierten Ablauf zu gelangen. Wie bereits beschrieben werden nun die durchschnittlichen Dauern und verantwortlichen Funktionen zugeordnet und die Abhängigkeiten festgelegt. Damit steht der komplette Ablauf und muss nun in der Regel noch einmal überprüft werden. Zu Überprüfung eignen sich größere Runden mit Managern aus den verschiedenen betroffenen Bereichen, denen der Prozess vorgestellt wird und die Gelegenheit bekommen, im Detail darüber zu diskutieren.

Im Allgemeinen wird die Entwicklung solcher Standardpläne als sehr positiv erlebt, und sowohl das Team, das den Plan erarbeitet, als auch die dann betroffenen Bereiche zeigen sich motiviert für die Umsetzung.

4. Zuständigkeiten und Rollen machen die Anwendung verbindlich

Während der Masterplan die Abläufe im Fokus hat, konzentriert sich das Projektmanagement-Modell (PM-Modell) auf die Form und die Spielregeln der Zusammenarbeit. Grundlage ist ein klassisches Projektmanagement, mit folgenden Elementen:

1. Zuerst erfolgt ein klar strukturierter Zielvereinbarungsprozess für jedes Projekt. Allen Beteiligten muss klar sein, wo die Reise hingeht und welche konkreten Herausforderungen bestehen. Grundlage für diese Zielvereinbarung kann ein Formular sein, auf dem alle wichtigen Ziele und Rahmenbedingungen festgeschrieben werden. Dies beinhaltet die gesamte Zielsetzung für das jeweilige Vorhaben, Meilensteine, Risiken und Erfolgsfaktoren sowie die Festlegung wichtiger Rahmenbedingungen, z. B. Kostenanforderungen. Die Zielvereinbarung sollte im Rahmen eines Workshops mit zentral beteiligten Projektmitarbeitern erarbeitet werden.

2. Ein standardisierter Projektstrukturplan bildet die Grundlage für die Verantwortlichkeit und die Rollen in der Zusammenarbeit. Dabei sollte die Struktur in klassischer Manier als hierarchischer Projektaufbau dargestellt werden und nicht mehr als drei Ebenen (Gesamtprojekt, Teilprojekte, Arbeitspakete) umfassen. Der Strukturplan wird wie der Masterplan einmalig festgelegt und gilt dann für alle Vorhaben.

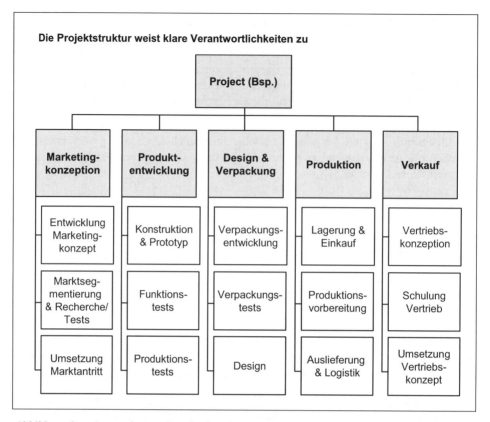

Abbildung 2: Beispiel einer Standardstruktur bei Produkteinführungen

3. Die im Projekt relevanten Rollen wie z. B. Projektleiter, Teilprojektleiter, Arbeitspaketverantwortlicher, aber auch Auftraggeber werden beschrieben. Die Beteiligten kennen damit die Grundlage für ihre Aufgaben, Verantwortlichkeiten und Kompetenzen.

4. Das PM-Modell gibt auch die Vorgaben für das Controlling im Projekt. Ein regelmäßiger Soll-Ist-Abgleich, verbunden mit einem Statusbericht wird entlang der Projektstruktur „Bottom-up" vorgenommen. So meldet jeder Arbeitspaketverantwortliche seinem Teilprojektleiter Stand und Fortschritt. Die Berichte werden auf Projektebene aggregiert, so dass der Projektleiter laufend im Bilde ist. Besonderer Fokus liegt auf den vorab definierten Meilensteinen.

5. Zuletzt sind in dem PM-Modell die Spielregeln für das Zusammenspiel der Beteiligten beschrieben. Dabei geht es neben Führungsrichtlinien auch um Verfahren der Konflikthandhabung, der Kommunikation und der Arbeitsweise.

Es wird deutlich, dass das PM-Modell die organisatorische Grundlage für die Arbeit in den Vorhaben bildet und damit ein unerlässlicher Bestandteil der Prozessstandardisierung ist.

Daher ist besonderer Wert auf die sorgfältige Ausgestaltung und die Einführung diese Arbeitsmethoden zu legen.

5. Tools helfen die Komplexität beherrschen

Der Masterplan und das PM-Modell sollten durch eine geeignete Software unterstützt werden, um den Beteiligten die Handhabung der komplexen Vorhaben zu erleichtern. Zu empfehlen ist eine schnell erlernbare Projektmanagement-Software wie z. B. Microsoft Project, um den Einführungs- und Schulungsaufwand gering zu halten. Bei einer solchen Software ist es ohne weiteres möglich, einen Standardplan gemäß dem Masterplan anzulegen. Dabei sind folgende Bestandteile einzufügen:

1. Alle im Masterplan vorgesehenen Schritte werden als Vorgänge einzeln eingegeben.
2. Jedem Schritt wird die durchschnittliche Dauer zugeordnet.
3. Jedem Schritt wird eine Funktion zugewiesen, die die jeweilige Aufgabe bearbeiten soll. Darüber hinaus kann für jeden Schritt ein Feld eingerichtet werden, in dem weitere Funktionen beschrieben sind, die kooperieren sollten bzw. müssen.
4. Die Abhängigkeiten zwischen den einzelnen Schritten werden festgelegt. Es ist darauf zu achten, dass jeder Schritt mindestens einen Vorgänger (Input) und einen Nachfolger (Output) zugewiesen bekommt. Nur so ist der gesamte Prozess in sich stimmig.
5. Jeder Schritt erhält eine Beschreibung. In dieser Beschreibung ist hinterlegt, was genau der Schritt umfasst, und vor allem, was am Ende das konkrete Ergebnis sein soll.

Erst wenn die Software mit allen Schritten und deren Abhängigkeiten fertig gestellt ist, lässt sich in etwa sehen, welche Dauer der Prozess insgesamt durchschnittlich hat. Nicht selten gibt es hier Überraschungen, da die Verschachtelung der einzelnen Schritte oftmals zu einer deutlich längeren Dauer als erwartet führt. Dies ist jedoch nicht dramatisch, weil erfahrungsgemäß der Durchschnittsprozess bei der Anpassung der Vorhaben an deren individuelle Belange deutlich verkürzt wird.

6. „Trimmen": Vom Masterplan zum individuellen Projekt

Ist der Masterplan erstellt und in der Software angelegt, können die einzelnen Vorhaben damit arbeiten. Es geht darum, den Masterplan als Grundlage zu nutzen, um daraus einen individuellen Projektplan zu generieren.

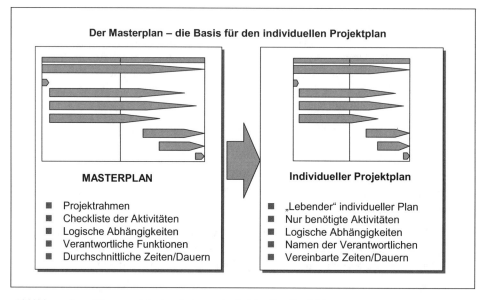

Abbildung 3: Weg vom Masterplan zum individuellen Projekt

Im ersten Schritt kommt das Projektteam zusammen und legt die Zielsetzungen für das Vorhaben fest. Neben qualitativen Zielen sind an dieser Stelle auch zeitliche Ziele im Sinne eines Endtermins und grobe Meilensteintermine zu setzen. Auf der Basis der Zielsetzungen wird nun der Masterplan angepasst, wobei das Vorgehen einfach ist:

1. Für jeden einzelnen Schritt des Masterplans ist zu prüfen, ob er für das gegebene Projekt auch wirklich erforderlich ist. Ist das nicht der Fall, so wird der Schritt in der Software ausgeblendet (nicht gelöscht, da sonst die Abhängigkeiten in unzulässiger Weise verändert werden können).

2. Für alle Schritte, die für das individuelle Projekt benötigt werden, ist eine Dauer einzugeben. Der Masterplan gibt eine durchschnittliche Dauer vor, das Team wird aber die für das konkrete Projekt benötigte Dauer diskutieren und entsprechend festsetzen. Solche Diskussionen, an denen meiste verschiedene Funktionen beteiligt sind, haben einen sehr

fruchtbaren Nebeneffekt: Es entsteht ein tiefgreifendes Verständnis über die detaillierten Anforderungen bei allen Beteiligten.

3. Sind die Zeiten festgelegt, wird jedem Schritt ein Name bzw. eine Person zugewiesen, die für die Bearbeitung verantwortlich zeichnet. Dies ist wichtig, um Unstimmigkeiten und Missverständnisse während der Projektarbeit zu vermeiden.

Sind diese Schritte vollzogen, kommt meist noch nicht der gewünschte Endtermin heraus. Jetzt gilt es zu optimieren. Bei komplexen und in sich verschachtelten Prozessen lässt sich eine derartige Optimierung keinesfalls „per Hand" machen. Sinnvollster Weg ist es, sich auf den kritischen Pfad zu konzentrieren. Der kritische Pfad bildet sich durch all jene Schritte, bei denen eine Verkürzung oder Verlängerung direkte Auswirkung auf den Endtermin hat, also alle Vorgänge ohne zeitlichen Puffer. Die Software zeigt diesen kritischen Pfad an und somit lassen sich die Schritte auf einfache Weise bearbeiten, indem entweder die Dauer einzelner Schritte verkürzt wird oder Vorgänge parallelisiert werden. Bei der Optimierung ist sorgfältig darauf zu achten, dass durch die Verkürzungen oder Parallelisierungen der Schritte nicht zu große Risiken für das Projekt eingegangen werden. Sinnvoll ist es, solche Risiken schriftlich festzuhalten. Typischerweise liegen bei Produkteinführungen Aktivitäten der Produktentwicklung auf dem kritischen Pfad wie z. B. Produkttests. Wird hier zu sehr verkürzt, kann dies Auswirkungen auf die Produktqualität haben. Abzuwägen ist, ob solche Auswirkungen in Kauf genommen werden können.

Ist der individuelle Projektplan erstellt, sollte er an alle Projektbeteiligten kommuniziert bzw. verteilt werden, so dass sich die Mitarbeiter auf die zu leistende Arbeit zu dem festgelegten Zeitpunkt einstellen können.

Entsprechend den vorgesehenen Zeiten wird das Controlling im Projektablauf durchgeführt. Dabei melden die Arbeitspaketverantwortlichen eventuelle Verzögerungen in ihrem Verantwortungsbereich an die Teilprojektleiter bzw. den Projektleiter. Die Verzögerungen lassen sich in die Software eingeben. Damit werden Auswirkungen auf den Projektverlauf deutlich, und es können – falls erforderlich – Gegenmaßnahmen ergriffen werden.

Ist es noch spannend, das Konzept zu entwickeln, so sind bei der Einführung langer Atem und Biss gefragt. Gerade dass das Konzept insgesamt recht einfach und schnell zugänglich ist, lässt die Tücken im Detail schnell vergessen. Es handelt sich um eine Veränderung der Arbeitsweise und der Zusammenarbeit, die ein gutes Verständnis und erhebliche Disziplin der Beteiligten erfordert.

Zunächst einmal geht es darum, die Kompetenz bei den Beteiligten zu erzeugen. Hierfür sollte ein klassisches Schulungskonzept aufgesetzt werden, wobei mindestens zwei Tage Training erforderlich sind. Das Training besteht neben der Vermittlung der Theorie und des Masterplans vor allem im Üben des Umgangs mit dem Prozess. Dazu werden Fallstudien bearbeitet. Ausreichend viel Zeit sollte auch für die Schulung der Software eingeplant werden, je nachdem ob das jeweilige Produkt im Hause bekannt ist oder nicht.

Fast noch wichtiger als das formale Training ist die Übung am tatsächlichen Projekt. Gerade in der ersten Phase der Einführung sollten die Projekte, die mit dem Masterplan gefahren werden, intensiv unterstützt werden. Dieses Coaching ist dann auch der Schlüssel zum Erfolg, denn hier lernen die Beteiligten am intensivsten die praktische Anwendung.

Zur Unterstützung der Einführung und zur ständigen Verbesserung des Masterplans sollte ein Team benannt werden, das sich aus Managern der betroffenen Funktionen zusammensetzt. Dieses Team kommt in regelmäßigen Abständen zusammen und überprüft die Qualität des Prozesses und der Arbeitsweise. Zudem hat das Team die Hoheit, den Masterplan zu verändern und somit neue Standards zu setzen.

Die hier geschilderte Vorgehensweise zur Masterplanung lässt sich in vielen Bereichen anwenden. Die Idee ist einfach und gerade deshalb immer wieder bei Mitarbeitern und im Management erfolgreich, die die Problematik fehlender Koordination und aufwändiges „immer wieder neu erfinden" nur zu gut kennen.

7. Eckdaten des Masterplans werden im Multiprojektmanagement verankert

Masterplanung ist ein Konzept, das Nutzen bringt, wenn Unternehmen mehrere bzw. viele ähnliche Projekte durchführen müssen. Hierbei entsteht die Verbindung zum Multiprojektmanagement. Entsprechend können und sollten auch die Projektebündel behandelt werden, die mit Masterplänen abgewickelt werden. Dabei gereicht auch wieder die Möglichkeit der Standardisierung zum Vorteil. Insbesondere in der Initiierungsphase und bei der Priorisierung lassen sich durch die Ähnlichkeit der Vorhaben – wie z. B. bei Markteinführungen neuer Produkte – gute standardisierte Kriterien und Entscheidungsargumente finden. Aber auch in der Projektsteuerung und im Controlling können entsprechend dem Multiprojekting standardisierte Verfahren eingesetzt werden. So können in übersichtlicher Weise ganze Projektebündel überwacht und gezielt gesteuert werden. Die Möglichkeiten des Multiprojektmanagements sollten also durchaus bei dem Einsatz der Masterplanung mit genutzt und umgesetzt werden, um die Gesamteffizienz weiter zu steigern.

Multiprojecting mit richtigen Gremien, schnellen Prozessen, kooperativen Arbeitsweisen

Gudrun Pleuger

> *„Ein Unternehmen ist kein Zustand, sondern ein Prozess."*
> *(Ludwig Bölkow)*

Der Unternehmensführung liegt es daran, die Prioritäten von Projekten richtig zu entscheiden. Unwägbarkeiten und Interessen sind zu berücksichtigen, Hintergründe und Trends zu beurteilen. Effiziente Gremien mit Managementkompetenz und Überblickswissen können helfen, qualifizierte und tragfähige Entscheidungen vorzubereiten. Der Bericht beschreibt Erfahrungen mit einem beispielhaften Verfahren, das strategisches und operatives Multiprojecting vereint.

1. Gremien, Prozesse und Arbeitsweisen gekonnt aufeinander abstimmen
2. Projektlandschaft auf Unternehmensstrategien ausrichten
3. Koordination zwischen Projekten in teilautonomen Abstimmkreisen unterstützen
4. Entscheidungen durch ressortübergreifendes Management-Team vorbereiten
5. Mit managementorientiertem Berichtswesen auf den Punkt kommen
6. Basis durch Anforderungen an Einzelprojektmanagement schaffen
7. In Verständigung zwischen Projektsicht und Unternehmenssicht investieren
8. Auf projektübergreifenden Wissensaustausch setzen

1. Gremien, Prozesse und Arbeitsweisen gekonnt aufeinander abstimmen

Projekte wurden im Unternehmen schon immer betrieben, waren aber nicht in Gänze transparent. Deshalb wurde ein Projektmanagement-System (PMS) entwickelt, das eine Arbeitshilfe für die einzelnen Projekte und der Grundstein für ein Multiprojecting sein sollte, sowohl strategisch (Portfoliosteuerung im Sinne der gesamthaft strategischen Ausrichtung der Projektlandschaft) als auch operativ (im Sinne einer projektübergreifenden Koordination).

Bei einer ersten Analyse wurden 400 laufende Projekte erhoben, davon 80 Großprojekte, die es im Rahmen der begrenzten Ressourcen professionell zu steuern galt. Anhand dieser Herausforderungen wurden mit der Zeit Gremien, Prozesse und Arbeitsweisen geschaffen, die sich in ihrer Abstimmung kontinuierlich optimieren und schnelle, fundierte Entscheidungsfindungen mit hoher Qualität und transparenten Risiken gewährleisten.

Früh wurde ein Projektportfolio-Steuerungs-Team (PST) installiert, das projektübergreifend in monatlichem Abstand Entscheidungsbedarf feststellt und mit Lösungsvorschlägen dem Vorstand vorlegt. Die ressortübergreifende Besetzung des Teams stellt sicher, dass die verschiedenen Sichten und Interessen in den Vorlagen berücksichtigt sind und damit eine schnellere Entscheidung möglich wird.

Die notwendigen Informationen werden von den Projekten regelmäßig vierteljährlich und bei Abweichungen sofort bereitgestellt und von der so genannten Projektkoordination für das Projektportfolio-Steuerungs-Team aufbereitet. Die Projektkoordination hat daneben auch eine beratende Funktion für die Projekte, die sowohl Akzeptanz des Verfahrens als auch die Qualität der Controllingdaten sicherstellt. Bei Bedarf präsentieren sich die Projekte im Projektportfolio-Steuerungs-Team, fallweise wird auch eine Präsentation im Vorstand organisiert.

Die ebenen- und bereichsübergreifende, enge und unkomplizierte Zusammenarbeit der Projekte und Gremien hat zu einer durchgängig kooperativen, effizienten und problemlösungsorientierten Arbeitskultur geführt. Verständigung erfolgt schnell und Entscheidungsbedarf wird zügig erkannt.

*Das **Projektportfolio-Steuerungs-Team (PST)** ist ein übergreifendes Management-Team, das aus der Ebene unter dem Vorstand aus allen Ressorts besetzt ist und den Vorstand in der Steuerung der Projektlandschaft berät. Auszug aus der Rollenbeschreibung, die im Unternehmen explizit vereinbart und kommuniziert wurde:*

- *Das Projektportfolio-Steuerungs-Team wird vom Vorstand als Gremium insgesamt ernannt.*
- *Es steuert den Prozess „von der Idee zum Projekt."*
- *Es gewährleistet eine strategische Bewertung und Priorisierung aller Projektvorhaben.*

- Es prüft und unterstützt den projektübergreifend optimalen Ressourceneinsatz.
- Es koordiniert die Entscheidungsfindung bei vernetzten Projekten.
- Es bereitet mindestens halbjährlich Steuerungsvorschläge für die Projektlandschaft vor und setzt Vorstandsentscheidungen um.
- Es berichtet dem Vorstand regelmäßig über seine Aktivitäten.

Der **Projektkoordinator** unterstützt das Projektportfolio-Steuerungs-Team. Auszug aus der Rollenbeschreibung:

- Er stellt die Projektberichte zur Projektlandschaft zusammen und bereitet die Diskussion im Projektportfolio-Steuerungs-Team vor.
- Er bereitet die Projektlandschaft hinsichtlich der Schnittstellen zum strategischen Plan, zum mittelfristigen Plan sowie zum Budget auf.
- Er analysiert die Abhängigkeit der Projekte untereinander und unterstützt das Schnittstellenmanagement.
- Er erhält regelmäßig Berichte zum Stand der Einzelprojekte.
- Er führt quartalsweise das übergreifende Berichtswesen zum Stand der Projektlandschaft durch.

2. Projektlandschaft auf Unternehmensstrategien ausrichten

Ein zentrales Anliegen der Unternehmensführung und des Projektportfolio-Steuerungs-Teams ist die Ankopplung der Projekte an die Unternehmensstrategien. Schließlich gilt es, die Ressourcen vorrangig für die Vorhaben einzusetzen, die dem Unternehmen einen dauerhaften Wettbewerbsvorteil bringen – neben Muss-Projekten wie z. B. der Umsetzung des Sarbanes-Oxley-Acts.

In den erforderlichen Abstimmprozess sind neben Projektportfolio-Steuerungs-Team und Projektkoordination, die die projektübergreifende Sicht vertreten, natürlich die Auftraggeber, Lenkungsausschüsse und Leiter der einzelnen Projekte aktiv eingebunden.

Die strategische Ausrichtung erfolgt in mehreren Schritten.

Die Projekte nehmen im ersten Schritt anhand der strategischen Kriterien eine Selbsteinschätzung vor, die sie an die Projektkoordination kommunizieren (Abbildung 1).

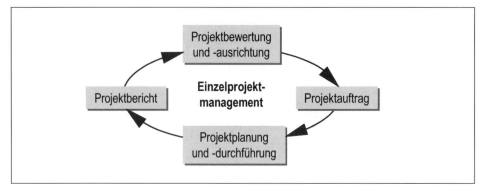

Abbildung 1: *Jedes Projekt ist in der Verantwortung, von Anfang an für seine wirtschaftliche und strategische Bewertung zu sorgen, den Auftrag in diesem Zusammenhang zu klären und die Projektarbeit entsprechend auszurichten.*

Im zweiten Schritt nimmt das Projektportfolio-Steuerungs-Team anhand der von der Projektkoordination vorgelegten Projektdaten eine strategische Bewertung der einzelnen Projekte aus übergreifender Sicht vor (Abbildung 2). Je nach Klärungs- und Diskussionsbedarf wird hierfür ein halb- bis zweitägiger Workshop angesetzt. Im Rahmen dieses Workshops werden alle Projekte allen strategischen Kriterien gegenübergestellt. Jedes Mitglied des Projektportfolio-Steuerungs-Teams nimmt eine Bewertung für jede Projekt/Kriterium-Kombination vor (Projekt P1 erfüllt Kriterium K1 usw.). Die individuellen Bewertungen werden zusammengetragen, offen gelegt und größere Differenzen diskutiert. Daraus ergibt sich eine Projektbewertung, die vom oberen Management ressortübergreifend getragen wird.

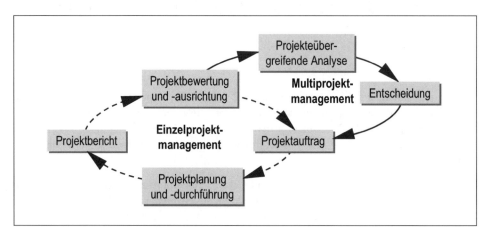

Abbildung 2: *Neben der Sicht der Einzelprojekte erfolgt eine projektübergreifende Abstimmung in strategischer, wirtschaftlicher und gegebenenfalls operativer Hinsicht. Daraus resultieren Entscheidungen zur Lenkung der Projektlandschaft, die in den einzelnen Projekten zu berücksichtigen sind.*

Im Abgleich mit der Selbsteinschätzung der Projekte können Diskrepanzen über die Ausrichtung der Vorhaben ausgeräumt werden. Diskrepanzen zwischen dem Selbstverständnis von Projekten und der übergreifenden strategischen Einordnung können sich leicht aus der Eigendynamik von Projekten ergeben. So ist möglicherweise ein Projekt aufgesetzt worden, um eine schnelle, für die Marktdurchdringung notwendige DV-Unterstützung für den Vertrieb zu erarbeiten, versteht sich aber aufgrund der in der Projektarbeit entbrannten Leidenschaften mittlerweile eher als Vorhaben, das eine Technologiestrategie grundsätzlich untersuchen soll – die ursprüngliche marktorientierte Problemlösung ist einer aufwändigen Technologiediskussion gewichen. Hier gibt es den Bedarf, dem Projekt wieder die richtige strategische Ausrichtung zu geben.

Neben dieser Überprüfung der einzelnen Projektausrichtungen gilt es umgekehrt, die Abdeckung des strategischen Handlungsbedarfs insgesamt durch die laufenden und geplanten Projekte zu prüfen. Das Projektportfolio-Steuerungs-Team untersucht hierzu, ob sich aus der beschriebenen Gegenüberstellung der Projekte und der strategischen Kriterien Handlungslücken (d. h., eine Strategie wird durch Projekte ungenügend bedient) oder Überschneidungen (d. h., mehrere Projekte übererfüllen eine Strategie) ergeben. Zu überprüfen ist dann, ob die Strategie vielleicht durch andere Maßnahmen in der Linienorganisation genügend bedient wird. Gegebenenfalls müssen Zielsetzungen der Projekte ergänzt, Abstimmbedarfe an die Projekte kommuniziert oder gegebenenfalls Strategien ausgesetzt werden. Die notwendigen Entscheidungsvorlagen werden durch das Projektportfolio-Steuerungs-Team für den Vorstand erarbeitet und zur Diskussion gebracht. Gegenüber den Projekten werden die Ergebnisse durch die Projektkoordination in Beratungsgesprächen kommuniziert.

3. Koordination zwischen Projekten in teilautonomen Abstimmkreisen unterstützen

Ist die Projektlandschaft beschlossen, gilt es, die effiziente Realisierung sicherzustellen, d. h. Doppelarbeiten und Inkompatibilitäten zu vermeiden und Synergieeffekte zu nutzen.

Realisierung von Synergieeffekten ist kein Selbstzweck. Das Ausloten und Realisieren der letzten Synergiepotenziale ist oft unwirtschaftlich. Auch hier gilt die bekannte 80:20-Regel. Es kann gegebenenfalls vorteilhaft sein, Überschneidungen und Doppelarbeiten zuzulassen. Zur Abgrenzung kann bei der Sichtung der Projektlandschaft die Frage sinnvoll sein, wo Doppelarbeit riskiert werden kann und wo nicht. Zum Beispiel können die Konsequenzen unabgestimmter Technologieentwicklungen mit Folgen für Wartungsaufwände, mehrfache Qualifizierungserfordernisse etc. für die Kostenposition verheerend sein. Bei klar definierten Übergangslösungen, wo es um den Erhalt des Betriebs geht, können Doppelarbeiten hinge-

gen fallweise zugelassen sein, wenn der Koordinationsaufwand den Synergieeffekt übersteigen würde.

Im vorliegenden Fall wurde eine Lösung mit teilautonomen Abstimmkreisen gefunden. Projekte mit Abhängigkeiten und Wechselwirkungen werden zu Projektbündeln zusammengefasst, die sich in Abstimmkreisen regelmäßig treffen, um sich inhaltlich zu koordinieren und etwaige Schnittstellenprobleme zu lösen.

Die wichtigsten Ergebnisse werden gemeinsam mit dem Projektportfolio-Steuerungs-Team resümiert und projektübergreifende Lösungen entwickelt, die bei strategischer Relevanz auch dem Vorstand zur Entscheidung vorgelegt werden.

Hinsichtlich der Frage operativer Projektkoordination entbrennen leicht Leidenschaften, die ihre Ursache in unterschiedlichem Managementverständnis und in Machtinteressen haben.

Ein Ansatz ist z. B., dass den Projekten weitgehende Selbststeuerung in der gegenseitigen Abstimmung zugestanden wird, mit Anschub und Unterstützung dieses Prozesses. Damit bleibt die Steuerungsverantwortung eindeutig bei den Projekten.

Ein anderer Ansatz wird verfolgt, wenn eine zentrale Einheit oder Person die operative Koordination verantwortlich betreiben soll. Was sich für die strategische Koordination oft als erfolgreicher Ansatz erweist, ist aber für die operative Koordination erfahrungsgemäß in der Regel unrealistisch. Der zentrale Eingriff in die Projekte wird von unternehmerisch agierenden Projektleitern kaum akzeptiert, und die Auseinandersetzung um die wirkliche Projektleitung kostet unnötig Kraft.

Zur Analyse und Kommunikation in den Abstimmkreisen erstellt jedes beteiligte Projekt eine tabellarische Übersicht seiner Abhängigkeit von Zulieferungen, Ressourcen, Informationen und Entscheidungen (Abbildung 3). Die Abhängigkeit wird dann beurteilt: Ist die Zulieferung aus Sicht des Projekts sichergestellt? Erweist sich die Verzögerung einer Entscheidung mittlerweile als problematisch? Mit der so geschaffenen Transparenz werden zugleich die aktive Kommunikation und Problemlösung gefördert. Erscheint eine Bewertung unsicher, geht der Projektleiter auf seinen Zulieferer zu, um sich eine fundiertere Meinung bilden zu können. Erscheint eine Zulieferung tatsächlich gefährdet, werden sich Projektleiter und Zulieferer rechtzeitig verständigen, wie das Problem gelöst werden kann.

Für die Organisation eines Abstimmkreises ist wichtig, dass er mehr als Prozess denn als Gremium verstanden wird, zumal er abhängig von den beteiligten Projekten immer nur ein temporäres Konstrukt sein kann. Prozesse sind zudem lebendig und werden ständig auf Verbesserungsmöglichkeiten hin taxiert. Gremien geben oft ihren Mitgliedern vermeintliche Sicherheit, führen leicht zu Erstarrungen und Diskussion über Formales. Mit dem Fokus auf effiziente Prozesse erhält sich das Unternehmen die Flexibilität, bei neuen Anforderungen an ein operatives Multiprojecting mit neuen organisatorischen Lösungen schnell zu reagieren. Wer die Managementprozesse besser beherrscht, hat die besseren Voraussetzungen zur Wertsteigerung.

Projekt: Y2K-PERFORMANCE (Jahrtausendwechsel)			
Abhängigkeit	**Termin**	**Status**	**Problem und Maßnahmen**
Information über Y2K-Fähigkeit der Software PRINT	31.08.98	☺	-
Zulieferung der Analysetools aus Projekt Y2K-BASE	15.01.99	💣	Qualitätsprobleme, frühzeitige Abnahmen für Module vereinbaren

☺ wie geplant 💣 Abweichung

Abbildung 3: Schema für das operative Schnittstellenmanagement. Die Abhängigkeiten werden zum Gegenstand der regelmäßigen Analyse, der Verständigung zwischen Projekten und Zulieferern und gegebenenfalls des Berichtswesens.

4. Entscheidungen durch ressortübergreifendes Management-Team vorbereiten

An verschiedenen Stellen wurde schon auf die Entscheidungsvorlagen für die Unternehmensführung hingewiesen. Früher hatten die Entscheidungsvorlagen unterschiedliche Qualität. Das betraf Projekte und auch andere Maßnahmen, die alle gleich oder jedes für sich besser behandelt werden wollten, unabhängig von Volumen, Risiko und organisatorischen Implikationen. Mehrfache Schwierigkeiten zeigten sich:

- Zwischen Projekten und anderen Maßnahmen wurde nicht unterschieden. Der Unterschied ist jedoch relevant, weil Projekte aufgrund ihrer Komplexität u. a. einer eigenen, besonderen Organisation mit klaren Ressourcenvereinbarungen bedürfen.
- Die Vorlagen waren unterschiedlich und deshalb schwer vergleichbar, mit und ohne Wirtschaftlichkeitsrechnung, die Zielsetzungen mehr oder weniger präzise, der angedachte Lösungsweg mehr oder weniger klar.
- Der Zusammenhang der Vorhaben, ihre Wechselwirkungen und Abhängigkeiten, wurden nicht regelmäßig transparent gemacht. Damit wurden auch Entscheidungen möglich, die aus einer gesamtunternehmerischen Betrachtung suboptimal sein mussten.

Heute ist als Management-Team das mit seinen Aufgaben schon beschriebene Projektportfolio-Steuerungs-Team eingerichtet. Es ist ressortübergreifend besetzt und kann deshalb einen großen Teil verschiedener Interessenlagen schon vor der Diskussion im Vorstand berücksichtigen. Differenzen werden im Vorfeld transparent und können in der ressortübergreifenden Runde bearbeitet werden. Das Projektportfolio-Steuerungs-Team sorgt für vergleichbare, managementorientierte Vorlagen seitens der Projekte und bereitet abgestimmte, projektübergreifende Entscheidungen des Vorstands vor.

Damit wurden die Entscheidungsprozesse im Verbund von Portfolio-Management und Projektkoordination deutlich beschleunigt und auch für den Vorstand effizienter gestaltet. Der Prozess über das beschriebene Management-Team hat insgesamt zu einer höheren Qualität und Akzeptanz der projektübergreifenden Entscheidungen geführt.

Dabei ist allen Beteiligten gegenseitig klar, dass sie im Projektportfolio-Steuerungs-Team mehrere Rollen spielen:

- als Vertreter ihrer Organisationseinheiten mit bestimmten Projektinteressen,
- in der Verantwortung für die Steuerung der Projektlandschaft insgesamt,
- als Führungskraft und Ressourcengeber für verschiedene Projekte.

Dieses Spiel mit gegenseitigem Respekt souverän zu beherrschen, ist ein Erfolgsfaktor für das Team. Die Erfahrung in der differenzierten, verantwortlichen und aktiven Wahrnehmung verschiedener Rollen schafft einen breiten Schub in der Managementkompetenz.

5. Mit managementorientiertem Berichtswesen auf den Punkt kommen

Grundlage des geschilderten Entscheidungsprozesses sind Berichte mit definierten Daten und Informationen aus den einzelnen Projekten, die es für projektübergreifende Einsichten und Erkenntnisse zu verdichten gilt.

Berichte lassen sich aus Projektsicht im ersten Ansatz auf wenige Punkte konzentrieren: Nutzen, Ergebnisqualität, Ressourceneinsatz, Kosten, Termine. Für jeden Aspekt sind Planwert, Status, Prognose und Risiko anzugeben. Die Ankopplung an andere Planungs- und Controlling-Prozesse des Unternehmens mit spezifischen Datenanforderungen (z. B. Budgetprozess) wird dann in der Regel zu einer weiteren Auffächerung führen.

Die Analyse der Projektlandschaft kann dann umgekehrt Konsequenzen für die einzelnen Projekte haben. Gegebenenfalls sind Projektaufträge neu auszurichten oder Projektplanungen anzupassen, damit die Projektlandschaft in Gänze optimal funktionieren kann (Abbildung 4).

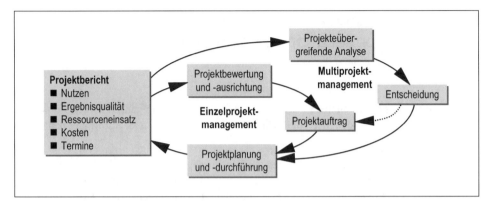

Abbildung 4: *Gleiche Berichtsanforderungen seitens Einzel- und Multiprojektmanagement sind Voraussetzung für Qualität und Akzeptanz, Effizienz und Durchgängigkeit des Berichtswesens.*

Das Einzelprojektmanagement muss deshalb bezüglich Datendefinitionen, Datenstrukturen und Datenqualität an den relevanten Schnittstellen mit dem Multiprojektmanagement kompatibel sein. Widersprüchliche oder auch nur redundante Berichtsanforderungen (einerseits für Berichte an die projektkoordinierende Stelle, andererseits für Berichte an den jeweiligen Lenkungsausschuss im Einzelprojekt) stoßen verständlicherweise auf den Widerstand effizienzorientierter Mitarbeiter. Prozess und Arbeitsweise in den Einzelprojekten müssen dabei im Blick gehalten werden, sonst entstehen aus einer abgehobenen Sicht unakzeptable Lösungen. Der konzeptionelle Aufwand in ein integriertes Berichtswesen ist daher nicht zu unterschätzen, aber er lohnt sich.

Neben der grundsätzlichen Forderung nach Datenkompatibilität ergeben sich aus der zusätzlichen projektübergreifenden, gesamtunternehmerischen Sicht natürlich auch inhaltlich neue Anforderungen an die Berichte der Projekte. So sind z. B. Informationen gefragt, die eine vergleichende strategische und wirtschaftliche Bewertung zulassen. Bei folglich wachsendem Informationsgehalt ist darauf zu achten, dass eine gewisse „Leichtigkeit" erhalten bleibt. Ein roter Faden durch den Bericht muss erkennbar sein. Die Projektleiter müssen ihren Bericht auf die entscheidungsrelevanten Informationen konzentrieren.

Die Erfahrung zeigt, dass hier am Anfang eine aktive Unterstützung durch die projektkoordinierende Stelle gern in Anspruch genommen wird. Die Projektkoordination berät die Projekte, wie managementorientierte Berichte aussagekräftig formuliert werden können, hilft z. B. bei der Erstellung von Wirtschaftlichkeitsanalysen, zeigt Informationswege im Unternehmen auf.

6. Basis durch Anforderungen an Einzelprojektmanagement schaffen

Der Anspruch an professionellere Berichte muss sich natürlich im ganzen Projekt fortsetzen, anders kann der Projektleiter die Qualität seiner Daten und Informationen nicht gewährleisten.

Voraussetzung ist also auch im einzelnen Projekt durchgängige Professionalität in Planung und Controlling bis auf Arbeitspaketebene. D. h. auf Projekt-, Teilprojekt- und Arbeitspaketebene jeweils die Frage nach Nutzen, Ergebnisqualität, Ressourceneinsatz, Kosten und Terminen zu stellen: Was ist geplant? und im Projektverlauf: Werden die Ziele sicher erreicht?

Das setzt voraus:

- Überblick und Orientierung im Projekt
- Sichere Handhabung der Methoden des Projektmanagements und Anwendung in angemessener Dosierung
- Beherrschung der grundlegenden Prozesse (Abstimmverfahren, Entscheidungsprozesse, Eskalationswege etc.)
- Fachliches Übersichtswissen zur Beurteilung von Alternativen, Konzepten und Arbeitsfortschritt
- Mut zur Offenlegung von Problemen und Initiative für Lösungen

Die Gremien des Multiprojektmanagements können diese Fähigkeiten fördern und fordern. Sie können durch Beratung der Projekte die notwendige Kompetenz in den Einzelprojekten unterstützen und sie werden Eindrücke über die Managementleistungen in den Projekten gewinnen. Diese Eindrücke sind auch von projektübergreifendem Interesse, weisen sie doch gegebenenfalls frühzeitig auf relevante Risiken in der Projektlandschaft hin, denen es entgegenzusteuern gilt.

In den einzelnen Projekten sowie zwischen Einzelprojektmanagement, Projektkoordination und strategischem Projektportfolio-Management gilt es deshalb, eine offene, durchgängige Kommunikationskultur aufzubauen. Sie ist Voraussetzung dafür, sich auf Planungs- und Controlling-Prozesse gemeinsam zu verständigen, und zu vereinbaren, Entwicklungen und Fortschritt transparent zu machen, und schließlich Probleme zu erkennen, zu berichten und zu lösen.

7. In Verständigung zwischen Projektsicht und Unternehmenssicht investieren

In langjähriger Projektarbeit hat sich immer wieder die Kommunikation zwischen den Projekten, Lenkungsgremien und projektübergreifenden Funktionen als schwierig erwiesen. Das Augenmerk in Projekten richtet sich häufig darauf, ein definiertes Problem zu lösen, die Projektziele zu erreichen und damit Erfolg zu haben. Die unternehmerische Sicht muss sich auf die Steigerung des Unternehmenswertes und eine projektübergreifende Kosten/Nutzen-Optimierung richten, um damit letztendlich den Unternehmenserfolg nachhaltig sicherzustellen. Häufig erlebt sind die Enttäuschungen, wenn der Projektleiter eine gelungene Lösung fachlich fundiert erläutern will und schon vor Beendigung seiner ausführlichen Darstellung im oberen Management ungeduldig gefragt wird, wie denn der Nutzen der gefundenen Lösung für das Unternehmen zu belegen sei und welchen Beitrag die Lösung zur Steigerung des Unternehmenswertes leiste.

Ein gutes Berichtswesen, wie zuvor schon beschrieben, kann durch seine Struktur und seine Fragen helfen, die verschiedenen Sichtweisen zu verbinden und zwischen den Projektverantwortlichen zu vermitteln.

Andere, weniger vorstrukturierte Informationsveranstaltungen bergen größere Gefahren. Leicht wird in Präsentationen und Diskussionen aneinander vorbeigeredet, und die Veranstaltung nimmt einen ungeahnten Verlauf. Im Ergebnis wirft man sich gegenseitig schnell Unverständnis oder sogar Unfähigkeit vor. Der Konflikt äußert sich oft in unspezifischen Aussagen: „Das Management versteht die Fachlichkeit des Themas nicht", oder umgekehrt: „Der Projektleiter hat nicht den nötigen Überblick, um den unternehmerischen Aspekt im Auge zu behalten." Notwendige Entscheidungen verzögern sich dann und die Unzufriedenheit eskaliert.

Zur Verbesserung wurde im Unternehmen ein spezieller Erfahrungsaustausch angesetzt, in dem Projektleiter, Lenkungsgremien und Unternehmensführung das Thema Kommunikation in Projekten in gemeinsamer Arbeit angingen. Dabei wurde auf Fallarbeit gesetzt, um konkrete, kritische Projektsituationen zu untersuchen und auszuwerten. Der Vorteil strukturierter Fallstudien ist, dass nach Feststellung eines vermeintlichen Problems nicht sofort eine vielleicht voreilige und falsche Schlussfolgerung gezogen wird, sondern ein Beschreibungsweg vorgegeben ist, der zu differenzierteren Erkenntnissen führt (Abbildung 5).

Mit den durchgeführten Fallstudien wurden nicht nur für die Beteiligten Einsichten geschaffen, die zu konkreten Verbesserungen führen. Die Auseinandersetzung mit Problemen bekommt anhand des geübten Schemas grundsätzlich eine neue Qualität, voreilige Einschätzungen und kontraproduktive Schnellschüsse werden zunehmend vermieden.

Beispiel für eine Fallstudie	
Überschrift	Lenkungsausschuss entscheidet nicht
Story/Kontext des Projekts (In welchem Projektzusammenhang ist etwas passiert?)	In dem Projekt geht es um die Implementierung eines Management-Systems. Eine Systematik zur unternehmensweiten Bestandsaufnahme im Unternehmen bereits vorhandener Lösungsansätze war auszuarbeiten. Dazu gehört ein Erhebungsformular, das per Intranet kommuniziert werden sollte. Das Vorgehen zur Erhebung war von zwei Querschnittsfunktionen in enger Zusammenarbeit zu planen und zu koordinieren.
Story/Kontext der speziellen Situation (Was ist genau passiert?)	Jetzt stand die Abstimmung mit dem Lenkungsausschuss an. Der Projektleiter stellte dem Lenkungsausschuss – nach Erinnerung an Zielsetzung und Vorgehen im Projekt – das Formular als zentrales Element des Projekts in einer einstündigen Sitzung vor. Zunächst brauchte es einige Zeit, bis das Formular im Lenkungsausschuss verstanden war. Dann begann eine ausgiebige Methodendiskussion über Begriffe und Struktur des Formulars. Die Entscheidung des Lenkungsausschusses über das Formular wurde schließlich vertagt.
Einsichten/Lernpunkte (Was haben wir erkannt?)	In der rückblickenden Auswertung der Sitzung wurde erkannt: Die Sitzung mit dem Lenkungsausschuss war seitens des Projektteams ungenügend vorbereitet. Die Mitglieder des Lenkungsausschusses konnten sich nur ad hoc mit der Vorlage auseinandersetzen. Verunsicherung war vorprogrammiert. Jeder entwickelt spontan persönliche, methodische und inhaltliche Leidenschaften zum Thema, die innerhalb einer Stunde nicht mehr unter einen Hut zu bringen war.
Folgerungen (Was folgern wir für künftiges Handeln?)	Das heißt also künftig: ■ Informationen zum Thema vorab verteilen ■ Formular mit unterschiedlichen Beispielen veranschaulichen ■ Neben dem Formular auch das weitere Vorgehen mit Terminen zeigen, um die Konsequenzen von (Entscheidungs-)Verzögerungen deutlich zu machen ■ Ablauf der Sitzung mit dem Sprecher des Lenkungsausschusses vorbesprechen, um Verständlichkeit der Vorlage sicherzustellen und zügige Entscheidungsfindung zum gemeinsamen Anliegen zu machen.

Abbildung 5: *Schema und Beispiel einer Fallstudie über einen Konflikt zwischen Projektleiter und Lenkungsausschuss (nach Willke)*

8. Auf projektübergreifenden Wissensaustausch setzen

Über die Optimierung des projektübergreifenden Entscheidungsprozesses und Fragen der Verständigung zwischen Managementsicht und Projektsicht richtet sich der Fokus im Folgenden auf den Austausch zwischen den Projekten.

Neben der projektübergreifenden Steuerung und der operativen Abstimmung zwischen Projekten muss das Multiprojektmanagement auch dem Wissensaustausch gelten. Nicht alle Fehler müssen mehrfach gemacht werden. Nicht jedes Wissen muss neu generiert werden.

Verschiedene Gremien und Prozesse sind involviert, um den Wissensaustausch auf mehreren Ebenen zu gewährleisten:

- Der Rückgriff auf bewährte Projektstrukturpläne, Ablaufpläne und Arbeitspaketbeschreibungen liegt in der Eigenverantwortung der Projekte. Die Projektkoordination hilft, Kontakte herzustellen. Zunehmend sollen Musterlösungen im Intranet bereitgestellt werden.
- Projektbetreuung erfolgt durch erfahrene Kollegen und gegebenenfalls externe Fachleute.
- Die Projektkoordination initiiert jährlich etwa zwei bis drei Veranstaltungen zum Erfahrungsaustausch zwischen Projekten und mit Lenkungsgremien.
- Konkretes Lernen erfolgt an Fallstudien mit Erfahrungen und Einsichten aus kritischen Projektsituationen. Das Prinzip der Fallarbeit wurde in das Schulungsprogramm für Projektleiter übernommen.
- Die kontinuierliche Weiterentwicklung des Projektmanagement-Systems liegt bei der Projektkoordination, im engen, interdisziplinären Dialog mit internen und externen Fachleuten.
- In Kooperation zwischen Projektkoordination und Informationsverabeitung wurde das Projektmanagement-Handbuch im Intranet bereitgestellt und erlaubt den Zugriff auf Projektmanagement-Wissen über Handbuchgliederung, Stichwortverzeichnis, Glossar und verschiedene Übersichten mit Links auf Detailbeschreibungen.
- Die aktuelle Projektlandschaft wird regelmäßig im Intranet dargestellt und gibt den Projekten die Möglichkeit, Schnittstellen untereinander zu identifizieren und gezielte Kontakte aufzunehmen.
- Aktuelle Informationen und Hintergrundwissen werden über eine elektronische PMS-Zeitschrift verteilt.

Durch die mittlerweile gemeinsam geübte Arbeitsweise in den Gremien des Multiprojecting, die Durchgängigkeit zu den einzelnen Projekten und die eingerichteten Wissensprozesse ist im Unternehmen insgesamt ein Kompetenzsprung deutlich nachvollziehbar, der sich auch im branchenübergreifenden Benchmarking darstellen lässt.

Integrating the PMO into the Strategy Process

Martin R. Sedlmayer

> *"The quicker we solve problems, the more we have."*
> *(Ichak Adizes, author of "Corporate Lifestyles")*

This paper shows that deriving projects from the corporate strategy (process) and creating a single entity (organizational structure) responsible for both definition and implementation of the strategy can significantly increase the effectiveness of strategy implementation as well as the rate of project success. Furthermore, it discusses issues to be surmounted. As will be shown, the appropriate positioning within the organization of the project management office with highly qualified delivery capabilities and its core business function of project portfolio management is the most important key factor for this integrated approach.

1. Background and Requirements
2. Integrated Processes
3. Organizational Context
4. Project Management Office (PMO)
5. Results and Summary

1. Background and Requirements

Much too often, projects fail to reach their goals: every third project is cancelled before completion; four out of five projects are either late and heavily over budget. Customers are unhappy with the results that the projects deliver.

At the same time, the implementation of a corporate strategy is assertively a major problem for today's CEOs. In this area, not even the strategy opinion leaders offer much advice: there is hardly any publication on the market that copes with the subject of strategy implementation, despite the fact that project management would offer suitable methods, processes and tools in support.

Although the Balanced Scorecard approach is intended to support strategy implementation, it shows an excellent way how to measure the results, but does not provide guidance on how to execute the implementation itself.

Today's projects have far more complex requirements than in the past. It is no longer sufficient delivering a specific project on time and on budget and according to the project charter or the customer's needs. The expectations on today's project managers include:

- Creating value for the corporation, not just constructing deliverables
- Implementing a strategy, often vaguely defined
- Fulfilling the right (!) customer requirements, which are not always obvious or even articulated by customers
- Shortening the realization period to meet market needs, which requires new methods such as scrum or extreme programming
- Driving an organization to become innovative
- Preparing and claiming decisions, often business critical
- Making change happen, not just initiating
- Mitigating risks, not just identifying
- Developing human resources, not just allocating them to tasks
- Resolving conflicts, not just discovering
- Providing transparency, predicting costs accurately
- Assuring compliance

Without addressing the following aspects seriously, we will never see significantly more successful projects:

- Knowledgeable and accountable sponsors: the line manager funding and steering a project must be much more familiar with the specific issues of a project (e.g. considering impact on current and future business and managing change)
- Structures to embed projects into an organization in a logically integrated way; projects must be seen as enabler of the future and not as disruptive to current work
- Management structures in favor of projects; project managers must have quick access to the key decision makers independent of their hierarchy
- Stricter prioritization by top management
- Realization of strategically aligned projects only
- Career opportunities for project managers, to ensure the best and most experienced remain within the company
- Knowledge management, to disseminate experience throughout the whole organization
- Predefined, customizable processes supporting project managers' day-to-day work

2. Integrated Processes

Today's processes in project portfolio management usually try to align projects to the corporate strategy, using sort of a gate approach: potential project ideas are compared against a series of criteria to prepare a decision whether or not to launch the project. A link to the strategy is most commonly superficial, although strategic initiatives might be one of the criteria of the selection process.

In the proposed **integrated approach**, projects become the vehicle of strategy implementation. The project life cycle is naturally embedded in the strategy process as Gartner's analysts suggest:

Figure 1: Projects embedded into the strategy process (Light & Hotle, 2006)

Projects are no longer retrospectively aligned to the strategy. The integrated approach seeks to **derive projects naturally and directly from the strategy**. This requires working on the strategy in sufficient detail in order to be able to define the scope and the main deliverables of the underlying projects or programs of projects with certainty.

Usually a strategy contains some elements that can be implemented without special projects. These elements ("Run the Business") should be allocated to the responsibility of line management. Nevertheless, most strategic statements indicate the need for changes, which implies the use of project methods and structures ("Change the Business").

The integrated can be outlined as follows:

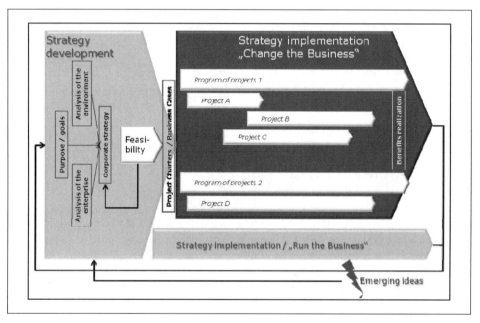

Figure 2:   *The integrated approach*

Strategy development

The first part of the process is the strategy development process. Whatever methods and tools a company may select, some elements of an environment analysis and some of a company analysis will be performed to formulate the strategy.

A number of elements of the strategy such as "remaining market leader" may not require projects for implementation. These elements have to be addressed through operations: typically "Run the Business" items.

Integrating the PMO into the Strategy Process

For all other elements, project management has to link in exactly at this stage because of the requirement to "Change the Business": the second part of the integrated process starts.

The **project management office** links into this process during the feasibility check, where strategy experts work closely together with the PMO and its project managers. Here, a seamless handover will take place by clarifying the strategy and transferring the outcome into project realization. The knowledge will be kept, especially the important aspect of "knowing why".

Intermediate phase: The feasibility check

Many companies implement their strategy soon after the final steps of strategy definition without checking whether or not the **strategy as a whole** is feasible. Important questions should be answered before of the final approval:

- Does the company have enough skills to implement the strategy?
- Is the organization – or part of it – able to bear the required change?
- Can the strategy as a whole be financed?
- Is there enough time to implement the strategy, quickly enough compared to the competition?
- What are the implications of the new strategy on current projects?
- Are there alternative ways to reach the same objectives but faster or with fewer resources?

Undoubtedly, the strategy has to be elaborated up to the point whereby it becomes clear how to implement it and whereby projects and programs of projects can directly be derived from. This **thinking-through** has to be conducted with both, the strategy team as well as the project management team. Questions such as the following may help:

- What does the statement (in the strategy) mean exactly?
- What are the specific goals?
- How are we going to do it?
- How can it be realized the most effective way?
- How can we see that the objective has been fulfilled?

A company can rarely choose a green-field approach. Therefore, the existing situation and current projects also have to be taken into consideration.

One could argue that this check is not necessary if the analysis of the company was done properly. However, the analysis phase does usually not include the strategy as a whole, the definition of a **master plan of initiatives**, the allocation of key resources, the funding and the prediction of a date when all initiatives and projects could be completed. At this stage, it is clearly not necessary to have exact project plans in place; it is sufficient to have a clear picture about:

- The solution, its impact on current business and the way to get there
- Key resources including management capabilities (e.g. project managers) to steer the implementation process
- Financial implication
- Time scales

Probably not all information required for the strategy implementation is available at this stage; a company might need to launch some **studies** to complete the analysis.

All this work – deriving programs and projects from the strategy, allocating resources, scheduling projects to make them feasible – is core responsibility of the project management office (PMO).

Without the feasibility check, it is not possible to **predict the likelihood of the strategy to be implemented at the given time**, which could be argued to be a major step in defining a sound, reliable strategy.

The business case

Another important element of the strategy implementation process is often missing: the business case. For each of the different initiatives, it is essential to have a clear view of how much it will cost and how much benefit it will bring: the results of each project should increase the value of the company. The benefits may come from increasing revenues (new products or services), by decreasing existing operating expenses or risks, or by decreasing or improving return on a particular investment.

Also at this stage, the important question of alternative ways has to be addressed again: Is the proposed path for implementation the most effective and efficient one? Are there alternatives reaching the same objectives with lower cost, or in a shorter time scale or with less risk?

A sound business case has to include:

- Management summary
- Current situation, environment, market demand, requirements
- Objectives, strategic direction
- Key deliverables
- Influence on both the company's business units and the IT department
- A rough plan, including key decision points

Integrating the PMO into the Strategy Process

- Prerequisites, outside influence, dependencies, constraints and conditions
- Key roles, sourcing (e.g. IT partners, outsourcing)
- Key risk analysis
- Details of the required funding (for the whole life cycle, not just the investment phase) and the expected benefits

Project implementation

After the final decision by the company's governing body – most commonly the management team headed by the CEO – projects can be launched following the predefined project life cycle, the deliverables implemented and the benefits reaped.

Benefits realization

It is imperative to **realize the predicted benefits** after project completion. This step has to be measured during and after the execution of the project: only when sponsors are required to show how the benefits have been realized, it will be possible for a company to rise to a higher level of maturity concerning strategy implementation and benefit generation.

As benefits will be measured during the implementation of the project, it will be possible to adjust or to cancel a project in case it does not meet its financial performance (ROI) anymore.

Predicted benefits should be included in mid-term financial goals (revenues, costs, profits) of the line managers simultaneously with the acceptance of a particular business case. The sponsor should be given the possibility to correct these figures either during or after project completion. However, it remains the responsibility of the sponsor to explain differences and act accordingly, should they occur.

Emerging project ideas

Emerging ideas, generated in a think-tank approach, in an innovation process or through day-to-day business operations, should not feed directly into the project portfolio process and launch a project. Instead, the process feeds the emerging ideas straight into the strategy process. Only after thorough strategy work, where ideas are elaborated and valued and decisions are made, will the ideas flow into the standard process of realization.

Periodicity

The integrated process should not be implemented as a one-time endeavour, but as an ongoing process. Every company should work through strategy adaptation on a very regular basis.

The strategy opinion leaders propose methods such as "spheres of influence" or "scanning the periphery" to recognize market trends early enough and to keep their strategies up-to-date.

Consequently, the project portfolio has also to follow these adaptations on a periodical basis. In a normal business environment, a three-month cycle should be sufficient, in a very competitive environment or in a period of turmoil, a monthly cycle will be needed.

3. Organizational Context

The Project Management Institute (PMI) describes the context of project portfolio management as follows:

Figure 3:   The organizational context of project portfolio management (Project Management Institute)

On the upper part of the triangle, vision and mission define organizational strategy and objectives. This is the core area of the strategy experts.

Integrating the PMO into the Strategy Process

In the middle part, the given strategy defines both operations planning and management, and project portfolio planning and management.

Finally, the bottom part shows the management of ongoing operations and of authorized programs and projects.

The key focus on the left side is to **produce value**, and on the right side to **increase value production capabilities**.

Core roles and responsibilities

To realize projects successfully, seven core functions are apparent:

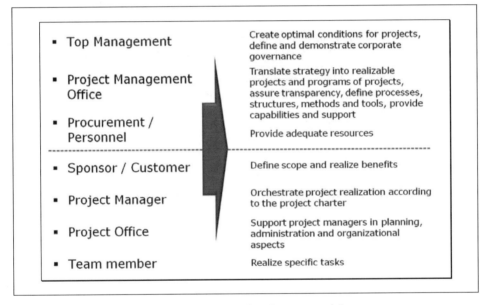

Figure 4:   The seven core functions and their key responsibilities

Three of the core roles are part of the ongoing business:

- Top Management
- Project Management Office
- Procurement / Personnel
- Four key roles are part of any temporary endeavour:
- Sponsor / Customer
- Project Manager

- Project Office
- Team member

Only when all roles play together harmoniously, can an environment for successful projects be created and sustained. Therefore, training programs in the field of project management have to include all roles adequately.

Due to the fact that a project is a temporary endeavour, the **main responsibility for project implementation** has to remain with line management. It can neither be transferred to the project itself nor to the PMO: top management remains accountable by providing sponsorship and clear guidance. The sponsor provides funding, and supervises and steers the project. In addition, the sponsor will need to use the results of the project to realize the benefits initially planned. Therefore, the sponsor has to be the most senior head of business accountable for the related work.

The project manager orchestrates the project realization according to the objectives formulated in the project charter, including the prerequisites to enable business benefits.

For strategy implementation, the situation is comparable: if you look at it as if it were a program, the same roles can be identified. Usually the CEO will act as sponsor. But where is the project manager to orchestrate the implementation teams?

4. Project Management Office (PMO)

Usually, the project management office (PMO) is responsible for aligning projects, providing information about the status and enabling management decisions. It provides capabilities, support, structures, methods and tools to in-crease project success rates and assures transparency.

In the integrated model, the PMO will take a wider role than in the traditional project portfolio approach. It becomes the **delivery engine of projects**, all in line with the strategy. It has to perform the following core functions:

- Deriving projects from the corporate strategy
- Delivering projects more reliably with high predictability of success by supplying line managers with highly qualified project managers
- Implementing an effective governance body, facilitating the governing board
- Developing and maintaining a "cockpit" to steer the strategy implementation (project) landscape

Integrating the PMO into the Strategy Process

- Mentoring and coaching of less experienced project managers
- Providing the right methods and tools
- Helping troubled projects
- Providing project management training
- Providing archives to enable knowledge transfer
- The PMO has to employ senior project managers to facilitate the delivery of projects. The main reasons are:
- To allow coherent strategy implementation
- To increase project efficiency
- To ensure professionalism in the field of project management
- To allow a certain degree of neutrality, without direct line relationship between the project manager and the sponsor
- To transfer know-how and to retain knowledge
- To separate the task level from the management level in a project
- To optimize utilization of project managers
- To allow career opportunities for project managers
- To become an attractive employer for project managers

The fundamental objective of the PMO in the proposed model is the **delivery of strategically aligned projects with a high success rate**.

The structure has to follow the processes: as **the CEO is responsible for the strategy** – and not just strategy development – he should keep the two elements of strategy development and strategy implementation (project management office) together and very close to him, either leading directly or under control of the head of business development.

It is important to realize that in a matrix organization – and projects are regularly organized in some form of a matrix – it is easy to allocate resources following the interests of a line manager that might be contrary to the priorities of the CEO. To ensure that resources are allocated the way the CEO demands, it is imperative that the CEO himself keeps control over this process across the existing departmental structure.

The organizational chart could therefore be as follows:

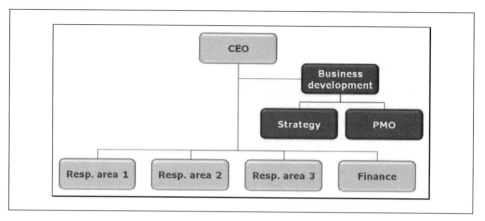

Figure 5:   The structural integration

In the case of a company with independent **strategic** business units – with all functions required to manage a delimited business on the market – the organizational chart could be as follows:

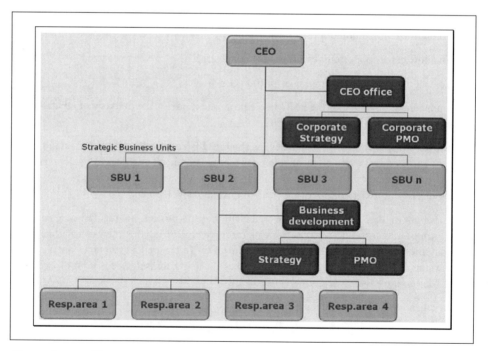

Figure 6:   The structural integration for multiple strategic business units

The head of a strategic business unit is responsible for the strategy definition of his business unit. Consequently, he should also be responsible for its implementation. Each SBU should therefore have its own project management office.

To coordinate all project management activities within the company and to manage all corporate projects, an entity – the "Corporate PMO" – should also exist on the company level. The PMO structure mirrors the idea of having a company strategy as well as independent SBU strategies, each having a different focus.

To reach a higher maturity level for both strategy and project management, there are a few difficult issues to be overcome, including:

- The CEO has to take the lead of these disciplines personally, which might be a challenge to the prioritization of other functions he should perform
- The power of the organization, who has managed project portfolio until now (most likely the IT), will be reduced, the IT has to accept its role as a service provider; it will not like having less influence on projects that it subsequently will have to realize
- The business unit leaders have to take sponsorship for their projects; they might not like being made transparent and accountable
- The business unit leaders have to take the responsibility for their business case; they might not like the necessity to show that the planned benefits were in fact realized after project execution
- Resistance mainly from experienced projects managers from the IT department may be significant

5. Results and Summary

The proposed solution will solve the biggest problems in project portfolio management, including:

- The CEO and the management team are directly involved in strategy development and its implementation because they are kept accountable
- The projects follow the strategy: they are perceived not as a disruption, but as essential for the future of a company
- Prioritization will be made according to the CEO's priorities, no longer according to departmental silos

- Better balancing of the portfolio: market oriented projects can be given higher priority, compared to internally focused projects
- Better balancing of the portfolio: innovative projects can be given higher priority, compared to projects sustaining the business
- The volume of active projects can be reduced to enable faster project realization through concentration

According to recent case studies, the following potential holds true:

- 20% to 30% improvement in time to market
- 25% to 300% improvement in numbers of projects completed with the same resources
- Average project duration reduced by 25% to 50%
- Over 90% project success rate, with double the profit margin

The need for **focus on strategic customers' segments** will definitively increase in the future, as margins on products decrease and competition increases, in some industries dramatically. These factors make a sound, substantiated strategy, supported by all levels of management and staff essential.

The requirements for **working across departments** will increase due to customers demanding for complete solutions, and due to increasing complexity in both business processes and IT. Consequently, higher qualified staff will be required on all levels of project management work, high management attention will be necessary and centralized support and tracking of all projects at every level will become essential.

The **integration of the processes** of strategy development and project execution will enable faster adaptation of the company to rapidly changing market needs.

The **structural concentration** of both strategy definition and the project management office in a single entity being part of the management team will support the drive to become an innovative, successful company of the future.

Executives must deliver in two key areas: ongoing operational results and improvement efforts. The PMO is the vehicle to help executives deliver on their improvement effort goals. The correct position of processes and structures of the PMO might make a key difference between successful and unsuccessful CEOs.

It is worth implementing the integrated approach, as actual case studies and the concrete examples like the one of world's most innovative car manufacturer BMW in Munich show.

Projektportfolio-Management einführen

Frank Kühn

„Freiheit für alle, weg mit der Schwerkraft!"
(Graffito)

Verschiedene Wege führen zum Projektportfolio-Management und jeder Weg kann – je nach Ausgangssituation, Problemstellung und Zielsetzung – der richtige sein. Der Beitrag zeigt Schritt für Schritt verschiedene Handlungsmöglichkeiten auf.

1. Das Projekt „Projektportfolio-Management"

2. Zweck und Anlass klären

3. Ausgangssituation und Anforderungen identifizieren

4. Lösungsweg und Dimension darstellen

5. Ziele vereinbaren

6. Abhängigkeiten und Wechselwirkungen einbeziehen

7. Chancen und Risiken berücksichtigen

8. Mit Widerständen umgehen

9. Projekt planen und organisieren

10. Erfolg kontrollieren

1. Das Projekt „Projektportfolio-Management"

Die Einführung des Projektportfolio-Managements erfüllt alle Bedingungen eines Projekts:

- Das Thema ist für viele Organisationen immer noch neu,
- die Implementierung lässt sich inhaltlich und zeitlich definieren, mit klar beschriebener Zielsetzung (wie an späterer Stelle ausgeführt),
- das Vorhaben weist hinreichende Komplexität auf, geht es doch um Kategorisierungen und Priorisierungen von Projekten, Planungs-, Controlling- und Entscheidungsprozessen mit den erforderlichen Methoden und Instrumenten, Rollen und Verantwortlichkeiten,
- es berührt daher viele Zuständigkeiten in der Organisation – von der einzelnen Projektleitung über die Personalplanung und das Unternehmenscontrolling bis hin zur Geschäftsführung – und bedarf daher bereichsübergreifender und interdisziplinärer Zusammenarbeit.

In diesem Sinne folgen die weiteren Kapitel dieses Beitrags einer Gliederung, wie sie oft für Projektbeschreibungen benutzt wird.

2. Zweck und Anlass klären

Erst mit dem Verständnis, warum die Planung und Steuerung der Projektlandschaft notwendig ist, kann ein effektives Design für das Projekt „Projektfortfolio-Management" entwickelt werden.

Einige Beispiele:

- **Wachsende Anforderungen:** Mit der Größe und Komplexität des Unternehmens wachsen auch die Anforderungen an ein professionelles Projektmanagement mit einem projektübergreifend optimierten Ressourceneinsatz. Der Wandel von Geschäft und Unternehmen, die schnellen Neuerungen und Veränderungen beanspruchen die knappen Ressourcen stärker als zuvor. Eine zuverlässigere Übersicht über die Vorhaben und den Ressourceneinsatz wird jetzt unabdingbar. Prioritäten müssen effektiver gesetzt werden. Das Portfolio-Management muss die Situation und den Entscheidungsbedarf projektübergreifend für die Unternehmensführung transparent machen und die Steuerungsfähigkeit abzusichern.

- **Abweichungen und Ineffizienzen:** Verzögerungen und Kostenüberschreitungen, Unklarheiten in den Rollen und Ineffizienz im Vorgehen sind oft noch die Regel in der Projektarbeit. Jetzt gilt es, das Projektmanagement zu konsolidieren und in neuer Qualität verbindlich zu machen. Neue und unverkrustete Arbeitsweisen sollen zum Tragen kommen. Was als gelegentlicher Appell an die einzelnen Projektverantwortlichen oft wirkungslos verhallt, kann seitens der Unternehmensführung mit Blick auf das projektübergreifende Gesamtoptimum eingefordert werden. Vom professionellen Projektportfolio-Management soll jetzt „Top-down" die Sogkraft ausgehen, die letztlich auch für das Einzelprojektmanagement einen Qualitätsschub bewirkt.

- **Projektportfolio-Management als Wettbewerbsvorteil:** Professionelles Projektportfolio-Management ist ein Vorteil im Wettbewerb und steigert den Wert des Unternehmens. Wer das bessere System hat, hat auch die besseren Chancen sich zu behaupten. Dabei zählt weniger das einzelne Projekt, sondern die Fähigkeit, projektübergreifend Synergien zu nutzen und Ressourcen optimal einzusetzen. Auf der operativen Ebene wird transparent, in welchen Projekten an welchen Lösungen evtl. doppelt gearbeitet wird. Auf der strategischen Ebene sorgt das Projektportfolio-Management für die richtige Passung zwischen Unternehmenszielen und Projektzielen.

In den Unternehmen werden als Beweggründe für die Einführung oder Optimierung des Projektportfolio-Managements häufig genannt:

- Zweifel an der strategischen Ausrichtung der Projektlandschaft,
- Ressourcenengpässe, die unbeherrschbar erscheinen,
- ungenutzte Verbundvorteile zwischen Projekten,
- Störungen im Entscheidungsprozess über Auswahl und Priorisierung von Projekten,
- mangelnde Vergleichbarkeit der Einzelprojekte.

Die Schilderung typischer Situationen hilft, den Handlungsbedarf konkreter zu bestimmen: Wie war das noch in der letzten Vorstandssitzung, als die Ressourcensituation des Unternehmens aus den verschiedenen Sichten von Projekten und Linie unterschiedlich dargestellt wurde und eine Aufklärung schwer fiel? Welches Unbehagen blieb, als zufällig entdeckt wurde, dass drei Projekte weitgehend am selben Thema arbeiteten und dann nur mit Mühe eine Zusammenführung der Aktivitäten gelang? Welcher Streit wird jährlich erneut um Prioritäten ausgefochten und wie viele zurückgestellte Projekte laufen doch insgeheim weiter und beanspruchen Ressourcen?

Die präzise Ausarbeitung von Zweck und Anlass lohnt also den Aufwand. Wird hier schon keine Verständigung erzielt, fehlen die Voraussetzungen für die richtigen nächsten Schritte.

3. Ausgangssituation und Anforderungen identifizieren

Die Anforderungen an das Projektportfolio-Management kommen aus verschiedenen Richtungen, von verschiedenen Personen, Funktionsträgern und Stellen. Die Unternehmensführung hat Lösungsvorstellungen genauso wie das Controlling oder die einzelnen Projekte (Abbildung 1).

Anforderer	Anforderungen
Eigner	▪ Wertsteigerung des Unternehmens ▪ Optimale Verzinsung des eingesetzten Kapitals mit möglichst geringem Risiko
Unternehmensführung	▪ Wertsteigerung des Unternehmens durch fokussierte und gleichzeitig miteinander vernetzte Innovations- und Veränderungsarbeit ▪ Zuverlässiges Erreichen der Projektziele insgesamt ▪ Regelmäßiger Überblick über Projektlandschaft und Ressourceneinsatz, mit Hinweisen und Entscheidungsvorlagen über notwendige Priorisierungen ▪ Information zu projektübergreifenden Potenzialen, Hemmnissen und Engpässen, mit Vorschlägen für Problemlösungen und Effizienzsteigerungen
Controlling	▪ Klarheit der eigenen Rolle in Projekt- und Linienorganisation ▪ Klare Berichtsinhalte, -prozesse, -strukturen für die Entscheidungsunterstützung ▪ Information der Unternehmensführung, der Linienorganisation und der Projekte
Lenkungsgremien der Projekte	▪ Für alle Projekte vergleichbar aussagekräftiges Berichtswesen bezüglich Fortschritt, Abweichungen und Risiken ▪ Entscheidungsvorlagen mit einer Übersicht der Vernetzung des Projektes mit anderen Vorhaben und deren Implikationen
Projektleiter und Projektteam	▪ Kenntnisse über andere Projekte, zur besseren Abstimmung von Zielen, Ablauf, Ressourceneinsatz

Projektportfolio-Management einführen

Anforderer	Anforderungen
	■ Klarheit über die Wertigkeit und Priorität des eigenen Projekts ■ Definition der eigenen Rolle in der projektübergreifenden Abstimmung und im übergreifenden Berichtsprozess ■ Projektübergreifender Erfahrungsaustausch zur besseren Projektführung (Best Practice)
Führungskräfte	■ Klarheit über den konkreten Ressourcenbedarf der Projekte ■ Übernahme projektübergreifend qualitätsgesicherter und abgestimmter Projektergebnisse

Abbildung 1: *Unterschiedliche Anforderungen der vom Projektportfolio-Management tangierten Stellen.*

Die Anforderungen sind in Einzel- oder Gruppeninterviews zu erheben und im Anforderungskatalog festzuhalten. Gemeinsamkeiten und Widersprüche werden identifiziert und aufgeklärt, die Anforderungen nach Kosten-/Nutzen-Gesichtspunkten bewertet, und schließlich entsteht so das „Pflichtenheft" für das Vorhaben „Projektportfolio-Management".

Ein erster Entwurf des Anforderungskatalogs entsteht oft schon im Vorfeld einer offiziellen Diskussion, weil er zur Argumentation des Vorhabens genutzt werden kann (wie z. B. die Ausführungen in Abbildung 1). Was kommt beim Gesprächspartner an? Was akzeptiert er? Was bewegt ihn bei dem Thema? Wo reagiert er ablehnend? Welche Formulierungen sind für ihn wichtig? Hier hilft schlichte Aufmerksamkeit.

Im Gespräch über die Anforderungen entsteht (oft zunächst implizit) Schritt für Schritt ein Bild über die Ausgangssituation. Auf welcher Grundlage sind die Anforderungen entstanden? Welches Wissen ist vorhanden? Welche Vorgeschichte gibt es? Welche Entwicklungen sind bereits im Gange? Oft sind auch die Anforderungen erst vor diesem Hintergrund für den Interviewer wirklich zu verstehen.

Ein befragter Projektleiter führt aus: „Meine Berührung mit dem im projektübergreifenden Berichtswesen – ja, das will ich erklären.

Folgendes passiert immer wieder: Unsere Geschäftsführung möchte vom Controlling einen zusammenfassenden Bericht über den Stand aller Projekte. Das Controlling versucht, sich dann mit den verfügbaren Unterlagen der Projekte vertraut zu machen, formuliert für jedes Projekt einen Kurzbericht und leitet eine Gesamteinschätzung ab. Meistens erkenne ich allerdings schon im Kurzbericht mein Projekt gar nicht wieder. Da sind längst gelöste Probleme aufgeführt oder Probleme, die aus meiner Sicht gar keine sind. Die Gesamteinschätzung stimmt dann natürlich umso weniger und führt zu Entscheidungen, die von den Projekten nicht getragen werden können. Wir müssen dann immer wieder Korrekturen verlangen, das schafft böses Blut.

Meine Anforderung für das Projekt Projektportfolio-Management heißt deshalb: Ein Berichtsprozess muss konzipiert und eingeführt werden, in dem wir Projektleiter besser beteiligt sind. Wir brauchen Unterstützung, wie wir die richtigen Informationen schnell und aussagekräftig selbst bereitstellen können. Weiter gehende Aussagen der Controller über einzelne Projekte sollten immer mit den Projektleitern abgestimmt sein oder notfalls gegensätzliche Aussagen – die vorkommen können – als solche explizit ausgewiesen sein!"

Neben einer ersten, konkreten Arbeitsgrundlage für das Projekt wächst so im Kontakt mit den Ansprechpartnern ein gemeinsames Verständnis des Vorhabens.

Neben den allgemein formulierten Anforderungen werden oft auch schon konkretere Vorstellungen über Lösungsmöglichkeiten geäußert, die im Ideenspeicher des Projekts festzuhalten sind (Abbildung 2).

Gleiches gilt auch für Fragen, die am Anfang des Projekts noch nicht beantwortet werden können, einzelnen Personen aber wichtig sind und diese gedanklich beschäftigen oder gar blockieren. Ein mitgeführter Fragenspeicher sorgt dafür, dass die Frage nicht verloren geht und die Situation entlastet wird.

- Einheitlichen Projektsteckbrief einführen
- Informationen bei regelmäßigen Treffen der Projektleiter austauschen
- Projektbüro einrichten, das Projekte von administrativer Arbeit entlastet
- Datenbank mit Projektbeschreibungen installieren, um Doppelarbeiten zu vermeiden
- Bei verwandten Projekten denselben Lenkungsausschuss einsetzen
- Zustand der Schnittstellen zwischen Projekten controllen
- Synergie-Scout durch die Projekte schicken
- Alle Projekten an allen Strategiekriterien prüfen, um strategische Handlungslücken zu finden
- Arbeitspaketbeschreibungen für alle zugreifbar ablegen, zwecks Wiederverwendung
- Bewusst auf Synergien verzichten, das kann wirtschaftlicher sein
- ...

Abbildung 2: *Der Ideenspeicher wird von Anfang an geführt, um Anregungen für die Lösungsfindung aufzunehmen.*

In der Praxis ist immer wieder festzustellen, dass die Motivation der Interviewpartner für eine Problembeschreibung – nach der Äußerung des unmittelbaren Ärgers – oft sehr begrenzt ist und die Lust am Austausch über neue Lösungen schnell Oberhand gewinnt. Neben dem erwähnten Ideenspeicher kann deshalb auch eine Darstellung hilfreich sein, die „Ist" und „Soll" nebeneinander darstellt, damit die notwendige Veränderung verdeutlicht und die Motivation für das Projekt unterstützt (Abbildung 3) werden.

Heute	Künftig
Verschiedenartige Vorhaben mit sehr unterschiedlichen Definitionen und Beschreibungen nennen sich Projekt. Entsprechend unterschiedlich und umstritten sind die Vorstellungen von der Projektlandschaft des Unternehmens.	In einem kontinuierlich gepflegten Projektportfolio sind alle Projekte nach einem akzeptierten, einheitlichen Schema mit ihren Eckdaten beschrieben und transparent.
Projekte laufen unabgestimmt nebeneinander her, arbeiten oft gegeneinander oder führen Arbeiten doppelt aus.	Projekte stimmen sich zur effizienten Ausführung ihrer Arbeit regelmäßig ab (Zielsetzung, Aufgabenumfang, Ressourceneinsatz).
Über einzelne Projekte wird situativ entschieden, oft ohne Kenntnis oder mit Missachtung der Wechselwirkungen mit anderen Projekten.	Vor Projektentscheidungen werden die Konsequenzen für das Projektportfolio überprüft (gesamtoptimale Lösung, Abhängigkeiten von anderen Projekten, Domino-Effekte).

Abbildung 3: Die vergleichende Vorstellung von Situation und künftiger Lösung hilft bei der Analyse und unterstützt die Motivation für den Wandel

4. Lösungsweg und Dimension darstellen

Die Einsichten über vorhandene Probleme, das Verständnis für die formulierten Anforderungen und das explizite Bekenntnis zur Einführung des Projektportfolio-Managements mögen nun vorliegen. Jetzt ist es an der Zeit, eine konsolidierte Vorstellung von der Lösung und damit von der Dimension des Vorhabens zu entwickeln. Viele Möglichkeiten sind denkbar, einige Beispiele in Abbildung 4 dargestellt. Wie aus den Beispielen zu ersehen, gibt es unterschiedlich mächtige Ansätze zur Einführung des Projektportfolio-Managements. Mit der formalen Lösung ist es allerdings in keinem Fall getan.

In einem weltweit tätigen Unternehmen der Elektrobranche stellte die neue Geschäftsführerin etwa dreißig Formulare unterschiedlicher Herkunft zusammen, versah die Sammlung mit dem Titelblatt „Berichtswesen der Projekte" und schickte sie ohne weiteren Kommentar an die Projektleiter. Diese äußerten untereinander Zweifel an der Qualität des Sammelsuriums, waren irritiert, was denn nun genau geschehen solle, und brachten die Aktion mit der lapidaren Feststellung: „So funktioniert das hier nicht – falls es interessiert, haben wir längst bessere Ideen" zum Erliegen. Das Gespräch mit der Geschäftsführerin wurde allerdings nicht gesucht, da man ihr aufgrund des geschilderten Vorgehens Ignoranz unterstellte.

Exemplarische Ansätze	Kommentar
A. „Wir brauchen nur **einheitliche Projektberichtsformulare** mit den wesentlichen Eckdaten. Wir verdichten dann die von den Projekten bereitgestellten Daten und berichten sie an die Geschäftsführung. Die Erstellung durchgängiger Formulare wird allerdings schon schwierig genug. Zahlreiche Stellen im Unternehmen wollen daran beteiligt sein, und auch die tangierten Projekte haben da individuelle Vorstellungen entwickelt."	A. Das ist Top-down gedacht und leicht zu haben, wenn nicht der Geruch der Bürokratie und Reglementierung entsteht. Aber nicht alles ist in betriebswirtschaftlichen Daten beschreibbar. Oft fehlen Informationen zum Verständnis. Wirkliches Wissen über Projekte sowie Ursachen und Wirkungen von Problemen wird so nur selten transportiert. Wenn dieser Weg dennoch gewählt wird, kann zur Durchführung ein **Aktionsplan** (was ist zu tun, bis wann, von wem, mit wem?) ausreichen.
B. „Unser Anliegen ist eine effektive **Projektkoordination.** Die Projekte sollen möglichst wenig mit Formalismus belastet werden. Vielleicht gelingt es, den projektübergreifenden Abgleich (mit der Ableitung der notwendigen Informationen für das Management) durch einen direkten **Kommunikationsprozess** zwischen den Projekten zu schaffen."	B. Hierfür gibt es gute Erfahrungen in kleineren Unternehmen mit etwa zehn bis zwanzig wichtigen Projekten. Für die Projekte werden Veranstaltungen zum Erfahrungsaustausch organisiert, in denen Fortschritt, Erfolgsregeln und offene Fragen, Ideen für Methoden und Instrumente diskutiert werden. Im lebendigen Dialog wird Wissen weitergegeben und der gemeinsame Prozess weiterentwickelt. Der benannte Projektkoordinator organisiert, moderiert und dokumentiert in Abstimmung mit den Projekten. Zum Anschub dieses Lösungsansatzes ist z. B. ein ein- bis zweijähriges **Programm** mit mehreren Veranstaltungen und einer Dokumentation der gemeinsamen Ergebnisse geeignet.
C. „Projektportfolio-Management ist für uns ein wichtiges Projekt. Von vielen Seiten werden die Anforderungen an uns herangetragen. **Alle Aspekte** müssen im Zusammenhang gesehen und bearbeitet werden, dazu gehören: Daten und Informationen, Prozesse und Verantwortlichkeiten, Instrumente und Arbeitshilfen, Qualifikation und Unterstützung. Es geht uns um eine ganz neue **Planungs-, Kommunikations- und Controllingqualität.**"	C. Hierfür können verschiedene Vorgehensweisen zielführend sein. Abhängig von den Möglichkeiten in der Organisation und mit dem notwendigen Durchhaltevermögen kann eine sukzessive Durchdringung anhand eines mittelfristigen **Programms** Erfolg versprechend sein. Wo der schnelle Erfolg notwendig ist, empfiehlt sich eher ein **Durchbruchprojekt** („Breakthrough"), das zügig und konsequent realisiert wird und damit der Dringlichkeit des Vorhabens Glaubwürdigkeit verschafft.

Abbildung 4: *Einige Lösungswege zum Projektportfolio-Management. Die Ausführungen im vorliegenden Beitrag sind dem Ansatz C zuzuordnen*

In jedem Fall muss es darum gehen, neben dem professionellen Fachkonzept eine neue, im Unternehmen getragene Arbeitsweise zu bewirken, die den Nutzen erst zur Geltung bringen kann (Abbildung 5).

		Coaching	**Projekt**
Arbeitsweise verändern +			**Programm**
	Training	Workshop Aktion	Task Force
−		Audit	Gutachten
	− Fachliches Konzept erarbeiten +		

Abbildung 5: *Der Erfolg hängt von der Vorgehensweise zur Implementierung ab. Ein überzeugendes Konzept und eine wirkliche Veränderung der Arbeitsweise setzen ein Projekt oder Programm voraus, in dem die Beteiligten ihre Ideen zur Geltung bringen, künftiges Arbeiten erleben und üben können. Das Programm ist von den Vorgehensschritten strikter geplant, während das Projekt dem gemeinsamen Explorieren mehr Raum gibt. Ein Gutachten mag aufschlussreich sein, bewegt aber an sich wenig. Ein gutes Training kann Arbeitsweisen beeinflussen, dient aber per se nicht dem Weiterentwicklung der fachlich-konzeptionellen Basis.*

5. Ziele vereinbaren

Sind die Anforderungen der verschiedenen Bezugsgruppen erfasst, erste Ideen notiert und animierende Vorstellungen über die Lösung entwickelt, gilt es, die Ziele des Vorhabens messbar festzuhalten und zwischen Projektleiter und Auftraggeber zu vereinbaren (Abbildung 6).

> **Ziele des Durchbruchsprojekts „Projektportfolio-Management"**
>
> Bis 12/2008 liegen folgende **Ergebnisse** vor:
>
> - Die **Instrumentarien** und die **Organisationsform** des Projektportfolio-Managements sind entwickelt, auf die Belange und Möglichkeiten des Hauses ausgerichtet und installiert.
> - Die **Rollen** der Beteiligten im Projektportfolio-Management (Vorstand, Projektkoordinator, Führungskreis) und ihr Zusammenwirken untereinander und mit den Rollen in den Einzelprojekten (Auftraggeber, Lenkungsausschüsse, Projektleiter) sind definiert und beschlossen. Die Rollen sind von qualifizierten Mitarbeitern verantwortlich übernommen.
> - Die **Ankopplung des Projektportfolio-Managements** an die anderen, relevanten Managementprozesse des Unternehmens ist hergestellt und funktioniert (Strategieprozess, Budgetprozess, Planungsprozesse, Wissensmanagement).
> - Aus dem Vorhaben **resultierende Aufgaben für die weitere Organisations- und Personalentwicklung** sind aufgezeigt und die entsprechenden Initiativen sind eingeleitet.
> - Das neue Projektportfolio-Management ist im Unternehmen **kommuniziert** und ist in die **Trainingsmaßnahmen** des Unternehmens eingebunden.
> - Ein **kontinuierlicher Verbesserungsprozess** ist beschlossen, mit Aktionsplan für das Folgejahr.
> - Als **erster regelmäßiger Output** des neuen Projektportfolio-Managements ist ein **Vorstandsbericht** erstellt, in dem die Projekte des Unternehmens dargestellt, die Projektlandschaft analysiert, Synergiepotenzial beschrieben und Entscheidungsbedarf (Auswahl von Projekten, Priorisierungen, Ressourcenzuordnungen) fundiert beschrieben ist. Der Vorstandsbericht wird von dem neu eingesetzten Projektkoordinator persönlich präsentiert, unterstützt von dem Projektleiter „Projektportfolio-Management". Es wird davon ausgegangen, dass die dargestellten Daten und Informationen mit den tangierten Unternehmensprojekten abgestimmt und qualitätsgesichert sind. Der Projektkoordinator wird auch – nach vorheriger Abstimmung mit dem Vorstandsvorsitzenden – den Entscheidungsprozess im Vorstand vorschlagen

Abbildung 6:   *Beispiel eines Auftrags bzw. einer Zielvereinbarung zur Einführung des Projektportfolio-Managements*

Klingen einige der Ziele noch abstrakt, um verschiedene Lösungswege offen zu halten, so gibt doch der letzte Punkt ein klares Bild, was zum Abschluss des Projektes erwartet wird. Dieses Bild ist wichtig, um das gemeinsame Verständnis aller Beteiligten sicherzustellen. Je bildhafter die Sprache, desto größer die Wahrscheinlichkeit des gemeinsamen Verständnisses. Oft wird hier auch vom „mentalen Foto" der Abschlusssituation gesprochen.

Die Verständigung über die Zielvereinbarung erfolgt auf verschiedenen Ebenen. Die Unternehmensführung sollte sich über das Vorhaben klar sein. Das erfordert bei dem Thema Projektportfolio-Management eine besondere Anstrengung aller Beteiligten, können die Interessenlagen und Anforderungen doch sehr unterschiedlich sein (vgl. Abbildung 1).

Weiter sollten insbesondere der Auftraggeber (als Vertreter der Unternehmensführung), das evtl. eingerichtete Lenkungsgremium, der Projektleiter und das Projektteam das Bild über Ziel und Ergebnis des Vorhabens teilen. Alle Beteiligten sind gefragt, die Initiative zur Klärung zu ergreifen, solange noch Unsicherheiten bestehen.

Gerade in derartigen Organisationsprojekten mit unternehmensweiter Relevanz schildern Projektleiter oft die Situation, dass sie bei der Präsentation des laufenden Projekts in Grundsatzdiskussionen ihres Entscheidungsgremiums einbezogen werden, die längst ausgestanden und mangels neuer Erkenntnisse schwer nachvollziehbar erscheinen. Häufig gehen die Projektleiter aus einer solchen Situation auch selbst nicht unbeschadet heraus, weil sie natürlich mit dem strittigen Vorhaben identifiziert werden, während sich das Lenkungsgremium oder einzelne Mitglieder vom Projekt zu distanzieren scheinen, um mikropolitische Auseinandersetzungen unbeschwerter austragen zu können. Dann ist es für den Projektleiter an der Zeit, die Initiative zu ergreifen, auf den Sprecher des Gremiums zuzugehen, Störungen zu erörtern und Interessenkonflikten auf den Grund zu gehen. Schließlich gilt es, eine konstruktive Zusammenarbeit zu vereinbaren, in der das Lenkungsgremium aktive Verantwortung für das Projekt übernimmt.

6. Abhängigkeiten und Wechselwirkungen einbeziehen

Während die Einzelprojekte als Vorhaben mit Anfang und Ende per definitionem kommen und gehen, ist das Projektportfolio-Management ein beständiger Steuerungs- und Unterstützungsprozess, der nicht isoliert entwickelt werden kann. Vielmehr sind in dem Projekt „Projektportfolio-Management" auch die Ankopplungen zu anderen Prozessen zu überprüfen und gegebenenfalls herzustellen (Abbildung 7).

Vielleicht sind auch die in Abbildung 7 aufgeführten Prozesse gerade Gegenstand von Projekten, weil Effizienzsteigerungen gefragt sind. Dann gilt es natürlich, zwischen den verschiedenen Organisationsprojekten Schulterschluss zu üben und sich abzustimmen – so wie das Projektportfolio-Management das auch von anderen verwandten Projekten verlangt. Hier kann es Glaubhaftigkeit in eigener Sache par excellence beweisen.

Prozesse	Relevanz
Strategieprozess	Die Strategie verwirklicht sich zu einem großen Teil in der Projektelandschaft. Ergebnisse des Strategieprozesses müssen in die Projektbewertung sofort einfließen. Strategische Handlungslücken mangels passender Pro-

	jekte sind herauszustellen; sie können die Verwirklichung von Strategien gefährden.
Budget-prozess	Die Ressourcen für die Realisierung der Projektlandschaft müssen verfügbar sein und sind entsprechend in der Linienorganisation einzuplanen. Die Projektleiter müssen hierfür frühzeitig ihre Aufwandsschätzungen abgeben.
Wissens-management	In der Projektlandschaft entsteht schnell neues Wissen, das in der Organisation verankert werden muss, bevor die Projekte abgeschlossen sind und die Mitarbeiter sich mit viel Engagement neuen Aufgaben zuwenden. Umgekehrt sollen die Projekte bereits vorhandenes Wissen nutzen.
Risk Management	Risikomanagement bezieht sich auch auf Projekte. Die Risiken in der Projektlandschaft und eingeleitete Maßnahmen gilt es plausibel darzustellen.
Maßnahmen-steuerung	Die Verbesserungsmaßnahmen in den einzelnen Organisationseinheiten werden dort oft in einer Übersicht verfolgt. Ein Austausch mit dem Projektportfolio-Management kann erforderlich werden, wenn kleinere Maßnahmen sich zu Projekten auswachsen bzw. Projekte sich auf kleinere Vorhaben reduzieren. Doppelarbeit ist zu vermeiden.
Betriebliches Vorschlags-wesen	Von Mitarbeitern vorgetragene Ideen können Impulse für laufende Projekte geben oder sich selbst zu einem Projekt entwickeln. Die entsprechende Kommunikation zwischen der Landschaft der Verbesserungsideen und der Projektlandschaft muss funktionieren, damit kein lohnender Ansatz verloren geht.

Abbildung 7: *Übersicht einiger Prozesse mit Schnittstellen zum Projektportfolio-Management*

Zur Ankopplung der relevanten Prozesse geht der Projektleiter auf die anderen Prozessverantwortlichen zu, um gemeinsam festzustellen:

- Wo sind Schnittstellen?
- Welcher Art sind die Schnittstellen (Abhängigkeit von gegenseitigen Zulieferungen, Ressourcenfreigaben, Informationen, Entscheidungen)?
- Welche zeitlichen Abhängigkeiten ergeben sich, wo ist eine zeitliche Synchronisation sinnvoll oder erforderlich?
- Welche konkreten Vereinbarungen werden für die anstehenden Projektarbeiten getroffen?

Die grundsätzliche, konzeptionelle Abstimmung geschieht im Rahmen der Projektportfolio-Management-Entwicklung. Aber auch in der späteren praktischen Anwendung werden operative Abstimmungen zwischen den Prozessen erfahrungsgemäß immer wieder notwendig sein, um aktuellen Entwicklungen (z. B. neues Terminraster für die jährliche Budgetierung) gerecht zu werden oder Konflikte zu lösen (z. B. mangelhafte Datenlieferungen zwischen Prozessen). Die erforderlichen Klärungen können z. B. in einem jährlichen Prozessreview-Workshop mit allen Beteiligten oder im speziellen Fall in bilateralen Gesprächen durchgeführt werden.

7. Chancen und Risiken berücksichtigen

Mit einem professionellen Projektportfolio-Management bietet sich die Chance, die Projekte besser strategisch auszurichten, Synergiepotenziale zwischen den Projekten zu realisieren und eine Wertsteigerung durch den Nachweis besonderer Managementkompetenz zu schaffen. Das wird in den Unternehmen meistens auch als Zweck des Projektportfolio-Managements benannt.

Neben diesen Zielen ergeben sich weitere Chancen, die oft nicht sofort im Fokus der Projektdefinition stehen:

- Wo bisher jedes Projekt einzeln betrachtet wurde, entsteht ein Sogeffekt aus dem projektübergreifenden, von der Unternehmensführung getragenen Ansatz. Die Professionalität wirkt sich zwangsläufig auf das Einzelprojektmanagement aus. Erst wenn die Daten und Informationen aus den verschiedenen Projekten stimmen, wird eine übergreifende Analyse möglich. Erst wenn in den Projekten Fähigkeit und Bereitschaft zum konstruktiven Austausch geschaffen sind, lassen sich nachhaltige Synergien realisieren.

- Wenn das Portfolio-Management explizit als ein Unternehmensprozess mit Schnittstellen zu anderen Prozessen (Abbildung 7) verstanden wird, wird häufig auch dort Klärungs-, Konsolidierungs- und Verbesserungsbedarf deutlich. Aus neuer Sicht müssen Ablaufsequenzen und Termine synchronisiert werden. Das Projektportfolio-Management macht Informationen neuer Qualität verfügbar, die in den Prozessen zu berücksichtigen sind. Die Budgetierung wird zuverlässiger, einige Abstimmschleifen können eingespart werden. Der Strategieprozess des Unternehmens koppelt an einen projektübergreifenden Steuerungsprozess leichter an als an einen Flickenteppich einzelner, unabgestimmter Vorhaben.

- Das Projektportfolio-Management wird als Brücke im Wandel benutzt. Wo vielleicht zunächst die Neigung besteht, das Thema angesichts einer bevorstehenden Unternehmensfusion und Neuorganisation wegen untergeordneter Dringlichkeit nach hinten zu stellen, kann es die bessere Alternative sein, die Dynamik für den Durchbruch zu nutzen. Wenn die Linienorganisation fragil und flüchtig wird, rücken Themen mit strategischen und wirtschaftlichen Verbesserungspotenzialen in den Vordergrund und geben ihren Treibern eine prominente Rolle im Wandel. Insbesondere das Projektportfolio-Management ist in diesen Zeiten interessant, liefert es doch das Instrumentarium, die Neuerungs- und Veränderungsvorhaben in Gänze in den Blick zu nehmen und zu steuern.

Nahe den Chancen stehen die Risiken. Mit anderen Worten: Was kann der Realisierung des Projektportfolio-Managements passieren?

Gefragt sind hier weniger die Standard-Antworten, die jedes Projekt gibt, z. B., dass die Ressourcen knapp sind. Gefragt sind die projektspezifischen Unwägbarkeiten, die es frühzeitig zu erkennen und denen es gegebenenfalls gegenzusteuern gilt:

- Z. B. bedeutete der unerwartete Durchgriff der Konzernmutter auf das Projektmanagement des Tochterunternehmens, dass ungeliebte Standards zu übernehmen waren und die selbst angedachte, modernere Lösung obsolet wurde. Die frühzeitige Kontaktpflege war seitens der Verantwortlichen im Tochterunternehmen entweder versäumt worden oder in falscher Einschätzung der Interessens- und Machtverhältnisse bewusst unterblieben, um Fakten zu schaffen.

- Z. B. bedeutete für die Mitarbeiter eines Unternehmens, die den Auftrag zur Einführung einer Koordination für etwa 30 strategische Unternehmensprojekte erhalten hatten, der Wechsel des Vorstandsvorsitzenden eine Neuausrichtung des Vorhabens. Der angedachten, kooperativen Projektkoordination mit aktiver Beteiligung der Projektleiter wurde eine harte Absage erteilt. Wertewelten prallten aufeinander, der Versuch der Verständigung scheiterte. Die Promotoren der Projektkoordination zogen persönliche Konsequenzen bis hin zur Kündigung.

- Risiken aus Widerständen und Interessenkonflikten betroffener Personen, Projekte und Funktionen im Unternehmen sind am besten präventiv durch eine „Stakeholder-Analyse" anzugehen: Wer ist für die Einführung des Projektportfolio-Managements wichtig? Welche Interessen und Bedürfnisse hat er? Wie kann man ihn gewinnen?

8. Mit Widerständen umgehen

Insbesondere dort, wo das Projektportfolio-Management auf andere Prozesse ausstrahlt und Führungskräfte und Gremien ihre Rolle neu verstehen sollen, stehen Widerstände und Konflikte bevor. Die einen möchten sich nicht treiben lassen, die anderen wollen sich nicht mit suboptimalen Lösungen zufrieden geben. Ein abgestuftes Vorgehen kann hier helfen; nach den ersten aufschlussreichen und Gewinn bringenden Beratungen über die Projektlandschaft kann sich mittelfristig niemand mehr der Entwicklung entziehen.

Widerstände seitens der Linienorganisation und auch seitens der Projekte resultieren aus der beabsichtigten neuen Transparenz, der angestrebten Vereinheitlichung von Systemen und sind letztlich immer zurückzuführen auf die Furcht vor verstärkter Fremdsteuerung und reduziertem, eigenen Spielraum (Abbildung 8):

- Das einzelne Projekt kann nicht mehr tun was es will. Es wird vielmehr erwartet, dass es sich bezüglich seiner strategischen Ausrichtung, seiner Zielsetzung, seinen Berührungspunkten zu anderen Vorhaben im Unternehmen, seiner Akquisition von Ressourcen sorgfältig abstimmt, damit der Gesamtnutzen für das Unternehmen größtmöglich wird – aus Sicht des einzelnen Projekts kann das gelegentlich die suboptimale Lösung bedeuten. Aus

Sicht des Unternehmens werden dadurch Risiken aus projektübergreifender Sicht begrenzt.
- Die Fachabteilungen werden konkreter zur Ressourcensituation Stellung nehmen müssen. Wenn das Projektportfolio-Management die projektübergreifende Ressourcenallokation und Priorisierungsfragen angeht, werden Einflussmöglichkeiten durch die Linienorganisation beschnitten. Den operativen Priorisierungen, die jeder projektbeteiligte Bereich aus eigener Sicht vornimmt, wird zunehmend eine Absage erteilt, wenn sie den von der Unternehmensführung gesetzten Prioritäten zuwiderlaufen.

Projektportfolio-Management	
Was dafür spricht	**Was dagegen spricht**
■ Transparenz erlaubt mir Vergleiche und Adjustierung meiner Maßnahmen ■ Bessere Priorisierung in meinem eigenen Portfolio ■ Mehrwert für mein Portfolio schaffen und nachweisen: Die richtigen Projekte auswählen und gegebenenfalls strategische Lücken schließen ■ Bedeutung von Projekten und meines eigenen Beitrags zum Unternehmenserfolg deutlich machen ■ Höhere Planungssicherheit ■ Abgestimmtheit und Akzeptanz meines Projekts ■ Effizienzsteigerung durch Vermeidung von Doppelaufwänden und Transfer von Best Practices ■ Unterstützung meiner ganzheitlichen Sicht auf das Unternehmen ■ Ich kann rechtzeitig Einfluss nehmen ■ Hoffnung auf Arbeitsentlastung	■ Transparenz für andere kann meine Projekte relativieren ■ Unwille Entscheidungen zu treffen, die genauso transparent wie das Projektportfolio werden ■ Aufwand der Portfolio-Darstellung, weil wir die Projekte eh machen müssen ■ Mein Zeit- und Ressourcenmangel ■ Wir haben es schon immer anders gemacht und es ist immer irgendwie gegangen ■ Wer will das neue Verfahren? Wer belohnt es? ■ Wieder etwas, wo wir uns mit uns selbst beschäftigen; lasst uns lieber die Maßnahmen umsetzen, mit denen wir den Umsatz steigern können ■ Das macht uns unflexibel ■ Wahrscheinlich endet das wieder in Formularen und Bürokratie ■ Werden wir das überhaupt konsequent umsetzen? Werden z. B. auch die Vorstandsprojekte damit erfasst?

Abbildung 8: Motivationen für und wider Projektportfolio-Management (Sammlung in einer branchenübergreifenden Gruppe von Projektportfolio-Praktikern)

Die Interessenkonflikte, die drohenden Widerstände und Einflussnahmen und die resultierenden Risiken für die Realisierung des Projektmanagements liegen auf der Hand. Bestenfalls wird offen opponiert. Schlimmstenfalls wird verdeckt gegen die Idee und das Projekt „Projektportfolio-Management" vorgegangen.

Den Widerständen ist in mehreren Schritten zu begegnen. Nutzenargumente sind an früherer Stelle schon beschrieben worden (Abbildung 1). Der Argumentation folgt der Versuch, wichtige Führungskräfte und Mitarbeiter an der Entwicklung aktiv oder beratend zu beteiligen. Letztendlich zählen das eigene Erleben und die persönliche Erfahrung, dass sich ein professionelles Projektportfolio-Management als hilfreich erweist.

In die Konzeption des Projektportfolio-Managements sind unbedingt die Leiter aktueller, wichtiger Unternehmensprojekte einzubinden. Eine gemeinsame Frage wäre z. B., wie ein künftiger, einheitlicher Projektsteckbrief aussehen soll. Genauso gilt es das obere Management einzubeziehen, um ein gemeinsames Bild über die künftig erwarteten Analysen und Aussagen zur Projektlandschaft zu entwerfen.

Mit jedem Teilergebnis wird die Diskussion sachbezogener und die Unwägbarkeiten reduzieren sich. Z. B. veranstaltete ein Projekt „Projektportfolio-Management" einen Tag der offenen Tür, bei dem sich die Projektleiter und Führungskräfte des Unternehmens informieren konnten und die Chance zur aktiven Beteiligung erhielten. Die präsentierten Projektergebnisse bestanden teilweise aus methodischen und organisatorischen Neuerungen; aber auch konkrete Resultate, z. B. im Unternehmen bis dahin nie gesehene Übersichten über aktuelle Ideen, laufende Projekte und tatsächliche Ressourceneinsätze, wurden gezeigt. Die einzelnen Projekte konnten daraus auch Erkenntnisse für die eigene Arbeit ziehen und ihre Erwartungen noch einmal konkretisieren. Die Grundsatzdiskussionen um Sinn und Unsinn des Projekts „Projektportfolio-Management" waren mit der Veranstaltung ausgestanden.

Die aktive Beteiligung kann z. B. auch darin bestehen, dass die Leiter aktueller Unternehmensprojekte schon im frühen Stadium der Projektportfolio-Entwicklung in einer gemeinsamen Veranstaltung gebeten werden, die Beziehungen ihrer Projekte zueinander in einer großen Matrix an einer Pinnwand einzutragen und transparent zu machen. Im Gespräch zwischen den Projektleitern erfährt die Darstellung Aussagekraft und Validierung. Beziehungen werden klarer. Die Projektleiter erleben gleichzeitig das Projekt „Projektportfolio-Management" als hilfreich für die gegenseitige Abstimmung. Derartige Ergebnisse und Präsentationen sind ein Muss, wenn das Projekt nicht in den Verdacht kommen will, mit neuen Instrumenten und Formularen nur den anderen Projekten das Leben zu erschweren.

Erfolgsvoraussetzung ist also in jedem Fall die zeitnahe, konstruktive und kooperative Auseinandersetzung mit Befürwortern und Kritikern. Unterdrücken und Verschieben erhöhen den Widerstand in der Regel (Abbildung 9). Die Möglichkeiten, die Einführung des Projektportfolio-Managements kooperativ zu gestalten, werden trotzdem oft übersehen, wegen vermeintlichen Zeitmangels nicht genutzt oder durch die Top-down-Sicht des Managements ausgeblendet. Die Versäumnisse rächen sich im Projektverlauf und in der anschließenden Praktizierung.

> **Widerstand**
>
> Die Ursachen für Widerstand sind vielfältig:
>
> - Schlechte Vorerfahrungen mit Veränderungen
> - Fehlen einer Vision
> - Mangelnde Information und Kommunikation
> - Mangelndes Verständnis
> - Fehlende Fähigkeiten und Kenntnisse zur Umsetzung der Veränderung
> - Gefühl, Kontrolle/Macht/Einfluss zu verlieren
> - Persönlichkeitsstruktur (hohes Sicherheitsbedürfnis)
> - Widerspruch zwischen Rhetorik und erlebtem Verhalten der Führungskräfte
> - Unzureichende begleitende Unterstützung, insbesondere des mittleren Managements
> - Restriktiver Umgang mit Widerstand
>
> Die Prinzipien für den Umgang mit Widerstand:
>
> - Es gibt keine Veränderung ohne Widerstand – nicht das Auftreten von Widerstand, sondern sein Ausbleiben ist Anlass zur Beunruhigung.
> - Widerstand enthält immer eine „verschlüsselte Botschaft" – die Ursachen für Widerstand liegen zumeist im psycho-sozialen Bereich.
> - Nicht-Beachtung von Widerstand führt zu Blockaden – verstärkter Druck führt zu verstärktem (offenem oder verdecktem) Widerstand.
> - Mit dem Widerstand gehen, nicht gegen ihn – dem Widerstand Raum geben, in Dialog treten, Ursachen erforschen, Vorgehen (neu) festlegen.

Abbildung 9: Umgang mit Widerstand

9. Projekt planen und organisieren

Das Projekt „Projektportfolio-Management" ist nun inhaltlich durchdacht. Jetzt ist ein angemessener Vorgehensplan zu erstellen. D. h. unter anderem: Projektstrukturplan, Projektorganisation und Meilensteinplan.

"Projektportfolio-Management (PPM)"				
Produkte und Leistungen	Methoden und Instrumente	Prozesse	Strukturen	Kommunikation
■ Vorstand: Bericht über Projektelandschaft mit Entscheidungsvorschlägen ■ Führungskräfte: Übersicht Ressourceneinsatz ■ Projektleiter: Info-Pool über alle Projekte	■ Projektbeschreibung (Projektsteckbrief, Projektauftrag usw.) ■ Projektbewertung (strategisch, wirtschaftlich) ■ Priorisierung ■ Projektsteuerung ■ Projektsupport ■ DV-Tools	■ Planungs-Prozess für Projektelandschaft ■ Berichts-Prozess zur Projektelandschaft ■ Support-Prozess für Projekte	■ Rollen im Projektportfolio-Management (Vorstand, Projektekoordination, Projektleiter) ■ Führungsstruktur (Berichtswege)	■ Promotion des PPM im Unternehmen ■ Anforderungen an PPM ■ Ergebnisdokumentation ■ Training

Abbildung 10: *Die Projektstruktur macht das Projekt „Projektportfolio-Management" durch Untergliederung in Teilprojekte und weiter in Arbeitspakete handhabbar.*

Der Projektstrukturplan (Abbildung 10) unterteilt das Projekt in die zu erarbeitenden Ergebnisse und Aufgaben, für die Verantwortung vergeben wird.

Ausgehend von der Projektstruktur wird das Projekt organisiert. D. h.: Die Rollen im Projekt werden geklärt und mit geeigneten Mitarbeitern besetzt.

Zu unterscheiden sind die im Folgenden beschriebenen Rollen.

■ Die **Unternehmensführung**

- ist Auftraggeber des Projekts,
- ist Anwender der Projektergebnisse zur Steuerung der Projektlandschaft.

Die Unternehmensführung ist somit in einer Doppelrolle. Sie sollte bezogen auf das Projekt aufgrund des unternehmensweiten Projektcharakters insgesamt als Auftraggeber fungieren, mit einem für das Projekt benannten Sprecher. Und sie hat bereits seit jeher die Rolle des Entscheidungsgremiums, das die notwendigen Beschlüsse über die Projektlandschaft (strategische Ausrichtung der Projektlandschaft, Projektauswahl, Priorisierung, projektübergreifende Ressourcenfragen) treffen muss. In dieser Rolle wird sie durch das Projekt bestärkt und ist ein Anwender der Projektergebnisse.

- Die **Abnehmer**
  - formulieren die Anforderungen,
  - nehmen die Ergebnisse ab.

  Die Abnehmer sind in der Regel Anwender der Projektergebnisse oder Funktionen, die über die Einhaltung von Richtlinien wachen. Zu den Abnehmern im Projekt „Projektportfolio-Management" gehören die Unternehmensführung (als Entscheidungsgremium für die Projektlandschaft), Projektleiter, Projektlenkungsgremien, Controlling, künftige Projektkoordination, Führungskräfte (als Ressourcengeber).

- Der **Projektauftraggeber**
  - ist verantwortlich für den Auftrag mit den konkreten Zielsetzungen und für das Ergebnis,
  - stellt die Verfügbarkeit der Ressourcen für das Projekt sicher,
  - entscheidet über den Projektfortschritt,
  - ernennt und entlastet die anderen Projektfunktionen.

- Der **Lenkungsausschuss**
  - kann Aufgaben des Auftraggebers übernehmen, insbesondere Entscheidungen im Projektverlauf und die Entscheidungsvorbereitung für Grundsatzfragen.

  Der Lenkungsausschuss ist häufig ein Gremium, das für den Konsens aller beteiligten und tangierten Organisationseinheiten auf Managementebene sorgt. Diese Bedeutung hat er wegen der organisationsübergreifenden Relevanz insbesondere auch im vorliegenden Projekt.

- Die **Beratungsrunde (Fachausschuss)**
  - berät die Fragen und Ergebnisse des Projekts fachlich.

  Die Beratungsrunde (oft auch als Fachausschuss bezeichnet) dient der Beteiligung von Fachleuten, die zur Qualitätssicherung und Akzeptanz des Projekts einen Beitrag leisten können und wollen, ohne operativ in die Projektarbeit eingebunden zu sein. Häufig sind die künftigen Anwender in der Beratungsrunde vertreten. Die Beratungsrunde ist daher für die Einführung des Projektportfolio-Managements ein wertvoller Sparringspartner für das Projektteam.

- Der **Projektleiter**
  - plant und organisiert das Projekt,
  - bildet das Projektteam und führt es,
  - verantwortet Projektduchführung und Zielerreichung,
  - kontrolliert den Projektfortschritt und berichtet an den Lenkungsausschuss bzw. Auftraggeber.

Für die Auswahl des Projektleiters lohnt sich die Erstellung eines Anforderungsprofils. Schließlich ist mit dem Projektportfolio-Management eine Aufgabe zu meistern, die unternehmerischen und organisationsübergreifenden Blick erfordert, Sensibilität und Standing in der Kommunikation, und nicht zuletzt ein Vorleben der Projektmanagement-Philosophie. Zur Bestimmung der Anforderungen an den Projektleiter können die fünf bis zehn denkbaren, kritischen Projektsituationen überlegt werden (z. B. Bestandsaufnahme von aktuellen, teilweise umstrittenen Projekten; kritische Präsentation des neuen Konzepts im Vorstand; Konfliktgespräch mit Linienführungskräften, die die Transparenz ihrer Ressourcensituation fürchten; erbitterte Methodendiskussion im Projektteam; Überzeugung von Projektleitern, die zusätzliche Bürokratie vermuten).

- Der **Projektmitarbeiter**

    – plant seine Aufgaben, vereinbart sie mit dem Projektleiter und stellt die operative Durchführung sicher.

    Dem Projektleiter ist zu empfehlen, vor der Gewinnung der Projektmitarbeiter die aufgabenbezogenen Anforderungen zu überlegen. Sinngemäß gelten die o. a. Ausführungen zum Projektleiter.

Ergebnis	Termin
1. **Projektkriterien** und damit **Fokus** des Projektportfolio-Managements (PPM) geklärt	11/2005
2. **Modell und Lösungsweg** für das PPM entschieden	11/2005
3. Alle **Projekte mit Eckdaten** im Unternehmen erhoben	01/2006
4. **Konzept für Prozesse, Rollen und Instrumente** im PPM entwickelt, im Unternehmen abgestimmt und entschieden	04/2006
5. Erster **Vorstandsbericht** zur Projektlandschaft liegt vor	04/2006
6. Prozesse, Rollen und Instrumente im PPM ausformuliert und dokumentiert (**Anwendungshandbuch** Papier und Intranet)	09/2006
7. PPM **organisatorisch verankert** (Projektkoordinator ernannt und in Funktion, Supportprozess für Projekte eingerichtet etc.)	10/2006
8. **Vermittlung** des PPM an tangierte Führungskräfte und Projekte begonnen	11/2006
9. **Projektportfolio-Management läuft**	11/2006
10. **Abschlussbericht**	12/2006

Abbildung 11: Managementorientierter Meilensteinplan mit den wichtigsten Eckdaten

Neben Strukturierung und Rollenklärung wird der Meilensteinplan erarbeitet. Er führt die wichtigsten Etappenziele in ihrer zeitlichen Reihenfolge auf. Der Meilensteinplan wird in einer operativ aussagekräftigen Form und in einer managementorientierten Verdichtung schrittweise entstehen: Der Auftraggeber hat Vorstellungen über Ergebnisse und terminliche

Eckdaten, und die Fachleute im Projektteam schätzen ein, was bis wann machbar ist (Abbildung 11).

Ähnlich wie bei der Auftragsklärung ist es wichtig, dass auch für die im Meilensteinplan beschriebenen Etappenziele eine möglichst klare, gemeinsame Vorstellung entsteht. Hierzu dienen ergebnisbezogene Formulierungen.

Der grobe Meilensteinplan wird im Projektteam in kleinere Schritte übersetzt, die dann übersichtshalber auf einer Zeitachse mit Wochen- oder Monatsabschnitten dargestellt werden.

10. Erfolg kontrollieren

Die Erfolgskontrolle baut auf die Ergebnisse der Projektplanung auf. Ohne vereinbarte Maßstäbe gibt es keine Kontrollgrundlage. Das gilt für die Fortschrittsüberwachung im Projektteam und durch den Lenkungsausschuss (Innensicht) und das gilt für das letztendlich an die Anwender gelieferte Ergebnis (Kundensicht).

Schon am ersten Tag des Projekts bedarf es einer Vorausschau auf den Tag, an dem das Projektportfolio-Management – vorbehaltlich der weiteren, kontinuierlichen Verbesserung – als erfolgreich implementiert gelten kann. Woran soll der Erfolg von wem wie gemessen werden?

Grundsätzlich sind zwei Sichten zu unterscheiden, die Managementsicht und die Anwendersicht. Das Management fragt nach dem Nutzen des eingeführten Projektportfolio-Managements z. B. für die Unternehmenswertsteigerung; die Anwender fragen nach Lösungen, die ihnen bei ihrer Arbeit helfen (Abbildung 1).

Die konkreten Anforderungen an die Lösung werden wie schon beschrieben im Anforderungskatalog erfasst, nach Kosten/Nutzen-Gesichtspunkten bewertet und in das Pflichtenheft übernommen. An den dort zusammengestellten Anforderungen werden die Lösungen gemessen. Die Erfüllung vereinbarter Anforderungen heißt Qualität.

Bei Organisationsprojekten wie der Einführung des Projektportfolio-Managements ist die quantitative Erfolgskontrolle schwierig. Erfahrungen einzelner Unternehmen, dass eine konsequente Projektkoordination mit Aufzeigen von Fehlausrichtungen, Doppelarbeiten und Synergiepotenzialen eine Effizienzsteigerung von etwa 10 % bis 30 % bewirken kann, sind nur bedingt übertragbar. Die Ausgangssituation kann unterschiedlich sein, die Lösungen unterschiedlich mächtig. Ein Benchmarking ist sicherlich möglich, muss aber die verschiedenen Randbedingungen berücksichtigen.

Exemplarische Aussagen verdeutlichen die Unterschiede:

„Wir rechnen damit, dass der bessere Abgleich der Projekte untereinander eine Einsparung von 10 % bis 20 % des Budgets der gesamten Projektlandschaft bringt. Das werden wir nie wirklich (d. h. auch mit sinnvollem Aufwand) nachweisen können, aber wir können aufgrund der bisherigen Erfahrungen glaubwürdige Annahmen (was wäre wenn ...) treffen."

„Für uns wird es ein Erfolg sein, wenn unsere Geschäftsführung den Blick auf die Projektlandschaft zu einem regelmäßigen Tagesordnungspunkt der monatlichen Sitzungen gemacht hat. Mit den Vorlagen der Projektkoordination kann dann eine sachliche Diskussion stattfinden. Projekte werden aufgrund der vergleichbaren Vorlagen schneller entschieden werden können. Und die Geschäftsführung wird Klarheit haben, wie gut unsere Projekte unsere Unternehmensstragien bedienen."

„Wir werden sicherlich – nach besserer Transparenz des Ressourcenbedarfs der Projekte – eine effektivere Kommunikation zwischen Projekten und Linie aufzeigen können. Hierzu wollen wir Aussagen seitens der betroffenen Abteilungsleiter vorweisen."

Deshalb wird eher ein gangbarer Weg sein, mit Bezug auf den Projektauftrag und die formulierten Anforderungen in enger Kommunikation mit den Abnehmern regelmäßig Bestätigung zu erhalten bzw. sich über Abweichungen zu verständigen. Dieser Weg hat zudem die Vorteile, dass die Abnahmen der Ergebnisse nicht binär (ja/nein) erfolgen, sondern dem Thema angemessen differenziert, und dass die Abnehmer über ihre Meinungsäußerung eine wirkliche Beteiligung erfahren.

Eine solche, differenzierte Darstellung der Ergebnisse wird sich bis in den Abschlussbericht fortsetzen (Abbildung 12).

Abschlussbericht „Projektportfolio-Management"	
Ziel des Projekts lt. Auftrag 11/2005	**Ergebnisse und Abweichungen (unterstrichen), Stand 12/2006**
Die **Instrumentarien** und die **Organisationsform** des Projektportfolio-Managements (PPM) sind entwickelt, auf die Belange und Möglichkeiten des Hauses ausgerichtet und installiert.	Rollen, Strukturen und Instrumentarien sind entschieden, im Anwendungshandbuch dokumentiert und vermittelt. _Das Priorisierungsverfahren ist noch nicht abschließend behandelt._ Es soll im folgenden Jahr pilotiert und dann, gegebenenfalls mit Anpassungen, festgeschrieben werden (der Projektkoordinator übernimmt hierfür die Federführung).
Die **Ankopplung des PPM** an die anderen, relevanten Managementprozesse des Unternehmens ist hergestellt und funktioniert (Strategieprozess, Bugdetprozess, Planungsprozesse, Wissensmanagement).	Die Prozesse sind aufeinander abgestimmt, die Kooperation an den Schnittstellen zwischen den verantwortlichen Stellen verbindlich beschrieben. Ein Kalender für die Durchführung der PPM-Aktivitäten im folgenden Jahr ist erstellt und mit allen zuliefernden Stellen und Projekten abgestimmt.

Abschlussbericht „Projektportfolio-Management"	
Ziel des Projekts lt. Auftrag 11/2005	**Ergebnisse und Abweichungen (unterstrichen), Stand 12/2006**
Aus dem Vorhaben **resultierende Aufgaben für die weitere Organisations- und Personalentwicklung** sind aufgezeigt und die entsprechenden Initiativen sind eingeleitet.	Die Aufgaben sind von der Projektkoordination, der Betriebsorganisation und der Personalentwicklung in den jeweiligen Maßnahmenplan für das folgende Jahr aufgenommen worden und im Rahmen der regelmäßigen Zielvereinbarung verbindlich gemacht worden. Diese Stellen haben zur Koordination einen Abstimmkreis gebildet, der sich bedarfsweise trifft.
Als **erster regelmäßiger Output** des neuen PPM ist ein **Vorstandsbericht** erstellt, in dem die Projekte des Unternehmens dargestellt, die Projektlandschaft analysiert, Synergiepotenzial beschrieben und Entscheidungsbedarf (z. B. Auswahl von Projekten, Priorisierungen, Resourcenzuordnungen) fundiert beschrieben sind.	Der Vorstandsbericht wurde vom Projektkoordinator und vom Projektleiter PPM präsentiert und grundsätzlich für gut befunden. Die dargestellten Daten und Informationen wurden mit den tangierten Unternehmensprojekten abgestimmt und qualitätsgesichert. Aufgrund vereinzelter Mängel in der Qualität der zugelieferten Projektdaten und den noch notwendigen Klärungen sollen die notwendigen Entscheidungen in zwei Monaten wieder aufgenommen werden.
Das neue PPM ist im Unternehmen **kommuniziert** und ist in die **Trainingsmaßnahmen** des Unternehmens eingebunden.	Entsprechende Vermittlungsmodule sind in das Projektmanagement-Training und das Führungskräfte-Förderprogramm eingebaut. Projekte erhalten beim Start eine individuelle Einweisung durch die Projektkoordination.

Abbildung 12: Ausschnitt aus einem Projektabschlussbericht zur Einführung des Multiprojektmanagements mit dem Abgleich von Zielen und erreichten Ergebnissen

Der Konsens über die Ergebnisse zwischen Projekt und Auftraggeber ist Voraussetzung für den Projektabschluss und die Entlastung des Projektteams.

Mit dem Abschlussbericht wird noch einmal deutlich, dass das Projekt „Projektportfolio-Management" die neue Qualität des Projektmanagements in eigener Sache mustergültig vorgelebt hat. Das kommt nicht nur in der Anwendung hilfreicher Methoden zum Ausdruck, sondern vielmehr noch im Anschub projektübergreifender Kommunikation und Abstimmung, von früher Beteiligung relevanter Projekte, Stellen und Personen bis hin zum Know-how-Transfer, in dem der Abschlussbericht nur ein kleiner, formaler Teil ist.

Praktische Einführung eines Projektportfolio-Management-Systems

André Maiworm

> *„... das Einfache, das schwer zu machen ist."*
> *(Bertolt Brecht)*

Die Einführung des Projektportfolio-Management-Systems mit Prozessen, Gremien und IT-Unterstützung ist eine umfangreichere Veränderung, die bis auf das Einzelprojektmanagement durchgreift. Der Beitrag beschreibt die Auswahl eines IT-Tools, mit dem der gesamte Projektmanagementprozess unterstützt werden kann. Er beleuchtet die bekannten Office-Tools genauso wie eine größere IT-Anwendung, die mit Hilfe eines detaillierten Anforderungskatalogs ausgewählt wurde. Dargestellt wird auch das Change Management, das mit seinem umfassendem Schulungskonzept den Erfolg ausgemacht hat.

1. Der initiale Auftrag und seine Entwicklung
2. Ganzheitliches Projektmanagement-System gefragt
3. Übersicht der Projektmanagement-Werkzeuge
4. Einfaches Projekt vs. Multiprojektmanangement
5. Ergebnis der Evaluierung
6. Leistung des Projektportfolio-Management-Tools
7. Veränderungsprozess managen
8. Roll-out
9. Abschlussbetrachtung

1. Der initiale Auftrag und seine Entwicklung

Am Anfang stand der Auftrag zur Einführung eines harmonisierten Abrechnungsprozesses. Ein Analyseprojekt sollte zunächst den Umfang einer möglichen Umsetzung klären. Eine Gap-Analyse ergab, dass ein harmonisierter Abrechnungsprozess wegen zu vieler Stand-Alone-Lösungen nur schwer zu erreichen war; jeder Bereich hatte für seine Anforderungen eigene Prozesse und Systeme entwickelt. Das machte im ersten Schritt eine Harmonisierung der internen Betriebs- und Kundenprozesse erforderlich.

Aus diesem Anlass wurde ein Programm gestartet, das auf Basis des so genannten ITIL (IT Infrastructure Library)-Framework die wichtigsten Prozesse mit ihren Kundenbeziehungen, organisatorischen Bedingungen und Systemen sukzessiv klären sollte. Die hierfür erforderlichen Projekte bedurften einer guten Koordination und eines effektiven Ressourcenmanagements.

Zum Programmstart stellte sich allerdings schon die erste Frage als Herausforderung dar: Wie viele Projekte werden zurzeit durchgeführt, welche Priorität haben sie, und wie viele Ressourcen sind mit welcher Kapazität darin verplant? Diese Frage konnte nicht mit validen Daten geklärt werden; deshalb wurde der Auftrag an das Programm umgehend um die Implementierung des Multiprojektmanagements und Projektportfolio-Managements erweitert, um die notwendige Transparenz für die Zukunft sicherzustellen.

Zum Thema Multiprojekt- und Projektportfolio-Management gibt es vielfältige Fachlektüre; aber wie sieht die Realität aus? Große Projekte in einem Unternehmen werden meistens von einer kleinen Gruppe von Mitarbeitern angestoßen und entwickelt. Am Ende soll das Ergebnis durch die gesamte Mitarbeiterschaft angewendet werden. Wenn das nicht gelingt, wird ein Nachfolgeprojekt aufgesetzt. Die Vergangenheit zeigt, dass große Organisations-, Entwicklungs- und Systemprojekte tatsächlich oft ihre Ziele nicht erreichen. Die gemachten Erfahrungen sind allerdings nirgendwo aufgeschrieben, sondern bleiben oft in den Köpfen der erfahrenen Mitarbeiter, die aufgrund von Rotationen im Unternehmen oder wegen Vorruhestandsregelungen nicht mehr zur Verfügung stehen.

Aufgrund dieser erlebten Differenz zwischen Konzept und Realität sollte anhand von bestehenden Prozessreferenzmodellen ein Vergleich zur realen Betriebswelt erfolgen. Das schon angesprochene Analyseprojekt galt deshalb den Fragen:

- Welche Prozesse gibt es im Unternehmen und wie werden sie gelebt?
- Welche Lücken gibt es zum Referenzprozess und was wird zukünftig benötigt?

Um diese Fragen zu beantworten, sind eine Aufnahme der vorhandenen Prozesse und die Darstellung in Prozessablaufdiagrammen sehr hilfreich; teilweise bestehen in einem Unternehmen bereits solche Prozessdarstellungen und sind dann eine gute Basis für die Analysearbeit. Das Programmteam war sich schnell einig, dass dies der richtige Lösungsansatz war.

2. Ganzheitliches Projektmanagement-System gefragt

Den beschriebenen Ansprüchen können nur umfassende Projektmanagement-Systeme gerecht werden. In der Analyse sollten deshalb folgende Punkte betrachtet werden:

- **Organisation:** Die organisatorische Verankerung des Projektmanagements ist in den Unternehmen über das Qualitätsmanagement oder ähnliche Vorgaben geregelt. Hierzu zählt unter anderem die Definition der Rollen im Projektmanagement. So wird je nach Unternehmensgröße eine zentrales „Project Management Office" eingerichtet. Das obere Management ist z. B. in einem „Project Advisory Board" vertreten, das für das Projektportfolio, Prioritätensetzung und die Ressourcenzuweisung verantwortlich ist.

- **Methodik:** Es gilt, Standards, Instrumente, Methoden und Prozesse des Projektmanagement festzulegen. Die grundsätzliche Methodik ist in der DIN beschrieben. Die unternehmensspezifischen Abläufe werden auch Bestandteil des Qualitätsmanagement sein.

- **Software:** IT-gestützte Strukturen können einen effizienten Informations- und Kommunikationsfluss gewährleisten sowie die Projektplanung und -steuerung über den gesamten Projektverlauf unterstützen. Verschiedene Werkzeuge sind nach ihrem methodischen Ansatz und ihrer Komplexität zu unterscheiden:
  - einfache grafische Darstellungen
  - tabellarische Zusammenstellungen
  - strukturierte und komplexe Ablaufdiagramme
  - komplexe Kosten-/Projektstrukturen
  - integrative Lösungen (PM-Systeme, MS Office/Project, SAP/R3)

Für die Auswahl ist ein Anforderungskatalog mit Bewertungskriterien erfolgversprechend (Abbildung 1). Er beschreibt auch den abzubildenden Projektprozess mit den Projektphasen sowie die Projektmanagement-Organisation.

Jedes Werkzeug hat seine eigene „Philosophie". Manche Werkzeuge verstehen sich als Stand-Alone-Anwendungen, andere sind komplexe Elemente eines Informationssystems für das gesamte Unternehmen. Die Werkzeuge haben zudem verschiedene Schwerpunkte in der Funktionalität. Insbesondere bei der Kosten- und Ressourcenplanung gibt es große Unterschiede.

Entscheidend ist, wie einfach, intuitiv und komfortabel das Werkzeug vom Nutzer angewendet werden kann. Vorsicht ist bei komplexen Werkzeugen geboten, wenn der Nutzer nur gelegentlich damit arbeitet.

Der Anforderungskatalog wird gemeinsam in einem Team entwickelt, das gleichermaßen aus jungen und erfahrenen Projektleitern sowie mit einem Systemarchitekt besetzt ist. Auf Basis des Kataloges werden zuerst die vielleicht intern schon vorhandenen Projektmanagement-Werkzeuge und anschließend extern angebotene Lösungen untersucht.

Kriterien	Gewicht	PM1	PM2	PM3
Kosten				
- Lizenzkosten pro User	4 %	5 %	5 %	0 %
- Supportkosten	1 %	2 %	2 %	0 %
- Kosten für Speicher und Betrieb	1 %	2 %	2 %	0 %
Projektportfolio-Datenbank-Funktionalität				
- Meilensteine/Tracking	16 %	10 %	5 %	5 %
- Grafische Auswertung/Report	6 %	0 %	0 %	0 %
- Ampelfunktion/Status	16 %	10 %	7 %	5 %
Berechtigungskonzept				
- Zugriffskontrolle (Tool, Bereich, Dokumente)	5 %	5 %	5 %	5 %
- Einfachheit Aufnahme neuer User	1 %	2 %	2 %	5 %
- Gastzugang	0 %	2 %	2 %	0 %
Technik				
- Replizierbar	1 %	5 %	0 %	5 %
- Zugang über Internet/Intranet	8 %	5 %	5 %	5 %
- LDAP	4 %	5 %	5 %	0 %
- GPRS-nutzbar	0 %	2 %	1 %	0 %
- Einfachheit in der Handhabung	5 %	5 %	0 %	10 %
- Keine zusätzliche Clientapplikation	2 %	2 %	3 %	10 %
- Schnittstelle zu Notes → Email und Kalender	1 %	5 %	10 %	0 %
- Mail direkt in die Ablage	1 %	0 %	2 %	0 %
- Relationale Datenbank	4 %	0 %	0 %	0 %
- Applikationsplattform (Notes/Browser)	0 %	0 %	0 %	0 %
Kommunikation				
- Aufgabenmanagement (zuweisen, überwachen, …)	4 %	10 %	10 %	15 %
- Automatische Benachrichtigung: Ereignisse, neuer Beitrag etc.)	6 %	8 %	5 %	5 %
- Mehrsprachig	1 %	0 %	3 %	0 %
- Gemeinsame Bildschirmnutzung	0 %	0 %	0 %	10 %
Dokumentenablage	8 %	10 %	10 %	20 %
Strategische Bedeutung	4 %	5 %	5 %	0 %
Sonstige Besonderheiten	1 %	0 %	0 %	0 %

Abbildung 1:   Anforderungskatalog

3. Übersicht der Projektmanagement-Werkzeuge

In den nachfolgenden Abschnitten werden die bekanntesten Werkzeuge, die in mittleren und großen Unternehmen zum Einsatz kommen, in ihren wesentlichen Bestandteilen beschrieben. Diese und weitere Softwarelösungen wurden mittels des Anforderungskatalogs bewertet.

Zu unterscheiden sind Werkzeuge für betriebswirtschaftliche Darstellungen, für die Planung und Steuerung von Terminen, Kapazitäten und Aufwänden sowie für das Berichtswesen.

Einsatz von SAP/R3-PS

SAP umfasst mehrere für das Projektmanagement relevante Module. Abbildung 2 gibt einen Überblick über die SAP-Landschaft.

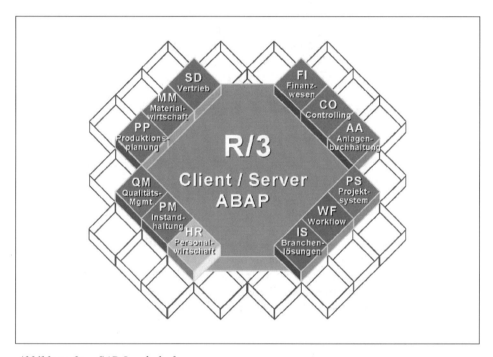

Abbildung 2: SAP-Landschaft

Das SAP-Projektsystem (PS) ist über Daten und Funktionen mit anderen SAP-Komponenten verbunden, insbesondere mit Vertrieb, Produktionsplanung und -steuerung, Kapazitätsplanung, Materialmanagement, internes und externes Rechnungswesen. So ist es möglich, in der Projektabwicklung direkt aus dem PS-Modul Bestellanforderungen im Modul MM auszulösen sowie Kosten und Erlöse entsprechend zu verbuchen. Des Weiteren werden die Personalkosten (CATS) über PSP-Elemente im PS auf Kostenstellen im Modul CO verbucht.

Eine zentrale Rolle spielt der Projektstrukturplan (PSP). Hierüber werden alle entscheidenden betriebswirtschaftlichen Funktionen in SAP/R-3 gesteuert, d.h. das Projekt in zweckmäßige Einheiten untergliedert, Ecktermine festgelegt, Aufwände zugeordnet und in der Abrechnungsvorschrift hinterlegt. Abbildung 3 zeigt ein Beispiel für einen Projektstrukturplan.

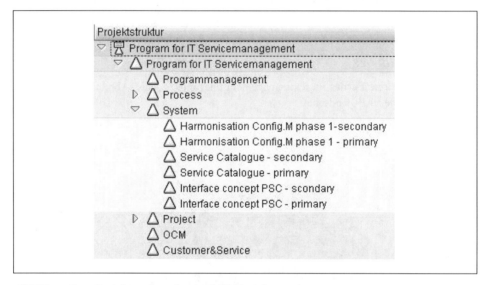

Abbildung 3:   *Projektstrukturplan im SAP-Projektsystem*

Interne und externe (Kunden-)Projekte werden über die Abrechnungsvorschrift unterschiedlich abgebildet. Bei internen Projekten, z. B. Innovations- und Investitionsvorhaben, erfolgt nur eine Kostenbuchung im SAP/R3-Modul FI/CO. Für externe Projekte erfolgt eine interne Kostenbuchung und eine Rechnungsstellung über das Modul SD. In Einzelfällen können Kundenprojekte auch als internes Projekt aufgestellt werden. In diesem Fall sollte ein separater Kostensammler eingerichtet werden. Dieser Kostensammler (Kostenstelle oder Innenauftrag) wird gegen den SD-Vertriebsbeleg entlastet.

SAP/R3 PS enthält nicht das Projektreporting (Risikoanalyse, Rating, Fortschrittsgrad etc.) und das Projektportfolio-Management.

Einsatz von SAP/R3-FI/CO

Controlling bildet die Grundlage für die Überwachung der Wirtschaftlichkeit und für die Beurteilung der Geschäftsentwicklung anhand von Zielgrößen wie Gewinn, Rentabilität und Deckungsbeitrag. Im Rechnungswesen wird hierzu das Zahlenwerk über alle abgelaufenen wirtschaftlichen Vorgänge (Ist-Werte) bereitgestellt. Das Controlling greift auf diese Datenbasis im Modul FI/CO zurück, verdichtet sie weiter, stellt die erreichten Ist-Werte den vorgegebenen Sollwerten aus der Planung gegenüber und stellt diese auf Basis von BW-Reports für einen Management-Bericht zusammen.

Die Basis bildet die Kostenartenrechnung als eine Stufe der Kosten- und Leistungsrechnung. Im Rahmen der Kostenartenrechnung müssen die Kosten von Aufwendungen abgegrenzt und die angefallenen Kosten einer Abrechnungsperiode erfasst werden (Abbildung 4). Die Kostenarten müssen bei einer Projektkalkulation berücksichtigt und den zugeordneten Kostensammlern beplant werden. Hierfür können PSP-Elemente, Kostenstellen (KST) oder Innenaufträge (IA) Verwendung finden.

Art der Produktionsfaktoren	■ Personalkosten (Löhne, Gehälter etc.) ■ Materialkosten (Rohstoffe, Hilfsstoffe, Betriebsstoffe etc.) ■ Dienstleistungskosten (Transport, Energie, Beratung, Versicherung etc.) ■ Kapitalkosten (Zinsen, Dividenden) ■ Raumkosten (Miete, Pacht, Reinigung) ■ kalkulatorische Kosten (kalk. Abschreibung etc.)
Betriebliche Funktionen	■ Beschaffungskosten (oder Materialkosten) ■ Fertigungskosten ■ Vertriebskosten ■ Verwaltungskosten
Art der Kostenerfassung	■ aufwandgleiche Kosten ■ kalkulatorische Kosten
Art der Herkunft	■ Primärkosten (z. B. Lohnkosten, Kosten für Beschaffungsmaßnahmen) ■ Sekundärkosten (geldmäßiges Äquivalent des Verbrauchs an innerbetrieblichen Leistungen; bspw. selbst erstellter Strom, selbst erstellte Wärme, selbst erstellte Reparaturen)

Abbildung 4: Gliederung der Kosten

Anwendungsprogramme von Microsoft

Für das Projektmanagement werden die Anwendungsprogramme von Microsoft (MS) mit verschiedenen Schwerpunkten eingesetzt:

- Microsoft Word (Textverarbeitung) = i. d. R. für Projektberichte
- Microsoft Access (Datenbankverwaltungssystem) = i. d. R. für Ressourcenverwaltung
- Microsoft PowerPoint (multimediales Präsentationsprogramm) = u. a. für die Vorstellung von Projektinitiative, Projektkonzeption, Projektlösungen, Projektabschluss
- Microsoft Excel (Tabellenkalkulation)
- Microsoft Project (Projektverwaltung)

Besonderer Erwähnung bedürfen MS Excel und MS Project.

Einsatz von Excel

Viele Projektleiter ziehen das Tabellenkalkulations-Programm Excel komplexen und schulungsintensiven Projektmanagement-Systemen vor. Sie setzen Excel für die Terminüberwachung, Statusdarstellung und Fortschrittskontrolle ein.

Wie die meisten Tabellenkalkulationen ermöglicht Excel mit Formeln und Funktionen umfangreiche Berechnungen. Die Ergebnisse können mit Hilfe von Sortier- und Filterfunktionen sowie Pivot-Tabellen ausgewertet und in Diagrammen grafisch dargestellt werden. Durch die Filter- und Exportfunktionen in Excel können entsprechende Übersichten auch mit farblicher Kennung generiert werden.

Excel kann hilfreich bei einfachen Projekten sein. Für komplexere Funktionen im Multiprojekt- und Projektportfolio-Management ist es nicht das geeignete Werkzeug.

Einsatz von Project

MS Project Professional 2007 lässt sich sowohl server- als auch clientseitig mit Software von Drittanbietern in andere IT-Systeme integrieren. Für den Servereinsatz werden allerdings noch der MS SQL Server und die Windows SharePoint Services benötigt, um den Project Web Access zu ermöglichen.

Das Programm bietet Projektmanagement-Tools, um Projekte zu verwalten, aktuelle Informationen einzusehen sowie Projektarbeit, Zeitpläne und Finanzen zu steuern. Unterstützung geben Berichterstellungsfunktionen, die Integration in das Microsoft-Office-System sowie interaktive Planungshilfen, Assistenten und Vorlagen.

Eine zentrale Rolle spielt die Definition und Darstellung der „Vorgänge". Dabei kann ein „Vorgang" eine einzelne Aktivität aus einem Arbeitspaket, eine Zusammenfassung von Aufgaben oder gar ein eigenes Projekt abbilden. Je nach Ebene bzw. Bedeutung des Vorgangs können diese in Sammelvorgängen gegliedert und Vorgangsbeziehungen abgebildet werden. Meilensteine werden als Vorgänge ohne zeitliche Ausdehnung definiert.

Sind die Vorgänge und ihre Abhängigkeiten voneinander eingegeben, liefert das Programm im Wesentlichen Termininformationen:

- Endtermine (auf Basis des Starttermins: „Wann können wir liefern?")
- Starttermine (auf Basis des Endtermins: „Wann muss spätestens gestartet werden?")
- Zeitreserven („Wieviel Puffer ist vorhanden?")
- Terminverschiebungen durch Verzögerungen („Wie wirkt sich die Verzögerung eines Vorgangs auf andere, abhängige Vorgänge und Meilensteine sowie den Gesamttermin aus?")

Eine Ressourcenplanung unterstützt MS Project nur dann, wenn alle Ressourcen (Mitarbeiter) eingetragen, Zeitkontingente und Kosten (z. B. Lohn) zugewiesen und dann auf die jeweiligen Vorgänge verteilt werden. Project kann Überschneidungen und kritische Pfade anzeigen.

Im laufenden Projekt überwacht der Projektmanager Fortschrittsgrade und verbrauchte Zeiten, die in MS Project erfasst werden. In präsentierfähiger Form werden die unterschiedlichsten Berichte erstellt: Fortschritte, Gantt-Charts, Ressourcenüberwachung und -kosten.

MS Office Project Professional 2007 stellt in Verbindung mit MS Office Project Server 2007 zudem eine Enterprise Project Management (EPM)-Funktion zur Verfügung. Sie unterstützt das Ressourcenmanagement und die Funktionen für Planung, Berichte und Zusammenarbeit. Das Programm ermöglicht Organisationen die zentrale und einheitliche Speicherung von Projekt- und Ressourcendaten. Darüber hinaus ist die Integration in Windows SharePoint Services 3.0 möglich, sodass die Funktionen für die Dateiverwaltung und Zusammenarbeit im Team genutzt werden können. Außerdem können die Benutzer je nach ihrer Rolle mit Hilfe von MS Office Project Web Access über das Internet auf Daten und Funktionen zugreifen.

MS Office Project Portfolio Server 2007 ist eine Top-Down-Lösung für das Portfoliomanagement. Sie unterstützt Organisationen, auf ihre Geschäftsstrategie ausgerichtete Portfolios zu bestimmen, auszuwählen, zu verwalten und bereitzustellen. Das Programm ist in Office Project Server 2007 integriert, um eine durchgängige Lösung zu schaffen, auf die über Microsoft Office Project Portfolio Web Access zugegriffen werden kann.

Microsoft Project erfüllt alle wesentlichen Anforderungen für das Multiprojekt- und Projektportfolio-Management, bedarf aber intensiver Schulung zur effizienten Anwendung.

4. Einfaches Projekt vs. Multiprojektmanangement

Die Wahl der Vorgehensweise zur Durchführung eines Projekts richtet sich meist nach Vorgaben der Organisation oder des Auftraggebers, der Größe und Komplexität des Projekts sowie der Branche und Art des Projekt („Bauprojekt" vs. „IT-Projekt")

Wenn mehrere Projekte in einem Unternehmen geplant sind, werden unterschiedliche Methoden zur Steuerung erforderlich, für die im Rahmen des Multiprojektmanagements auch Begriffe und Standards zu vereinbaren sind:

- **Teil- oder Subprojekt:** Klar abgrenzbarer Teil eines Projekts. Eine Teilprojektstruktur ermöglicht finanzielle Abgrenzungen und die Delegierung von Verantwortungen.

- **Programmmanagement:** Unter einem Programm versteht man ein Bündel inhaltlich zusammengehörender Themen und Projekte. Programmmanagement ist daher im Gegensatz zu Multiprojektmanagement wie ein Projekt zeitlich begrenzt.
- **Großprojektmanagement:** Koordination der Teilprojekte an einem (großen) Thema.
- **(Projekt-)Portfoliomanagement:** Strategische und wirtschaftliche Bewertung, Priorisierung und Controlling aller Unternehmensprojekte im Zusammenhang.
- **Multiprojektmanagement:** Koordinierte Planung und Steuerung der Projekte und des Ressourceneinsatzes im Unternehmen oder einem bestimmten Bereich.
- **Enterprise Project Management (EPM):** Organisationsübergreifende Planung mit zentralisierten Ressourcen. Es enthält das Portfoliomanagement, Großprojektmanagement und Multiprojektmanagement.

Wie in den vorherigen Kapiteln beschrieben, ist die Auswahl der Werkzeuge für das Multiprojekt-, und Projektportfolio-Management vielschichtig. Danach würde SAP/R3-PS für die Abbildung komplexer betriebswirtschaftlicher Projektstrukturen zum Einsatz kommen, während Werkzeuge wie Microsoft Project die Projektmethodik unterstützen.

Welche Basiseigenschaften sollte eine Projektmanagement-Software für das Projektportfolio & Multiprojektmanagement abbilden? Hierzu ein Überblick:

Einzelprojektmanagement:

- Projektstammdaten
  - Projektname
  - Start – Ende, Plan und Ist
  - Individuelle Stammdaten
  - Basisplandaten
- Projektscope
  - Ziel, Nutzen und Projektergebnis
  - Zusätzliche Angaben, z. B. Abhängigkeiten
- Risikoanalyse
  - Ursache und Auswirkung inkl. Bewertung und Status
  - Beschreibung der Maßnahmen
- Rollen/Projektorganisation
  - Projektorganisation und Verantwortlichkeiten
- Arbeitspakete
  - Verantwortlichkeit und Beschreibung
  - Arbeitsfortschritt
  - Einzelaufgaben

- Termine
  - Meilensteine und Vorgänge inkl. Vorgänger- und Nachfolgerbeziehungen
  - Beschreibung der Meilensteine und Vorgänge, evtl. Standards
  - Arbeitsfortschritt
- Personaleinsatzplanung
  - Skills oder Person
  - Benötigte Kapazitäten
  - Zuordnung auf Arbeitspaketebene
- Finanz- bzw. Einsatzmittelplanung
  - Kostenplanung und Ist-Kosten
  - Aufteilung der Kosten nach Projektstruktur
  - Kostencontrolling (Forecast, Kostenstellen, Kostenarten etc.)
  - Möglichkeit einer Wirtschaftlichkeitsberechnung
- Berichtswesen
  - Detailliertes Rating nach den KPIs (Arbeitsfortschritt, Termine, Kosten)
  - Projektstatusbericht mit individuellen Intervallen

Zusätzlich für das Multiprojektmanagement:

- Ressourcenmanagement
  - Ressourcenpools nach Skills und Mitarbeiter
  - Abbildung der aktuellen Kapazitäten
  - Plan – Ist Vergleich
- Projektlandschaft
  - Übersicht aller Projekte
  - Status der Projekte mit Details
  - Abbildung von Abhängigkeiten
- Risikomanagement
  - Monitoring
- Kostencontrolling
  - Plan–Ist Vergleich
- Dashboard
  - Aktuelle Übersicht für das Management

Zusätzlich für das Projektportfolio-Management:

- Scoring
  - Bewertung des Projektes nach individuellen Kriterien
- Projektportfolio
  - Übersicht aller bewerteten Projekte in der Projektlandschaft
  - Möglichkeiten von Detailansichten, z. B. Wirtschaftlichkeit, Nutzen etc.

5. Ergebnis der Evaluierung

Das richtige Projektportfolio- und Multiprojektmanagement-Tool zu finden ist bei der großen Auswahl eine Herausforderung. So wurden zur Evaluierung auch die von Projektmanagement-Zeitschriften im Internet veröffentlichten Bewertungen einbezogen.

Zur Auswahl stellten sich auch sehr mächtige Werkzeuge, die alle Anforderungen abdeckten und darüber hinaus noch viele zusätzliche Funktionen zur Verfügung stellten. Letztendlich waren es aber drei wesentliche Faktoren, die gegen den Einsatz dieser mächtigen Werkzeuge sprachen:

1. Die Anschaffungs- und Betriebskosten waren nicht vertretbar, auch in Betracht des Projektauftrages und dass SAP/R3-PS im Unternehmen schon eingesetzt wurde.

2. Die Komplexität der PM-Anwendung hätte keine Akzeptanz beim Anwender gefunden.

3. Die Weiterentwicklung umfassender Software-Lösungen mit Berücksichtigung von Kundenwünschen ist sehr komplex, zeit- und kostenintensiv.

Nach der Auswertung mit Hilfe des Kriterienkataloges wurden nur noch die Top 5 genauer verglichen, und das Ergebnis wurde dem Lenkungsausschuss mit einer favorisierten Lösung vorgestellt (Abbildung 5).

Praktische Einführung eines Projektportfolio-Management-Systems

Tool	Score	Portfolio & MPM	Beurteilung Ergebnis KLUSA:

Software 1	250	130	■ Komplettes Portfoliomanagement
			■ Projekt Overview
			■ Prozessunterstützung inkl. Change-Management
			■ Flexibler Managementreport
			■ Scorecard
			■ Meilenstein- & Kosten-Trend-Analyse
			■ Zukünftige Integration
			   - SAP/R3-Schnittstelle
			   - MS Project-Schnittstelle

KLUSA	314	152	
Software 3	285	96	
Software 4	274	112	
Software 5	147	48	

Abbildung 5:   Ergebnis der Evaluierung

6. Leistung des Projektportfolio-Management-Tools

Das neue Tool sollte den Prozess des Programmmanagements, Projektportfolio-Managements, Innovation Managements und Projektmanagements durchgängig abbilden und die Steuerung aller Projekte (Multiprojektmanagement) unterstützen.

Welche Benefits sollten erreicht werden:

■ Projekt Overview für das Management – Multiprojektmanagement

  – Verbesserte Steuerbarkeit der Projekte, Synergiepotenziale werden identifiziert.
  – Transparentes Projektportfolio für alle Stakeholder.

■ Durchgängige Unterstützung des Projektmanagements:

  – Meilensteinplanung, Workpackages und Risikoanalysen
  – Tracking des Progress über Issues
  – Standardisierte Projektstatusreports für das Projektteam und Management
  – Zentrale Ablage der Projektdokumentation

Das ausgewählte Tool ProPM des Herstellers KLUSA ist nach funktionalen Modulen unterteilt. Das Basismodul PM/MIS – Management Informationssystem – bildet die Grundlage für weitere zusätzliche Funktionen in den Modulen Demand Management (DM), Ressource Management (RM), Risk & Quality Management (RQM) und enthält Schnittstellen nach

SAP/R3 PS (Ist-Kostenübermittlung) und Microsoft Project (Im- und Exportfunktion). Zusätzlich ist für das Login und für das Ressourcenmanagement eine LDAP-Schnittstelle implementiert. Es gibt zusätzliche Exportfunktionen nach Excel (zur Unterstützung weiterer Auswerte- bzw. Reportingmöglichkeiten) und PowerPoint für die Generierung einheitlicher Projektstatusreports (Abbildung 6).

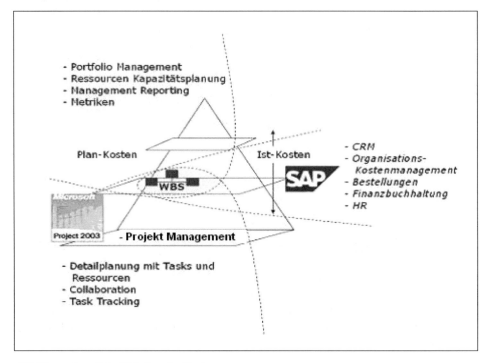

Abbildung 6: *Schnittstellen des Tools*

In diesem Kontext sprechen wir auch von „2 Welten". Das sind einerseits die Stammdaten für das strategische Planungslevel und andererseits die operative Detailplanung bis hin zur Einzelaufgabe, exakt terminiert und den Ressourcen zugeordnet (Abbildung 7).

Die Schlüsselfunktionen des ProPM-Tools:

- Portfoliomanagement (PM/MIS) schafft Transparenz und gewährleistet die Ausrichtung des Portfolios an den Unternehmenszielen. So helfen Kategorisierungen, Klassifikationen und Scoring-Listen, die Portfolios und deren Projekte effektiv zu gestalten und zu verwalten. Übersichtliche Grafiken und Listen mit Drill-down-Funktionalität ermöglichen einen gesamten Überblick der Projektlandschaft (Abbildung 8).

Praktische Einführung eines Projektportfolio-Management-Systems

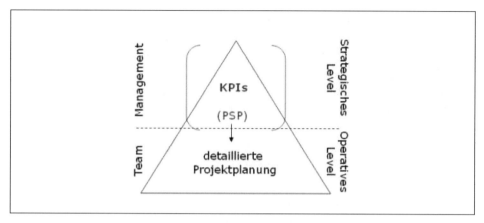

Abbildung 7: Zwei Ebenen der operativen und strategischen Planung

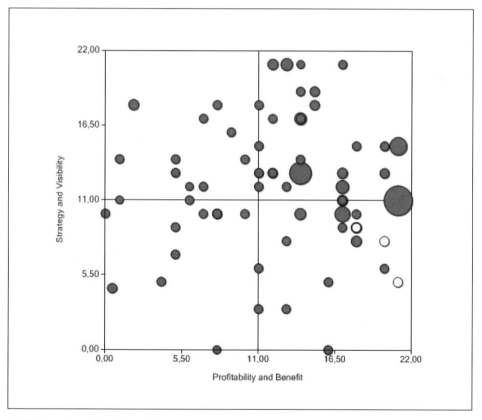

Abbildung 8: Projektportfolio

- Demand Management (DM) setzt Ideen im Findungsprozess auf und bringt diese zur Reife. Fachliche und technische Beschreibungen, Scoring und Rating, Scheduling und Budgetdaten sollen helfen, die „richtigen" Demands auszuwählen und als Projekt zu starten.
- Ressourcen- und Kapazitätsmanagement (RM) plant auf Monatsscheiben die Auslastung der Organisation. Zusätzlich können über das Resource Balancing unterschiedliche Szenarien simuliert und geplant werden. Übersichten auf jedem Level von „global" bis zum lokalen Ressourcenpool sind möglich (Abbildung 9).
- Rating- und Performance-Listen geben Überblick (Projekt Scorecard) für die Projektüberwachung. Diese sind verlinkt zur MTA (Meilensteintrendanalyse), die CTA (Kostentrendanalyse) und andere Metriken.
- Projektmanagement und Fortschrittskontrolle (PM) erfolgen über die Projektstruktur. Über Synchronisationsmeilensteine lassen sich Projekte untereinander verknüpfen und Fortschrittsdaten aggregieren (Abbildung 10). Zusätzlich erfolgt über eine Scorecard ein detailliertes Rating (Time, Budget, Work) zum Projekt (Abbildung 11).

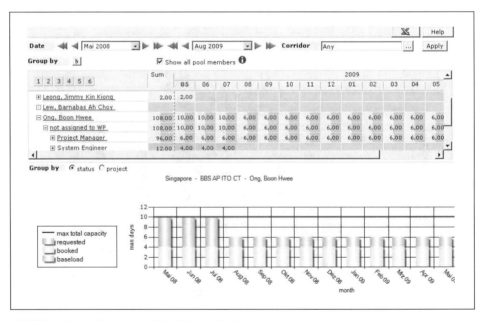

Abbildung 9: Planung und Verfolgung des Ressourceneinsatzes

Praktische Einführung eines Projektportfolio-Management-Systems

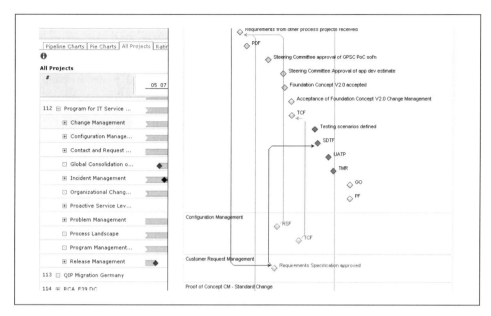

Abbildung 10: Projektstruktur und Meilensteine

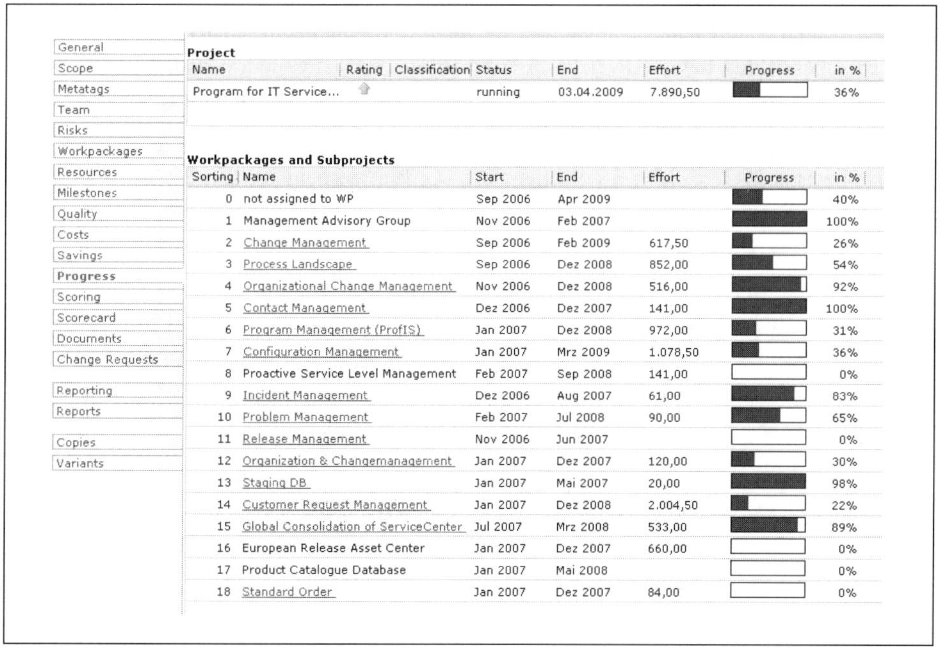

Abbildung 11: Fortschrittskontrolle

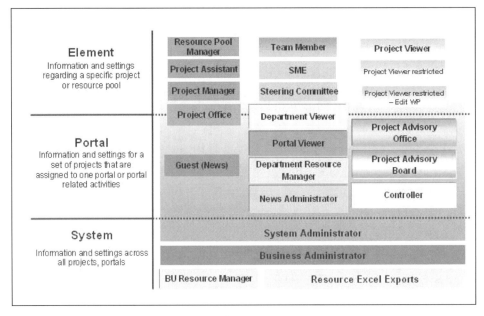

Abbildung 12: Rollen- und Berechtigungskonzept

- Risiko- und Qualitätsmanagement (RQM) analysiert und evaluiert Risiken. Zusätzlich zur Risikomatrix und diverse Berichte n kann sofort der Status und Verlauf kontrolliert und über Checklisten, z. B. Quality Gates zur Qualitätskontrolle, verwaltet werden.

- Im Reporting und Change Management (MIS) werden alle Planstände und Bewegungsparameter nach Zeitscheiben (Wochen oder Monate) gespeichert und berichtet. Über vorgegebene Schlüsselparameter (Termin, Budget, Scope) muss der Projektleiter die Change Requests für sein Projekt anmelden.

- Rollen und Berechtigungskonzept: Die Elementrollen im Projekt werden automatisch durch die Bildung des Projektteams und die damit verbundenen Rollen (Project Manager etc.) vergeben. Portal und Systemrollen müssen zugewiesen werden (Abbildung 12).

7. Veränderungsprozess managen

Mit der Freigabe des Projektportfolio- und Multiprojektmanagement-Prozesses und des dafür ausgewählten Tools wurde eine Pilotphase mit zwei Abteilungen gestartet. Innerhalb von sechs Monaten sollte ein Erfahrungsbericht vorgestellt werden. Ab diesem Zeitpunkt wurden auch schon Vorbereitungen für das anstehende Roll-out getroffen, so dass die Anforderungen der zukünftigen Anwender größtenteils schon in der Hypercarephase abgedeckt wurden.

Die gut vorbereitete Pilotphase hat alle Erwartungen übertroffen. Das führte dazu, dass der Projektauftrag durch den Lenkungsausschuss erweitert wurde. Alle laufenden Projekte, die eine längere Laufzeit als 6 Monate hatten, sollten in das Tool migriert werden, so dass eine umfassendere Abbildung des Projektportfolios erreicht wurde.

Entscheidend für den Erfolg ist, dass für die bessere Steuerung der Projekte in der Organisation entsprechende Gremienstrukturen (z. B. Projekt Advisory Boards, Steering Commitees) etabliert und durch das Management gelebt werden. Multiprojektmanagement bedeutet neben neuen Strukturen aber auch einen Wandel in der Arbeitsweise. Daher war deutlich, dass ein umfangreicher Veränderungsprozess anstand (Abbildung 13). Hier erweist sich das Projektmarketing als eine sehr wichtige Komponente; „Awareness"-Veranstaltungen oder „Road shows", haben einen wichtigen Beitrag zum Projekterfolg geleistet.

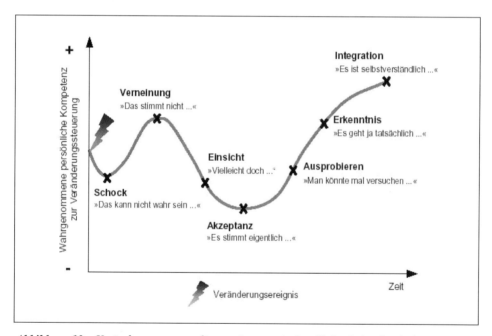

Abbildung 13: Veränderungen unterliegen einem typischen Verlauf, der durch die Unterstützung des Managements und gutes Training beschleunigt werden kann

Generell unterliegt die Einführung eines Multiprojekt- und Projektportfoliomanagement in einem Unternehmen folgenden Prinzipien:

- Unterstützung durch das gesamte Management erforderlich
    - Botschaft an die Mitarbeiter
- Trainingsprogramme für das Projektmanagement
    - Identifizierung der Rollen und Skills
- Prozessimplementierung
    - Projektportfolio-/Multiprojekt- und Projektmanagement
    - Differenzierung Auftragsabwicklung vs. Projektgeschäft
- Etablierung Gremienstruktur
    - Projekt Advisory Board (Besetzt durch das Management – Portfolio & Multiprojekt)
    - Projekt Advisory Office (Besetzt durch Abteilungsleitung – Linienprojekte)
    - Einführung von Gremien unter Nutzung von vorhandenen Meetingstrukturen
    - Projekt Office (gegebenenfalls pro Abteilung)
    - Ressourcenmanagement (pro Abteilung oder Gruppe)
    - Risikomanagement (Stabfunktion)
- Klare Anforderung an die Projektmanagement-Software
    - Projektportfolio- und Multiprojektmanagement
    - Projektmanagement
    - Ressourcenmanagement
    - Diverse Schnittstellen (z. B. SAP/R3)
- Geregelter Wertefluss & Buchungshygiene
    - Run vs. Change (intern) und Kundenprojekte (extern)
    - Einsatz von betriebswirtschaftliche Software
    - Zeiterfassungssysteme
- Qualitätskontrollen innerhalb der Projektphasen
    - Reifegradmessung (Maturity)
    - Arbeitsanweisungen
    - KPIs
    - ICS Controls
- Support für die Mitarbeiter und Management
    - Help Desk
    - Key User Konzept
    - Projekt-Coaching
- Kontinuierlicher Verbesserungsprozess
    - Vertreten durch die PMOs

8. Roll-out

Die erste Trainingsmaßnahme wurde nur auf den Prozess und damit verbundene Arbeitsschritte im Tool fokussiert. Grund hierfür war, dass in einem kurzen Zeitraum ca. 100 Mitarbeiter dieses Training besuchen sollten und die Maßnahme auf einen Tag begrenzt war. Das Training musste zudem auch zeitnah zum Roll-out starten und durch die Key User begleitet werden. Die Key User waren größtenteils Mitarbeiter aus dem Projektteam und haben nach dem Roll-out die Rolle und Aufgaben des Project Management Office übernommen Dies ist die beste Voraussetzung für einen qualifizierten Support vor Ort. Sie waren somit wichtige Multiplikatoren für das gesamte Vorhaben.

Die Hypercarephase war auf einen Zeitraum von ca. 3 Monaten begrenzt. Innerhalb dieser Zeit wurden größtenteils zusätzliche Stammdaten aufgenommen und die rollenbasierten Berechtigungen nachgebessert.

Innerhalb der Hypercarephase gab es regelmäßige Statusmeetings mit dem Lenkungsausschuss. In dieser Phase können in der Organisation Vorbehalte hochkommen (vgl. Abbildung 13), deshalb sind aktuelle Projektinformationen für das Management sehr hilfreich.

Das generelle Ziel sollte aber sein, dass der neue Prozess und die neue PM-Software professionell angewendet und gelebt werden. Dafür müssen die Führungskräfte, Projektleiter und Projektmitarbeiter für ihre Rolle richtig vorbereitet und ausgebildet werden; hierzu dienen Seminare, Training-on-the-Job, Projekt-Coaching oder Ausbildungsprogramme. Sie helfen dem Management und den Projektmitarbeitern das erforderliche Wissen zu vermitteln und ein professionelles Projektmanagement-Bewusstsein zu schaffen. Im vorliegenden Fall wurde ein internes, rollendifferenziertes Ausbildungsprogramm aufgesetzt (Abbildung 14). Zum Lernerfolg trägt eine abschließende Prüfung bei. Das Ausbildungsprogramm ist modular aufgebaut und kann über einen längeren Zeitpunkt absolviert werden. Notwendigkeit und Fortschritt werden dem Management anhand einer Reifegradmessung (Maturity Model) dargestellt (Abbildung 15).

	Seminar Modules					
Counselling Interview of Qualification	**Basic Knowledge**	Project Management Theory (1)	Project management Practice (1)	Communication for Project Managers (2)		Exam
	Special Knowledge	Project Resources & Controlling (1)	Confident & Effective Presentations (2)	Conducting Workshops with Confidence & Competence (2)	Conflict & Self Management (1)	
	Expert Knowledge	Project Reporting & Marketing (1)	Leadership in a Project Organization (1)	Claim Management (2)	International Project Management (1)	
	Community Coaching	Project Management Community – Training Portal				

Abbildung 14: Modular aufgebautes Ausbildungsprogramm

Praktische Einführung eines Projektportfolio-Management-Systems

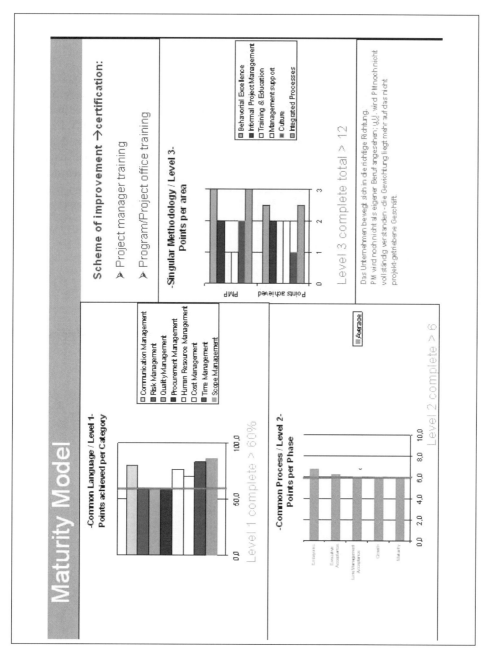

Abbildung 15: *Reifegradmodell für die Projektmanagement-Qualifizierung*

9. Abschlussbetrachtung

Ein Jahr nach dem „Go Live" waren über 2000 Projekte im System erfasst, davon 200 globale Vorhaben. Nun werden der Prozess und das Tool weltweit ausgerollt. Zur Vorbereitung wurde lokal ein erfahrener Projektleiter benannt und im Projektportfolio-Management-Prozess, im Tool, in der Administration und für die Supportaufgaben ausgebildet. Es werden regelmäßige „Continuous Improvement Meetings" durchgeführt; hier sind alle Mitarbeiter aus den Projekt Management Offices vertreten. Damit wird die Akzeptanz weiter steigen. Das neue Trainingsprogramm hat nach 6 Monaten ebenfalls sehr gute Bewertungen durch die Schulungsteilnehmer erhalten. Es ist modular und rollenbasiert aufgebaut, sehr praxisnah, gut strukturiert. Die Anschaulichkeit wird mit Hilfe eines generischen Musterprojektes sehr gut gewährleistet.

Das Projekt war auf der gesamten Linie ein Erfolg. Die Erfolgsformel lässt sich in drei Sprichwörtern ausdrücken:

- Zum Thema Kommunikation und Leistung: „Tue Gutes und rede darüber."

- Zum Thema Qualität: „Zeige mir, wie dein Projekt startet, und ich sage dir, wie es endet."

- Zum Thema Zeit & Kosten: „Klare Vorgaben sparen Zeit und Geld, und behalte das Ziel im Auge."

Mit interaktiven Prozessen zum Erfolg

Frank Kühn, Peter Wollmann

> *„Entia non sunt multiplicanda praeter necessitatem."*
> *(John Ponce) –*
> *„Entitäten sollen nicht über das Notwendige hinaus vermehrt werden", oder freier übersetzt: „Man sollte nicht mehr Dinge für existent halten als unbedingt notwendig."*
> *(Mark Haddon, „Supergute Tage")*

Von Projektportfolio-Verantwortlichen hören wir immer wieder die Frage, wie denn der Nutzen und damit der Erfolg eines Projektes besser gemessen und gesteuert werden könne. Hier geht es sowohl um die richtige Positionierung und Priorisierung der Projekte im Projektportfolio als auch um die Absicherung, dass der im Portfolio dargestellte Gesamtnutzen auch verlässlich realisiert wird. Die vergleichbare und belastbare Planung und Verfolgung des Nutzens (Benefit tracking) ist deshalb nicht nur Sache des Einzelprojektmanagements, sondern zentrales Anliegen des Projektportfolio-Managements. Eine Voraussetzung hierfür ist die Klärung der Verantwortung für den Nutzennachweis. Dabei werden einige Rollenverständnisse in Frage gestellt, die sich heute vielerorts eingeschliffen haben. Plädiert wird für die konsequente Wahrnehmung der im Unternehmen längst vorhandenen Zuständigkeiten und die Vermeidung künstlicher Rollenkonstruktionen im Projektmanagement.

1. Wer den Nutzennachweis führt

2. Interaktion und Rollenwahrnehmung

3. Drei Geschichten von Rollen und Interaktion

4. Das Drehbuch für das Projektende

5. Das Dilemma der Kosten/Nutzen-Abgrenzung

6. Wie die praktische Umsetzung läuft

1. Wer den Nutzennachweis führt

Um gleich auf den Punkt zu kommen: Der Nutzennachweis eines Projekts obliegt nicht dem Projektleiter, sondern denen, die den Nutzen aus dem Projekt über das Projektende hinaus ziehen und nachweisen müssen. Das sind bspw. strategieverantwortliche Vorstands-mitglieder (für den Strategiebeitrag des Projektes), Produktmanager (für den Erfolg des zu entwickelnden Produkts), Prozesseigner (für die Effizienzsteigerung der zu verbessernden Abläufe), System Owner (für die Leistung der neuen Hard- und Software), Vertriebsverantwortliche (für die versprochene Erschließung der Märkte), Leiter von Organisationseinheiten (für die zu steigernde Produktivität). Kurzum alle, in deren Verantwortungsbereich sich der Nutzen des Projekts realisieren soll und denen die Daten gehören, mit denen sich der Nutzen nachweisen lässt. Im Grunde ist dieser Ansatz in den so genannten Business Cases erkennbar, wird dort allerdings oft unvollständig und halbherzig realisiert. Natürlich ist unerlässlich, dass der Projektnutzen zwischen Projektleitung und Projektnutzern am besten zu Beginn verbindlich vereinbart und dokumentiert wird.

Voraussetzung für das Gelingen dieser unmittelbaren Qualität von Nutzennachweisen ist die ebenso unmittelbare und persönliche Einbindung der „Benefit Owner" oder „Nutzeneigner" vom Anfang bis zum Ende des Projekts. Dadurch sind das einzelne Projekt und die verantwortliche Linienorganisation über den gesamten Projektverlauf eng verbunden. Die entscheidende Kompetenz und Leistung des Projektleiters besteht darin, einen interaktiven Prozess zu gestalten, in dem alle Beteiligten ihre Verantwortungen annehmen und wahrnehmen (Abbildung 1). Erst damit wird auch ein „echtes" Projektcontrolling möglich, das sich auf die unmittelbaren Erwartungen und Interessen der Verantwortlichen stützt.

Verantwortlich	Projektprozess	Relevanz für Projektportfolio
Projekteigner	Projekt beauftragen und Entscheidungen treffen	Entscheidungsstand der Projekte im Überblick
Nutzeneigner	Nutzenziele definieren und Nutzen nachweisen	Kosten/Nutzenportfolio (strategisch und wirtschaftlich)
Ressourceneigner	Ressourcen qualifizieren und bereitstellen	Ressourcenkataster
Kompetenzeigner	Projekt planen und durchführen	Fortschritt der Projekte im Überblick
Anwendungseigner	Anforderungen spezifizieren und Ergebnisse abnehmen	Realisierung der Projektergebnisse im Überblick

Abbildung 1: *Jeder übernimmt die ihm ureigene Verantwortung, als Basis für tragfähige Darstellungen im Projektportfolio*

Erst diese Interaktion ermöglicht auch einen dynamischen Prozess zum gemeinsamen Erfolg, anstelle eines starren und formalistischen Bezugs der Projekte auf irgendwann einmal fixierte Ziele und eines mitunter bürokratisierten und mühevollen Change Request Managements. Schließlich entwickeln sich während der Projektlaufzeit Erkenntnisse und verändern sich Nutzenaspekte, die eine kontinuierliche Anpassung des Projekts erforderlich machen. Nur so werden letztendlich ein Projektergebnis und ein Nutzen erreicht, die zum Zeitpunkt der Lieferung für die Kunden (im Sinne von Problemlösung und Preis) und das Unternehmen (im Sinne von Wirtschaftlichkeit und Strategiebeitrag) optimal sind.

Letztendlich wird so das Projektportfolio nicht nur in den Kompetenzen der Projektbeteiligten und den Ressourcencommitments mit der Linie, sondern auch in einem Netz von Nutzeneignern verankert (Abbildung 2). Jeder übernimmt aktiv und persönlich die Verantwortung für sein Anliegen – so einfach ist das. Aus Projektsicht entsteht eine authentische Projektorganisation. Aus Portfoliosicht entsteht eine neue und vergleichbare Qualität von Nutzenplausibilität, die durch klare und einfache Verantwortlichkeiten getragen wird.

Nutzeneigner	Produktmanager „Lebensversicherungen"	Vorstand mit Strategieverantwortung „Kundennähe"	Prozesseigner „Policierung"	Eigner „Kundendatenbank"
Verantwortung Projekt	Produktivität und Wert des Produktportfolios	Umsetzung der Strategie „Kundennähe"	Stabilität und Effizienz des Prozesses	Aktualität und Verfügbarkeit der Kundendaten
Neuer Tarif	Wertsteigerung des Produktportfolios „Leben". Höheres Neugeschäft	Tarifmerkmale mit größerer Kundennähe	Effizienz des Policierungsprozesses	---
Policierungsprozess	Zuverlässigere Risikoausschlüsse	Prozesse mit nachweislich höherer Kundenorientierung	Signifikante Steigerung der Kosteneffizienz	Bessere Qualität der Kundendaten
Projektmanagement-Initiative	Höhere Flexibilität des Portfolios durch schnelleren Entwicklungsprozess	Besserer systematischer Einbezug von Kundenanforderungen in Projekte	---	---
Reorganisation Vertrieb	Produktiveres Produktportfolio durch höhere Akquisitionsqualität	Bessere Erreichbarkeit für Kunden	Qualitätssteigerung im Prozess	Bessere Qualität der Kundendaten

Abbildung 2: Beispiel für den Zusammenhang zwischen Projekten und Nutzenallokationen

Wir kennen einen ähnlichen Zusammenhang für die Erstellung des Pflichtenhefts und die fachliche Abnahme, d. h. der Verantwortung von Projektkunden und Anwendern für die von ihnen formulierten Anforderungen. Der grundlegende Unterschied ist, dass wir hier nicht über den Nachweis der fachlichen Ergebnistauglichkeit sprechen, sondern über den kontinuierlichen Nachweis des strategischen und wirtschaftlichen Projektnutzens, der auf der Ebene der Unternehmensführung zu vertreten ist.

Insofern hat auch die Qualität von Business Cases nur eine geringe Halbwertszeit, wenn die Cases nach der anfänglichen Formulierung nicht regelmäßig überprüft und weiterentwickelt werden. Eine solche Pflege des Business Case sollte gegebenenfalls auch dazu führen, dass ein Projekt abgebrochen wird – was ein Gütenachweis für einen funktionierenden Priorisierungsprozess, ein unternehmerisches Projektmanagement und ein aktives Projektportfolio wäre.

Diese Beweglichkeit der Projekte erfordert ein entsprechend dynamisches Projektportfolio-Management. Sollen z. B. alle Projektveränderungen in schneller Taktfolge nachgezeichnet werden (z. B. wöchentliche Kosten/Nutzen-Statements in einer projektübergreifenden Intranet-Plattform), oder werden den Projekten Kosten-/Nutzen-Korridore zugestanden, die sie nicht ohne Entscheidung verlassen dürfen? Letztendlich erzeugt das Projektportfolio-Management einen Sog-Effekt auf die Qualität des Einzelprojektmanagements; die folgenden Beispiele verdeutlichen die Herausforderungen und Konsequenzen.

2. Interaktion und Rollenwahrnehmung

An die Stelle einer starren Zielsetzung und einer präzise vorausgeplanten Abfolge von Ergebnissen und Entscheidungen muss also eine sehr aufmerksame, eng getaktete und interaktive Lenkung des Erfolgs treten. Das ist jedoch leichter gesagt als getan. Die Entscheider und die Kunden werden oft auf Distanz erlebt und sind zeitlich schwer verfügbar. Mitunter meiden Projektteams auch bewusst oder unbewusst den Kontakt, um ungestört arbeiten zu können oder Differenzen aus dem Weg zu gehen. Dann begibt sich das Projekt in den Blindflug.

Die Missverständnisse werden von engagierten Projektleitern verstärkt, die dazu neigen, rundum anderen Beteiligten ihre Aufgaben und Verantwortung „abzunehmen". Sie übernehmen Entscheidungen, die ihnen eigentlich nicht zustehen, treffen eigenmächtig Annahmen, wo präzise Anforderungen fehlen, beurteilen technische Lösungen, die von anderen akzeptiert werden müssen, bügeln in Überstunden mangelnde Kapazitäten aus, die von Linienvorgesetzten zu verantworten sind. Vielleicht geht es gut, dann wird das Projekt gefeiert; vielleicht geht es auch nicht gut, dann muss sich der Projektleiter rechtfertigen, warum er nicht beharrlicher bei Auftraggeber, Projektkunden und den Linienvorgesetzten seiner Projektmitarbeiter vorstellig wurde.

Dass Interaktion nicht einfach ist, zeigen die kleinen Gesprächserfahrungen, die jeder von uns alltäglich macht. Man denke an zwei Gesprächspartner, die über weite Teile monologisieren und sich dabei gegenseitig „verlieren". Oder stellen wir uns hochgradig ritualisierte Projektmeetings vor, in denen Berge von Folien ohne tiefe und ehrliche Diskussionen abgearbeitet werden. Wo die Synchronisierung und Rückmeldung fehlen oder Blickkontakt und konstruktive Auseinandersetzung gemieden werden, ist es mit der gemeinsamen Verständigung nicht weit her. Hauptsache, man hat seinen Teil gesagt. Ähnliches lässt sich oftmals im mühevollen Zusammenspiel zwischen Projektleitern und ihren Stakeholdern beobachten. Beschränkt sich der Abgleich auf quartärliche Meilensteinsitzungen, werden sich die Vorstellungen der Beteiligten schnell auseinander bewegen.

Genauso muss das Projektportfolio regelmäßig im Vorstand auf den Tisch, mit fachkundiger Erläuterung durch den Portfolio-Manager. Genauso wie sich das Kosten/Nutzen-Verhältnis eines einzelnen Projekts entwickelt, können sich jederzeit die Kriterien verschieben, an denen die Priorität der Projekte gemessen wird. Die Ergänzung der Projekteübersicht um ein Nutzenportfolio mit gegenseitiger Plausibilisierung schafft eine zusätzliche, geschäftsorientierte Sicht und sollte daher das Interesse an diesen Informationen erhöhen.

3. Drei Geschichten von Rollen und Interaktion

Die folgenden Fälle sind typisch. Sie zeigen, wie eng eine professionelle und möglichst unmittelbare Interaktion mit der verantwortungsvollen Wahrnehmung der Rollen durch alle Beteiligten verbunden ist. Für den Projektleiter heißt das aufmerksam darauf zu achten, dass alle Beteiligten ihre Verantwortlichkeiten für das Projekt annehmen und realisieren.

Die Rolle der Portfolio-Verantwortlichen in diesem Zusammenspiel? Sie schaffen eine neue Transparenz über die laufenden Projekte (vgl. Abbildung 1), stellen eine Übersicht der Projektstände und der Ressourcenengpässe dar, und geben einen Überblick über die Nutzen-Effektivität des Projektportfolios insgesamt, der von den Nutzeneignern getragen wird (Abbildung 2).

Auf eigene Faust

Aufgrund eines unerwarteten Problems benötigt der Projektleiter eine schnelle Entscheidung des Auftraggebers über das weitere Vorgehen. Die Klärung fällt ihm allerdings schwer, weil er das Verhältnis zum Auftraggeber streng hierarchisch empfindet und der Auftraggeber ihm auch deutlich gemacht hat, dass er keine Probleme, sondern „Lösungen" erwartet, und zwar pünktlich zu jeder Meilensteinsitzung. Der Projektleiter befürchtet daher eine Auseinandersetzung, die er lieber vermeidet, und arbeitet auf eigene Faust weiter. Ein ungutes Gefühl bleibt.

In einem anderen Fall berichtet der Projektleiter von einer sehr entspannten Kommunikation mit dem Auftraggeber. Man trifft sich in kurzen Managementbriefings alle zwei Wochen; bei Bedarf werden Richtungsentscheidungen telefonisch abgestimmt und in einem zweizeiligen Email bestätigt. Durch die lebendige Interaktion besteht Klarheit über die gegenseitigen Vorstellungen und das Projekt befindet sich auf sicherem Kurs.

Fazit: Die Aufgabe des Projektleiters ist es nicht, dem Auftraggeber Entscheidungen abzunehmen, sondern gleich von Projektbeginn an einen Dialog- und Berichtsprozess zu organisieren, zu vereinbaren und zu pflegen, der von beiden als nützlich und zielführend erlebt wird.

Riskante Interpretationen

Die Kunden des Projekts haben wenig Zeit und Lust, ihre Anforderungen klar zu formulieren. Nachfragen des Projekts „nerven", werden als fachliche Inkompetenz des Projekts gedeutet und damit unterbunden. Also füllen die Experten im Projektteam die Informationslücken mit eigenen Annahmen, d. h. Augen zu und durch. Das Glücksspiel geht allerdings schief und die Kunden werfen dem Projektleiter schließlich vor, sie nicht genug gefordert zu haben.

In einem anderen Fall vereinbart der Projektleiter mit dem Kunden ein sukzessives Klärungs- und Abnahmeverfahren. Regelmäßig werden mit den Kunden die erreichten Ergebnisse, die Optionen für das weitere Vorgehen und die damit verbundenen Aufwände und terminlichen Konsequenzen im Vergleich zum anfänglich geplanten Weg beraten. Der Projektleiter achtet darauf, dass dieses Verfahren diszipliniert geübt und eingehalten wird. Am Ende erhält der Kunde ein Ergebnis, das ihm durch die Begleitung des Projekts bereits positiv vertraut ist.

Fazit: Für die Anforderungen sind unbedingt die Kunden verantwortlich. Das Projekt wird die Kunden sicherlich hinsichtlich der Realisierungsmöglichkeiten beraten. Dabei kann auch vereinbart werden, wie die Anforderungen iterativ präzisiert werden. Die Aufgabe des Projektleiters ist es, diesen Prozess zu organisieren und darauf zu achten, dass die Beteiligten ihre Rollen verantwortungsvoll wahrnehmen.

Schiffbruch mit den Zahlen

Der Erfolgsnachweis fällt dem Projektleiter schwer, zumal ihm der direkte Zugriff auf die relevanten Kosten- und Erfolgsrechnungen fehlt, d. h. auf den IT-Bereich, die eingebundenen Abteilungen, das Produktmanagement, den Vertrieb. Außerdem ist es für ihn schwer, die Cash-Flow orientierten Daten in Gewinn- und Verlust-Werte zu transformieren und zu integrieren. Die betroffenen Bereiche zeigen sich allerdings auch nur bedingt kooperationsbereit. Mühsam trägt er also die Zahlen zusammen und bleibt bis zuletzt unsicher, wie aktuell und belastbar seine Rechnung ist. In der Projektpräsentation wird er gefragt, woher er denn „diese" Zahlen habe, und schließlich seine Kompetenz angezweifelt.

Fazit: Es klingt ungewohnt, aber der Projektleiter ist, wie schon gesagt, für den Erfolgsnachweis die ungeeignetste Person. Sie obliegt denjenigen, denen Kosten und Nutzen „gehören", und zwar über den Projektabschluss hinaus. Die Aufgabe des Projektleiters ist es deshalb, die Kosten- und Nutzen-Eigner von Anfang an in diesem Sinne einzubinden und die Interaktion zu organisieren. Das Controlling kann die Kosten/Nutzen-Nachweise gegebenenfalls verifizieren.

4. Das Drehbuch für das Projektende

Die Herausforderung heißt also, den Nutzen und seine Eigner zu identifizieren und in das Projekt einzubinden. Hierzu hilft ein Szenario oder Drehbuch vom Projektabschluss, das am Anfang des Projektes geschrieben wird und die Nutzeneigner explizit einschließt. Das Drehbuch beschreibt, welchen „Film" wir am Projektende erleben wollen, und unterstützt damit die Ergebnisorientierung und Motivation der Beteiligten, diese vorgedachte Situation Wirklichkeit werden zu lassen

„Vorstandssitzung in 15 Monaten. Anwesend: Vorstand, Projektleiter und Projektteam sowie Vertreter der beteiligten Linienorganisation. Das für das Projekt zuständige Vorstandsmitglied erläutert am Anfang noch einmal die Beweggründe für das Projekt. Er übergibt dann das Wort an den Projektleiter, der einen Überblick über den Projekterfolg zeigt: gute Lösungen erarbeitet, Kosten im Budget, Termine marktgerecht. Die Einzelheiten erläutern die Nutzen-Eigner: Der Produktmanager stellt ein Produktmuster mit Prüfzertifikaten vor. Er zeigt, wie sich das neue Produkt in sein Produktportfolio einfügt und weist die Wertsteigerung des Produktportfolios anhand von aktuellen Kennzahlen nach. Vertreter von Produktion und Verkauf präsentieren, wie das neue Produkt in die betrieblichen und vertrieblichen Prozesse eingepasst worden ist und weisen Effizienzsteigerungen gegenüber den bisherigen Arbeitskosten nach, belegt anhand der Kostenstellenübersichten. Der Verkauf präsentiert zudem die positiven Nachfragezahlen und Feedbacks aus den Regionen. Der für das Projekt zuständige Controller bestätigt die Zahlen, die der Projektleiter noch einmal in einer Übersicht zusammenfasst. Der Auftraggeber schlägt den offiziellen Projektabschluss vor. Der Vorstand ist sichtlich beeindruckt und dankt den Beteiligten insbesondere für die gute Kooperation, die den Erfolg ermöglicht hat."

Die Prinzipien sind denkbar einfach: Das Drehbuch beinhaltet alle erfolgskritischen Akteure und ihre Vorstellungen vom Erfolg des Projekts. Die Kennzahlen werden von dem nachgewiesen, dem sie im Betrieb gehören. Wenn man es streng nehmen will: Kein Projektstart ohne ein überzeugendes, von der Unternehmensführung abzeptiertes Drehbuch; kein Projektabschluss ohne die Umsetzung des Drehbuchs.

5. Das Dilemma der Kosten/Nutzen-Abgrenzung

Auch wenn der gute Wille zum Kosten/Nutzen-Nachweis vorhanden ist, scheitert dieser häufig an Abgrenzungsproblemen: Welchem Projekt wird die Effizienzsteigerung in der Auftragsabwicklung zugeordnet? Wie ist ein Produkt zu bewerten, das sich zu Lasten anderer eigener Produkte am Markt etabliert? Inwieweit kann einem Projekt die Personalanpassung in einer Abteilung zugeschrieben werden? Wie den Fall kalkulieren, in dem die neue Produktionsanlage auf Kosten der Nachbaranlage ausgelastet wird, damit der Business Case eingehalten wird?

Hier hilft es, sich von diesem Blick allein auf das Projekt freizumachen und andere, meistens dem Projekt übergeordnete Betrachtungseinheiten zu finden, die datentechnisch abgrenzbar und controllingfähig sind. Dieses Alternative bedeutet ebenfalls einen Paradigmenwechsel, nämlich weg von dem Versuch der eindeutigen Zuschreibung kaum quantifizierbarer Größen auf Projektebene, hin zur plausiblen, gegebenenfalls anteiligen Zuordnung belastbarer Daten aus den passenden Bereichen der Linienorganisation (Abbildung 3). Dieser Ansatz ist auch am ehesten in der Lage, „Double-Counting" zu erkennen und zu eliminieren. Diese projektübergreifende Sicht verlangt also per se eine aktive Unterstützung durch das Portfolio-Management. Deutlich wird wieder die enge Verzahnung zwischen Projektportfolio-Management und Einzelprojektmanagement in der Absicherung eines belastbaren Nutzennachweises.

	Alternative A: **Primat der Zuordnung**	**Alternative B:** **Primat der Datenqualität**
Datenqualität	Daten durch das Projekt zusammengestellt und gegebenenfalls angreifbar	Daten aus der Linienorganisation generiert und nachweisbar
Zuordnung zum Projekt	1:1	Anteil des Projekts am Erfolg muss plausibel argumentiert werden

Abbildung 3: *Alternativen der Kosten-/Nutzen-Zuordnung im Vergleich*

Aufgabe des Projektleiters ist es nun, die erforderlichen Abstimmungen herbeizuführen und die verantwortlichen Stellen in den Prozess der interaktiven Erfolgslenkung einzubeziehen. Aufgabe des Portfolio-Verantwortlichen ist es, die Plausibilität der (projektübergreifenden) Betrachtungseinheiten zu überprüfen.

Zur Verdeutlichung folgen einige Beispiele in Abbildung 4. Sie zeigen an einfachen Fällen, welche Kosten- und Nutzengrößen auf welche Betrachtungseinheiten bezogen nachgewiesen werden können.

Messgröße	Problem	Betrachtungseinheit	Eigner
Kosten des Projekts	Vollkostenrechnung	Personalkostenstellen gegebenenfalls Projekt (mit eigener Projektkostenstelle)	Abteilungsleiter gegebenenfalls Projektleiter (mit eigener Projektkostenstelle)
Profitsteigerung durch neues Produkt	Neues Produkt kann andere Produkte kannibalisieren evtl. gleichzeitig laufende andere Produktentwicklungen	Produktportfolio, in dem sich die Produkterfolge in Summe abbilden	Produktmanager
Produktivität und Betriebskosten der neuen Anlage	Verschiebungen der Produktionsmengen zwischen verschiedenen Anlagen Veränderung der Einsatzzeiten z. B. Mehrschichtbetrieb	Werk mit konkurrierenden Anlagen gegebenenfalls werksübergreifende Anlagenfamilie	Werksleiter/ Produktionsleiter
Reduzierung Personalkosten	Vermischung der Projekteffekte mit Personalzu- und -abgängen ohne Projektbezug	Abteilung / Kostenstelle	Abteilungsleiter/ Kostenstellenleiter
Prozessoptimierung durch Ablaufbeschleunigung	Wechselwirkung mit anderen Projekten, z. B. generelle IT-Erneuerung	Prozess	Process Owner

Abbildung 4: *Die Tabelle zeigt Beispiele, welche Messgrößen für welche Betrachtungseinheiten angewendet werden können.*

6. Wie die praktische Umsetzung läuft

Die Realisierung ist denkbar einfach: Die Projektinitiatoren (möglichst gemeinsam mit dem designierten Projektleiter) überlegen am Anfang, wie und von wem Nutzen nachgewiesen werden soll. Ergebnis ist eine Tabelle wie in Abbildung 2 dargestellt. Für das Projektportfolio entsteht damit eine Übersicht über den Zusammenhang zwischen Projekten und Nutzen bzw. Projektverantwortung und Nutzenverantwortung.

Um die Herausforderung „spürbarer" werden zu lassen, schreiben sie weiterhin das Drehbuch des Projektabschlusses, wie ebenfalls oben ausgeführt.

So gerüstet werden Gespräche mit dem Projektauftraggeber und den Nutzeneignern geführt und die Vorlage zur Kosten/Nutzen-Messung konsolidiert. Zugleich wird in den Gesprächen vereinbart, wie die Prozesse der kontinuierlichen Auftragsklärung, Nutzenmessung, fachlichen Abnahme mit dem eigentlichen Projektprozess verwoben werden sollen (Abbildung 1). Anschließend werden die Prozesse entsprechend Vereinbarung umgesetzt, gepflegt und gegebenenfalls angepasst.

Die Realisierung wäre tatsächlich denkbar einfach, wenn sie nicht einige grundlegende Änderungen beinhaltete, die mit praktischen Erfahrungen, geübter Arbeitsweise und grundsätzlicher Projektkultur zu tun haben (Abbildung 5).

bisher	künftig
Eigene „Projektwelt", Linienorganisation per se als schwieriges Umfeld deklariert	Freude am gemeinsamen Vorhaben
Projektorganisation mit denen, die für das Projekt freigestellt werden	Unmittelbarkeit – mit den eigentlich Verantwortlichen an einem Tisch
Erfolgsmaßstab am Anfang des Projekts fixiert	Erfolgsmaßstab gepflegt und immer up to date
Projektleiter kümmert sich im Zweifel um alles.	Jeder Beteiligte wird seiner Rolle gerecht.
Erfolgsbehauptung aus Projektsicht	Erfolgsnachweis aus erster Hand

Abbildung 5: Beispiele für Entwicklungspotenziale von Projekten

Interaktion statt Durchmarsch, so heißt die Herausforderung und Erfolgsvoraussetzung. Das erfordert in vielen Unternehmen, in denen die ganze Welt in festen Strukturen und strikten

Prozessen verstanden wird, noch Pioniergeist und Beharrlichkeit. Das Ergebnis: bessere Projektarbeit, ein nachhaltiger Beitrag zur Organisationsentwicklung und ein tragfähigerer Nutzennachweis für das Projektportfolio insgesamt.

Das Projektportfolio-Management dient also nicht nur der Zusammenstellung und anschaulichen Aufbereitung von Projektdaten, es umfasst auch die Einbettung des Projektportfolios in die natürlichen Verantwortlichkeiten in der Organisation. Praktisch passiert das durch die einzelnen Projekte, die nicht dem Engagement des Projektleiters und seines Teams überlassen und dem Rest der Organisation ausgesetzt werden, sondern die endlich integriert werden. Das Projektportfolio-Management bekommt neue Handhabe, die Relevanz und Plausibilität der Projekte zu überprüfen. Wer hat welche Zusagen und Entscheidungen getroffen? Wer übernimmt welche Verantwortungen? Wie stabil ist das Projekt aufgestellt und integriert? Der Erfolg von Projekten mit zweifelhaften Konstellationen ist fraglich, die erweiterte Aussagekraft der Portfolien fördert es zutage und erlaubt die nachhaltige Veränderung zum Besseren.

Literatur

Allport, S.: Strategic Project Management at the Portfolio Level. In: Kennedy, T. (Hrsg.): Pharmaceutical Project Management. New York, 1998, S. 25-51.

Beißel, J.: Steinke, K.-H.; Wirth, M.: Investitions- und Projektcontrolling im Lufthansa Konzern. In: Zeitschrift für Controlling & Management, 2004, Sonderheft 1, S. 58-64.

Cooper, E.: Portfolio Management for new Products. New York, 2001.

De Marco, T.; Lister, T.: Wien wartet auf Dich – Der Faktor Mensch im DV-Management. 2. Auflage. München, 1999.

Gaida, I.; Werner, M.; Werners, T.-J.: Prozess zur Planung und Steuerung von Investitionen. In: Hirzel, M.; Kühn, F.; Gaida, I. (Hrsg.): Prozessmanagement in der Praxis. 2. Auflage. Wiesbaden, 2008.

Gausemeier, J.: Produktinnovation. München, 2001.

Gebert, D.: Führung und Innovation. Stuttgart, 2002.

Gemünden, H. G.: Messung und Erklärung der Agilität von Unternehmen aus dem Blickwinkel des Multiprojekt-Managements. Eine konzeptionelle Analyse und empirische Validierung. Technische Universität Berlin, 2006.

Hauschildt, J.: Innovationsmanagement. München, 2004.

Hirzel Leder & Partner: Speed Management – Geschwindigkeit zum Wettbewerbsvorteil machen. Wiesbaden, 1992.

Hirzel Leder & Partner (Hrsg.): Die dynamische Organisation. Wiesbaden, 1996.

Hirzel Leder & Partner: Fokussiertes Business Design. Wiesbaden, 1997.

Hirzel, M.; Kühn, F.; Wollmann, P.: Multiprojektmanagement. Frankfurt a. M., 2001.

Hirzel, M.; Kühn, F.: Prozessmanagement in der Praxis. 2. Auflage. Wiesbaden, 2008.

Ibert, O.: Innovationsorientierte Planung. Opladen, 2003.

Kaplan, R. S.; Norton D. P.: Balanced Scorecard umsetzen. 2. Auflage. Stuttgart, 2001.

Kaplan, R. S.; Norton D. P.: Strategy Maps – Der Weg von immateriellen Werten zum materiellen Erfolg. Stuttgart, 2004.

Kerzner, H.: Project Management – A Systems Approach. 8. Auflage. New York, 2003.

Kühl, S.; Matthiesen, K.; Schnelle, T.: Raus aus der Routine – Schwierige Projekte besser managen. Harvard Business Manager, 5/2005, S. 23-35.

Kühn, F.; Pleuger, G.; Willke, H.: Leistungssteigerung mit Wissensmanagement. In: Hirzel, M.; Wollmann, P. (Hrsg.): Mit Selbststeuerung Performance steigern. Frankfurt a. M., 2000, S. 121-137.

Light, M.; Hotle, M.: The Emergent PMO: Projects, Programs and Portfolios. Gartner's Project Portfolio Summit. Geneva, 2006.

Littkemann, J.: Innovationscontrolling. München, 2005.

Lomnitz, G.: Multiprojektmanagement. Landsberg, 2004.

Mankins, M. C.; Steele, R.: Turning Great Strategy into Great Performance. Harvard Business Review, 2005.

May, G.: Methodische Projekt-Priorisierung, eingebettet in die Unternehmensstrategie. Unternehmensberater, 1/2001, S. 61-69.

Mintzberg, H.: Crafting Strategy. Harvard Business Review, 1987.

Moore, G. A.: Inside the Tornado – Strategies for Developing, Leveraging and Surviving Hypergrowth Markets. 2. Auflage. New York, 2004.

Patzak, G.; Rattay, G.: Projektmanagement. Wien, 2004.

Pennypacker, J.; Sepate, P.: Project Portfolio Management and the Strategic Project Office. Portfolio Knowledge, 2002.

Pollanz, M.: Konzeptionelle Überlegungen zur Einrichtung und Prüfung eines Risikomanagementsystems. Der Betrieb, 8/1999, S. 393-399.

Porter, M. E.: Wettbewerbsvorteile. Frankfurt a. M., 1992.

Pradel, M.: Multi-Projektcontrolling. Controlling, 2/1997, S. 102-109.

Project Management Insitute, T.: The Standard for Portfolio Management. Newton Square PE: Project Management Institute, 2006.

Rappaport, A.: Shareholder Value. 2. Auflage. Stuttgart, 1999.

Reitzig, J.: Innovativ wider den Mainstream. München, 2004.

Rickert, D.: Multi-Projektmanagement in der industriellen Forschung und Entwicklung. Wiesbaden, 1995.

Rüdrich, G.; Kalbfuß, W.: Materialgruppenmanagement. 2. Auflage. Wiesbaden, 2004.

Sedlmayer, M. R.: Projektmanagement und Venture Capital: Das können wir lernen! Agogik, Zeitschrift für Fragen sozialer Gestaltung, 2007.

Schildhauer, T.; Grothe, M.; Braun, M.; Schultze, M. (Hrsg.): Business Intelligence. Göttingen, 2004.

Schlicksupp, H.: Innovation, Kreativität und Ideenfindung, Würzburg, 2004.

Senge, P.M.: Die fünfte Disziplin. 7. Auflage. Stuttgart, 1999.

Spar, D.: Ruling the Waves. New York, 2001.

Süß, G. M.; Gruber, B. E.: Praxishandbuch Projektmanagement. Kissing, 2000.

Trebesch, K.: Projektmanagement auf dem Prüfstand. In: Organisationsentwicklung, 3/2003, S. 80-85.

Wittmann, R.: Innovation erfolgreich steuern. Heidelberg, 2006.

Die Autoren

Dr. Wolfgang Alter, Studium der Chemie, Schwerpunkt und Promotion in Physikalischer Chemie. Leitende Positionen in Produktionen der Bayer AG im In- und Ausland mit Schwerpunkt prozessorientierter Reorganisationen. Als Assistent des Vorstands für die strategische Bewertung der Investitionsplanung und die Beratung von Geschäftsbereichen bei strategischen Investitionen zuständig. Im Rahmen der Umstrukturierung der Bayer AG Erarbeitung und Implementierung optimierter Investitionsprozesse in der Holding und für Bayer MaterialScience. Heute Leiter des Bereichs Investment Coordination & Analysis der Bayer MaterialScience Gruppe.

Bob Dignen, BA and MA in English and Critical Theory. Worked in corporate communication training for over 15 years in most major European countries. Currently a Director of York Associates Ltd, a UK-based communication consultancy specialised in developing international and intercultural competencies. Accredited coach to deliver The International Profiler, an intercultural psychometric tool. Advanced TMS (Team Management Systems) team builder. Currently specialises in supporting internationalisation processes within major European corporate projects through team interventions and individual coaching.

Clemens Frowein, Dipl.-Kaufmann. Wissenschaftliche Arbeiten zur Organisationsentwicklung und -didaktik, Assistent von Prof. Beer (Harvard), Konzeption einer Harvard-Fallstudie über die Transformation ostdeutscher Betriebe. Arbeitsgebiete bei HLP Hirzel Leder & Partner heute: Strategie, Innovation und Organisationsentwicklung.

Dr. Ingo Gaida studierte Physik und war in der Grundlagenforschung in Philadelphia (USA) und Cambridge (UK) tätig. Innerhalb des Bayer Konzerns arbeitete er in leitender Position in den Bereichen Informatik, Zentrale Technik und Investment Management. Er ist seit 2005 Leiter des Bereiches „Organization and Performance Development" bei der Bayer MaterialScience AG in Leverkusen. Heute liegt der Schwerpunkt seiner Arbeit in der ganzheitlichen Optimierung von Prozessen und zugehörigen Organisationsstrukturen.

Matthias Hirzel, Dipl.-Volkswirt, Studium in Berlin und London. 1968 bis 1970 Organisationsberater beim Quickborner Team für Planungs- und Trainingsprojekte, 1970 geschäftsführender Gesellschafter der congena GmbH. 1984 Mitgründer und bis heute Gesellschafter der HLP Hirzel Leder & Partner Managementberater Frankfurt a. M. mit den Schwerpunkten: Change- und Performance-Programme, Strategiebestimmung/Geschäftsfeldmanagement, Organisationsdesign/Geschäftsprozessoptimierung sowie Innovations- und Projektmanagement.

Stephan Koller, Eidg. Dipl. Organisator, spezialisiert auf Prozess- und Projektmanagement. Leitende Positionen in der Informatik, seit 2002 als Business-Engineer verantwortlich für den Aufbau der IT-Governance bei der Generali-Versicherungen (Schweiz). Schwerpunkte: Prozessgestaltung und Optimierung, Projektmanagement, Visions- und Strategiefindung. Wichtigste Projekte: Neugestaltung der Prozesse des Lebensversicherungsbereiches, Professionalisierung des Projektmanagements, Neudefinition der Prozesse des IT Service Managements nach ITIL.

Dr. Frank Kühn, Studium Maschinenbau, Schwerpunkt Arbeitswissenschaft. Leitende Positionen in Forschung und Industrie. Selbstständiger Managementberater, seit 1996 Gesellschafter von HLP. Arbeit mit Führungskräften und Teams an Organisationsentwicklungs- und Veränderungsthemen. Schwerpunkte: Projektmanagement, Prozessmanagement und Interaktion. Aufträge in führenden Unternehmen der Branchen Automobil, Bau, Chemie, Energie, Versicherung, Handel, IT und Telekommunikation. Zahlreiche Publikationen in den Bereichen Arbeitswissenschaft und Management.

Die Autoren

Petra Leyendecker war nach ihrem Studium mehrere Jahre in der klinischen Forschung tätig. 1996 übernahm sie im Unternehmensbereich „International Research and Development, Germany" der Mundipharma GmbH die übergreifende Projektkoordination. Zudem war sie Projektleiterin für die Einführung eines unternehmensweiten Projektmanagement-Systems. Seit 2001 ist sie Projektleiterin eines internationalen Produktentwicklungsteams und Mitglied des Managements der Mundipharma Research GmbH & Co. KG.

Andreas Linden, Dipl.-Wirtschaftsingenieur, Studium der Produktionstechnik. War nach Weiterbildungen im Projektmanagement als Innovationsassistent in einem mittelständischen Unternehmen tätig. Heute im Bereich Industrial Engineering und Projekte der DORMA Holding mit den Schwerpunkten: Weiterentwicklung des Projektmanagements, Qualifizierung von Projektleitern durch interne Schulungen und Erfahrungsaustausch sowie Controlling und Unterstützung von internationalen Projekten und Multiprojekten. Zudem führt er Lean/Kaizen Workshops im Rahmen des Office Excellence Programms durch.

André Maiworm, Dipl.-Betriebswirt, war zuletzt als Projektleiter in der Bayer Business Service GmbH im Geschäftsfeld IT Operations tätig. Er hatte hier das Projekt Portfolio Management erfolgreich implementiert. Er hat in den vergangenen Jahren sehr viele verschiedene Positionen und Aufgaben, über Planung, Fremdfirmenkoordination, Einkauf, Kundenbetreuer, Controller und in diversen Projekten innerhalb des Bayer-Konzerns wahrgenommen. Vor kurzem wechselte er in das Geschäftsfeld Integrated Employee Service in den Bereich Competence Training und entwickelt dort Trainingskonzepte für das Projekt- und Prozess-Management.

Frank Mattes studierte Wirtschaftsmathematik an der Universität Ulm und der University of Southern California, Los Angeles. Zu seinen beruflichen Stationen zählen die Boston Consulting Group sowie Vorstands- und Geschäftsführungstätigkeiten bei der Portum AG bzw. der a-connect GmbH. Sein Beratungsschwerpunkt bei HLP Hirzel Leder & Partner liegt in den Themenfeldern Innovationsmanagement und eBusiness.

Christopher Nimsch studierte Elektrotechnik. Nach seiner Tätigkeit bei Siemens wechselte er 1994 zu DORMA, wo er in verschiedenen Projekten für die entwicklungsbegleitende Qualitätssicherung und Produktzulassung verantwortlich war. 1998 übernahm er die Leitung der Produkt-Qualitätssicherung der Sparte Automatik. Seit 2001 in der DORMA Holding, ist er heute neben der Leitung diverser Entwicklungs- und Organisationsprojekte sowie eines weltweiten Excellence-Programmes für den Bereich Industrial Engineering und Projekte verantwortlich. Sein berufsbegleitendes Masterstudium in Berlin schloss er mit einer Thesis über die Steigerung der Effizienz in Projekten mittelständischer Unternehmen ab.

Gudrun Pleuger ist Abteilungsleiterin „Strategic Project Portfolio Management" bei der deutschen Business Unit der internationalen Zurich Financial Services Group. Nach Controlling-Erfahrungen in der Industrie war sie lange Zeit verantwortlich für die strategische Planung der Zurich-Gruppe Germany und ihre Geschäftsfelder sowie für das Controlling von strategischen Maßnahmen und Programme. Hierzu zählt seit Jahren auch der deutsche Teil des weltweit aufgesetzten Change-Programms „The Zurich Way". Heute ist sie verantwortlich für das nationale und europäische Projektmanagement Qualification Programm.

Dr. Gerold Rüdrich studierte Physik und promovierte auf dem Gebiet der Sensorik. Er war Trainer und Lektor für Innovationsmanagement und entwickelte ein interaktives Innovationstool im Internet. Seit 1990 ist er Managementberater bei Hirzel Leder & Partner. Seine Arbeitsschwerpunkte sind: Coaching und Mitgestaltung von Geschäftsfeldstrategien für junge High-Tech-Unternehmen und große Technologieunternehmen, Gestaltung von Organisationsveränderungsprozessen in Vertrieb und Einkauf sowie die Einführung von Projektmanagement in Großunternehmen und Institutionen.

Martin Sedlmayer, MBA, zertifizierter Projektdirektor GPM/IPMA, PMP. Leitende Positionen in Finanzen, Rechnungswesen, Informatik und als Partner in einem internationalen Beratungsunternehmen. Selbständiger Managementberater, seit 2008 Geschäftsführer der HLP Swiss. Schwerpunkte: Strategieimplementierung, Projektportfoliomanagement und Projektmanagement. Aufträge in führenden Unternehmen der Branchen Banken, Versicherungen, Transport, Transport, öffentliche Verwaltungen sowie Auftrags- und Prozessfertigung. Verschiedene Fachvorträge und Publikationen im Bereich Strategieumsetzung und Projektportfoliomanagement.

Die Autoren

Dr. Georg Steinhoff, Studium der Chemie, Promotion in Organischer Chemie. In der Bayer AG leitende Positionen als Betriebsleiter in der Produktion und Stabstätigkeit im Bereich Technik und Investitionen. Versetzung ins Ausland und Übernahme der Verantwortung für die globale Polyetherproduktion der Bayer AG. Während der Umstrukturierung der Bayer AG Mitarbeit im Carve Out der Teilkonzerne. Wechsel in die Bayer MaterialScience AG, dort Entwicklung und Implementierung des Investitionsprozesses mit dem Schwerpunkt Investitionsplanung. Heute zuständig für Projektbewertung und Peer Process im Bereich Investment Coordination and Analysis der Bayer MaterialScience AG.

Andrea Werheid, Dipl.-Kauffrau, Studium der Betriebswirtschaftslehre, Diplomarbeit zur wirtschaftlichen und strategischen Bewertung von Investitionen. Parallel dazu Ausbildung zur Industriekauffrau bei der Bayer AG. Heute zuständig für Investitionsbewertungen und Business Models im Bereich Investment Coordination & Analysis der Bayer MaterialScience Gruppe.

Prof. Dr. Helmut Willke ist seit 1983 Professor für Planungs- und Entscheidungstheorien an der Fakultät für Soziologie an der Universität Bielefeld. Seit 2002 Professor für Staatstheorie und Global Governance. Er blickt auf eine langjährige Beratungstätigkeit in Unternehmen, in politischen und in Wissenschaftsorganisationen zurück und führte umfangreiche empirische Forschungen in Technologie-, Innovations- und Infrastrukturpolitik sowie Wissensmanagement durch.

Peter Wollmann, seit 2005 Leiter Strategic Business Development, vorher Leiter Strategische Planung/Controlling der Versicherungsgruppe Zurich Deutschland/Deutscher Herold. Nach dem Studium der Mathematik wirkte er zunächst beim Aufbau der Unternehmensplanung Deutscher Herold mit und leitete später das Referat. 1987 übernahm er die betriebswirtschaftliche Abteilung und führte deren Verschmelzung mit der Unternehmensplanung zum Bereich Planung/Controlling durch. 1997 Ernennung zum Generalbevollmächtigten des Deutschen Herold, damals Versicherungsgruppe der Deutschen Bank, und nun deren exklusiver Versicherungspartner in Deutschland.

Mitarbeiter erfolgreich führen

So motivieren, delegieren und kritisieren Sie mit Erfolg

In kurz lesbaren Abschnitten vermittelt das Buch solide Fertigkeiten im Motivieren, Delegieren und Kritisieren. Es liefert hilfreiches Wissen, um die Leistungsfähigkeit und -bereitschaft der Mitarbeiter mit der richtigen Führungspraxis nachhaltig zu entfalten sowie sich selbst und andere zu motivieren. Der Autor bietet zudem Lösungen für schwierige Führungssituationen und Praxiserprobtes zum Mitarbeitergespräch, das auch Problemfelder wie Kontrolle und Kritik eingängig erschliesst.

Matthias Dahms
Motivieren – Delegieren – Kritisieren
Die Erfolgsfaktoren der Führungskraft
2008. 176 S. Br.
EUR 29,90
ISBN 978-3-8349-0758-5

25 Bausteine für eine gesunde Autoriät

Wer sich als Führungskraft wünscht, an Souveränität, Durchsetzungskraft und persönlicher Stärke zu gewinnen, für den ist dieses Buch geschrieben. Es zeigt, wie es gelingt, eine positive Autorität aufzubauen, durch natürliches Charisma zu überzeugen und Ziele erfolgreich umzusetzen. Ein radikales Buch, das zum Führen ermutigt. Mit vielen wahren Beispielen.

Winfried Prost
Führen mit Autorität und Charisma
Als Chef souverän handeln
2008. 256 S.
Geb. EUR 32,90
ISBN 978-3-8349-0551-2

Worauf es beim Führen wirklich ankommt

Was zeichnet gute Führung aus? Welche Führungsansätze sind wichtig und praxisnah? Daniel F. Pinnow, Geschäftsführer der renommierten Akademie für Führungskräfte, zeigt in diesem Kompendium, worauf es wirklich ankommt.

Daniel F. Pinnow
Führen
Worauf es wirklich ankommt
3. Aufl. 2008. 321 S.
Geb. EUR 39,90
ISBN 978-3-8349-0766-0

Änderungen vorbehalten. Stand: Juli 2008.
Erhältlich im Buchhandel oder beim Verlag.
Gabler Verlag · Abraham-Lincoln-Str. 46 · 65189 Wiesbaden · www.gabler.de

Managementwissen: kompetent, kritisch, kreativ

Besser führen mit Humor

Mit Humor erträgt sich vieles leichter. Wie man mit Humor besser führt, zeigt Gerhard Schwarz in dieser spannenden und aufschlussreichen Lektüre. Ein echtes Lesevergnügen. Der Autor unterscheidet folgende Formen des Komischen: Ironie, Schadenfreude, Satire, Sarkasmus, Zynismus und Humor. Jetzt in der 2., überarbeiteten Auflage. Neu sind nützliche Ergänzungen zur Rolle des Humors bei der Konsensfindung in Gruppen und Organisationen sowie zur reinigenden Funktion des Humors in stark emotional aufgeladenen Situationen.

Gerhard Schwarz
Führen mit Humor
Ein gruppendynamisches Erfolgskonzept
2., überarb, Aufl. 2008. 220 S.
Geb. EUR 29,90
ISBN 978-3-8349-0815-5

Leistungsfähigere Mitarbeiter durch alternative Führungsmethoden

In der Gesellschaft und in den Unternehmen gibt es ein beschädigtes Menschenbild. Nur wenn man sich dessen bewusst wird, ist es möglich, es durch ein gesundes Menschenbild zu ersetzen. Sowohl die Neurologie als auch die Gesellschaftslehre und die Psychoanalyse zeigen dieses andere Menschenbild. Es ist gesünder, leistungsfähiger und vermittelt mehr Befriedigung. Es erfordert aber auch eine alternative Praxis im Umgang mit und im Denken über den Menschen. Diese Praxis wird in diesem Buch vorgestellt.

Helmut Geiselhart
Die neuen Grundlagen der Führung
Auf dem Weg zu einem neuen Menschenbild im lernenden Unternehmen
2008. 208 S.
Geb. EUR 34,90
ISBN 978-3-8349-0922-0

Das erste Buch, das strukturelle Konflikte erklärt und Lösungen zeigt

Das Buch zeigt Managern und Führungskräften anhand von aktuellen Fallbeispielen, wie die inneren Mechanismen von strukturellen Konflikten funktionieren, woran man sie erkennt und welches Rüstzeug es braucht, sie unschädlich zu machen und für den unternehmerischen Wandel zu nutzen.

Ralf-Gerd Zülsdorf
Strukturelle Konflikte in Unternehmen
Strategien für das Erkennen, Lösen, Vorbeugen
2007. 396 S.
Geb. EUR 39,90
ISBN 978-3-8349-0549-9

Änderungen vorbehalten. Stand: Juli 2008.
Erhältlich im Buchhandel oder beim Verlag.
Gabler Verlag . Abraham-Lincoln-Str. 46 . 65189 Wiesbaden . www.gabler.de

Professionelle Personalentwicklung

Erfahrungen mit Gruppenarbeit

Gruppenarbeit wird seit Jahren in vielen Unternehmen mit Erfolg in der Produktion und zunehmend im Dienstleistungsbereich eingesetzt. Doch nur wenn Gruppenarbeit in ein adäquates Umfeld eingebettet ist, können ihre Vorteile voll zum Tragen kommen. Das Autorenteam aus Wissenschaft und Praxis beschreibt bewährte Konzepte und Instrumente zur Unterstützung der Gruppenarbeit.

Ingela Jöns (Hrsg.)
Erfolgreiche Gruppenarbeit
Konzepte, Instrumente, Erfahrungen
2008. 260 S.
Br. EUR 39,90
ISBN 978-3-8349-0695-3

Einstellungsgespräche auf den Punkt gebracht

Arbeitgebern wird die sichere Entscheidung zur Stellenbesetzung oftmals durch Taktik und eingeübtes Verhalten der Bewerber erschwert. Wie sie den richtigen Bewerber in Einstellungsgesprächen herausfiltern, zeigt dieses Buch allen Führungskräften und Personalverantwortlichen. Gesprächspläne, Auswertungsbögen und Checklisten ergänzen die praxisgerechten Kapitel.

Eberhardt Hofmann
Einstellungsgespräche erfolgreich führen
Ein Praxisleitfaden für die Auswahl der besten Bewerber
2008. 192 S.
Br. EUR 32,90
ISBN 978-3-8349-0981-7

Aktuelle Ansätze in der Personalentwicklung – kompakt und praxisnah zusammengefasst

Ein kompakter und praxisnaher Leitfaden zur strategieorientierten Personalentwicklung. Alle Beiträge sind in sich geschlossen und können separat gelesen werden. Systematisch und fundiert wird das Arbeitsfeld der Personalentwicklung in über 20 gut lesbaren Einzelbeiträgen beleuchtet. Sehr ausführlich behandelt das Buch die zahlreichen Instrumente der PE-Umsetzung. Jetzt in der 2., überarbeiteten Auflage mit 2 neuen Beiträgen.

Jurij Ryschka | Marc Solga | Axel Mattenklott (Hrsg.)
Praxishandbuch Personalentwicklung
Instrumente, Konzepte, Beispiele
2., überarb. u. erw. Aufl. 2008.
468 S.
Br. EUR 57,90
ISBN 978-3-8349-0364-8

Änderungen vorbehalten. Stand: Juli 2008.
Erhältlich im Buchhandel oder beim Verlag.
Gabler Verlag . Abraham-Lincoln-Str. 46 . 65189 Wiesbaden . www.gabler.de